그리스도 안에서
나이 듦에 관하여

그리스도 안에서
나이 듦에 관하여

지은이 | 스탠리 하우어워스 외
옮긴이 | 이라이프아카데미
감　　수 | 김선일
초판 발행 | 2021. 1. 13
3쇄 발행 | 2023. 7. 14
등록번호 | 제1988-000080호
등록된 곳 | 서울특별시 용산구 서빙고로65길 38
발행처 | 사단법인 두란노서원
영업부 | 02)2078-3333 FAX | 080-749-3705
출판부 | 02)2078-3332

책값은 뒤표지에 있습니다.
ISBN 978-89-531-3940-4 03230

독자의 의견을 기다립니다.
tpress@duranno.com　www.duranno.com

두란노서원은 바울 사도가 3차 전도 여행 때 에베소에서 성령 받은 제자들을 따로 세워 하나님의 말씀으로 양육
하던 장소입니다. 사도행전 19장 8-20절의 정신에 따라 첫째 목회자를 돕는 사역과 평신도를 훈련시키는 사역,
둘째 세계선교™와 문서선교단행본·잡지 사역, 셋째 예수문화 및 경배와 찬양 사역, 그리고 가정·상담 사역 등을 감
당하고 있습니다. 1980년 12월 22일에 창립된 두란노서원은 주님 오실 때까지 이 사역들을 계속할 것입니다.

그리스도 안에서
나이 듦에 관하여

스탠리 하우어워스 외 지음 | 이라이프아카데미 옮김

두란노

초고령화 시대로 접어들면서 노년과 죽음에 대한 관심이 높아지고 있습니다. 여러 프로그램과 강연들이 새롭게 등장합니다. 그러나 단언컨대, 지금 우리에게 가장 필요한 것은 노년과 죽음에 대한 진지한 신학적 성찰이자 복음적 해석입니다. 유례없는 초고령화 시대에 우리는 노년과 죽음에 대한 실용적 대책만이 아니라 깊은 성경적 본질과 의미를 갈구하고 있습니다. 이 복음적 토대 위에서 그리스도인들은 역사 너머로부터 오는 소망과 안식을 새롭게 발견할 것입니다. 저명한 신학자들과 지성인들이 공동 집필한 본서는 그리스도 안에서 나이 듦에 대한 탁월한 통찰과 함께 복음적 대안을 제시하고 있습니다.

곽요셉 예수소망교회 담임목사, 재단법인 에덴낙원 이사장, 이라이프아카데미 원장

Contents

추천의 글 ● 5

프롤로그 ● 10

Part 1 ────────────────────────

나이 듦에 대한 성경적이고 역사적인 관점

나이 듦은 영광이었으며 특별한 선물이었다

1. 성경의 관점

　장수는 축복이었다　● 20

2. 초대교회의 관점

　인생의 늦은 오후에 허락된 특별한 삶 ● 46

3. 중세의 관점

　나이 듦의 영광이 추락하고 왜곡되다　● 72

Part 2 ———————————————————————

근현대 고령화 문제에 대한 비판적인 관점들

우리 시대 잊혀진 노년의 가치와 영광

4. 근대 사회가 만든 노년
할 수 있는 게 있을까 하는 비참함과 긴박감에 놓이다 • 104

5. 치료주의 문화
의술과 치료에 의지하며 나이 듦을 정복하려 하다 • 148

6. 노인들 간의 차이
자신만의 늙어가는 방식을 선택할 수 있다 • 180

7. 신학과 경제학의 갈등
안락한 은퇴와 거룩한 제자도 사이에 갈등하다 • 206

8. 노인과 교회
'충만하고 거룩하고 신실하게' 늙을 수 있다 • 238

Part 3

나이 듦에 대한 기독교적 실천

공동체, 나이 듦을 환대하라

9. 우정의 실천
   세대를 초월한 우정을 쌓으라 ● 264

10. 예배의 실천
   자신이 누구에게 속한 자인지를 마음에 새기다 ● 292

11. 소명의 실천
   삶에 은퇴는 있지만, 그리스도인에게 은퇴는 없다 ● 320

12. 변화와 연속성의 실천
　노년의 지혜와 덕이 공동체에 변화와 생기를 주다　● 360

13. 안락사의 문제
　죽음의 압박 앞에서 공동체가 함께해 주라　● 392

14. 기억의 실천
　잊혀진 존재, 하나님께 기억되는 존재임을 기억하게 해주라　● 424

주　● 475

프롤로그

우리 모두가 늙는다
누구도 예외 없이

메지리치(Mezhirech: 우크라이나의 역사적 도시)의 현자 도브 바에(Dov Baer: 18세기 폴란드에 거주했던 하시디즘 유대교의 랍비)가 전한 우화에는 랍비 레이브(Leib)의 이야기가 나온다. 그는 강변길을 따라 살아 있는 자들과 죽은 자들의 영혼을 구제하려고 온 땅을 떠돌아 다녔다. 우화에서 랍비 레이브는 제자들에게 자신이 일찍이 유명한 현자를 만나러 길을 떠났을 때 품었던 영적인 사명을 설명했다. "나는 토라에 대해서 배우고자 위대한 설교자(Maggid)에게 간 것이 아니었네. 그저 그가 신발 끈을 어떻게 풀고 다시 묶는지 보려고 간 것이라네."

하시디즘 현자들의 가르침은 종종 이렇게 간접적 의사소통의 형식을 띤다. 신성한 것(토라의 말씀)과 세속적인 것(신발 끈) 사이를 오가는 방식이다. 우화들은 사람의 마음을 확장시켜 모호함과 부조화를 감내할 수 있게 해준다. 세속의 일을 영성화시키는 일, 곧 '현세를 거룩하게 하는 일'은 유대교 영성의 중요한 목표이다. 옷을 입고 벗는 것, 또는 끈을 묶고 푸는 일, 덮거나 여는 일 등과 같은 일상적인 행동들은 생활 방식을 비유하고 있다.

나이 듦에 대해 생각해야 하는 이유

이 책의 편집자들은 긴 수명의 삶에 관해 사고하는 것은 지혜에 이르는 길이며, 좋은 삶에 관한 사고로 이어지는 경로라고 생각한다. 그리고 우리의 판단이 맞았다. 하지만 예견치 못한 양식으로 드러났다. 이 책의 저자들은 우리로 하여금 '농부 피어스'(Piers the Plowman: 14세기 중세 영문학 작품인 윌리엄 랭글랜드의 소설에 나오는 등장인물)에서부터 '델리아 그린스테드'(Delia Grinstead: 미국의 소설가 앤 타일러의 작품(Ladder of Years) 속 등장인물), 리보의 엘레드(Aelred of Rievaulx: 12세기 영국의 시토회 수도자), 그리고 토마스 아퀴나스(Thomas Aquinas)에 이르는 환상적인 조합의 동료 여행자들과 때로 재미있고, 때로는 통렬하지만, 항상 흥미진진한 대화를 나누게 한다. 저자들이 들려주는 이야기들은 합창을 이루며 스토리텔링을 사용해서 진리를 추구하는 고대의 성경적 전통을 되살려 주고 있다.

이 책의 저자들은 중요한 질문을 제기했다. 그리스도의 이야기는 어떻게 우리의 과거와 미래에 대한 이야기들을 형성하는가? 인생의 목적은 노년에 이르러 더욱 선명해지는가? 사려 깊음, 회고적 유머, 인내, 관대함과 같은 덕목들은 어떻게 양성되는가? 세대 간의 분리 가운데서도 어떻게 공동의 의미를 찾을 수 있겠는가? 인간의 본질은 무엇인가? '충만한' 인생을 산다는 것은 어떤 의미인가? 잘 죽는다는 것은 어떤 의미인가? 이러한 질문들에 대한 답은 우리가 이 땅에서 사는 마지막 순간까지 선명하게 정리된 지도마냥 체계화될 수 없다. 오히려 답은 모호함과 부조화를 감내하는 것일 수 있다. 그것은 세속성의 영성화, 곧 '현세를 거룩하게 하는 것'임을 깨닫는 것이다.

　이 책은 나이 들어가는 이들을 위해 쓰였다. 모두에게 해당된다는 말이다. 우리는 성직자와 평신도 모두에게 이 책이 쉽게 읽히고 도움이 되기를 바란다. 이 책의 에세이들은 이야기들을 체계적인 서술로 통합하고 있으며, 좋은 도덕적 사례뿐 아니라 진지한 지적 참여를 통해서 도움과 이해가 이루어지게 하려 한다. 저자들은 이 책의 신학적 성찰이 그리스도인들에게 더욱 신실한 삶을 위한 죽음을 이해하는 데 도움이 되기를 바라며 집필을 했다. 하지만 우리는 또한 이 책이 비 그리스도인들에게도 어느 정도 도움이 되리라 본다. 최소한 나이 듦의 문제와 선물 모두에 대해서 대화와 성찰을 일으키기를 희망한다.

시대에 따른 노년에 대한 시각들

　이 책은 세 단원으로 구성되어 있다. 1부의 에세이들은 '나이 듦에 대한 성경적, 역사적 관점'이라는 주제로 노년에 대한 성경 및 초기 교회와 중세 기독교의 관점들에 초점을 맞춘다. 이 에세이들은 그 시기의 문서들에 나타난 나이 듦에 관한 다양한 기술뿐 아니라 현재 우리 기독교 공동체의 노인들에 대한 관습과 이해에 영향을 줄 수 있는 더 광범위한 신학적 주제들을 다룬다.

　첫 에세이에서 리처드와 주디스 헤이스(Richard and Judith Hays)는 노년에 대한 기독교의 관습적 이해를 성경에서 어떻게 말하고 있는지 검토한다. 이들은 성경에 나오는 노년 인물들에 대한 여러 기록을 살피고 젊어서 돌아가신 메시아를 묵상한다. 한창 때 돌아가신 예수님의 죽음이 노년에 대한 기독교의 관습적 이해를 위한 기독교적 바탕의 체계를 제공하는가? 로완 그리어(Rowan Greer)는 초대교회에서 장수는 소수만이 누렸기 때문에 선물로 간주되어 왔다고 설명한다. 그는 우리 또한 초대교회의 신자들과 마찬가지로 나이 듦이 덕과 지혜의 절정을 대변하는 것으로 봐야 한다고 주장한다. 데이비드 에이어스(David Aers)는 중세 시대에 고령의 사악함은 잠재적 선보다 훨씬 더 강조되었다고 밝힌다. 그러면서 그는 또한 기독교 탐험의 시대에 노년의 비전을 제시했던 한 중세 시인의 목소리를 전한다. 이 탐험의 시기는 오직 그리스도의 몸을 보존하는 공동체인 교회 안에서만 가능했다고 한다.

2부의 에세이들은 '고령화 문제에 대한 비판적인 관점들'이라는 주제 아래 노년과 나이 듦을 종종 두려움으로 대했던 노년에 대한 근대적 시각을 고찰한다. 이 단원의 저자들은 또한 그러한 견해가 노인들과 사회 전체를 위해 갖는 함의뿐 아니라 우리의 정치적, 경제적, 사회적 시스템들에 대한 관점과 어떻게 연결되는지를 논한다.

이 단원의 첫 번째 에세이는 내가 직접 쓴 글인데, 문화적인 유행과는 대조적으로 늙어가는 사람들의 실제 삶에 초점을 맞추어 이미지와 태도로부터 분리된 현대적 관념들을 밝히려고 했다. 키스 메도어(Keith Meador)와 션 헨슨(Shaun Henson)의 '치료주의 문화에서 늙어간다는 것'이라는 글에서는 현대 의술의 힘에 의해 주입된 치료적 낙관주의의 위험성을 지적한다. 이들은 그와 같은 낙관주의를 대신해서 그리스도인들이 예수의 삶과 고난, 죽음, 그리고 부활에 근거한 희망의 내러티브, 곧 나이 듦을 우리가 싸워야 할 악으로 보지 않는 내러티브를 제시해야 한다고 주장한다. 패트리샤 비에티 정(Patricia Beattie Jung)은 노인들의 변화 가능성뿐 아니라 젊은이와 노인 사이의 차이점을 탐구하며 성별, 인종, 사회경제적 지위와 같은 요인들이 한 사람의 늙어가는 경험 속에서 만들어 내는 차이를 고찰한다. '죽음의 언어: 신학과 경제학의 갈등'의 내용을 다룬 에세이에서, 스티븐 롱(Stephen Long) 박사는 잘 죽는 것에 대한 기독교적 관점이 경제학자들의 '희소자원'(scarce resources) 논의에 의해서 대치되고 있음을 분석한다. 이 단원의 마지막 에세이에서 조엘 슈먼(Joel Schuman)은 죽음의 의료화와 자본주의가 우리로 하여금 더 이상 생산이나 소비를 할 수 없을 때 살아야 할 이유가 없어진다고 믿게 만드는 방식에 주목한다. 아마도 가장 씁쓸한 일은 아주 최근에 어떻게 죽을 것이며, 노인과 죽어가는 이들을 어떻게 돌볼 것인가를 가르치는 전통을 이어온 공동체들이 소멸되어가고 있다는 것이다. 우리 문화에서 늙어 감에 대한 기독교적 대안은 어떠한 모습이어야 하는지를 제시하는 슈먼의 논의는 책의 마지막 단원의 주제로 이어진다.

3부는 '나이 듦에 대한 기독교적 실천'이라는 주제 아래 나이 듦의 현대적 이해에 대응할 뿐 아니라 의미와 위로, 경축, 그리고 도전을 제공하고 수명의 연장을 선물로 받아들이게 하는 기독교적 실천을 건설적으로 제안한다.

이 단원의 첫 번째 에세이에서 스탠리 하우어워스(Stanley Hauerwas)와 로라 요디(Laura Yordy)는 나이 듦이 우정에 제기하는 특별한 과제에 대해 숙고한다. 이들은 노인들 간, 또는 노인들과 젊은이들 간의 우정은 교회에 필수적이라고 주장하며, 리보의 엘레드가 꿈꿨던 우정의 공동체를 교회가 어떻게 실제적으로 적용할 수 있을지 제안한다.

수전 존스와 그레고리 존스(Susan and L. Gregory Jones)는 예배에 참여한다는 의미가 인간됨이 다른 역량과는 분리된 상태에서 기억, 정신 활동, 또는 생각에 의해 형성된다는 관념 너머로 우리를 인도할 수 있음을 규명한다. 이들은 예배를 가장 어린 아이로부터 가장 나이 든 사람에 이르기까지 우리 모두가 하나님의 형상과 모양으로 지음 받은, 그리고 하나님과의 교제로 향하는, 그래서 하나님을 경배함에 참여할 수 있는 피조물이라는 진리를 회복시키는 현장으로 봐야 한다고 주장한다. 찰스 핀치스(Charles Pinches)는 그의 에세이에서 호머의 이야기뿐 아니라 개인적인 이야기들을 엮어서 나이 듦의 미덕에 관해 말하는 것이 무슨 의미인지를 진지하게 파고든다.

데이비드 마츠코 맥카시(David Matzko McCarthy)는 장수하는 사람들은 종종 변화를 통한 지속성의 보존에 관한 한 가장 좋은 지혜의 보고가 된다고 주장한다. 단 그들이 그리스도의 몸을 이루는 공동생활로부터 사회적으로 고립되거나 격리되지 않는 한 그렇다는 것이다.

데이비드 클라우티어(David Cloutier)의 에세이는 그리스도를 따르는 이들에게는 안락사가 용납될 수 없음을 설득력 있게 주장한다. 이는 고통과 의존이 기독교적인 좋은 삶의 비전에서 독특한 위치를 점하기 때문이다.

책의 마지막 에세이인 트리즈 라이서트(Therese Lysaught)의 '기억, 장

례, 성도의 교제'는 "우리가 죽은 자들과의 유대에서 헤어나지 못하는 것
은 왜 그런가?"라는 질문을 탐구한다. 기억의 개념에 대한 통상적인 이해
를 비판하면서 라이서트는 장례 예식은 죽은 이들이 공동체의 구성원임을
상기시켜 주는 중요한 단서가 된다고 주장한다. 죽은 자들을 성도의 연합
안에 재정립시키는 그와 같은 의식은 살아 있는 자들 또한 재정립시키며
우리의 기억 속에 노인들을 진실하게 기억하도록 가르친다는 것이다.

본서의 편집자들은 이 책의 집필에 도움을 준 모든 이들에게 고마움
을 표한다. 기고자들은 단지 그들의 시간과 재능만을 기부한 것이 아니라
그들 자신의 이야기와 감정, 그리고 생각을 공유했다. 우리는 모든 기고
자 한 사람 한 사람에게 진심어린 고마움을 전한다. 우리는 또한 지나간
세대들의 경험과 '그리스도 안에서' 나이 들고 죽는다는 것이 무슨 의미인
지, 또한 무슨 의미여야 하는지에 관한 통찰을 공유해 준 우리와 함께 살
아가는 어르신들에게 고마움을 표하는 바이다.

캐롤 베일리 스톤킹
(Carole Bailey Stoneking)

Growing
Old
in Christ

Part 1

나이 듦에 대한 성경적이고 역사적인 관점

나이 듦은 영광이었으며
특별한 선물이었다

장수는
축복이었다

리처드 헤이스(Richard B. Hays)
듀크대학교 신학대학원의 조지 워싱턴 아이비 신약학 석좌교수

주디스 헤이스(Judith C. Hays)
듀크대학교 메디컬센터의 정신의학 및 행동과학연구 부교수
노화 및 인간발달센터 선임연구원

최근 미국 문화에서 노화와 노인 돌봄 문제가 커다란 관심사로 떠오르는 것과는 대조적으로 신약성경은 놀라울 정도로 이 주제에 대해서 거의 언급하지 않는다. 이러한 상대적 침묵은 신약성경 기자들이 살았던, 지금과는 아주 다른 사회적·문화적 세계를 생각하면 적어도 부분적으로는 설명될 수 있다. 당시는 고령까지 생존했던 사람이 적었고,[1] 그렇게 오래 산 사람은 공동체 안에서 명예를 얻고 존중을 받았다. 그러므로 노화는 초대 그리스도인들에게는 종교적 해결책들이 요구되는 어떤 '문제'로 여겨지지 않았다. 결과적으로 신약성경은 우리에게 시급하게 보일 수 있는 질문, 곧 신체적 외형의 노화를 어떻게 미연에 방지할지, 고령자에 대한 장기적인 돌봄의 비용을 어떻게 감당할지, 임종 환자의 선택권을 어떻게 증진할지 등에 대한 해답을 거의 제공하지 않는다.

　　반면 구약성경은 신약성경과 대조적으로 므두셀라로부터 다윗에 이르기까지 고령 인물들에 대한 이야기들을 더 많이 하고 있다. 그러나 여기서도 노화를 이해하는 문화적 맥락이 지금과는 극적일 정도로 달라서 우리의 관심사와 성경 기자의 관심사 사이에는 큰 간극이 있다. 그렇다면 이것은 우리가 나이 듦의 기독교적 실천을 신학적으로 성찰할 때 성경의 유용성이 제한된다는 의미인가? 또는 반대로, 성경 본문이 노화를 이해하기 위한 다른 평가 모형을 제공하기 때문에 우리가 잠시 멈춰 서서 우리 자신의 성찰을 재구성해야 하는 것일까?

본 장은 신약성경 자료에 초점을 맞추겠지만 우리는 성경이 구약과 신약이라는 두 가지 정경을 함께 포함하고 있다는 사실을 항상 기억해야 한다. 신약성경 본문은 구약성경에 나타난 하나님이 이스라엘을 다루신 더 긴 이야기에 속해 있다. 신약성경 기자들은 그 긴 이야기의 속편을 이야기하며 그것을 해석할 특별한 렌즈들을 제공한다. 결과적으로 노화에 대한 우리의 논의는 신약성경에 초점을 맞추면서, 보다 더 넓은 성경적 관점을 염두에 둘 것이다.

우리의 논의는 네 부분으로 다뤄질 것이다. 먼저 신약성경에서 '늙음'(old)과 '노화'(aging)를 표현하는 단어의 사전적 정의와 그 중요성에 대한 관찰로 시작할 것이다. 그리고 노화하는 인물들에 대한 신약성경의 묘사를 살펴보고 이 이야기들 가운데 강조된 주제에 대해 신학적 성찰을 제공할 것이다. 세 번째 부분은 하나님 앞에서 신실한 삶을 살았던, 신약성경의 모범인 예수가 청년으로서 처형되어 노년을 경험하지 않았다는 괄목할 만한 사실을 살펴볼 것이다. 이것은 노화에 대한 신학적 성찰에서 어떤 중요성을 가지는 것일까? 마지막으로 성경 기자들에게 최대의 관심사는 보편적으로 말하는 노화가 아니라 나이 듦이 지향하는 목적지인 유한함(mortality)이라는 사실을 제안할 것이다. 나이 듦에 대한 성경적 관점은 우리로 하여금 우리가 이르게 되는 끝으로서의 죽음, 또한 하나님의 구속하시는 능력이 대면할 마지막 원수인 죽음에 초점을 맞추게 될 것이다.

성경에 나타난 '나이 듦'의 용어들

신약성경에 자주 등장하지는 않지만, 우리는 노화나 고령자를 언급하는 몇 가지 다른 용어들을 만나게 된다. 프레스비테스(presbytes: 늙은 남자)라는 단어는 세 번 등장하는데 두 번은 사가랴(눅 1:18)와 바울(몬 9)의 입을 빌려서 자기 자신을 묘사하는 단어로 나온다. 나머지 한 번은 그레데에 있는 교회의 '늙은 남자들'을 지칭하는 용어로 나오는데 바울의 특사인 디도는 그들을 교훈해야 했다(딛 2:2).

여성형 명사 프레스비티스(presbytis: 늙은 여자)도 같은 문맥에서 등장하는데(딛 2:3), 신약성경에서 유일하게 언급된 곳이다. 이와 밀접하게 관련된 용어인 프레스비테로스(presbyteros: 장로)는 회당이나(예컨대 마 21:23; 눅 7:3; 행 25:15) 교회 안에서(예컨대 행 15:2; 딤전 5:17; 딛 1:5; 약 5:14) 공동체의 지도자로 인정되는 사람들을 지칭하며 비교적 자주 사용되고 있다. 이 용법은 공동체 내에서 지도력이 나이 많음과 관련되어 있는 것을 전제로 한다. 그러나 때로 프레스비테로스는 실제로 영어에서 'elder'(더 나이 많은)라는 비교형용사가 잘 보여 주는 것처럼 사도행전 2장 17절이나 디모데전서 5장 1절(또한 딤전 5:2에서 여성 복수형 프레스비테라스(presbyteras)와 비교), 그리고 아마도 베드로전서 5장 5절에서와 같이, 지도적 직무와 관계없이 연장자를 지칭하고 있다.

게론(geron: 노인, 여기서 'gerontology'(노인학)라는 영어 단어가 유래함)이라는 명사는 니고데모가 예수께 질문하는 중에(요 3:4) 단 한 번 나온다. 연관되는 용어들은 게라스(geras: 노년, 눅 1:36)와 동사 게라스코(gerasko: 늙다; 요 21:18; 히 8:13)이다. 이 용어는 프레스비테스/프레스비테로이(presbyteroi)에 부여하는 존엄이라는 함축된 의미는 없고 단순히 생활 연령(chronological age)을 지칭하는 것처럼 보인다.

마지막으로, 형용사 팔라이오스(palaios, 여기서 'paleontology'(고생물학) 같은 단어가 유래함)는 '고대의, 오랫동안 존재한'을 뜻하며 종종 '구식 혹은 낡음'이라는 함축된 의미를 가진다.[2] 그것은 낡은 의복이나 오래되고 망가지기 쉬운 가죽부대(막 2:21-22 그리고 평행구들), 유월절 준비로 버려지는 묵은 누룩(고전 5:7), 회당에서 낭독되던 "옛 언약"(고후 3:14; 롬 7:6과 비교)을 지칭하며, 비유적으로 이제는 사형에 처해진(롬 6:6), 또는 낡은 옷처럼 벗어지고 그리스도 안에서 새로운 정체성(엡 4:22; 골 3:9)과 비교되는 갱신의 의지가 없는 옛 자아를 지칭한다. 신약성경에서 덜 자주 사용된 팔라이오스는 오래된 소중하고 존엄한 가르침을 지칭했다(마 13:52; 요일 2:7). 의미심장한 것은 팔라이오스가 결코 고령자를 묘사하기 위해 문자 그대로의 의미로 사용된 적이 없다는 사실이다. 불행히도, 영어의 'old'라는 단어가 프레스비테스 그리고 게론과 연결된 같은 유의 언어들뿐 아니라 이 팔라이오스라는 용어를 번역하는 데도 사용되었기 때문에, 팔라이오스에 함축된 경멸적인 의미가 영어권 독자들에게는 전혀 다른 의미로 전해지면서 앞서 언급한 다른 용어들에도 부적절하거나 부정적인 느낌을 줄 수 있다.

신약성경에 등장하는 나이 든 인물들

누가복음 1장에서는 나이 든 인물들이 중요한 역할을 한다. 누가의 이야기에서 무대 위에 등장하는 첫 번째 인물은 제사장 사가랴와 그의 아내 엘리사벳인데, 그들은 모두 "나이가 많았다"(눅 1:7). 그들은 모두 "하나님 앞에 의인이니 주의 모든 계명과 규례대로 흠이 없이 행했으나" 실망스럽게도 아이가 없었다(1:6-7). 가브리엘 천사가 성전에서 사가랴에게 나타나 엘리사벳이 이스라엘에게 회개를 외칠 엘리야 같은 아들 요한을 낳을 것이라고 약속했을 때(1:13-17), 우리는 구약성경에서 아브라함과 사라(창 18:1-15; 21:1-7) 그리고 한나와 그녀의 남편 엘가나(삼상 1:1-20)의 이야기를 떠올리게 된다. 이 이야기들에서 하나님의 놀라우신 은혜는 이전에 아이를 낳지 못하던 부부에게 약속이 주어지고 아이가 출생하는 것이다. 이들의 이야기가 아브라함-사라와 닮은 점은 두 부부 모두 나이가 많다는 사실이다. 노년에 놀라운 열매를 맺었다는 주제는 하나님의 능력과 자유를 강조한다. "여호와께 능하지 못한 일이 있겠느냐?"(창 18:14; 눅 1:37 비교)

그럼에도 불구하고 신성한 약속을 회의적인 웃음으로 받아들였던 사라처럼, 사가랴 역시 그 약속을 믿지 못한다. 그 결과 가브리엘은 그를 얼마동안 말하지 못하게 한다(눅 1:18-23). 그러나 누가는 바로 약속된 좋은 소식의 성취를 이야기한다. "이 후에 그의 아내 엘리사벳이 잉태" 한다(1:24). 줄거리가 펼쳐지면서 우리는 부모의 많은 나이가 계속 강조되고 있음을 발견한다. 마리아를 향한 수태고지 이야기에서 가브리엘은 그녀에게 "네 친족 엘리사벳도 늙어서 아들을 배었느니라"고 알려 준다 (1:36).

처음에 사가랴가 하나님의 약속을 의심했음에도 불구하고 그와 엘리사벳은 모두 하나님께서 행하시는 새로운 일을 분별하는 예언자가 된다. 그들은 누가가 "성령의 충만함을 받아"(1:41, 67)라고 말했던 최초의 두 인물이기도 하다. 엘리사벳은 마리아에게 "여자 중에 네가 복이 있으며"라고 말했고, 그녀를 가리켜 예언적으로 "내 주의 어머니"라고 부르면서 퀴리오스(kyrios)라는 칭호를 예수께 돌린 첫 번째 사람이 된다(1:42-43). 사가랴는 결국 요한의 출생 후 혀가 풀리게 되고 성경 이야기의 서사적 흐름을 요약하는 예언을 말하며, 하나님께서 이스라엘을 속량하신다는 약속들이 이제 이루어지고 있다고 선언하게 된다(1:67-79). 이렇게 하여 누가에 의해 조심스럽게 구성된 이야기에서 나이 든 인물인 엘리사벳과 사가랴는 모두 하나님의 목적의 도구이자 마리아와 더불어 하나님의 구속 행위를 처음으로 해석하는 사람들이 된다.

예수의 탄생과 어린 시절에 대한 누가의 이야기에서 우리는 예언적 목소리를 내는 두 명의 나이 든 사람들을 더 만나게 된다. 곧 시므온과 안나인데 그들은 성전 안에서 아기 예수의 정결예식 때 그를 환영하는 예언의 칭송을 부르게 된다(눅 2:22-38). 노인 시므온은 "이스라엘의 위로"(곧 억압으로부터의 구원)를 오랫동안 희망하는 중에 주의 그리스도를 보기 전에는 죽지 아니하리라는 성령의 약속을 받게 된다. 그는 아기 예수가 하나님이 선택하신 자임을 알아보고 다음과 같이 감동적으로 선포한다.

주재여 이제는 말씀하신 대로

종을 평안히 놓아 주시는도다

내 눈이 주의 구원을 보았사오니

이는 만민 앞에 예비하신 것이요

이방을 비추는 빛이요

주의 백성 이스라엘의 영광이니이다

(눅 2:29-32)

뿐만 아니라 그는 성령의 인도하심을 따라 마리아에게 수난에 대한 어두운 예언을 하게 되는데, 그녀 자신의 고통과 "이스라엘 중 많은 사람을 패하거나 흥하게"(눅 2:34) 분열시키는 징후로서 아기 예수가 지닌 역할까지 예언하게 된다. 마찬가지로 성전을 떠나지 않고 주야로 금식하며 기도하는 84세의 여선지자 안나는 예수를 알아보고 하나님께 감사하면서 "예루살렘의 속량을 바라는 모든 사람에게"(2:38) 그에 관한 소식을 선포한다.

이렇게 누가의 이야기는 예수의 예언적 소명과 그의 사역이 불러일으킬 갈등을 예시하는 증인으로 한 쌍의 두 노인들을 소개하고 있다. 시므온과 안나의 나이는 오랜 세월에 걸쳐 증명된 그들의 지혜를 보여 주며, 동시에 이스라엘이 오래 참아 온 구원의 기대를 상징한다. 이 나이 많은 두 인물은 하나님의 구속적 능력에 대한 급진적 개방성이 노인들 가운데서 나타난다는, 오히려 그들에게서 더 잘 발견된다는 점을 시사하고 있다.

요한복음에서는 예수에 대해 모호한 반응을 보이는 좋은 예로 이스라엘의 한 나이 든 인물을 마주하게 된다. "유대인의 지도자"인 니고데모는 자신의 궁금증을 해결하기 위해 늦은 밤 예수를 찾아갔다(요 3:1-21). 그의 정확한 나이는 알려지지 않았지만 거듭나야 할 필요가 있다는 예수의 신비한 선언에 대한 반응으로 보아 아마도 그가 나이가 많았던 것 같다. "<u>사람이 늙으면</u> 어떻게 날 수 있사옵나이까? 두 번째 모태에 들어갔다가 날 수 있사옵나이까?"(요 3:4, 강조 추가) 예수님은 니고데모가 늙은 나이라 할지라도 거듭나야 한다는 이 부르심에 놀라서는 안 된다고 대답한다. 왜냐하면 새로운 출생은 성령의 역사이며, 그것은 바람처럼 임의로 불기 때문이다.

이 이야기에서는 시므온과 안나의 이야기와는 대조적으로 나이 듦에 특별한 지혜나 통찰력을 부여하지 않는다. 사실 인정받는 "이스라엘의 선생"으로서 니고데모의 역할은 예수 속에 육신이 된 하나님의 말씀을 이해하는 데 방해가 되는 것처럼 보인다. 그리고 그가 "밤에" 온 것은 "자기 행위가 악하므로 빛보다 어둠을 더 사랑한"(요 3:19) 자들과 상징적으로 어울리도록 한다. 니고데모가 요한복음 3장에 잠깐 등장하고 이내 사라졌기 때문에 우리는 그가 예수의 이해하기 힘든 도전에 어떻게 반응했는지 알지 못한다. 마지막으로 기록된 그의 말은 당혹스런 회의를 나타낸다. "어찌 그러한 일이 있을 수 있나이까?"(3:9).

그런데 이러한 니고데모의 반응은 성경 전체의 맥락에서 볼 때, 다윗의 왕위를 이어받을 아이를 낳을 것이라는 가브리엘의 약속에 대한 마리아의 반응과 유사한 점이 많다. "나는 남자를 알지 못하니 어찌 이 일이 있으리이까?"(눅 1:34).

그렇다면 아마도 니고데모의 질문은 마리아에게서와 마찬가지로 그의 최종 반응은 아니었을 것이다. 사실 그 이야기 다음에 나타나는 두 곳의 기록에서 니고데모는 적어도 계속해서 예수를 은밀히 믿었던 자로 나타난다. 비록 믿음을 공언하지는 않지만, 그는 대제사장들과 바리새인들 앞에서 예수를 변호하여 말하고(요 7:45-52), 예수의 시신을 장사하기 위해 향유를 바르는 일에 아리마대 사람 요셉과 함께했다(19:38-42).

요한복음의 마지막 장은 베드로와 사랑하시는 제자를 묘사하면서 신약성경의 나이 든 인물에 대한 중요한 증거를 제공한다. 여기서 부활하신 예수는 베드로가 결국 노인으로 죽을 것에 대해 예언하신다. "내가 진실로 진실로 네게 이르노니 네가 젊어서는 스스로 띠 띠고 원하는 곳으로 다녔거니와 <u>늙어서는</u> 네 팔을 벌리리니 남이 네게 띠 띠우고 원하지 아니하는 곳으로 데려가리라"(요 21:18, 강조 추가).

노인으로 순교할 것이라는 이 예언 때문에 베드로는 "예수께서 사랑하시는 그 제자"에 대해 묻지 않을 수 없었다. 저자는 예수님의 애매한 대답 때문에, 예수께서 사랑하시는 제자가 죽지 않을 것이라는 소문이 났다고, 그리고 그것은 사실이 아니라고 설명한다(21:23). 사도 요한의 이 해설은 사랑하신 제자가 장수하여 공동체 전통의 원천으로 증언하고 섬긴 후에 죽었던 1세기 말의 상황을 전제로 하는 듯하다(21:24). 따라서 이 이야기는 베드로와 사랑하시는 제자 둘 다 다른 죽음의 방식에도 불구하고, 복음의 증인이요, 초대 기독교 운동의 핵심적 지도자로서 노년까지 살았음을 암시한다.

바울 서신으로 넘어가면, 몇 안 되는 구절들에서 나이 든 인물을 다루고 있는 것을 보게 된다. 이 구절들 가운데 가장 중요한 것은 로마서 4장에서 바울이 아브라함과 사라의 이야기를 상세히 말하는 지점이다. 아브라함의 믿음을 설명하는 중에 바울은 그가 고령임을 강조한다. "그가 백세나 되어 자기 몸이 죽은 것 같고 사라의 태가 죽은 것 같음을 알고도 믿음이 약하여지지 아니하고"(롬 4:19). 희망이 없어 보이는 상황에도 불구하고 아브라함은 계속해서 "하나님이 약속하신 그것을 또한 능히 이루실 줄을" 확신했고, 그 믿음이 그에게 의로 여겨졌다(4:21-22). 이와 같이 바울은 아브라함을 믿음의 모범으로 묘사하는데, 노인들만을 위해서가 아니고 전 세계를 위해서였다.

바울은 자기 자신에 관하여 이제는 "예수 그리스도를 위하여 갇힌 자"인 "나이 많은 자"로 언급하고 있다(몬 9). 이러한 자기 묘사는 아마도 서신의 수신인들로부터 동정적인 존중을 이끌어내려는 의도인 것처럼 보이는데, 바울은 그에게 종 오네시모를 관대히 대해 줄 것을 설득하고 있다. 다른 곳에서 바울이 자신을 개종자들의 '아버지'라고 언급한 것은 연로한 부모에게 공손히 복종하라고 호소하는 것과 유사한 목적을 갖는데(고전 4:14-16; 고후 6:13; 갈 4:19-20; 살전 2:11-12 참조), 여기서의 강조점은 바울의 나이보다는 비유적인 의미에서 그가 교회들에게 '부성'을 지니고 있다는 것이다.

공동체의 나이 든 구성원들에 대한 존경은 목회 서신에서도 강조되어 있다. 예를 들어 디모데전서 5장 1절을 보면, "늙은이를 꾸짖지 말고 권하되 아버지에게 하듯 하며"라고 말한다. 여기서 공동체는 예순이 넘은 과부에게 도움을 제공해야 하며, 교회에 의해 과부로 인정된 여성들은 기도, 선한 행실, 그리고 환난 당한 자들을 위한 구제에 힘을 쏟아야 한다는 특별한 지침을 보여 주고 있다(딤전 5:3-16).

디도서는 늙은 여자가 "행실이 거룩하며 모함하지 말며 많은 술의 종이 되지 않도록" 교육받을 것과 젊은 여자들에게 가정의 의무들을 훈련시켜서 "하나님의 말씀이 비방을 받지 않도록"(딛 2:3-5) 할 것을 추가한다. 반면에 나이 든 남자들은 "절제하며 경건하며 신중하며 믿음과 사랑과 인내함에 온전하도록"(딛 2:2) 해야 한다는, 보다 일반적인 방식의 교훈을 전하고 있다. 노인에 대한 이러한 통상적인 도덕 교훈은 교회 공동체가 더 넓은 문화의 관점에서 존경받을 만해야 함을 말하고 있다. 이는 목회 서신들의 큰 관심사이긴 하지만 늙어가는 이들을 위한 특별한 기독교적 도덕 비전이라고 할 만한 수준은 아니다.

신약성경에서 나이 든 인물들에 대한 여러 가지 언급들을 살펴보면서, 우리는 어떠한 일반적인 관찰점이나 일반적인 주제들을 발견할 수 있는가?

첫째, 신약성경의 저자들은 노인들이 명예, 존경 그리고 특별한 돌봄을 받을 만한 가치가 있음을 인정하고 있다. 노인들이 홀로 있거나 도움을 구할 때 교회 공동체는 그들을 돌보아야 하며, 나이 든 자기 가족을 돌보지 않는 자는 엄하게 비난을 받는다. "그들은 믿음을 배반한 자요 불신자보다 더 악한 자니라"(딤전 5:8). 야고보서에 따르면 "정결하고 더러움이 없는 경건"은 과부와 고아를 돌보는 데 있다는 사실에 주의를 기울인다(약 1:27). 서기관들과 바리새인들에 대한 예수님의 가장 엄중한 심판 가운데 하나는 부모를 돌보는 책임을 버리기 위해 그들이 적용했던 결의법(決疑法 casuistry)을 향하고 있다(막 7:9-13). 십자가에 달리신 때조차도 예수님은 사랑하는 제자에게 그의 어머니 마리아를 맡길 정도로 신경을 썼고, 그는 마리아를 "자기 집에 모셨다"(요 19:26-27).

둘째로, 노인들은 특별한 책임을 떠맡는다. 그들은 믿음의 전형이자 공경과 절제의 귀감이 될 만한 역할 모델이 되어야 한다(딛 2:2-5). 또한 공동체 안에서 지도력을 발휘해야 하는데, 특히 가르치는 것과 조언하는 일에서 그랬다. 그들은 하나님께서 당신의 백성들에 주신 약속의 성취를 보지 못한 채 고난이나 죽음에 직면하고, 심지어 순교라는 특별한 소명을 깨닫게 될 수도 있다. 그렇게 된다면 그 믿음의 본은 죽음을 뛰어넘어 다음 세대까지 이어지는 증거가 될 것이다(히 11장).

이런 종류의 모범적인 믿음은 누가복음에 나타난 예수님의 유년 시절 이야기나 바울이 전하는 아브라함과 사라의 이야기 속 나이 든 인물들에 의해 구현된다. 그들은 하나님께 주의를 기울이는 훈련이 잘 되어 있다. 그들은 오랫동안 하나님의 약속에 매달려온 사람들답게 끈기와 인내, 하나님의 궁극적 신실하심을 신뢰하는 미덕을 구현하고 있었다. 그들은 또한 가망이 없어 보이는 상황에서도 믿음과 소망을 실증한다.

마지막으로, 성경의 나이 든 인물들은 예상치 못했던 결실이 노년에도 가능하다는 것을 시사한다. 사가랴와 엘리사벳, 아브라함과 사라, 그리고 아마도 요한복음의 니고데모까지 생의 마지막에 변화되어 새로운 삶을 살며 소망의 결실이 가능함을 보여 준다.

하나님을 믿는 사람은 과거라는 굴레, 곧 사회의 관습적 역할이나 일찍이 선택했던 진부한 길에 갇히지 않는다. 도리어 그들은 하나님께서 주시는 것을 받는 데 열려 있으며, 성령 하나님의 신선하고 놀라운 역사에 열려 있다. 베드로의 오순절 설교에 인용된 요엘의 예언처럼 말이다.[3] "너희의 젊은이들은 환상을 보고 너희의 늙은이들은 꿈을 꾸리라"(행 2:17; 욜 2:28 인용). 노년의 제사장 엘리 이야기와는 달리(삼상 3:1-9) 신약성경에 조명된 이 연로한 인물들은 하나님의 음성을 듣는 데 열려 있었고 그들이 듣는 것에 따라 행동하는 데도 열려 있었다. 그들은 시편 92편이 묘사하는 의인들이다.

> 의인은 종려나무 같이 번성하며,
> 레바논의 백향목 같이 성장하리로다
> 이는 여호와의 집에 심겼음이여
> 우리 하나님의 뜰 안에서 번성하리로다
> 그는 늙어도 여전히 결실하며
> 진액이 풍족하고 빛이 청청하니
> 여호와의 정직하심과 나의 바위 되심과
> 그에게는 불의가 없음이 선포되리로다
>
> (시 92:12-15)

성경은 하나님께서 노년의 사람들에게 특별한 은사나 사명을 주시기 위해 그들 개개인의 삶 속으로 침투하시는 이야기들로 가득 차 있다.

아마도 신약성경에서 나이 든 인물들에 대해 말하지 않은 것들 역시 똑같이 중요할 것이다. 성경 어디에서도 그들을 동정하거나, 깔보거나, 혹은 조심스럽게 취급해야 할 사람들로 묘사하지 않는다. 그 어디에도 나이 듦 자체를 문제로 보지 않는다. 성경 어디에도 노인들이 가련하거나, 부적절하거나 유행에 뒤쳐진 존재로, 또는 비활동적이거나 비생산적인 사람들이라고 기술하지 않는다. 수많은 드라마나 이야기에 나타난 것처럼 그들을 희극적 인물로 풍자하지도 않는다. 오히려 나이 때문에 지혜를 지닌 사람들로 본다. 죽음에 대해선 종말의 때에 그리스도에 의해 정복될 원수로 취급하지만(예를 들어 고전 15:24-26), 신약성경 저자들은 결코 나이 들어가는 과정 자체를 극복해야 할 악으로 특징짓지 않는다. 신약성경은 우리에게 대안적 비전을 제공해 주는데, 그 안에서 노화를 '문제'로 보는 현대의 통속적 견해는 오히려 당황스럽고 건강하지 않은 것으로 보일 수 있다.

예수로부터 배우는 완주의 영성

예수는 노년기를 겪지 않았다. 교회는 나사렛 예수를 참 인성(人性)의 결정적 모델이자 진실하게 산 삶의 모델로 여겨왔다. 그러나 그는 우리가 보통 '말년'으로 여기는 나이까지 살지 않았다. 누가는 "예수께서 가르치심을 시작하실 때에 삼십 세쯤 되시니라"(눅 3:23)고 말하고 있는데, 대략 삼년이라는 기간 안에 그는 로마 제국에 의해 죽임을 당했다. 더 정확히 말하면, 예수는 아마도 헤롯왕(기원전 4년에 사망)이 통치했던 기원전 6-4년 사이에 태어났고, 로마 총독 본디오 빌라도에 의해 AD 30년에 처형되었

다. 이렇게 추정한다면 그가 죽었을 시점은 36세를 넘지 않았을 것이다.[4]

이처럼 예수는 그의 인생의 한창 때, 노년을 경험하지 않고 죽었다. 이것은 우리에게 나이 듦의 기독교적 실천을 위해서 그리스도로부터 배울 수 있는 양식이 전해지지 않았다는 의미일까? 만약 그렇다면, 이러한 상황이 내포하는 신학적 중요성은 무엇일까?

먼저, 예수께서 죽으신 방식은 오래 오래 사는 것보다 신실함이 더 중요하다는 것을 보여 주는 항구적 표지가 된다. 수명이 긴 것은 축복이지만(잠 16:31; 20:29) 우리가 그럴 권리를 가지고 있다고 생각해서는 안 된다. 하나님은 우리를 불러 생명까지도 포기하라고 하실 수 있다.

제자도의 길은 예수께서 되풀이해서 가르치셨던 대로 당신을 따르는 자들을 십자가로 인도한다(예를 들면 막 8:34-38; 눅 14:25-27). 예수는 우리로 하여금 죽음을 무릅쓰고라도 자유롭게 행동하고 진리를 증언하도록 해 주는 하나님에 대한 확고한 신뢰의 본이 된다. 요한계시록은 큰 용 사탄을 "어린 양의 피와 자기들이 증언하는 말씀으로써 이겼으니, 죽기까지 자기들의 생명을 아끼지 아니한"(계 12:11) 신실한 순교자들을 찬양하고 있다.

이처럼 그리스도인들은 예수의 본을 통해 필사적으로 육신의 삶에 집착하고, 어떤 수를 써서라도 자신의 육체적 생존에 골몰하며, 자기 보호라는 조심스러운 방식 가운데 살아야 할 필요가 전혀 없음을 배우게 된다. 우리는 때가 되면 언제든 자유롭게 우리 생명을 놓을 수 있는데, 하나님이 마지막에 우리의 무죄를 입증해 주실 것을 믿기 때문이다(또한 이어지는 죽음과 부활에 관한 이 장의 마지막 부분을 보라.)

이 요점의 당연한 귀결은 우리가 반드시 장수할 것이라고 확신할 수 없기 때문에 19세든지 90세든지 매순간을 충만하게 살아야 한다는 것이다. 우리가 우리의 목숨이나 내일에 대해 염려하지 않아야 한다는 예수님의 놀라운 가르침은(마 6:25-34) 하나님의 의에 대한 그분의 급진적 신뢰뿐 아니라 수난의 문맥에서도 이해되어야 한다. 우리는 내일을 통제할 수 없고 우리 자신이 죽는 시간을 선택할 수 없다. 바로 그 이유 때문에 우리는 일용할 양식을 위해 하나님을 바라보고, 자신의 시간과 에너지를 부차적인 관심사에 허비하기보다 먼저 그분의 나라를 구하는 데 써야 하며, 주어진 하루하루를 선물로 받아들여야 한다.

둘째, 비록 예수는 젊어서 죽었지만 그분의 고통은 온 인류의 경험과 온 인류의 고통을 대표하고 구속한다. 그분은 사람의 아들로서 자신 안에 인류의 모든 운명을 짊어지셨다. 성육신에 대한 이해를 분명하게 표현하는 과정에서 초대 기독교 신학자들은 예수님이 참 하나님일 뿐만 아니라 참 인간이라고 주장했는데, 완전한 인성을 입어야 인간을 완전하게 구속할 수 있었기 때문이다. 나지안젠의 그레고리(Gregory Nazianzen)가 이 확신을 공식화한 대로, "취해지지 않은 것은 온전하지 않고, 하나님께 속한 것은 구원받는다."[5] 이것은 예수의 삶과 죽음이 온 인류의 경험에 대한 전형으로 이해되어야 한다는 것을 의미한다. 예수가 여성이나 이방인이 아니었거나, 고등교육을 받지 않았다거나, 나이를 먹지 않았던 것은 중요하지 않다. 왜냐하면 그의 고난, 죽음, 그리고 부활 가운데 우리 모두는 신비한 방식으로 속해 있기 때문이다. 그의 경험이 우리의 경험을 흡수하고 우리 자신의 경험을 이해하는 열쇠가 된다. 이것은 우리가 남자이든 여자이든, 아프리카인이든 중국인이든, 문맹이든 교육받은 자든, 젊었든 늙었든, 사실이다.

　그러므로 나이 듦에 관한 기독교적인 실천은 우리에게 십자가와 부활을 우리 자신의 노화와 죽음을 보는 렌즈로서 채용하는 상상적 기술을 배울 것을 요구한다. "우리가 항상 예수의 죽음(nekrosis)을 몸에 짊어짐은 예수의 생명이 또한 우리 몸에 나타나게 하려 함이라"(고후 4:10)고 했던 대로, 만약 실제로 노화가 고난을 가져다준다면 우리는 우리가 경험하는 고난을 해석하는 법을 배울 수 있다. 바울이 말한 대로 우리의 목표는 "그리스도와 그 부활의 권능과 그 고난에 참여함(koinonia)을 알고자 하여 그의 죽으심을 본받는"(빌 3:10) 것이다.

　이 모든 것은 우리가 문화나 인종, 계급, 성 또는 역경에 대한 우리 자신의 특별한 경험에 똑같이 참여하는 사람들과만 깊은 유대감을 공유할 수 있다고 믿는, 현재 만연해 있는 경향과 반대된다. 복음은 우리에게 다른 길을 가르쳐 준다. 우리 모두는 예수의 이야기에 기초해서 우리 삶을 이해해야 하며, 그렇지 않았다면 결코 분별할 수 없었던 공통점을 거기서 발견할 수 있다. 그리하여 역설적이게도 노인들은 삼십대 중반에 죽은 예수님의 이야기 속에서 노화의 도전에 직면하여 그들 자신의 삶을 계속 형성해 갈 모범을 발견한다.

　이 모범은 신약성경에 의해 해석된, 다른 사람을 위한 자기희생의 모범이다. 나이 듦에 관한 기독교의 실천은 예수님의 본에 의해 형성되는데, 그는 우리를 위해 자기를 비워 죽기까지 복종하셨다(빌 2:1-13을 보라). 그리하여 바울은 자신에 대해 이렇게 쓸 수 있다.

내가 그리스도와 함께 십자가에 못 박혔나니 그런즉 이제는 내가 사는 것이 아니요 오직 내 안에 그리스도께서 사시는 것이라 이제 내가 육체 가운데 사는 것은 나를 사랑하사 나를 위하여 자기 자신을 버리신 하나님의 아들을 믿는 믿음 안에서 사는 것이라(갈 2:19b-20).[6]

따라서 우리는 나이 들어가면서 어떻게 다른 사람을 위해서 우리의 삶을 줄 것인지를 분별해야 한다. 노년은 그저 느긋하게 쉬거나 골프하는 시간이 아니며, 과거에 대해 추억만 하는 시간도 아니다(비록 편히 쉼과 추억은 분명히 우리의 삶 속에서 합당한 자리를 갖지만 말이다). 대신 노년기에는, 우리 일생을 통해 그랬던 것처럼, 자신의 삶으로 예수님의 자기희생적 본을 따라 계속해서 섬김의 길을 추구해야 한다. 인생의 말년을 위한 이 기독교적 모범은 우리 주변에서 볼 수 있는 많은 관습적인 노화의 모델과 반대되며 그것을 뒤엎는다. 우리가 흔히 아는 사회의 관습적인 노화의 모델은 무기력하고 사회에 무익한 부담스러운 존재로서의 노인, 혹은 가만히 앉아서 평생 일해서 얻은 보상을 거두는 시간으로서의 노년이다. 젊어서 죽은 메시아의 모범에 비추어 말년을 이해하는 것은 T. S. 엘리엇의 조언을 받아들이는 것이다. "노인들은 탐험가가 되어야 한다."[7] 우리가 탐험하는 영역이 예수님이 우리를 위해 계획하신 제자도의 길이라는 단서를 달고서 말이다.

죽음아, 너는 죽으리라

성경이 노화를 하나의 문제로서 거의 관심을 보이지 않는 데 반해,
죽음은 전혀 다른 문제이다. 성경 기자들은 죽음을 세상에 드리워진 엄연
한 그림자로 보는 냉철하고 현실적인 견해를 가지고 있다. 시편 기자는
인생이 짧다는 것과 우리가 불가피하게 맞아야 할 죽음에 대해 애통한다.

> 우리의 모든 날이 주의 분노 중에 지나가며
> 우리의 평생이 순식간에 다하였나이다
> 우리의 연수가 칠십이요 강건하면 팔십이라도
> 그 연수의 자랑은 수고와 슬픔뿐이요
> 신속히 가니 우리가 날아가나이다(시 90:9-10)

분명한 사실은, 구약 성경의 기자들에게 "날아가나이다"라는 표현
은 영혼이 하늘로 올라가는 것을 의미하지 않는다는 것이다. 그것은 오히
려 단지 사람의 생명이, 시든 꽃이 바람에 날려가듯 순간적으로 소멸함을
묘사한 것이다(시 103:15-16). 구약성경 안에 '사후의 삶'에 대한 관념이 있
다면, 그것은 주로 세상을 떠난 자의 음울한 지하 세계 영역인 스올에 내
려가는 이미지로 그려진다. 이사야서에서 기억할 만한 죽음의 이미지는
"모든 민족의 얼굴을 가린 가리개와 열방 위에 덮인 덮개"(사 25:7)이다. 이
사야는 하나님이 이 가리개를 멸하시고 "사망을 영원히 멸하실"(사 25:8) 날
에 대해 예언하지만, 그날은 구약성경의 이야기 세계에서는 단지 장래의

소망으로 남아 있었다.

죽음에 대한 혐오는 구약성경에서만 발견되는 것이 아니다. 오히려 죽음이 큰 악이라는 것은 신약성경 안에서 훨씬 더 분명하게 드러난다. 소크라테스가 동요하지 않는 평정심으로 자신의 죽음에 차분하게 직면했던 것과는 대조적으로, 예수는 겟세마네 동산에서 임박한 체포와 처형을 생각하면서 동요와 슬픔을 지닌 채 기도한다. 그는 하나님께 죽음으로부터 자신을 살려 달라고 간구한다(막 14:32-42).

누가복음의 어떤 판본에 따르면, "예수께서 힘쓰고 애써 더욱 간절히 기도하시니 땀이 땅에 떨어지는 핏방울 같이 되었다"(눅 22:44). 이 점이 강조되어야 하는 이유는 감상적인 기독교의 경건이 종종 '더 좋은 세상으로 가는 통로'로서의 죽음에 대한 조심성 없는 이야기 속으로 빠져들기 때문이다. 그러나 우리는 신약성경 기자들의 관점보다 더 나갈 수는 없다. 예수님은 나사로의 무덤에서 우신다(요 11:32-37). 바울은 죽음을 "마지막 원수"라고 묘사한다.

죽음은 만물이 마침내 하나님께 복종하게 될 때인 종말론적 미래에 그리스도에 의해 멸망되도록 남아 있을 뿐이다(고전 15:26-28). 이와 같이, 만물이 아직 예수께 복종하고 있는 것을 보지 못하는 세상에서(히 2:8) 노화의 과정은 죽음에 대한 두려운 전망을 갖게 한다.

죽음의 문제에 대한 신약성경의 대답은 확고하고 일관성이 있다. 하나님이 마지막 날에 몸의 부활에 의해 죽음의 권세를 이기시리라는 것이다. 예수님의 부활은 이 마지막 부활의 첫 열매이며 또한 그 안에서 그리스도의 백성들이 공유할 종말론적 부활의 표지이다(고전 15:20-28). 그래서 그리스도인은 부활의 소망 안에서 나이 듦의 실천을 구체화한다. 부활은 적어도 두 가지 결정적인 방법으로 노화에 대한 우리의 이해를 형성한다.

첫째, 부활의 교리는 창조에 대한 하나님의 확고한 성실하심, 곧 그분이 만든 것을 구속하고자 하시는 결심을 확인한다. 그런 이유 때문에 영지주의의 몸에 대한 무관심은 기독교의 사상과 실천으로부터 가장 동떨어져 있다. 바울이 쓴 것처럼 그리스도인은 구속을 기다리는 창조된 질서와 연대하며 탄식한다. "피조물이 다 이제까지 함께 탄식하며 함께 고통을 겪고 있는 것을 우리가 아느니라 <u>그뿐 아니라 또한 우리</u> 곧 성령의 처음 익은 열매를 받은 <u>우리까지도</u> 속으로 탄식하여 양자 될 것 곧 <u>우리 몸의 속량</u>을 기다리느니라"(롬 8:22-23, 강조 추가).

성령을 받은 자들은 몸으로부터의 속량이 아니라 도리어 몸의 속량을 기다린다는 것을 주목하라. 기독교 교리가 가지는 근본적인 요소는 삶과 죽음 가운데 육체를 존중하고 돌보는 광범위한 실천을 불러일으킨다.[8] 우리는 몸이 버려지지 않고 부활 가운데 도리어 변형될 것을 기대한다. 그러므로 몸을 가지고 사는 삶은 나이가 들어갈수록 더욱 중요해진다.

둘째, 예수님의 부활은 죽음의 권세에 대한 하나님의 승리를 선언한 것이므로 우리는 두려움으로부터 자유롭게 되었고, 더 이상 노화나 죽음의 두려움으로 마비되거나 통제되지 않는다. 이 기쁜 소식은 히브리서에 분명하고 감동적으로 표현되어 있다.

자녀들은 혈과 육에 속하였으매 그도 또한 같은 모양으로 혈과 육을 함께 지니심은 죽음을 통하여 죽음의 세력을 잡은 자 곧 마귀를 멸하시며 또 <u>죽기를 무서워하므로 한평생 매여 종노릇 하는 모든 자들을 높아 주려</u> 하심이니 (히 2:14-15, 강조 추가)

우리는 나이가 들면서 그리스도 안에서, 그리고 그리스도와 함께 죽음을 직면한다. 그러므로 죽음이 인간의 번영, 그리고 세상에 대한 하나님의 구속적 의지에 대해 여전히 끔찍한 원수로 남아 있지만, 우리는 바울이 고린도전서 15장 55절에서 선언한 대로 그 "쏘는 것"이 제거되었음을 안다. 우리는 더 이상 두려움의 노예로 살지 않는다. 17세기의 위대한 형이상학파 시인 존 던(John Donne)은 우리를 파괴시키려 하는 힘으로 의인화된 죽음에 대한 바울의 조롱에 동의한다.

죽음아 거만하지 마라,
누군가는 너를 일러 강하고 두렵다고 하지만
너는 그렇지 않기 때문이니,
네가 전복시킨다고 생각하는 그들은
죽지 않는다,
가련한 죽음아, 너는 나를 죽이지 못한다.
…
잠깐의 잠이 지나면 우리는 영원히 깨어난다.
그리고 죽음은 더 이상 없을 것이니; 죽음아, 너는 죽으리라. [9]

신약성경의 영감이 주는 확신으로 우리는 죽음에 대한 두려움이 우리 문화에 일으키는 마비증세로부터 자유로워졌다. 우리는 죽음을 피할 수 없다는 진리로부터 우리의 주의를 딴 데로 돌리거나 죽지 않는다는 환상을 조성하는 값비싼 오락으로 우리 자신을 속일 필요가 없다. 마찬가지로 우리는 어떻게 해서든지 죽음을 미연에 방지하고자 미친 듯이 절박해질 이유도 없다. 우리는 생명을 붙잡거나 우리 마음대로 모든 의료 기술을 이용할 필요가 없다. 우리는 부활의 약속을 믿기 때문에 두려움 없이 죽음의 얼굴을 똑바로 쳐다볼 수 있다.

노화에 대한 기독교적인 실천은 우리가 어떠한 시련과 문제에 직면하더라도 하나님을 진실 되게 신뢰하는 것을 의미한다. 그리스도인인 우리는 죽음에 훈련된 사람들이다.[10] 우리는 어린 시절부터 매주 십자가와 부활 이야기를 들으며 이를 위한 훈련을 받아왔다. 우리는 자신의 죽음을 외면할 필요가 없는데, 우리의 정체성이 죽음과 부활을 통해 우리보다 먼저 가셨던 십자가에 달리신 메시아 안에 있기 때문이다. 그것은 곧 바울이 데살로니가 교인들에게 사랑하는 사람들로부터 분리시키는 죽음의 힘을 두려워하지 말라고 격려할 수 있었던 이유이기도 하다.

형제들아 자는 자들에 관하여는 너희가 알지 못함을 우리가 원하지 아니하노니 이는 소망 없는 다른 이와 같이 슬퍼하지 않게 하려 함이라 우리가 예수께서 죽으셨다가 다시 살아나심을 믿을진대 이와 같이 예수 안에서 자는 자들도 하나님이 그와 함께 데리고 오시리라 … 그러므로 이러한 말로 서로 위로하라(살전 4:13-14, 18).

노년의 영광,
자연스러운 열매가 아닌 실천의 결과이다

우리는 성경의 증거들이 빚어내는 나이 듦에 관한 기독교적 실천에 대해 몇 가지 생각을 제공함으로 이 장을 마치고자 한다.

성경적 증언의 무게는 나이 든 그리스도인과 젊은 그리스도인 간의 차이보다는 둘의 유사성 쪽에 있다. 예수님을 따르는 사람들은 예외 없이 항상 깨어서 하나님을 기다리는 일을 실천해야 한다. 이 기다림은 그 본질에 있어서 공적 예배에 정기적으로 참여하는 것을 포함한다. 대대로 이어지는 신조의 낭송, 말씀 듣기, 그리고 교회력의 주기는 모든 그리스도인들에게 끊임없는 예행연습을 제공한다. 이 예행연습을 통해 우리는 바울이 증언하는 신비를 경험하게 된다. "이제는 내가 사는 것이 아니요 오직 내 안에 그리스도께서 사시는 것이라"(갈 2:20).

그리고 축적된 기다림을 통해 노년을 맞은 그리스도인들은 하나님 나라에 대한 지혜를 얻게 될 것이다. 나이가 어린 그리스도인들은 이 점에 대해서 면밀히 주의를 기울이고 경의를 표해야 한다. 연장자인 그리스도인들은 은사가 허락되고 기회가 생기는 한, 사람들을 인도하고, 가르치고, 조언하는 특별한 책임을 이행해야 한다. 만약 연로한 그리스도인이 더 이상 신체적으로 스스로를 돌볼 수 없게 되고 자신의 필요를 돌봐줄 가족조차 없다면 교회가 그들을 책임져야 한다. 하지만 이들이 보이는 모범은 쇠약한 병중에서조차 목회적 효과를 증대시킬 것이다. 그것은 바로 십자가의 길을 경험하며 다른 사람들의 섬김을 감사하게 받는 모습이

다.[11]

우리 그리스도인은 인생의 후반기에 삶을 완전히 뒤집는 정도의 하나님의 역사를 경험하거나 결정적인 변화를 만들어 낼 하나님의 개입을 경험할 가능성도 있다. 새로운 목회로 부름 받을 수도 있고 새로운 계시를 받을 수도 있다. 오래 기다리던 희망의 성취를 볼 수도 있다. 이런 점에서 그들은 더 젊은 그리스도인들과 다르지 않다.

마지막으로, 젊었을 때처럼 노년에도 그리스도인은 주 예수 그리스도를 매일의 삶과 다른 사람들과의 상호작용을 위한 모델로 받아들여야 한다. 나이 든 사람들은 젊은 그리스도인보다 죽음을 마주할 가능성이 더 많을 것인데, 자기희생과 예수님에 대한 충성스러운 순종을 오래 실천해 온 그들이 덜 연습된 사람들보다 더욱 우아하게 두려움을 거부하고 희망을 껴안을 수 있다. 그들은 오랫동안 예수님의 수난을 기억하고 상세히 이야기하면서 자신들의 이야기가 그분의 것과 같이 부활의 삶 속에 계속될 것이라는 기대를 가지고 죽음을 직시한다.

그러나 그들의 확신은 나이 자체의 자연스러운 열매나 보상이 아니다. 도리어 그것은 실천의 결과이다. 그러므로 나이 듦에 관한 기독교적 실천은 하나님이 생명을 허락하시는 동안, 성경에 나오는 하나님의 말씀을 믿고 그 말씀대로 행동하는 습관을 평생 동안 지키는 것이다.

Chapter 2

초대교회의 관점

인생의
늦은 오후에 허락된
특별한 삶

로완 그리어(Rowan A. Greer)
예일대학교 신학대학원 명예교수

초대교회가 노년을 어떻게 바라봤는지, 그리고 그리스도인들이 노인을 어떻게 대했는지 이해하려는 시도는 분명 위험 부담이 있다. 그 어려움은 대개 파편적인 증거와 대략적인 통계를 통해서는 학문적 추론밖에 할 수 없다는 사실에서 기인한다. 우리는 로마 제국의 평균 수명이나 노인으로 취급되던 인구의 비율을 확실하게 알 수 없다. 더욱이 노년에 대한 기독교의 접근이나 태도가 시공간을 가로질러서까지 동일했는지도 단정할 수 없다. 그러나 이러한 어려움보다 더 중요한 것은 문헌적 증거들을 통해서 오늘날 우리의 질문들과 연관된 것을 주목하려는 시도이다. 우리에게 노년은 대부분의 사람들이 직면하게 되는 문제이다. 결과적으로 노년의 사회, 경제, 도덕적 측면은 우리가 반드시 다루어야 하는 쟁점으로 부각될 수밖에 없다.

앞으로 필자가 주장하고 싶은 것은 초대교회에서의 노년이 특별했다는 것이다. 고대 세계에서 노년에 이른 사람은 거의 없거나 많지 않았다. 부분적이긴 해도 이러한 이유로 우리는 노년에 대한 확장된 논의를 발견하지 못한다. 기독교 안에서는 키케로(Cicero)의 《노년에 관하여 *De senectute*》에 필적할 만한 것이 없다. 노년을 중심 문제로 다루는 충분한 시도를 발견하리라고 기대할 수도 없다. 반면 고대에는 분명히 늙은이가 있었고 그들을 대하는 태도를 기술한 문헌적 증거 또한 적지 않다. 나는 기독교 작가들이 노년을 선물이면서 부담으로 바라보았다고 생각한다.

지혜와 덕은 선물이었고, 육체적이고 정신적인 쇠약은 특히 노인들에게는 부담이면서 악이기도 했다. 수명에 관해 질문을 던지는 몇 가지 문서를 살펴보면서 시작하고자 한다.

수명은 얼마나 길까?
몇 살부터 '늙었다'고 해야 할까?

우리는 성경에 등장하는 두 구절을 통해 인간의 수명이 얼마나 길어야 하는지에 대한 대답을 유추해 볼 수 있다. 홍수 전, 그리고 분명하게 "하나님의 아들들"이 "사람의 딸들"을 아내로 취한 후에 주께서 말씀하셨다. "나의 영이 영원히 사람과 함께 하지 아니하리니 이는 그들이 육신이 됨이라 그러나 그들의 날은 백이십 년이 되리라 하시니라"(창 6:3). 또 다른 구절은 시편 90편 10절이다. "우리의 연수가 칠십이요 강건하면 팔십이라도…." 4세기 초 락탄티우스(Lactantius)는 창세기 6장 3절이 "사람의 수명은 120세까지 이를 수 있다"의 어느 권위 있는 보고에 부합된다고 이해했다.[1] 이러한 판단은 경험에 역행하는 것일 뿐 아니라 다수의 사람들이 홍수 후에 120년보다 더 살았다는 기록과도 모순된다.

물론 교부들의 마음속에는 본문 해석의 문제가 가장 크게 다가왔다. 실제로 락탄티우스의 해석은 아마도 그가 상대적으로 성경에 익숙하지 않았음을 잘 드러내는 것 같다. 문제의 해답은 창세기 5장 32절에서 노아가 500세였다고 말하는 기록과 하나님께서 창세기 6장 3절에("그들의 날은

120년이 되리라"고) 말씀하신 것과 동시에 홍수가 나기까지 100여 년이 흘렀을 것임을 가정할 때 풀린다. 따라서 120년은 인간의 수명이 아니라 홍수가 일어나기 전에 지나야 할 남은 시간이다.[2] 창세기 6장의 말씀을 인용하는 많은 본문들은 모두 120년에 대해서는 관심을 두지 않는다. 많은 초기의 주석가들이 가졌던 생각은 하나님의 '영'이 '육신'과 양립할 수 없다는 것이었다. 여기서 육신을 죄 많은 인류로 이해할 필요가 생긴다.[3]

창세기 6장 3절이 수명에 대한 바른 이해를 주지는 않지만, 시편 90편 10절의 칠십, 팔십이라는 숫자는 우리를 더 확실한 근거로 안내한다고 가정할 수 있다. 나의 바람이긴 했으나, 적어도 "다윗이 우리 나이를 한계 지은 것"[4]과 같은 구절에 대한 단 하나의 언급은 찾을 수 있었다. 이에 대한 성경 해석은 시간 자체에 대한 언급보다는 시편 기자가 의도했던 인생의 헛됨과 무상함이라는 주제에 집중하는 경향이 있다. 예를 들어, 닛사의 그레고리(Gregory of Nyssa)는 칠십인 역본에 나온 시편의 앞선 구절에 초점을 맞추고 있다. "우리의 연수는 거미와 같이 흘러가노라." 인생은 거미줄과 같아서, 쉽게 쓸려버릴 수 있다. 우리는 "비본질적인 것들을 추구하면서" 우리의 삶을 허비하곤 한다. 명예, 지위, 출생, 부와 같은 모든 것이 "그릇된 자만심"이다. 시편이 말하는 "수고와 괴로움"은 모든 연령에 해당된다.[5]

초대교회 저자들은 성경이 우리에게 인간의 통상적인 수명을 알려준다고 생각하지 않았다고 보는 게 타당하다. 게다가 나이 든 사람들은 일반적이지 않고 예외적인 경우였다. 나지안젠의 그레고리(Gregory Nazianzen)가 자신의 아버지를 위해 쓴 추도사의 한 구절은 수명에 대한 고대의 관념을 잘 보여 준다.

> 그는 마침내 다윗이 우리 나이를 한계 지은 것을 초과하여 거의 100
> 년의 삶 가운데 사람의 평균 수명인 45년을 사제직으로 보내고 고령
> 으로 생을 마쳤습니다.[6]

시편 90편의 70-80년은 표준이 아니라 '한계'임을 주목해야 한다. 만약 45세가 평균이라면 이와 같은 연령의 한계에 이르는 사람은 거의 없게 된다. 그레고리는 무슨 근거로 평균 연령을 계산했을까? 아마도 그는 '연소자'를 17세부터 45세까지로, 그리고 46세 이상을 '연장자'로 규정하는 고대의 관습을 염두에 둔 듯하다. 더욱이 60세는 어떠한 의무로부터도 면제되는 것이 관례였다.[7] 당시는 일반적으로 60세를 노년의 시작으로 봤던 것 같다.[8] 나지안젠의 그레고리는 아타나시우스(Athanasius)가 70대 후반에 죽은 것을 고령에 죽은 것으로 말한다.[9] 팔라디우스(Palladius)는 성녀 대(大)멜라니아(Melania the Elder)를 '이미 예순이 된 늙은 여인'으로 언급했다.[10]

만약 우리가 자신을 늙은이로 언급하는 저자들의 문서에 눈을 돌린다면, 더욱 이해하기 어려운 상황이 펼쳐진다. 요한 크리소스토무스(John Chrysostom)가 《사제직에 관하여 On the Priesthood》에서 과부가 된 그의 어머니에게 한 말이 그 예다. 그의 어머니는 요한이 수도원에 들어가는 것을 미루고 자신과 함께 살도록 설득하려 했다. 그녀는 온갖 노력을 다 기울이며 다음과 같이 말했다. "젊은이는 참으로 먼 노년을 기대하지만,

늙은 우리는 죽음밖에 기다릴 것이 없다."[11] 그녀는 아들이 태어나던 20세 때 이미 과부가 되었고, 당시는 겨우 40세 정도였을 것이다. 고대의 기준에 의거해도 사십은 그렇게 늙은 것으로 보이지 않는다. 하지만 50세가 되기 전에(379년) 사망했을 대(大) 바실리우스(Basil the Great)는 자신을 가리켜 "노년의 짐을 짊어졌다"고 말한다.[12] 비슷한 맥락에서, 니사의 성 그레고리(Gregory of Nyssa), 놀라의 파울리누스(Paulinus of Nola), 그리고 프루덴티우스(Prudentius) 모두 50대에 자신을 늙었다고 언급했다.[13] 50세가 된 프루덴티우스는 "나의 마지막이 가까웠으니, 이제 하나님이 내 날을 더하시는 것은 노년의 경계 위에 있다"고 말했다. 그는 어쩌면 60세도 활동적 연령으로 생각했을 수 있다. 놀라의 파울리누스는 자신은 나이 때문에, 투르시우스(Turcius)는 아이를 낳았기 때문에, 두 사람 다 '아버지'가 되었다고 농담했다.

파울리누스는 나이가 인간의 삶을 평가하는 데 있어서 가장 중요한 고려 사항이 아닐 수 있음을 암시한다. 아우구스티누스(Augustine)는 죽음은 우리의 공통적인 운명임을 주장하며 이 점을 분명히 한다.

> 내가 확신하건대, 누구도 죽어야 될 나이에 죽지 않는다. 인생의 마지막은 가장 오래 산 인생을 가장 짧게 산 인생과 같은 조건으로 만든다. 무언가가 존재를 멈췄을 때, 더 이상 더 좋거나 더 나쁜 것, 또는 더 길거나 더 짧은 것이 무엇인지를 묻지 않는다. 어떤 종류의 죽음으로 인생을 마치게 되느냐가 뭐 그리 중요한가?[14]

수명은 중요하지 않은데, 왜냐하면 모든 사람이 노년까지 살 것이라고 기대할 수 없기 때문이다. 우리도 알다시피, 노년과 죽음에는 분명한 상호관계가 없다.[15] 예측대로라면 이것이 초기 그리스도인들이 노년을 중요한 문제로 삼지 않았던 이유 가운데 하나일 것이다. 암브로시우스(Ambrose)가 말한 대로, "모든 나이는 그리스도 안에서 완전하다. 모든 나이는 하나님으로 가득 차 있다."[16] 젊은이도 노인과 마찬가지로 죽음을 맞이한다.

대 바실리우스는 전사한 아린타에우스 장군(Arinthaeus the General)의 아내를 위로하기 위해서 편지를 썼는데, 그가 "마지막까지 훌륭하게 왔고, 노년이지만 구부러지지 않았고, 어떤 고귀함도 빼앗기지 않았고, 현재의 삶에서와 오는 삶에서 위대했다"고 적고 있다.[17] 나지안젠의 그레고리는 자신의 여동생 고르고니아(Gorgonia)의 장례식 연설에서 그녀에게는 "사람의 날들이 아닌 것으로 가득하다"고 말했다. 남겨진 "늙은 어머니의 영혼이 딸의 죽음을 경외심으로 부러워하며 그녀 위에 몸을 굽혔다"는 묘사에서는 감동하지 않을 수 없다. 39세에 죽은 자기 형제 케사리우스(Caesarius)에 대한 그레고리의 찬사는 케사리우스가 "우리를 앞질렀다"는 말로 이 논의의 중요성을 일축해 버린다. 우리는 모두 "똑같은 먼지로 사그라질" 것이기 때문에 우리가 "무덤으로" 다른 사람을 앞서거나 따라가거나 아무런 차이가 없다는 것이다.[18] 40대 초에 아이들의 죽음을 맞이한 키레네의 시네시우스(Synesius of Cyrene)가 쓴 애통의 편지들 또한 그런 가벼운 위안거리로 분류될 수 없었다.[19]

우리가 초대 기독교의 노년에 대한 태도를 이해하려 할 때, 노년과 죽음 사이의 긴밀한 상관관계는 그다지 없는 것으로 보인다. 대신 보다 중요한 태도를 형성하는 것은 기독교적 희망이다. 나는 초대 기독교가 분명히 삶의 한 방식이었고 이 세상에 관심을 가졌던 한편, 오는 세대에 그리스도인의 운명에도 중점을 두었다고 주장하는 바이다. 죽음을 이긴 승리자로서의 그리스도와 그분이 보장했던 부활에 대한 희망에 강조점이 있다. 오리게네스(Origen)에 따르면 성경이 여호수아를 향해 "나이 많아 늙은지라"(수 23:1)고 언급할 때, 그것은 그가 단순히 나이가 들었다는 것이 아니라 영적으로 성숙했음을 의미한다. 오리게네스는 여호수아가 사람들에게 주었던 쉼과 그것이 의미하는 그리스도 안에서의 예표적 성취를 묵상함으로 자신의 설교를 이어간다.[20]

물론 많은 이들은 오리게네스의 지나친 영성화가 암묵적으로 부활 소망을 부인하게 되었다고 비판하기도 했다. 하지만 이러한 비판에도 불구하고 초대교회는 분명 부활을 중심적 위치에 두었다. 그리스도인을 어리석은 얼간이로 취급하는 이교도 풍자 작가인 루치안(Lucian)조차도 그들의 두 가지 주된 어리석음을 지적하는데, 그것은 공동체적 결속과 "영원히 살리라"는 그들의 믿음이라고 언급한다.[21] 내가 보기에 두 가지 '어리석음'은 서로 관련되어 있다. 기독교 공동체를 구성하는 것은 부활의 소망이다. 일반적으로 우리는 카타콤 미술을 이런 식으로 해석할 수 있다. 프레스코화에 묘사된 많은 장면들은 구원의 이야기들이다. 노아가 홍수로부터, 요나가 고래로부터, 이스라엘이 홍해를 건너 애굽으로부터, 다니엘이 사자 굴로부터, 세 소년이 맹렬히 타는 풀무 불로부터 구원받은 이야기들이다. 그 그림들은 장례식을 위한 것이기에, 죽음 자체로부터의 구원이라는 의미를 지닌다. 동시에 그 이야기 가운데 어떤 것들은 기독교 세례를 보여 주고 있다. 따라서 구원의 또 다른 형태는 기독교 공동체로의 연합이다. 우리는 세례를 죽음과 부활 안에서 실현되는 전례, 곧 그리스도와 함께 죽고 살아나는 전례로 생각할 수도 있다.[22] 교회는 순교자들이 죽은 날짜를 소중히 기억했는데, 그들이 죽음과 부활의 신비로 들어간 지점이기 때문이다.

노년 혹은 그 나이에 이르지 못한 것은 부활 소망이라는 맥락에서 보면 중요성이 약화된다. 실제로 아우구스티누스는 육체적 부활을 변호하면서 어떻게 노인이 부활하게 될 것인지의 문제도 다루었지만, 또 다른 질문에 더 큰 관심을 가졌다. 어떻게 지상의 육체가 하늘에서 존재할 수 있는가? 유산된 아이들은 부활하게 될 것인가? 우리의 머리카락과 손톱에서 잘라낸 조각들은 어떠한가? 식인 풍습의 희생자들은 어떠한가? 그의 핵심적인 본문은 에베소서 4장 13절의 "우리가 다 … 온전한 사람을 이루어 그리스도의 장성한 분량이 충만한 데까지 이르리니"라는 말씀이다. 따라서,

> 각 사람은 죽었을 때 노인이었다 하더라도, 그가 한창 때의 키를 가지게 될 것이고, 혹은 다 자라기 전에 죽었다면, 그가 성장한 후의 모습을 가지게 될 것이다. … 만약 에베소서 4장 13절의 말씀이 육체의 부활을 언급하는 것이라면, 우리는 그 말씀이 죽은 자들의 몸이 그리스도보다 더 젊거나 늙지 않게 부활할 것을 의미한다고 봐야 한다. 그들은 우리가 아는 대로 그리스도가 이르렀던 것과 같은 나이, 같은

인생의 정점에 이를 것이다. 왜냐하면 이 세상의 가장 박식한 권위자들은 인간이 성숙한 나이를 약 30세로 규정하기 때문이다. 그들은 그 나이 이후로는 중년과 노년을 향해 내리막길로 접어든다고 말한다.[23]

이 땅에서 노년은 어떤 사람에게는 매우 중요한 문제이겠지만, 부활이라는 보다 더 큰 관점에서 보면 사소한 일일 수도 있다. 그럼에도 불구하고, 단기적으로 노년은 중요하다. 따라서 선물이자 부담으로서의 노년에 대해 살펴보도록 하자.

덕과 지혜의 선물

암브로시우스는 "노년의 영광"에 대해 말하며 "진지함은 노인의 참된 은혜이다"라고 말할 수 있었다.[24] 그는 아주 명백하게 폴리캅(Polycarp)과 같이 나이 들고 덕망이 있는 사람들에 대해서 말하고 있다. 폴리캅은 순교할 때 자신이 그리스도를 86년간 섬겼다고 말했다.[25] 놀라의 파울리누스는 잠에서 천천히 깨어나는 것처럼 점진적인 회심을 하였고, 자신의 막대한 부를 서서히 처분하면서 놀라의 성 펠릭스(St. Felix in Nola) 성당을 섬겼는데, 덕스러운 노화를 젊음의 갱신이라고 불렀다. 그가 약 50세였을 즈음 남긴 다음과 같은 기록이 있다.

나의 복 받은 형제 상투스(Sanctus)여, 그대가 아는 대로 나는 오랫동안

이 세상에 빠져 있었고 내 원수들 가운데서 늙었다네. 이제 은퇴를 앞두고 넓은 길을 버리고, 그리스도 안에서 내 청춘을 독수리처럼 새롭게 하여(시 102:5) 늙은이의 쇠약을 벗고 하나님을 따라 지으심을 받은 새 사람을 입기를 기도하오(엡 4:24).[26]

노년의 덕은 어떤 의미에서는 모두에게 공통적인 덕이다. 그러나 그것이 오랜 시간을 통해 잘 경작된 것이라면 특별한 찬사를 보내게 된다.

금욕과 절제는 노년과 관련된 덕 가운데 하나이다. 우리는 종종 나이가 들수록 욕망이 잦아드는 것을 발견하게 된다. 파울리누스는 아프로니우스(Apronius)에 대해 "나이로는 소년이지만 육체의 움직임에서는 나이가 들었다"고 말하고 있다.[27] 나지안젠의 그레고리는 세례를 미루는 노인에게 "왜 당신은 아주 늙어 숨이 넘어가는 순간에, 젊음의 열정을 두려워하고 있나요?"라고 묻는다.[28] 성 바실리우스는 그의 수도사 중 하나에게 영적 자매라는 '보조 동거녀'(subintroducta)와 함께 사는 것을 금지한 결정에 대해 다음과 같이 말한다.

그러므로 그대는 자신이 모든 육적인 열정으로부터 자유하다고 공언하는 것에 비례하여 내 요구에 따를 준비가 되었어야 했소. 나는 70세 남자가 자기 열정을 만족시키기 위해 여자와 함께 살고 있다고 믿지 않을 뿐더러, 어떠한 터무니없는 행위가 행해졌다는 근거가 있어서 지금의 결정에 이른 것도 아니오. 하지만 우리는 우리 형제의 길에 걸림돌이나 장애물을 놓지 말라는 사도의 가르침을 받아 왔기 때

문에 그것이 안 된다고 하는 것이오(롬 14:13).[29]

바실리우스는 더욱 적극적으로 늙은 수도사가 젊은 수도사들 가운데 일어나는 부도덕한 관계를 막는 장치가 될 수 있다고 보았으며, 또한 암브로시우스는 과부나 처녀의 집을 방문할 때 더 나이 많은 성직자가 더 젊은 성직자와 동행할 것을 권고했다.[30]

나이 든 사람에게는 쉬울 것이라고 여기는 성적인 금욕만이 유일한 권장 덕목은 아니었다.[31] 요한 카시아누스(John Cassian)는 나이 든 사람에게 있어서 겸손은 노년의 자부심과 자만심의 악을 극복하는 것이기에 위대한 덕이라고 제안한다. "모든 사람들로부터 그의 생애와 나이, 사제직에 대한 존경심으로 인해 영광과 존경을 받았던" 압바 피뉴피우스(Abba Pinufius)는 그러한 존경이 자신의 겸손을 방해한다고 봤기 때문에 머물던 수도원을 떠났다. 그는 자신을 감추고 테베(Thebaid)의 가장 엄격한 수도원을 찾아 정원사라는 낮은 직급의 일을 맡아서 하게 되었다. 물론 나중에는 사람들이 그를 알아보았지만 그의 이러한 모범적 겸손은 그를 더욱 존경스러운 사람으로 만들었다.[32] 노인의 덕에 관한 이러한 이해는 기독교적 독특성을 지닌다고 볼 수 있다.

아마도 노인의 덕과 지혜에 관한 가장 감동적인 묘사는 펠라의 파울리누스(Paulinus of Pella)가 쓴 자전적 시에서 찾아볼 수 있다. 그가 전하는 이야기는 부유하고 평안한 가운데 자라나 고등교육까지 받은 한 교양 있는 사람에 대한 것이다. 그는 406년, 자신의 나이 30세였을 때 아버지를 여의었다. 당시 야만인들이 라인 강을 건너 보르도(Bordeux)를 약탈했는데 파울리누스도 그때 재산의 대부분을 잃게 되었다. 그의 나머지 이야기는 고난과 비극으로 가득하다. 하지만 83세의 나이에 그는 자기의 시 제목을 감사함이라고 붙였다.

이는 "계속되는 불행을 통해 나를 적절히 훈계하시는 그분(하나님)은 내가 잃어버릴 수 있는 현재의 번영을 너무 열심히 사랑하면 안 된다는 것을 가르쳐 주셨고, 지금까지 겪은 역경도 그분의 자비가 나를 도우시는 것이기에 크게 실망할 필요가 없음을 분명하게 가르치셨다"고 말한다.

파울리누스의 이 말은 운명에 대한 금욕적인 수용 그 이상을 의미한다고 할 수 있다. 그는 나중에 "나이 들어 지각이 개선되면서 나는 내게서 재산이 빠져나가는 것이 유익이며, 세상적이고 후패해져 가는 부를 상실함으로써 도리어 영원히 지속될 것을 찾을 수 있다는 것을 깨달았다"고 밝혔다. 그의 시는 "언젠가는 없어질 이 육신 안에 있는 동안에 나는 당신의 것이니, 모든 것이 당신의 것이기 때문이요, 마찬가지로 거기서 놓여날 때 나는 당신의 몸의 한 부분에 있게 될 것이라는 확실한 믿음을" 그리스도께서 주실 것이며 모든 의심과 두려움을 쫓아버리실 것이라는 고백의 기도로 끝난다. [33] 그는 영원의 관점을 통해 자신이 이 세상에 몸을 담고 살아가는 것을 본다. [34]

그렇다면 결국 덕과 지혜는 분리될 수 없다. 이론적인 관점에서 초대교회의 저자들은 대부분 선을 아는 것은 선을 행하는 것이라고 간주했기 때문에 지식과 덕의 일체성을 당연히 여겼다. 그러나 더욱 상식적인 방식으로 보면 그들은 또한 교훈과 모범의 연합이 중요함을 깨달았다. 요한 카시아누스는 늙은 압바 요한(Abba John)의 이야기를 한다. 요한이 임종

할 때 형제들은 자신들이 완전에 이르는 데 도움이 될 만한 마지막 유언이 없는지 묻는다. 요한은 "한숨을 쉬며 '나는 내 자신의 뜻을 행한 적이 없었고, 스스로 먼저 행하지 않은 것은 누구에게도 가르치지 않았다'고 말했다."[35] 암브로시우스도 늙은이가 젊은이에게 줄 수 있는 증거(witness), 지도(guidance), 그리고 조언(counsel)의 중요함을 강조한다. 그가 제시한 사례들로는 모세와 여호수아, 아브라함과 롯, 엘리야와 엘리사, 바나바와 마가, 바울과 실라, 디모데, 디도, 그리고 베드로와 요한을 포함하고 있다.[36] 성 바실리우스는 형제들에게 "접근하기 어려운 늙은이에게 가라, 그들은 젊은이들이 덕을 행하도록 격언으로 기름 부어 줄 것이다"라고 간곡히 권한다.[37]

초대교회의 자료들을 보면, 가르침과 훈련을 위한 노인의 권위에 대해 끊임없이 주목하고 있다. 바실리우스는 젊은 집사인 글리케리우스(Glycerius)가 "행위와 나이로 존경받는 장로를 멸시하는 것"을 꾸짖는다.[38] 나지안젠의 그레고리와 요한 크리소스토무스는 모두 사제를 다루면서 나이 문제로 씨름한다. 두 사람 모두 젊음을 안수의 장애물로 여기지만, 둘 다 그 규칙에는 예외가 필요하다고 보았다.[39] 이와 유사하게 수도원의 원장들은 종종 오랜 세월을 지켜낸 그들의 고결한 삶 때문에 권위를 갖는다.[40] 3세기 카르타고의 키프리아누스(Cyprian of Carthage)는 독자들에게 하나님을 섬기고 자선을 베풀 것을 다음과 같이 권고한다.

당신의 아이들에게 토비아스(Tobias)와 같은 아버지가 되시오. 그가 자기 아들에게 주었던 것처럼 당신 자식들에게 유용하고 힘이 되는 교훈을 주시오. 또한 그가 자기 아들에게 명령했던 것을 당신 자녀들에게 명령하시오(토비트서 14:10f., 4:5-11).[41]

교회 안에서 교사와 권위자가 항상 문자 그대로 연장자였다고 주장하긴 어렵다. 게다가 더 젊은 지도자들이 나이가 아닌 지혜 면에서 연장자(elder)로 묘사되는 일도 흔히 있었다.[42] 만약 가르치고 훈련하는 데 있어서 나이 든 사람의 권위가 주로 그들의 덕으로부터 비롯된다면, 그 권위는 그들의 경험에도 근거한다. 바실리우스는 이교도 문학으로부터 어떤 이익을 얻을 수 있는지에 관해 다음과 같이 젊은이들에게 충고를 던지고 있다.

내가 이 나이에 이르게 되었고, 이미 많은 경험을 통해 훈련받았으며, 또한 참으로 모든 가르침 속에서 행운과 불운의 우여곡절을 충분히 나누어 왔다는 사실이 나로 하여금 인간사에 정통하게 만들었다. 그럼으로써 나는 인생에 막 들어서는 이들에게 아마도 가장 안전한 길을 가리킬 수 있게 되었다.[43]

마찬가지로 요한 카시아누스는 수도원에서 나이가 많은 수도사들이 "더 젊은 형제들"에게 가르치고 영적인 지시를 하는 것이 관례라고 설명한다. 그들은 젊은이들이 자기 죄와 유혹을 다루도록 도울 수 있음을 강조한다. 그리고 그러한 관례의 정당성을 역설한다.

그들은 온갖 종류의 사람들이 겪는 수많은 타락과 몰락을 경험했다. 그리고 연장자들이 자신들도 같은 열정으로 인해 흔들렸음을 설명하고 밝혔을 때, 종종 우리 안에서도 이러한 요소들을 인식할 수 있기 때문에 부끄러움이나 혼란을 느끼지 않고도 치유되는 것을 경험했다.[44]

노인에게 권위를 주는 것은 단순히 그들이 오랫동안 덕을 유지해 왔기 때문이 아니라, 그들이 권위의 참된 기초인 덕을 지키기 위해서 때로 실패하며 갈등했기 때문이다. 우리가 보게 될 마지막 주제는 전통의 전수자로서 노인에 대한 호소이다. 이레니우스(Irenaeus)는 자신이 "폴리캅의 문하"에서 청년기를 보낼 때, 서머나의 이 늙은 감독으로부터 받았던 지워지지 않는 인상에 대하여 말한다. 폴리캅이 그의 스승이자 지도자였던 사도 요한에 대해 말하기 시작하면, 이레니우스는 기억과 개인적 연관성을 추적해서 부활의 목격자에게까지 거슬러 올라가곤 했다.[45] 마찬가지로 바실리우스는 자신의 할머니인 마크리나(Macrina)의 가르침에 호소함으로써 네오케사리(Neocaesarea) 사람들에게 자신의 정통성을 변호했다.

그에 의해서 우리는 가장 복된 그레고리오스(Gregory)(기적을 행하는 사람)의 (중단되지 않은 기억 가운데 그녀 자신이 평생 동안 유지했고 보존했던 많은) 격언들에 대한 가르침을 받았는데, 그는 우리가 아직 젊었을 때 경건의 교리로 우리를 지도하고 다듬었다.[46]

아우구스티누스는 그의 노년에 감독 후계자를 찾으면서 이 기억의 고리가 중요함을 깨닫는다. 노년은 이생에서는 더 이상 기대할 것이 없다. 아무도 "노년이 얼마나 오래토록 연장될지…" 모른다. "그러나 그 자리를 떠맡을 운명은 다른 나이나 그 너머에 있지 않다는 것 또한 분명하다." 이러한 이유로 그는 에라클리우스(Eraclius)를 그의 후계자로 지명한다.[47]

과부들

고대 후기의 모든 과부들이 나이가 많았던 것은 아니지만, 초대교회가 디모데전서 5장 9절에서 "명부에 올린" 과부의 자격 중 하나로 최소한 60세는 되어야 한다고 제정한 이유를 보면 단순히 과부인 것과 노년을 긴밀히 연결시킨 것은 분명한 것 같다. 성경의 이 필요조건은 종종 교부들에게 문제가 된 것으로 보인다.

암브로시우스는 그의 논문 '과부에 관하여'에서 "늙은 나이만이 과부가 되게 하는 것이 아니고, 과부의 공로가 노년의 의무인 것이다"라고 말함으로써 이 어려운 문제를 해결하려고 시도한다. 뿐만 아니라 "젊은 여자들은 여러 가지 욕망이 불타는 젊음의 열정에 의해 자극되기 때문에 넘어지기 쉽다"고도 말한다.

그럼에도 불구하고, 그는 "나는 그(바울)가 더 젊은 사람들은 과부의 헌신에서 제외되어야 한다고 생각했다고 보진 않는다"고 했다.[48] 암브로시우스의 다소 혼란스러운 논의는 성경의 나이 필요조건과 더 젊은 과부들이 분명히 "명부에 올랐던" 사실 사이의 긴장을 반영한 것으로 보인다.[49]

또 하나의 모호함은 과부들이 교회 기금의 수령인으로 명부에 올라간 것인지, 아니면 교회 목회를 위한 직분으로 제정된 것인지의 문제다. 이러한 목적은 서로 상치될 필요가 없던 것으로 보고, 다른 실천들이 다른 장소들에서 다른 시기들에 행해졌음을 인정하는 편이 가장 좋을 것 같다. 구약과 신약 모두 과부와 고아들을 돌볼 것을 권고했으며, 교회가 과부들을 부양했던 것에 대해서는 의심의 여지가 없다. 디모데전서의 나이에 관한 필요조건은 나이가 적은 과부들은 재혼할 수 있다는 가정을 반영한 것이라고 할 수 있을까? 암브로시우스가 "믿음의 박해자들"은 "과부의 박해자들"이었다고 주장한 것으로 보아, 그는 그렇게 생각하지 않은 것 같다.[50] 아마 그는 50세 미만의 과부는 남편의 사망 후 1년 이내에 재혼할 것을 명한 아우구스투스(Augustus) 황제의 법령을 염두에 두고 있었을 것이다.[51] 그러나 그의 견해는 과부를 구제 대상 이상으로, 그리고 어떤 의미에서는 처녀와 동등하게 이해했던 것으로 보인다.[52]

'명부에 올린' 또는 '지명된' 과부들은 교회의 헌금을 받았기 때문만이 아니라 그들의 특별한 과제가 하나님께 끊임없이 기도하는 것이었기에 종종 '하나님의 제단'이 되었던 것으로 보인다.[53] 교회의 직제로서 명부에 올라간 과부들은 때로는 처녀들의 직무와 연관된 특별한 직무를 받았던 것으로 보인다. 아마도 이것이 이그나티우스가 "과부라 불렸던 처녀들"을 언급한 이유일 것이다.[54] 나이가 적은 과부들이 때때로 명부에 올라갔기 때문에, "사도들의 가르침(Didascalia)"에서 등록 나이를 50세로 줄였을 것이다. 아주 초기부터 여러 곳에서 명부에 올랐던 과부를 보면 이것이 교회의 한 '직제'였음이 분명하다. 3세기 초에 히폴리투스(Hippolytus)가 과부에게는 안수(손을 얹는 것)를 하지 않는다고 주장했지만, 어떤 교회는 과부에 안수했던 경우가 있었을 것이다.

이 가능성은 집사 직분을 가진 과부의 경우와 같은 또 다른 혼란을 초래할 수 있다. "사도시대 교회의 직제(Apostolic Church Order)"에서는 세 가지 종류의 과부를 언급하는데, 세 번째는 남자 집사와 같은 직무를 이행했다. "사도 헌장(Apostolic Constitutions)"에서는 여자 집사가 과부 가운데서 선택되어야 하고 손을 얹어 안수 받아야 함을 명시하고 있다. 몹수에스티아의 테오도르(Theodore of Mopsuestia)는 디모데전서 3장 11절("여자들도 이와 같이 정숙하고…")이 여자 집사를 언급한다고 이해한다. 집사의 자격을 다루는 성경 구절의 문맥과 교회의 관례 모두가 이 해석을 분명한 것으로 만든다. 테오도르는 또한 디모데전서 5장 9절에 대한 해설에서 과부의 60세 필요 요건을 여자 집사에 적용하는 것은 잘못 되었다고 언급한다.[55] 4세기 말이 되면 동방교회는 서방교회와 달라진다. 동방에서는 안수 받은 여자 집사를 발견할 수 있다. 서방에서는 명부에 오른 과부 직제가 지속된다. 여기서 내가 말하려는 요점은 나이 든 과부들이 종종 특별한 기능과 직무를 가졌다는 것이다.

노인들의 특별한 악과 부담도
존재한다

나의 느낌일 수도 있겠지만, 우리가 가진 자료들을 보면 모범과 교훈에 있어서 고령자들의 영광과 중요성을 강조하는 것 같다. 그렇지만 이런 이상적인 묘사가 항상 존재했던 것은 아니라는 점도 분명히 인식해야 한다. 노년의 덕은 평생에 걸쳐 완수한 왕관이어야 한다.[56] 그럼에도 불구하고, 특별히 노인들과 관련될 수 있는 악이 있다. 예를 들면 지나친 수다 같은 것이다.[57] 사막 교부들의 격언에서 우리는 이렇게 말하는 노인을 만나게 된다.

> 처음 우리가 만나서 영혼에 도움이 되는 것을 말하곤 했을 때, 우리는 감각적인 것들로부터 더욱 물러나게 되었고, 천상의 장소에 올라가곤 했었다. 그러나 지금은 험담하는 데 시간을 소비하며 서로 상대방을 끌어내리고 있다.[58]

이러한 관찰은 노인들이 종종 자신들의 월계관만 자랑하고, 나태해진다는 편견 때문일 수도 있다. 압바 모세는 요한 카시아누스(John Cassian)를 따라, 대부분의 노인은 "미적지근함과… 그리고 나태함 가운데 노년을 지나기에, 성품의 성숙으로부터가 아니라 단순히 그들의 연수로부터 권위를 얻는다"고 말한다.[59]

알렉산드리아의 클레멘스(Clement of Alexandria)는 "스스로 자신의 머리를 꾸미고 쇄신함으로써 뱀처럼 나이라는 허물을 떨쳐 버릴 수" 있다고 생각하는 노인의 허영심을 공격한다. 무엇을 시도하든 그들은 주름과 죽음을 피할 수 없다. 늙어서 젊어 보이려는 시도는 노년의 참된 명예를 거절하는 것이다.[60] 긍지나 자부심 같은 허영심은 더욱 심각한데, 다수의 문서에서는 허영심과 교만을 노인들만의 특별한 악으로 취급하고 있다. 요한 카시아누스는 허영심에 대해서 이렇게 말한다.

> 위에서 말한 다른 악들은 때로 시간이 지나면서 감소되거나 사라지게 될 것이다. 반면 허영심에 관해서는 숙련된 근면과 신중한 사려분별에 의해서 조절되지 않는 한 사실상 인생을 허무하게 만드는 새로운 연료가 될 것이다.[61]

교만은 때로 가르침을 거부하는 형태로 나타날 수 있다. 늙은 개는 새로운 재주를 배우기 싫어한다. 파코미우스(Pachomius)의 글에는 이런 종류의 이야기들이 몇 가지 등장한다. 그중 하나를 보면, 나이 든 수도사 몇 명이 젊은 수도사인 테오도르의 가르침을 거절하고 모임에서 나와 파코미우스에게 불평한다. "당신은 어린아이를 우리 늙은이들과 다른 형제들의 선생으로 만들었습니다." 이곳저곳으로부터 제기된 불만에 직면했던 파코미우스는 괴로워하며 말했다. "교만은 모든 악의 어머니이다."[62]

다른 곳에서 발견되는 요한 카시아누스의 이야기는 노인의 교만에 관해 가장 강하게 지적하고 있다. 한 젊은 수도사가 '음란의 영' 때문에 괴로워서 나이 든 수도사에게 조언을 구했는데, 그의 엄격한 응답은 젊은 수도사를 절망에 빠지게 했으며 마을로 돌아가 아내를 얻으려는 결심을 하도록 만들었다.

그런데 그가 돌아가는 길에 만난 압바 아볼로(Abba Apollos)는 젊은이의 이야기를 듣고 "그 자신도 같은 욕망과 욕정의 공격 때문에 날마다 시험을 받는다"고 말하며 그를 안심시켰다. 압바 아볼로는 젊은이가 세상으로 되돌아가지 않게 하는 데 성공한다. 그리고 하나님께서 나이 든 조언자를 훈계하셔서, "그(나이 든 조언자)가 고통 받는 자의 약함에 자기를 낮추고, 노년일지라도 젊음의 취약점에 대해 공감하는 법을 배우게 되기를" 기도한다. 욕망의 마귀가 굴복하는 것으로 이야기는 행복하게 끝났고, 그 나이 든 수도사는 아볼로의 가르침을 배웠다.[63]

노년의 부담은 아마 노년의 악보다 더욱 명백할 것이다. 육신의 쇠약에 대한 언급을 찾는 일은 전혀 어렵지 않다. 수도원 문학에서 노인들은 종종 아이들이나 병자들과 같은 등급으로 매겨지는데, 그들은 극도로 엄격한 금식에서 면제되었다.[64] 가끔은 노쇠에 대한 언급이 노년의 신체적 제약을 극복한 사람들에게서 발견되기도 한다. 키루스의 테오도르(Theodoret of Cyrus)는 아시카의 유세비우스(Eusebius of Asikha)에 대해 다음과 같이 말한다.

그가 나이가 너무 많아서 치아의 대부분이 빠졌음에도 음식이나 숙소를 바꾸지 않았다. 겨울에는 얼고 여름에는 타면서도 그는 대조적인 공기의 온도를 인내하며 참아냈는데, 그 얼굴은 쪼그라들고 사지는 쇠약해졌다.[65]

이런 상태에도 불구하고 유세비우스는 많은 사람들이 자신에게 축복을 구하는 것을 피하기 위해서 등산하는 솜씨를 발휘할 수 있었다. 그런데 이 이야기와 좀 대조적으로 요한 카시아누스는 압바 케레몬(Abba Chaeremon)에 대해 말하는데, 그는 100세가 넘었을 때 몸이 너무 구부러져서 기어 다닐 수밖에 없었고, "나이로 인한 나약함이 과거의 엄격함을 완화시켰고, 또한 말하는 것에 대한 나의 자신감을 파괴시켜 버린" 사실을 한탄한다.[66]

압바 케레몬의 두 번째 불평은 또 하나의 부담을 보여 주는데 기억력과 정신 능력의 상실에 대해서다. 알렉산드리아의 클레멘스는 그의 저서 《다양한 것들 Stromateis》에서 "건망증에 대한 치료로서, 노년에 반대하여 쌓아올려진 … 나의 비망록"이라고 부른다.[67] 또한 아우소니우스(Ausonius)는 "거의 기억하지 못하는 나의 나이"에 대해 말하며 "노인은 두 번 어린 아이가 된다"라고 언급한다.[68] 더불어 나지안젠의 그레고리는 50대 초반에 콘스탄티노플의 주교직을 사임하면서 다음과 같이 노년의 부담을 요약하고 있다.

나의 오랜 노동으로부터 한숨 돌릴 여유를 주십시오. … 보소서, 당신께 기도합니다. 시간에 의해, 병에 의해, 노고에 의해 진액이 빠져 버린 이 몸의 상태를. 소심하고 남자답지 못한 노인, 육신뿐 아니라 정신력까지 매일 매일 죽어가고 있는 이 사람이 무슨 필요가 있겠습니까?…[69]

우리는 모호하게 혹은 심지어 모순되게 이해된 노년을 보게 된다. 한편으로 노년은 덕과 지혜를 가진 삶의 정점을 나타내는데, 그것은 기독교 공동체에 일반적으로 주어지는 위대한 선물이다. 다른 한편으로는 신체적, 정신적으로 연약해지는 시간이다. 이것은 이론적으로는 모순처럼 보이지만, 인생의 현실적 관점에서 보면 전혀 모순이 아니다.

노인의 연약함은 때때로 그들이 스스로를 돌볼 수 없다는 것을 의미한다. 자녀들은 나이 든 부모를 부양할 의무를 가진다. 나지안젠의 그레고리는 자신이 직접 나이 든 부모를 돌본 것에 대해 기술하고, 성 바실리우스는 암필로키우스(Amphilochius)에게 자기를 방문하기 위해 짧은 시간 동안 그의 나이 든 아버지와 작별하도록 확실한 허락을 받으라고 요청한다.[70] 과부가 된 요한 크리소스토무스의 어머니는 늙지 않았음에도 아들이 자기를 돌보는 의무에 계속 충실할 것을 간청한다.[71]

또한 초기 수도원에는 돌봄과 부양이 필요한 나이 많은 수도사를 맡아서 책임졌던 젊은 수도사들이 있었다.[72] 바실리우스는 나이 든 사람을 시민의 의무로부터 면제해 주는 관습에 대해 언급하는데, 한 번은 카파도키아(Cappadocia) 총독에게 네 살짜리 소년의 할아버지가 시민의 혜택을 잃지 않도록 그 소년을 원로회 의원으로 등록하지 말아 달라고 탄원했다(바실리우스는 그의 편지에서 노인에게 공공 의무를 부과하는 것은 마치 네 살짜리 소년을 원로회 의원으로 등록시키는 것과 마찬가지라고 호소했다-역주).[73] 알렉산드리아의 클레멘스는 "멜리타 강아지 새끼보다 훨씬 더 고귀한 정숙한 과부를 못 본 체하며, 또한 돈으로 구입한 기괴한 동물보다 훨씬 더 사랑스럽고 정의로운 노인을 미심쩍은 눈으로 보는" 부자들을 크게 책망한다. 사람들은 과부,

고아, 그리고 노인들보다 애완동물에게 더 많은 관심과 애정을 주곤 한다.[74] 따라서 고령자를 부양하는 의무는 그 자녀들뿐 아니라 모든 그리스도인에게 있는 것이다.

노년은 선물이자 도전이다

역사로부터 무엇을 배울지 또는 어떻게 배울지에 대한 대답은 당연히 한 개인이 말할 수 없는 복잡한 이론적 문제를 제기한다. 고대 교회에서의 노년과 우리 시대의 노년 사이에는 분명히 커다란 차이가 있다.[75] 그럼에도 불구하고 노년은 우리 인간들에게 영원한 도전이다. 그리고 그것에 대해 고대 그리스도인들이 취한 견해의 어떤 부분은 적어도 내 견해의 어떤 부분과 공명한다. 나 자신이 노년에 접어들었기 때문인지는 몰라도 노년을 인생의 완성으로 그리고 선물로 보는 관점은 내게 매우 중요해 보인다.[76]

노인은 오랜 기억들과 많은 경험들을 가지고 있다. 그들은 때로 기억과 경험을 지혜로 빚어내는데, 그것은 젊은 사람들에게 전해져 종종 더 젊고 이기적인 야망으로 인한 비용을 치르지 않고 다른 사람들을 이롭게 할 수 있는 공평한 돌봄의 원천이 될 수 있다. 그래서 우리가 우리 자신을 고립된 개인으로 보지 않고 먼 과거 속으로 나아가는 긴 인간 여정의 한 부분으로 보도록 가르쳐 줄 수 있다. 아마도 기독교적 관점에서 가장 중요한 것은 노인이 때로 우리의 경험 세계를 넘어서 그리스도인의 운명까지 볼 수 있게 한다는 점이다. 그리스도인의 삶을 미래를 위해 준비된 치유와 맞닿은 긴 회복으로 파악한 아우구스티누스가 옳다면, 노인은 그 치유에 더 근접해 있기에 우리에게 소망을 줄 수 있다.

그렇다면 노년이라는 선물을 분별하고 받아들이는 것은 아마도 고령자를 돌보는 것보다 더 중요할 것이다. 아니면 다른 방식으로 이 점을 표현할 수 있을 것이다. 곧 우리가 고령자에게 줄 수 있는 가장 좋은 돌봄은 가능할 때 그들의 재능을 사용하고 그들이 줄 수 있는 것을 사랑하는 것이다. 이는 고령자를 격리시키지 않도록 애쓰거나 아니면 적어도 그 고립을 우리가 할 수 있는 한 최대로 경감시키도록 노력하는 것이다. 우리는 고령자들로 하여금 계속 봉사하게 하고, 필요한 존재가 되도록 돕는 일에 힘쓸 수 있다.

물론 내가 제안하는 이상적인 목표에는 분명히 한계가 있다. 고령자가 자신에게나 다른 사람에게 오직 부담만 될 때도 올 것이다.[77] 하지만 적어도 선물은 다 사라지고 부담만 남았다고 성급하게 결론 내리지 않도록 노력할 수 있을 것이다.

나이 듦의 영광이
추락하고
왜곡되다

데이비드 에이어스

듀크대학교 영어학부의 제임스 B. 듀크 영어와 종교연구 석좌교수

이 글은 중세 후기 한 영시(English poem)에 나타난 노화와 교회의 역할에 대한 심오한 논의를 성찰함으로 마무리되겠지만, 우선은 노년에 대한 전통적 이해에서 접근을 시작하고자 한다. 중세의 백과사전은 만물에 대해 일반적으로 인정되는 지식을 전해 주기 위해 기획되었다. 나는 그중 한 권에서 출발하려고 하는데, 13세기에 씌어졌던 《사물의 고유성으로부터 De Proprietatibus Rerum》라는 책은 존 트레비사(John Trevisa)에 의해 14세기 후반에 영어로 번역되었는데 당시 매우 인기 있던 모음집이었다.[1] 이 전집의 여섯 번째 책은 인생의 과정을 단계별로 구성하고 있다. 바르톨로메오(Bartholomaeus)는 그것을 다음과 같이 분류한다. 1. 첫 번째 유년기(생애 첫 7개월), 2. 또 하나의 유년기(14세까지), 3. 젊은 애송이 시기(21세 또는 28세 또는 30세 또는 35세까지),[2] 4. 중년(45세 또는 50세까지), 그리고 5와 6은 노년의 두 단계인데, 정신 이상에서 정점을 이루어 "분별의 결핍"을 드러내는 "노인기"(elde)을 포함한다. 7은 최종 단계로 수명과 인생이 끝나는 지점이다.[3]

이러한 노화 모델은 중세 문화의 지배적 관념에 따라 남자를 표준으로 가정했다.[4] 저자는 아리스토텔레스를 따라 "남자는 형식과 형태이고, 여자는 환자이자 고통이다"라고 진술한다.[5] 노년의 시기는 양면적 가치를 지닌 것으로 간주되는데 크나큰 고통의 시기이면서 또한 잠재적으로 많은 자원을 지닌 시기이기 때문이다. 잠재적인 자원이란 포악한 군주들로부터의 자유, 욕망의 끝, 그리고 영적 기쁨의 시작이다. 그러나 이러한 잠재적인 자원들을 인정하지 않는 백과사전적 분류는 인간의 전 연령에 수반되는 악의 목록을 나열하고 있다.[6] 여기에는 연약함, 갖가지 불편함, 병, 슬픔, 몸의 파괴 등이 상세히 기술되어 있는데 동시에 "모든 사람이 늙은이를 경멸하고 싫어한다"는 이야기도 나온다.[7]

이 노인 혐오의 징후는 노년의 잠재적인 자원보다 노년의 많은 악을 강조하는 방식으로 노년을 기술하는 중세 후기 저술의 특징이다.[8] 아우구스티누스가 말한 인생의 여섯 번째 단계와 세상의 여섯 번째 시대 사이, 곧 성육신에 의해 시작되고 세상 끝까지 지속되는 기간 사이에 대한 비유에서 뚜렷한 전환이 나타나는 것 같다. '겉 사람'은 낡아지나 '속사람'은 날로 새로워질 수 있기 때문이다.[9] 여기서 독자의 관심은 육신의 후패함에서 벗어나 일곱째 날과 하나님 도성의 즐거운 평화를 바라보는 기독교적 비전, 곧 역사적이고 개인적인 관점 안에서의 "영적인 나이"로 옮겨간다.[10] 그러나 노년에 대한 많은 중세 후기 저작 속에서 이러한 비전은 아우구스티누스의 작품과 가나 혼인 잔치의 여섯 물동이(요 2:1-10)에 대한 그의 주해, 곧 이 그릇들을 인생의 여섯 단계와 세상의 여섯 시대로 보는 비유적 주해의 영향력에도 불구하고, 실제로는 주목을 받지 못했다.[11]

나중에 이노센트 3세(Innocent III) 교황이 되는 로타리오 데이 세그니(Lotario dei Segni)는 중세 후기를 대표하는 작품을 썼는데 곧 노년을 표현하는 기사가 담긴 《인간됨의 비참함 *De miseria condicionis humane*》[12]이라는 책이다.[13] 여기서 노년은 우리의 상태를 특징짓는 혐오스러운 불행의 정점으로 취급된다. 실제로 죽음은 단지 죽어가는 긴 과정에 지나지 않았던 삶으로부터의 안도감이다. 몸이 극심한 고통 가운데 붕괴될 뿐 아니라(치아가 썩고, 눈은 흐려지고, 귀먹게 되고, 심장은 약해지는 등등), 도덕적 성향 도 상응하여 퇴보한다. 노인은 쉽게 발끈하고, 잘 용서하지 않으며, 욕심 이 많고, 탐욕스럽고, 걸핏하면 싸우려 들고, 우울하고, 말이 많고, 잘 들 으려 하지 않고, 향수에 젖어 있고, 걱정으로 가득하다. 그러한 문헌들은 공공연히 독자들을 일시적이며, 고통으로 가득하고, 영적 삶의 장애물인 기만과 강력한 허무감으로 가득한 세상에서 멀어지게 하려고 한다.[14] 노 화에 관한 중세 후기의 한 서정시는 젊은이들이 노년의 비극적인 상실로 부터 배워야 할 것은 세속적인 행복이 사람들로 하여금 길을 잃게 만드는 "그저 헛된 것"이라는 사실이라고 말한다.[15] 독자들은 늙은이의 애도에 초점을 맞추면서, 인생이란 것이 "나를 구원하기 위해서" 피를 흘리신 분 에게 기도하며 낙원의 대저택을 향해 떠나가야 하는 "흥겨운 축제"(cheery fair)일 뿐임을 습관적으로 상기하게 된다.[16]

　　우리가 마침내 그리스도께로 돌아가는 것이 진실이기는 해도, 실제 로 노년은 관습적으로 '끔찍하고 혐오스러운' 것이라는 취급을 받는다. 나이 많은 여성의 경우, 공포는 종종 여성의 성생활과 그것이 남성에게 위험하다는 걱정 때문에 더 심각해진다.[17] 성에 대한 이러한 관습적 태도 를 반영한 편견은 "불결하고, 해롭고, 파괴적 힘을 소유하고 있다"고 여 겨졌던 월경에 관한 통념 때문에 더 합리화된다. 노년의 여성들은 자신 의 몸에서 "불필요한 문제를 제거할 수 없기" 때문에 더욱 위험한 존재라 는 것이다. 슐라밋 샤하르(Shulamith Shahar)는 《여성의 비밀에 관하여 *De Secretis Mulierum*》에서 이러한 관점을 다루고 있다. "월경의 유지는 많은 나쁜 유머를 낳는다. 여자들이 늙으면 이 문제를 통제하고 소모하는 자연적인 열이 거의 남지 않는다. 특히 거친 고기만을 먹고 살 수밖에 없는 가난한 여성들은 … 다른 사람들보다 독성이 더 많다."[18]

그리스도인들은 여성혐오와 노년혐오가 혼재된 채 당연하게 여겨지는 시대 속에서 자라났다. 그와 같은 결합이 중세 후기와 근대 초기의 유럽에서 그리스도인들에 의해 자행된(주로 여성들, 특히 나이 많은 여성들을 대상으로 한) 대규모 '마녀 사냥'을 야기했으리라고 추측할 수 있다. [19] 이것은 아우구스티누스가 《참된 종교에 관하여 *De Vera Religione*》와 다른 책에서 인간의 나이에 대해서 다루었던 것과는 거리가 멀어 보이며, 어떤 의미에서는 기독교의 고유한 성격과도 상반되게 보인다. 그럼에도 불구하고 그리스도인들은 그와 같은 인식을 널리 받아들였다. 이것은 당시 세계의 역사 속에서 기독교가 취했던 하나의 형식이었다.

반면 목회에 대한 관심이 강했던 저자들은 노년을 마지막 기회, 곧 참회와 회심을 위한 기회로 분명하게 제시했다. 이 접근법을 보여 주는 좋은 예시가 카르투지오 수도회(Carthusian)의 사본 안에 있는 "일곱 나이에 대해"라는 한 시에 등장한다. 이 시는 영혼의 선한 천사와 악마의 유혹 사이에서 갈등하고 있는 모습을 삽화와 함께 보여 주고 있다. 여섯 째 나이에서 천사는 노인에게 좋은 기도가 고통을 완화시키고 그의 영혼을 구할 것이라고 말하는 반면, 악마는 그의 죄가 그를 버릴 때까지 변화하지 말고 그대로 있으라고 말한다(사본의 삽화는 한 늙은이가 왼손에 목발을 짚고 오른손에 묵주를 들고 걸어가고 있다). 일곱 째 나이에서 노인은 자신의 재물을 기부하고, 자기 삶을 수정하며, 하나님께 자비와 은혜를 갈구하며, '선한 것'이라면 뭐든지 다 했다. 이렇게 하여 악마는 마침내 패배를 선언한다(삽화는 노인이 침대에 누워 있고 천사는 입을 통해 작은 영혼의 형상을 꺼내고 있다. 반면 뿔과 녹색 물갈퀴 날개, 꼬리, 그리고 날카로운 발톱을 가진 털 많은 악마는 상실감으로 애통하고 있다).[20]

이 시가 주는 메시지는 노년이 비록 비참해 보이긴 해도 '선행'으로 반응하는 사람에게는 하나님의 자비를 통해 참회의 시간이 제공되며(마 25:31-40을 보라) 인생이 변화된다는 것이다. 베리(Bury) 지역의 성 에드문드(St. Edmund) 베네딕트 수도원 출신 다작가인 존 리드게이트(John Lydgate)가 쓴 유명한 시 〈언약 Testament〉에서도 동일한 양식이 전개되고 있다.[21] 리드게이트는 1397년 사제로 서품되었고 1449년에 사망했는데 이 시는 수도사의 노년을 덫과 도적떼로 가득한 "아주 위험하고 끔찍한 순례"를 마치는 것으로 묘사하고 있다. 노년의 병약함에 빠진 그는 이제 "자기 죄의식 때문에 예수께 울부짖는" 신세가 되었다. 나이는 그를 무덤으로 부르고 그는 일생을 "정산해야" 한다. 예수만이 그의 과거를 알고 있는 악마의 세계로부터 구원해 낼 수 있다. 노년은 주로 죽음의 "선장"으로 여겨진다. 노년의 연약함, 질병, 우울, 그리고 신체적, 정신적, 영적 고통들이 아마도 "잘못 사용된 시간"의 기억을 불러일으키도록 설계된 것 같다. 이는 리드게이트가 거친 젊은이들과 위선적이고 게으른 수도사들의 전형적인 행동들에서 연상한 것이다. 이 시와 또 다른 작품에서, 노년은 기껏해야 과거의 죄를 정산하고 다가오는 죽음 앞에서 참회의 시간을 가지는 것으로 묘사된다. 오직 그리스도만이 악마의 강한 주장을 방어해 줄 수 있다.

나이 듦에 관한 기독교적 실천에 대한 이러한 설명은 14세기 영국의 프란시스코 수도회 수도사에 의해 기록된 일곱 가지 죄악과 그것을 교정하기 위한 덕에 관한 논문에 분명히 표현되어 있다. 그 글은 설교자들을 위한 안내서로《통나무 열매 묶음 *Fasciculus Morum*》으로 알려져 있는데, 인생을 아동, 청년, 성년, 그리고 노년이라는 네 개의 연령으로 이루어진 동전에 비유하고 있다.

> 그러나 종종 한 사람의 처음 세 번의 시기는 헛된 노력으로 끝난다. 하지만 만약 그가 네 번째이자 마지막 시기에 자신을 위해 열심히 애쓰고 선한 방식으로 부자가 된다면 그는 마땅히 칭찬 받을 만하니, 상급은 참회의 삶을 시작하는 자에게 약속된 것이 아니라 그 안에서 굳게 인내하는 자에게 약속되었기 때문이다. "끝까지 견디는 자는 구원을 얻으리라"고 기록되어 있지 않은가(마 10:22).

겸손한 참회는 '천하무적'을 이기고 '무시무시한 재판관'을 '사랑의 아버지'로 바꿔 준다.[22] 동전의 네 번째 부분인 노년기는 죽음 앞에서 마주할 심판을 준비하고 참회를 격려하는 데 매우 적합하다. 여기서 아마도 피조물의 상황에 관한 독특한 기독교적 이해는 노인혐오 문화에 맞서 그리스도께서 이루신 하나님과 우리 이웃과의 화해 안에서 소망과 믿음의 덕을 더욱 강화시킨다("하나님의 사랑이 우리에게 이렇게 나타난 바 되었으니 하나님이 자기의 독생자를 세상에 보내심은 그로 말미암아 우리를 살리려 하심이라 사랑은 여기 있으니" 요일 4:9-10). 이 화해가 지닌 변화의 힘은 그 대상이 얼마나 영적, 육체적으로 속죄에 헌신하느냐에 달려 있다. 사제에게 하는 공식적인 고백을 포함해서, 참회는 "아프고 약할 때가 아니라 건강하고 강한 상태에서" 죄를 지었을 때 하는 것이 이상적이다.《통나무 열매 묶음 *Fasciculus Morum*》의 저자가 말한다. 아우구스티누스의 가르침에 따르면, "'만약 당신이 더 이상 죄를 짓지 않게 될 때 회개하면 당신이 죄를 떠나는 것이 아니라 죄가 당신을 떠나게 된다.' 그리고 속죄하기에 충분한 힘이 없는 말년에 하는 참회는 그다지 적절하지 않다"고 말한다. 그럼에도 불구하고, 앞에서 언급했던 대로 노년이라는 상태는 참회의 고통을 위한 충분한 동기부여를 제공해 준다. 만약 이러한 고통을 순순히 받아들인다면, "참회의 효과는 그것을 통해 사람이 자기의 죄로부터 용서받고, 교회로 복구되고, 그리스도와 화해되고, 영적인 은사로 충만해지고, 악마의 자녀에서 하나님의 자녀가 되는 것이다."[23]

중세의 경건은(유아기와 수난 이야기에 집중된) 그리스도의 인성이라는 특별한 이해를 중심으로 형성되었는데, 이는 특별히 그리스도와 신체적으로 극한 일체감을 형성하게 해주는 '모방'이라는 이상과 짝을 이루었다.[24] 그럼에도 그리스도는 인간의 생애에서 '완벽한 나이'라고 여겨지는 때에 죽으셨다.[25] 그분은 늙어서가 아니라 인생의 정점에 십자가에 달리기를 선택하셨다. 성 토마스 아퀴나스에 따르면 예수는 노년에 내재된 자연적인 힘의 감소를 드러내는 것이 적절치 않았기 때문에 그렇게 했다(십자가에 직면했을 때 보인 특유의 논쟁과 빌립보서 2장 5-11절의 내용에 따르면). 또한 완벽한 나이(청년기)에 죽으시고 그 나이에 부활하심으로써 그의 충만함 속에서 부활한 자들의 모습을 드러내셨다.[26] 초자연적인 완벽함 가운데 모든 덕을 구체화한 그리스도는 우리가 '모방'할 노년의 특별한 모델이나 특별한 이야기를 제공하지 않는다.

예수와 연관하여 이상적인 노년을 상상해 보려는 《향연 *Il Convivio*》
에서 단테(Dante)의 시도는 매우 희귀한 경우다. 성 토마스 아퀴나스처럼
단테는 "쇠퇴하는 것 속에 신성이 존재한다는 것은 어울리지 않기" 때문
에 그리스도께서 인생의 '정점'에 죽기로 선택하셨다고 주장했다. 그리고
그리스도가 그때 십자가에 달리지 않았다면 81세까지(플라톤처럼) 살았을
것이라고 추측했다. 그 나이에 "그는 영원히 살 수 없는 육신을 영원한 것
과 바꿨을 것이다."[27]

노년과 관련하여 실현된 모델이 없기 때문에, 단테는 '고결한' 영혼
을 위한 하나의 모델을 고안한다. 덕스러운 노년은 아리스토텔레스학파
에게 요구되었던 "사회적이며" 공적인 의무를 "자신감 넘치고 정의롭고
관대하게" 이행하는 것이다. 그것은 또한 가난한 자와 궁핍한 자를 돕는
것도 포함한다.[28] 나이가 아주 많아지면 "고결한 영혼은 … 하나님께 돌아
간다. 금생의 바다 위로 출항하게 되었을 때 떠났던 항구로 돌아가는 것
처럼" 순례는 리드게이트의 무서운 여행과는 아주 다른 방식으로 그려지
는데, "그 이유는 쾌적함 속에서 직행하며, 거친 세파의 방해를 받지 않기
때문이다." 죽음은 "자연스럽기" 때문에, 거기에 접근하는 사람은 "자기의
배를 천천히 인도해서 항구에 들이며 조심스럽게 돛을 내린다." 우리는
말년에 이르러 여전한 노년의 걱정거리들을 한쪽으로 치워 놓고, "최고의
부드러움과 고요함으로 항구에 들어가도록 우리의 정신과 마음을 모아"
하나님께로 돌아간다. 단테는 이것이 형벌과 참회의 규범들과는 달리 '우
리 자신의 본성'이 부여하는 모범이라고 주장한다. "왜냐하면 참으로 자
연스런 죽음 안에는 고통이 없고, 그 어떤 쓰라림도 없기 때문이다, 도리

어 다 익은 사과가 가볍게 그리고 격렬하지 않게 스스로를 가지로부터 떼어내는 것과 같다. 그처럼 우리 영혼은 머물렀던 육신으로부터 고통 없이 떠나는 것이다. 그것이 아리스토텔레스가 《성숙함과 노년 *On Maturity and Old Age*》에서 '노년에 일어나는 죽음 안에는 슬픔이 없다'고 말했던 이유이다."[29] 노인이 죽어갈 때 '고결한' 영혼은 영원한 도성의 시민들에게 환영을 받는데, 이는 '영혼의 선행'과 '사색의 실천'으로 가능해진 것이다. 단테는 여기서 키케로의 《노년에 관하여 *De Senectute*》를 언급한다. "키케로가 장로 카토의 모습으로 말하는 것을 들으라. '나는 이미 우리 선조들을 보는 것 같으며, 온 마음을 다해 그들을 보기 원한다. 그들은 내가 사랑했던 사람들이며, 또한 말로만 전해 듣던 사람들이다."[30] 우리가 살펴봤던 전통적인 접근과는 달리, 단테의 이상적인 노인은 전심으로 "지난 세월을 축복하는데," 이는 마치 성공한 상인이 자기 도시에서 생을 즐길 보물과 물질들을 가지고 지나온 여정을 축복하며 항구로 들어오는 모습과 같다.[31] 키케로(Cicero)의 카토(Cato)는 예수께서 보여 주지 않았던 덕스러운 노년과 죽음에 관한 단테의 모델을 구축한 단초가 되었다. 실제로 단테는 나이 든 마르시아(Marcia)가 자신의 첫 번째 남편인 카토에게 돌아가는 것을 영혼이 하나님께로 돌아가는 것으로 해석한다. "세상의 그 어떤 사람이 카토보다 더 하나님을 대표할 만하다고 하겠는가?"[32]

이것은 노년과 말년을 매력적으로 표현하는 이미지라 할 수 있다. 타락한 인생의 극히 암울한 현실에 대한 아우구스티누스의 강조는 한쪽으로 치워 두라. 복음서에 나오는 예수의 특별한 이야기들도 한쪽으로 치워 두라. 그분을 거부했던 정치적이고 종교적인 힘도 한쪽으로 치워 두

라. 십자가 처형과 부활, 그를 버렸지만 그들의 사명과 용서를 재차 확인하시며 제자들에게 나타나셨던 사건도 한쪽으로 치워 두라. 이 모든 것들은 한쪽으로 치워 두고 예수와 함께 다른 '고결한' 영혼들이 우아하게 늙어가는 것을 상상하라.

단테는 당대의 문화적 풍조와는 달리 이러한 작업을 통해서 금욕이라는 미덕과 그 결실인 노년의 모델을 구축했다. 그러나 기독교 집필자들은 얼마간의 대가를 치러야 했다. 교회는 이러한 사안에 관심이 없는 것처럼 보이는데, 이에 관해서는 《농부 피어스 *Piers Plowman*》(이와 관련한 해설을 담은 책이 《농부 피어스의 꿈》으로 지만지에서 역간되었다)에 관한 뒷부분에서 논의할 것이다. 단테가 제시한 모델은 《하나님의 도성》에서 스토아적 금욕주의를 반대했던 아우구스티누스의 주장에 비추어 볼 때 매우 취약해 보인다. 아우구스티누스는 덕을 붙들지 못하는 인간의 박약한 의지, 타락과 죽음이라는 상태에서 오는 어쩔 수 없는 비참함, 하나님의 은혜와 도움 없이는 참된 의로움 안에서 사랑하고 기뻐할 수 없는 인간의 무능함, 그리고 이런 자멸로부터 구원 받기 위해 인간이자 신성한 중재자이신 그분에 대한 절대적인 필요성을 주장했다.[33] 아우구스티누스의 영혼은 단테의 《향연 *Il Convivio*》에 나오는 '고결한' 영혼과 달리(모든 고통의 최초 원인인) 죄로 인해서 괴로워한다. 반면 육체의 죽음은 하나님이 긴밀하게 연결시키신 것을 산산 조각내기 때문에 보통 고통스럽고, 고뇌에 차고, 폭력적인 사건이 된다.[34] 아우구스티누스에게는 충실히 그리고 참을성 있게 견뎌낸 죽음조차도 형벌을 고결하게 감내한 것일 뿐이다.[35] 그는 이성이 계속해서 감정을 차분하게 달래던 스토아적 금욕주의 모델이 존귀하고 지향할 만한 것임을 인정했지만, 또한 "그것은 현생에 속하지 않는" 것임을 강조하기도 했다. 그는 요한일서 1장 8절의 "만일 우리가 죄가 없다고 말하면 스스로 속이고 또 진리가 우리 속에 있지 아니할 것이요"를 인용하며 다음과 같이 말하고 있다. "그리고 이 아파테이아(apatheia: 금욕적인 생활의 핵심이 되는 스토아학파의 대표 개념으로, 곧 어떠한 정념이나 욕망에도 휘둘리지 않는 상태를 말한다)의 상태는 사람 안에 죄가 없을 때까지는 오지 않기 때문에 현생에서는 일어나지 않을 것이다."[36] 그리스도의 사역이 그런 종류의 차이를 만들어내지 못했기 때문에, 우리의 사회적 삶은 필연적으로 어둠과 상실에 대한 애도에 얽매여 있다.[37] 여기서 적어도 중세 기독교의 경우 관습적으로 단테의 키케로 모델(Ciceronian model)보다는 아우구스티누스에 더 가깝다. 그렇다면 21세기 초의 어떤 것이 아우구스티누스의 시각을 알아볼 수 없을 정도로 낯설게 만들고 있는가? 나는 그럴 만한 일이 없다고 본다.

그러나 중세 후기에 누군가가 실제로 충분한 나이에 이르도록 늙었다면 어떠한 종류의 사회적 환경을 경험했을까? 이 시기의 기대 수명에 따르면, 20세까지 생존한 경우에는 평균적으로 50세 정도까지 살 수 있었다. 이것은 평균이고, 많은 사람이 더 오래 살기도 했다. 중세 영국의 노년에 대한 조엘 로젠탈(Joel Rosenthal)의 최근 연구에 따르면 "나이 든 사람이 도처에 있었음"을 강조한다.[38] 따라서 노년은 백과사전 편찬자들이나 도덕주의자들의 발명품이 아니었다. 당시의 상황을 볼 때, 대부분의 사람들은 마을과 아주 작은 도시에서 살았고 농업 생산에 의존해 살아갔으며,

어떤 지역에서는 양모나 옷감 생산을 비롯하여 다양한 직업군의 장인들이 존재했다. 그리고 표준적인 가족 구성 단위는 한 세대를 아우르는 핵가족이었다.[39]

노인들이 자신의 토지와 공동 주택을 관리할 수 없게 되면 어떻게 살았을까? 그들은 유지관리 계약을 맺음으로 이 문제를 해결했다. 이 계약의 협정에서 노인들은 꼼꼼하게 명기된 수익을 받는 대가로 자신의 토지와 자원을 포기했다. 이러한 계약에 종종 노인의 자녀들은 포함되지 않았다. 주디스 베네트(Judith Bennett)의 영국 시골 지역의 여성과 가정에 관한 연구에서 알 수 있는 사실은 "사회적 관습상 자녀들에게 나이 든 부모를 봉양하는 것은 요구되지 않았고 어떤 자녀들은 이미 독립해서 가정을 이루었으며, 그들은 나이 든 부모를 돌보는 일이 유리하지 않음을 알고 있었다."[40] 동 앵글족(East Anglian)의 자료들에 대한 일레인 클라크(Elaine Clark)의 연구는 어떻게 계약상의 협정이 노인의 경제적 능력에 달려 있는지를 보여 준다. 중세시대에는 그러한 협정이 아직 통상적이지 않았기 때문에, 대표적인 사례로 삼을 만하다. 15세기 초 협정은 잉글랜드의 노폭 주 노리치(Norwich, Norfolk) 부근의 와이몬덤(Wymondham)에서 맺어졌다.

월리엄 하딩과 그의 아내 아그네스로부터 리처드 하딩과 그의 아내 마가렛에게, 2에이커, 3로드(rod)의 일반적인 땅, 그리고 노턴에 있는 부속 건물과 함께 공동 주택 '레테리스'(retherys: 공동 주택의 이름으로 보임)의 가옥과 대지 절반.

조건: 음식과 음료, 의복, 신발 그리고 다른 일체의 필수품. 현 세입

자가 전 세입자의 채무를 이행할 것. 현 세입자는 장례 비용 일체를 담당하고 윌리엄과 아그네스, 그리고 다른 후원자들의 영혼을 위하여 와이몬덤 교회에서 미사를 드리도록 주선할 것. 항목 끝. 〔새 세입자들이 장원의 영주에게〕 10실링.[41]

　　이런 관습적인 교환 사례에서 우리는 중세 후기 영국에서 맺어진 계약 관계의 표준적인 모습을 엿보게 된다. 이것은 노인을 돌보는 일이 장례는 물론이고(이 사례에서 나타난 것처럼) 연옥에 있는 그들의 영혼을 돌보는 일까지 포함함을 보여 준다. 리처드 스미스(Richard Smith)가 최근에 관찰한 대로, "가장 솔직한 형식으로서 은퇴 혹은 유지관리 계약은 노인들에게 개인적으로 주선된 혜택, 그리고 연금과 교환하여 자신의 땅과 자원을 가족 구성원(또는 친족이 아닌 사람)에게 넘겨주는 수단이었다."[42] 스미스는 1380년 이후 젊은이가 노인에게 지불한 '현금 연금'이 합의의 공통부분이었음을 발견했고, "인구 과잉이 완화되고 공실 주택들이 시장에 쇄도하면서 당사자들이 같이 거주하지 않게 되거나, 가옥과 대지 내 지역에 사는 경우에 어떻게 계약이 '얼굴을 덜 마주하는' 방식으로 체결되는지를" 살펴보았다. 계약은 영주의 법정에서도 집행될 수 있었고, 실제로 집행되기도 했다.[43] 노인들을 위한 그러한 합의는 "마을과 도시 안에서, 명사의 저택에서, 수도원장의 숙소에서, 사제의 집에서, 그리고 감독의 관저에서" 맺어졌다.[44] 자신들이 가진 자원으로 사회보장을 위한 계약을 맺을 수 없는 노인들은 불규칙적인 자선과 소수의 병원들, 또는 빈민구호소에 의지하는 '빈곤할 수밖에 없는' 사람들이 되었다.[45] 그들의 상황은 처절하고 비참했다.[46] 여기서 무엇이 바뀐 것인가?

　　본 글의 마지막 부분으로 가기 전, 나는 위에서 논의했던 노인들을 위한 계약상 합의처럼 현대인이 예견하지 못한 중세 문화의 또 다른 면을 말하고 싶다. 그것은 의학의 전통에 속하는 것으로, 노화의 증상을 지연시키는 것에 관한 13세기 프란시스코회 로저 베이컨(Roger Bacon)의 작품, 《늙음의 우연한 지연에 대하여 *De Retardatione Accidentum Senectutis*》에 상세하게 설명되어 있다.[47] 그는 노년의 쇠퇴, 그리고 죽음조차도 지연될 수 있다고 주장했다. 과학자들은 노화의 원인에 관한 과학적 조사를 통해 그것을 지연시킬 수 있을 것이다. 어떻게 이런 일이 가능할까? 통제할 수 있는 건강한 체제(regime)와 자연의 숨겨진 힘(채소, 동물, 그리고 미네랄)을 활용하는 약의 조합을 통해서다. 베이컨은 흰머리, 주름, 실명, 수다, 걱정, 그리고 몸과 마음의 연약함(상상력, 기억, 그리고 이성의 장애를 포함하여)과 같은 노화의 표시를 피하는 방법들을 파악했다. 그는 청결, 조절된 식사(동물에게 먹이를 줄 때 가려서 주는 것을 포함하여), 구토와 설사를 관리하는 법, 피를 깨끗하게 하는 법, 그리고 사회적 기쁨이나 즐거움과 같은 특징들을 포함하는 제도를 제안했다. 거기에는 약도 포함되어 있다. 베이컨은 자신의 연구에서 이러한 것들을 어떻게 준비하는지, 또한 각각 어떤 역할과 효력을 가지는지 상세히 서술했다. 이 체제의 목표는 한 늙은 농부가 쟁기질을 하다가 발견한 어떤 내용물이 담긴 용기를 통해 겪은 놀라운 변화의 사례에서 잘 나타난다. 노인이 그 액체를 마시자, 그는 30대의 남성으로 변모하여 60년을 더 살게 되었다.[48] 이 사례는 영적으로 해석되지 않았다(쟁기가 설교자의 말씀이거나, 용기 안의 액체가 그리스도의 구속적 보혈이라는 식으로 읽히지 않았다.)

　중세 가톨릭 문화에서 발견된 이런 실마리는 현대의 의학 기술과 자본 투자 및 이데올로기들과 어느 정도 희망과 관점을 공유하는 것처럼 보인다. 그러나 이는 고유한 기독교적 전통과는 완전히 무관한 관점이다. 이러한 흐름이 존재했음을 고려해 볼 때, '죽어감의 기술'을 가르치려는 작품들에서 그리스도인들이 '지금' 영혼의 질병을 치유할 '영적인 약과 치료법'을 미루고 '영혼의 의사' 또한 제쳐둔다고 지적하는 점은 놀랍지 않다. 이러한 지적은 현대 그리스도인들에게도 적용된다. 왜냐하면 이들은 잘 알려진 영적 치료법보다 '몸에 좋은 약'을 더 많은 간절함과 믿음을 가지고 추구하기 때문이다. 현대인들은 죽는 순간에도 육체를 위한 의술과 의료 제도에 더 의지하며 "헛되고 잘못된 갈채와 위로와 육신의 건강을 지켜줄 거라는 가장된 약속"을 더욱 선호하며 "죽음에 대해서는 전혀 귀기울이려 하지 않"는다. 《죽음의 미학 *ars moriendi*》의 저자는 우리가 그러한 믿음 안에서 우리의 영혼을 영원히 위태롭게 한다는 사실을 우려하고 있다.[49]

　랭글랜드(Langland)는 《농부 피어스》에 관해서도 동일한 우려를 표현했다. 후기 기독교 사회와 근대성의 특성으로 추정될 수 있는 의술에 대한 태도가 중세 시대 가톨릭 문화 내에서는 심각하고 위험한 충동으로 취급되었음을 이해할 필요가 있다. 노년에 대한 의학 교과서와 백과사전적 논의와는 달리, 《죽음의 기술에 관한 책 *The book of the craft of dying*》에서는 그리스도의 사역에 초점이 맞추어져 있고 그에 상응하는 자기인식, 믿음, 그리고 예수의 성육신, 생애, '사랑의 죽음'과 부활 속에 나타난 '가장 지고한 사랑'으로 기독교의 중심적 이야기에 대한 경건한 기억을 장려하고 있다.[50] 《죽음의 미학》에서는 노년이 특별한 위치를 점하지 않는다. 이 책은 그리스도인들로 하여금 이 취약한 생에서 자신의 상황을 보게 해주는 중심적 이야기들, 곧 개인들로 하여금 계속해서 헛된 욕망을 좇던 옛 자아를 포기하고 하나님의 창조하는 능력과 더불어 영혼을 새롭게 하도록 격려하는 이야기들에 날마다 마음을 쏟도록 돕는 기술과 습관을 양성할 것을 강조했다(막 1:14-15; 엡 4:22-24; 골 3:7-15).[51]

나는 이 글을 가장 위대한 영시 중 하나인 《농부 피어스》에 나온 노년에 대한 논의로 마치고자 한다. 이 희망적이고, 우화적이며, 예언적인 작품은 1360년대부터 1380년대 후반, 혹은 그 이후에 써졌고 서너 가지 버전으로 다시 써졌다.[52] 이것은 믿기 힘들 정도로 다양한 문학 형식(예언적 도전, 설교, 학문적 논쟁, 풍자, 우화적 상상, 참회의 담론, 종교적 서정시, 성서 주해, 연애 주제, 그리스도의 생애)을 사용하고 있다. 시인은 1381년 영국의 대봉기와 최초로 등장했던 이단(1401년부터 완강한 위클리프파, 혹은 롤라드파라고 단죄된 사람들이 왕권과 연합한 가톨릭교회에 의해 화형에 처해졌다)을 포함하여 전례 없는 이념의 갈등이 가득했던 영국 사회의 모습과 흑사병 이후의 교회와 영국 공동체의 모습을 탐구하기 시작한다.[53] 나는 이 작품의 한 측면을 다룰 것인데(모든 독자들이 이 작품을 읽게 되기 바란다), 여기서 노화를 다루는 방식을 보면 중세 기독교 및 그 문화와 관련된 예리한 질문들, 곧 오늘날의 그리스도인들에게도 해당되는 질문들을 볼 수 있을 것이다.[54]

《농부 피어스》 B판의 다섯 번째 절에서 참회하는 일단의 무리들은 초서(Chaucer)의 작품에 등장하는 유명한 캔터베리 순례자들이 추구했던 것처럼 친숙한 성인들의 친숙한 성지를 찾아 떠나지 않고, '진리'라고 불리는 성인을 찾아 떠난다. 그들이 길을 잃은 후에 가장 도움을 받으리라 기대한 인물은 교회의 성직자가 아니라 하층 계급의 평신도인 피어스라는 농부였다.[55] 나중에, 아주 나중에, 그는 영적으로 그리스도의 인성 및 성 베드로와 동일하게 해석된다. 그러나 여기서 그는 당시의 하층 계급인 평신도를 비유하고 있으며, 이 단계의 여행에서 가장 좋은 안내자이다. 다음 절에서 그는 특별히 기독교적이고 전통적인 자선의 형태를 유지하며 지배 계급에 의해 시행된 임금 동결에 대한(1351년에 일어난) 노동자의 저항을 해결하려고 한다. 비록 그의 시도는 불가능해졌지만, 시인은 이 농부를 가장 중요한 신학적 덕의 모델로 제시한다.[56] 하지만 그리스도와 달리 그는 늙어간다(VI.83). 노화에 대한 그의 반응은 우리가 살펴봤던 몇 가지 기준들로 나타난다. 그는 참회를 행하고 순례(이론상으로는 참회의 한 형태인)를 계속한다. 모범을 따라, 그는 자신의 유언을 기록하고 조용히 자신의 의무를 기억해 낸다. 최후 정산에서 하나님의 용서에 대한 믿음에서 시작하여 교회와의 관계를 고려하는 데까지 나아간다. 피어스는 자기 교회 내 교구의 땅에 묻히게 될 것이다. 이는 부분적으로 랭글랜드 자신이 지역 교구인 기독교 공동체의 관계들에 파괴적으로 개입한다고 보았던 탁발 수도회와의 싸움에서 비롯된 결정이다.[57] 그는 단테의 '고결한' 영혼이 스토아적 평온으로부터 멀리 벗어난 방식으로 과거를 회상하는데, 그 것은 우리가 지금까지 살펴봤던 기독교적인 노년이 어떤 모습이어야 하는가와 부합한다. 곧 죄의식을 이끌고 전전긍긍하는 모습이다. 그의 삶은 지역 교회에 완전히 충성하는(신속하게 십일조를 내는 것으로 상징되는) 모습이었고, 이 교회가 모든 그리스도인들을 기억하는 기도 속에서 자신을 기억해야 할 의무가 있다고 말한다(VI. 85-95).

따라서 시인이 말하는 '잘 늙음'의 모델은 과거, 현재, 미래를 아우르는 충실한 지역 공동체의 역할에 초점을 맞추고 있다. 그것은 피어스의 삶에서처럼 네트워크가 잘 유지되는 교구로 곧 산 사람과 죽은 사람이 연결되어 있는 공동체다.[58] 이를 통해 우리는 노년에 대한 전통적인 중세 저술에서 이런 관계에 대한 관심이 놀라울 정도로 빈곤했음을 확인할 수 있다. 그와 같은 부족함의 원인과 결과는 확실히 살펴볼 만한 가치가 있지만, 여기서는 단지 그 문제에 주목하는 것으로 충분하다. 피어스는 자신이 '진실되게' 얻어온 모든 것을 자기 아내에게 물려주고 자녀들과도 나누기 원한다. 그는 자신이 빚을 신속히 갚았고, 잘난 점이 아무것도 없음을 상기한다. 그는 자신의 생명을 포함한 모든 남은 자원을 공동체 안에서 진리(하나님)를 위해 예배드리는 마음으로 가난한 자를 돕는 일에 맡긴다(VI.96-104). 그리스도인 공동체 내의 기독교적 노년에 대한 이 모델에서 피어스는 랭글랜드가 물려받은 전통에서는 아주 흔했던 지독한 혐오감 없이 좋은 결말을 이끈다. 농부는 그의 공동체 안에서 "생산적인 행동"에 계속 헌신하며, "노년으로 인해 위축되거나 당황해하지 않는다." 이는 초서의 리브(Reeve) 이야기와 현저한 대조를 이룬다. 리브는 이노센트 3세의 《인간됨의 비참함》 같은 문서를 통해 나타난 경멸과 증오를 부채질하는 데 이용된, 적의를 품고 성적으로 집착하는 노인의 극적인 형상이다.[59]

피어스가 나이 들어가는 모습을 보면서 랭글랜드의 독자들은 그들이 알고 있는 현실과 《농부 피어스》에서 나이 듦에 대한 비전을 모두 생각하게 된다. 시인은 자신을 '의지'(Will: 영혼의 이성적 욕구와 윌리엄 랭글랜드 둘다)로 형상화하고, 시인의 작품인 시는 무엇보다 그후 사라진 거룩한 교회에 대한 초기 질문들 가운데 하나에 대한 대답을 찾기 위한 '의지'의 탐색이다. 그 질문은 "어떻게 내 영혼을 구할 수 있는가?"(I;84)이다. 열한 번째 절까지 '의지'는 사회, 정치, 신학적 탐구를 통해 도덕의 문제들을 풀어나갔는데, 그 결과 처음에는 신앙주의로(X.454-81), 그 다음에는 쾌락주의로(XI.6-58) 나타나게 된다. 여기서의 유혹은 아마도 마주한 모든 것은 방랑자의 끊임없는 환상과 욕망을 충족하기 위해 거기에 존재해야 한다고 추정되는 자율적인 개인들의 세상에서 자율적인 존재로서 방황하는 것이다.[60]

갑자기 이 자아도취적 만족감의 장면 속으로(온 세상이 '거울'로 제시되어 있다, XI.9.20) '늙음'이라 불리는 인물이 나타난다. 늙은 나이에 '무거운' 표정을 지닌 그는 '행운'(Fortune)의 재산은 환상에 불과하고 그것들에 욕망을 붙이는 것은 파멸의 결과를 가져올 것이라고 경고한다(XI.27-33, 44-45). 이 훈계는 '무모함'(Recklessness)에 의해 묵살되는데, 그는 '의지'에게 나이는 완전 무시된다고 안심시킨다. '의지'는 하던 대로 계속하라고 설득된다(XI.34-58; 요일 2:16). 시인은 이 결정이 탁발 수도회의 관례에 의해 가능하게 된다고 암시하는데, 그들은 고해성사와 그 안에서 보상이 이루어져야 할 지방채(local bonds)를 서서히 약화시키며, 성례를 시장에서 교환되어야 할 상품으로 바꾼다(XI.53-58, 상세한 사례는 III 35-63에서 볼 수 있음). 피어스와 달리 '의지'는 탁발 수도사들의 교회에 묻히기로 합의하고 자기 교구 교회를 버렸던 것 같다.

그러나 '행운'의 재산이 '의지'를 떠나고 세월이 미끄러지듯 지나감에 따라, 그는 자신이 "늙음 속으로" 들어왔음을 발견한다(XI. 59-62). 그는 이제 자신의 교구 교회에 묻히고 싶음을 피력한다. 그의 '양심'이 그리스도인은 자기가 세례 받은 교회에 묻혀야 한다고 말하는데, 이러한 견해는 시인이 피어스에서 상상했던 일종의 특별한 공동체에 대한 헌신을 생각나게 한다(XI. 63-67). 기대했던 경제적 혜택을 빼앗긴 이동 수도자들(mobile friars)은 탁발 수도회에 반대하여 맹렬하고 관습적인 격론을 일으키며 '의지'와 그의 견해를 거부한다(XI.68-106). 노화의 문제들은 '의지'가 '청함을 받은 자는 많되 택함을 입은 자는 적다'는 종말론적 잔치의 위협적 비유와 마주할 때조차 사라진 것처럼 보인다(XI.107-36 마 22:1-14). 본문은 '의지'를 떨게 하고 자신이 택함을 입었는지 아닌지 스스로 논쟁하게 만들고, 이 논쟁이 마음을 사로잡는 여러 길들을 취하는 동안 '의지'의 노화라는 주제가 다시 불거진다. 열두 번째 절에서 '의지'는 자신의 '이마지나티프'(Ymaginatif: 이미지를 형성하는 영혼의 힘)를 만나고 그의 '마지막'인 죽음과 거룩한 비전 가운데 잠재된 참된 마지막, 이 두 가지 모두를 유념하면서 살아가기를 계속해서 저항했던 자기 모습과 마주하게 된다. '이마지나티프'는 과거에 '의지'가 방종했음을 기억해 내고, 지금 '중년 나이'의 삶을 수정하고, '늙은 나이'에 가난과 고행을 견딜 힘이 부족하지 않도록 설득하려고 애써온 45년 동안 계속해서 거절당했노라고 불평한다. 화자는 주인(심판)이 돌아오는 것은 일경(젊음)이나 또는 이경(중년)이 아닐지 모르지만, 인자가 생각하지 않은 때에 분명히 올 것이기 때문에 종은 준비하고 있어야 한다고 경고하는 또 다른 종말론적 비유를 인용한다 (XII.9a: 눅 12:35-48).[61] 이제 비록 이경은 지났지만, '의지'는 그가 기도할 수 있을 때 시를 쓰도록 하는 일에 계속해서 관여한다. 윤리에 관한 책들이 이미 충분하지 않은가? 그 미덕에 대해 상세히 설명할 설교자들이 충분하지 않은가?(XII.10-19)

여기서 시인은 일반적인 관점을 제시하는데, 곧 노년으로 이동하는 것은 큰 위험과 큰 잠재력을 모두 내포하는 순간이라는 것이다.[62] '의지'가 피어스처럼 살았다면, 인생을 말하고 동시에 인생을 형성하는 이야기의 전개 단계들 사이에서 더욱 차분하게 질서 있고 일관된 길을 갈 수 있을 것이다. 그러나 우리가 보았던 대로, 그는 그러지 않았고, 대부분의 독자들에게 대표자로 인식되는 이는 시인의 인물인 '의지'이다. 이제 그는 다시 한 번 인생을 개선하도록 요청받고 있는데, 아마도 피어스가 궁극적으로 자기의 사회적 계획 가운데 아주 다루기 힘든 모순에 직면하여 결정했던, 신(neo-)프란체스코파의 회심으로 요청받은 것으로 보인다.[63] 확실히 그는 오로지 예전(liturgy)과 기도에 헌신하며, 자신이 추구해온 탐색을 포기하도록 요청받고 있다(그는 자기의 강박적인 쾌락주의를 이미 포기했거나, 계속해서 포기하고 있다). '의지'는 자신의 노화에 대한 이러한 반응성을 감지했지만, '이마지나티프'가 일러준 모든 책들과 설교에서도 좋은 삶에 관한 자신의 가장 긴급한 질문에 대한 답을 얻지 못했음을 깨닫는다. 만일 그가 답을 얻었다면, 그는 '거룩한 교회'에 가게 될 것이고 거기서 기도 가운데 여생을 보냈을 것이다(XII.20-28). 그러한 식으로 탐구는 계속될 것이다. 육신의 나이가 얼마든, 밤의 경계가 무엇이든, 동기의 모호함이 무엇이든, 그리고 위험 요인이 무엇이든 말이다.

여기서 '의지'의 옳음은 시인에 의해 입증되며, 우리에게 있는 그 특별한 시는 그러한 결정의 결과 가운데 하나이다. 그러나 랭글랜드는 '이마지나티프'로 강력하게 대표된 노화와 노년에 대한 표준적 가르침에 반대해야만 한다. 우리가 보아온 대로 전통적인 논의는 이생의 단계를 주로 과거의 죄, 참회 행위, 그리고 연옥의 공포를 경감시키고 지옥이라는 재앙을 피하기 위해 (그리스도와 성모께) 계속해서 자비를 간구하는 것으로 이해해 왔다. 노년에 대해 절대 상상할 수 없던 것은 그것이 합법적인 탐색의 시기일지도 모른다는 것이다. 그러나 시인의 의인화인 '의지'에게 있어서 이는 바로 14세기 말의 복잡한 영국과 속빈 강정 같은 기독교 전통에서 "잘했던 것과 더 잘했던 것, 그리고 마지막에 가장 잘했던 것"(XII. 26)으로의 탐색이자, 또한 그렇게 계속되는 탐색이 될 것이다. 여기서 시인의 행동은 내가 살펴본 중세의 자료보다 T. S. 엘리엇의 네 개의 사중주(Four Quartets)에 있는 한 구절에 더 가까운 것처럼 보인다.

> 늙은이들은 탐구자들이어야 한다…
> 더 큰 통합을 위해, 더 깊은 연합을 위해
> 캄캄한 냉기와 텅 빈 황폐를 꿰뚫고
> 파도 소리, 바람 소리, 바다제비와 돌고래의
> 광활한 바다를 통과하여. 나는 죽으면서부터 태어난다.[64]

그러나 여기서 내 결론이 랭글랜드의 노년에 대한 탐색을 엘리엇의 이 강렬한 시구로 대신하려는 줄 안다면 그것은 오해다. 대신 나는 《농부 피어스》의 여덟 절을 건너뛰고 구원의 역사와 그리스도의 삶과 사역과 심오하고 멋지게 연결되는 마지막 절로 옮겨갈 것인데, 그분이야말로 이 시의 비유적이고 윤리적, 정치적 열쇠이자 핵심이다.

이제 내가 주목하는 절의 기본적 문맥을 요약할 필요가 있다. 이 시의 주요한 탐구는 열다섯째 절부터 열아홉째 절에서 완성되는데, '의지'가 '이마지나티프'의 노년에 대한 관습적 견해를 받아들이지 않는 정당한 이유를 드러낸다. 지옥의 정복, 부활, 승천, 그리고 오순절 후에 우리는 성령께서 피어스와 함께 이제는 성 베드로이자, 1378년부터 두 번의 전쟁중인 교황을 배출한 현대 교황직에 대한 비판적인 거울 역할을 하는 그리스도인 공동체를 세우는 것을 보게 된다. 이 귀결은 랭글랜드가 꿈꿨던 이상향이다. 이는 성령의 가르침을 받은 교회가 사회적 세계와 더불어 관계를 맺는 비전을 보여 준다. 그런 다음에 이 교회가 역사적으로 명백하게 존재했던 관습에 의해 파괴되었음도 여실히 드러낸다. 랭글랜드는 무엇 때문에 이 신성한 선물이 유토피아의 부재로 바뀌었다고 보았을까? 그의 대답은 다음과 같이 요약될 수 있다. (1) 인생과 전통적 덕목은 그 안에서 시장, 시장 가치, 그리고 개인적 이익이 최고의 상품인 공동체를 지속시키기 위해 변형된다. (2) 교회는 이 세상의 관행과 가치에 동화되었다. 랭글랜드가 보기에 당시 문화에서 우리가 앞에서 마주쳤던 고해성사의 운명은 그러한 동화를 보여 주는 결정적 증상이다. 그것은 바로 상업화와 사유화라는 운명이다.

그러나 이것이 중세 시대의 나이 듦에 관한 기독교적 실천과 무슨 관계가 있는가? 이 글에 드러난 것처럼 모든 것과 관련되어 있다. (독자와 시인처럼) '의지'는 성령과 깨어 있는 '양심'의 인도를 받고 있는 신실한 공동체 내에서는 늙지 않기 때문이다(XIX.182-390). '의지'는 내가 서술했던 종류의 공동체, 곧 시인의 사회를 형상화한 공동체에서 나이 들어가고 있다. 이곳에서는 개인의 이익과 자율적 개인들의 자유로운 선택이 기독교적 실천을 형성하고 있다. 예를 들어, 시인은 그리스도인들이 고해성사에 충실해야만 성찬식에서 그리스도의 몸을 받을 수 있다고 가르칠 때, '양심'이 불신과 경멸 속에서 거부되는 양상을 보여 준다. 그러한 헌신은 공동체 안에서 깨어진 사랑의 유대를 회복하는 데 필요조건인 상호간의 용서를 포함해서 다른 사람에게 빚진 모든 것에 대한 보상을 수반한다(XIX.383-402, 410-23, 451-81). 그러한 요구는 현대의 문화적 실천으로 볼 때는 비현실적이고 불쾌한 도전일 것이라고 시인은 주장한다(XIX.391-476, XX.80-174).

마지막 비전은 우리를 이 시의 첫째 절에 나오는 거룩한 교회의 관찰로 데리고 간다. 사람들은 다른 하늘의 이야기들은 명백히 거부하면서 그들이 사는 세상의 '미로' 속에서 발견할 수 있는 '예배'는 부단히 추구한다(I.5-9). 여기서 노년은 베이컨(Bacon)의 《늙음의 우연한 지연에 대하여》에서 말하는 세속화된 의학 전통에 대한 호소와 마주한다. '늙음'의 위협을 받는 인생은 철저히 상품화된 의약에 의존하고, 자신을 즐겁게 해주는 치료법이라면 억만금을 주고서라도 구입한다. 그는 '의술'이 '늙음'을 지연시킬 수 있고 높은 급료를 받는 의사가 처방한 약이 '죽음'을 쫓아낼 수 있다고 믿는다(XX. 169-74). 이것은 우리가 살펴 본 《죽음의 미학》이 지양하는 행동방식이며, 시인은 '늙음'으로 하여금 중풍에 걸려 죽는 의사를 공격하게 하여 그러한 방식이 허무함을 생생하게 드러낸다(XX. 175-77). 그러나 늙어가는 '인생'은 열한째 절에서 '의지'가 경험했던 삶의 방식인 '술잔치'에 더욱 광적으로 집착하면서 이러한 사건들에 반응한다. 여기서 랭글랜드는 이야기를 전환시켜, 곧바로 '의지'를 포함시킨다. '늙음'은 '의지'를 맹렬하게 공격하여 머리가 벗겨지고, 귀가 먹고, 이가 빠지며, 다리를 절고, 발기불능이 되게 한다(XX. 178-98). '죽음'이 다가오고 '의지'는 두려움으로 떤다. 어떻게 해야 하는가?

그 해답은 '친절'(Kynde: 하나님과 하나님이 창조하신 자연을 가리키는 용어)에 있는데, 이것이 이 글을 엘리엇의 시로 마칠 수 없었던 이유 가운데 하나이다. '친절'은 '의지'에게 그(의지)가 보내지기 전까지는 교회 안에 자리 잡아서, '연합을 이루고', '필요한 기술'을 익혀야 한다고 말한다. 허락된 일만 하는 것을 줄곧 거부해 왔던 '의지'는 그러면 어떤 기술을 배워야 하느냐고 묻는다. 그러자 사랑하기를 배우는 것으로 충분하다는 답이 주어진다. '의지'가 '기술'(craft)을 실행하는 가운데 육신의 생존에 대해 회의적인 질문을 던지자, '친절'은 《농부 피어스》에서 매우 돋보였던 복음적 실천을 추구하던 프란체스코 수도회의 문장을 다시 들려준다. 그 문장은, 만약 그대가 신실하게 사랑하면 옷이나 세상의 음식이 결코 부족하지 않으리라는 것이다(XX. 201-11; 마 6:24-34). '친절'은 '의지'에게 근심을 내려놓고 예수께서 선포하시고 피어스가 따랐던 복음의 길에 자신을 맡기라고 요청한다. 이 길은 그리스도인의 인생에서 모든 단계에 해당되는 길처럼 보인

다. 랭글랜드에게 그것은 제자도로 구성된 길이다.[65]

고통 가운데 '의지'는 교회의 구성원으로서 순순히 '친절'의 명령을 따르려고 한다. 교회는 그 안에서 다시 한 번, 그리고 항상 사랑하기를 배우고, 본성의 해로운 염려를 내려놓고, '축복된 빵', 곧 생명의 빵을 나누는 공동체이다(XX. 212-15; XIX. 383-90). 랭글랜드가 교회를 강조하고, 근심을 이기는 복음적 실천 안에서의 믿음에 집중하며, 사랑하기를 배우고, 그리스도의 몸에 참여하는 것은 다소 놀랍게도 당대의 노년을 대하는 일반적인 방식과는 거리가 멀다. 시의 15-19번째 절까지 나오는 그리스도 중심적 현현에 근거를 두고 있는 그의 비전은 어떠한 종류의 금욕주의와도 뚜렷이 구분된다. 그가 강조하는 나이 듦의 기독교적 실천은 특정한 교회 공동체에 대한 완전한 헌신을 요구한다. 그는 우리가 오직 거기에서만 그리스도의 삶, 죽음, 그리고 부활 가운데 결정적으로 계시된 하나님의 용서와 용납에 대한 믿음을 갖고 늙음에 대한 도움을 얻게 될 것이라고 주장한다. 시인은 인간 영혼에게 형제가 되어 주신 생명의 주 그리스도께서 그 영혼에게 사랑의 잔을 제공하기 위해 죽으셨다고 친히 선언하시는 것을 듣는다(XVIII. 365-409). 인류에게 가족이 되신 그분은 인간이 궁핍할 때 그들을 돕겠다고 선언하신다. "한때는 무서운 왕이었으나, 이제는 친절한 도움이시다"(XVIII. 398). 그러나 이 선물에 참여하기 위해서 '의지'가 연합의 현장, 곧 '거룩한 교회' 안으로 가야 함도 기억해야 한다(XIX. 317-34, XX. 204).

그럼에도 그 곳간은 일곱 가지 큰 죄와 적그리스도의 힘으로 포위를 당한 상태다(XX. 212-16). 이 상황은 예측된 바이며 랭글랜드가 보기에 교회는 분명히 '세상'이 되어서는 안 되기에 도리어 환영할 만한 것이었다. '의지'는 결국 '친절'에 의해 '세상'으로부터 연합의 현장으로 보내진다. 그러나 이제 펼쳐지는 것은 《농부 피어스》를 통해 시인이 아주 집요하게 분석하고 비판했던 세상에 의해 교회가 동화되는 장면이다.[66] '양심'은 그리스도의 용서와 은혜는 단순히 기독교 공동체의 정의로운 질서를 폐하지 않는다는 신성으로 보증된 견해(랭글랜드에 따르면)를 제쳐두기로 동의하면서 당대의 압력과 예의에 응답한다. 그리스도의 몸에 참여함이란 무너진 연대를 다시 세우는 일이다(XX. 306-31; XIX. 383-408 비교). '양심'의 선의는 탁발 수도회의 고해 신부의 지휘 아래 포위하는 군대를 교회 안으로 받아들이기에 이른다(XX. 355-79).

이 행동의 결과는 재앙이 되었다. 고해성사는 다시 한 번 상품화되고 세속적인 방식의 위로와 연결되고 동화되었다. 당대 사회의 규범적 실행과 결탁한 이러한 결정은 교회를 비기독교화시킨다. 비기독교화된 교회에서 성례전은 사실상 꿈과 환상을 조장하는 마법의 영역이 되었다. 성직자는 회개와 회심이 필요하다는 모든 감각을 편안하게 제거하는 아편을 생산한 셈이다(XX. 371-80). 그러나 이는 '의지'가 참여를 요청받았던 공동체인데, 더 이상 세상과 구분이 안 된다. 의심할 바 없이, '의지'와 독자들은 앞서 언급했던 누가복음 12장 38절을 상기해야 한다: "혹 이경에나 혹 삼경에 … 할 수 있을 때 너는 행실을 고치라 네게 자주 경고되었다"(XII. 9a-10).

중요한 성례전을 집전하고 기독교만의 독특한 덕을 유지하는 공동체가 허상과 마법의 길을 갈 때, 나이 든 '의지'가 어떻게 그것을 고칠 수 있겠는가? 이 위험한 상황에 대한 랭글랜드의 반응은 놀랍다. 그는 '양심'으로 하여금 마법에 취한 교회로부터 나와 농부 피어스(와 그가 상징하는 모든 것)를 찾고 오직 은혜를 간절히 구하는 순례를 시작하게 한다(XX. 380-86). 이처럼 교회의 개혁을 위한 탐색은 그곳을 떠나는 결단을 수반한다. 이는 가톨릭 시인으로서는 놀라운 변화이며, 그 결과는 그가 추구하지 않았던, 아마도 추구할 수 없었던 것이다. 틀림없이 그것은 전통적 가톨릭 교회의 피상적인 제도로부터 그리스도인 개인의 승리와 해방이라는 인식이 절대적으로 부재한 상태에서 일어난 변화다. 그것이 나이 든 '의지'를 극도로 위험하고 어려운 상황에 놓이게 한다.

시인의 가차 없는 사회 신학은 매우 진지하게 인간의 형태를 취하고 있다. 그리고 이는 뚜렷하게 기독교 덕목이 번창할 수 있는 기반으로서 나이 듦에 관한 기독교적 실천은 그리스도와 성령, 그리고 농부 피어스가 세운 지속적 공동체가 우리에게 필요함을 명확하게 보여 준다. 만약 옛것이 지나가고, 만물이 새롭게 되면, 그리고 그리스도 안에서 새로운 피조물이 형성된다면(고후 5:17), 이러한 피조물들은 그 안에서 더욱 더 "사랑하기를 배우고"(XX. 208), '친절'이 요구하는 친절함을 배우고(XVII. 198-356), 성례전을 받는 산돌들의 집합소가 되는 도성이 필요하다. 결국 지금 여기서 인간이 그리스도의 몸으로 통합된다는 것은 어떤 의미가 있겠는가? 제임스 맥클렌든(James McClendon)이 주장한 바와 같을 것이다.

계속해서 진행중인 공동체의 형태들(공동생활의 구조, 입회와 유지의 규칙, 성례전과 구원의 표지)은 형성의 모체일 뿐 아니라 변혁을 일으키는 통로가 되어야 한다. … 그리스도인들은 자신의 여정에서 형성과 변혁을 모두 일으키는 공동체의 형태를 부지런히 찾는 일에 소홀해서는 안 된다. 교회의 사회적, 구조적 형태를 묻지 않고서는 영성에 대해 물을 수 없다.[67]

이는 "그리스도인의 여정"에 대한 랭글랜드의 이해와 매우 흡사하다. 아마도 14세기 작가의 나이 듦에 대한 묵상은 그의 교회에 대한 묵상과 분리할 수 없을 것이다. 어쩌면 그가 탐구했던 질문의 힘은 오늘날 "나이 듦에 대한 기독교적 실천"을 구상하는 데도 강력한 자원이 될 것이다.

Growing
Old
in Christ

Part 2

근현대 고령화 문제에 대한 비판적인 관점들

우리 시대 잊혀진
노년의 가치와 영광

Chapter 4
근대 사회가 만든 노년

할 수 있는 게 있을까 하는
비참함과 긴박감에
놓이다

캐롤 베일리 스톤킹
노스캐롤라이나주 하이포인트컬리지의 종교학과 학과장

〈예순이 된다는 것〉이라는 시에서 루스 제이콥스(Ruth Jacobs)는 "육십에 접어드는 공포와 분노"를 인정했다. 그녀의 탄식은 신랄한 모습으로 묘사된다. "내가 할 수 있는 게 있을까?" 수년 뒤 분노와 두려움이 어느 정도 사라지고 그녀에게 마음의 평화가 찾아왔다. 그녀는 "예순이 주는 선물"을 세어보기 시작한다. "그것은 내 인생에서 비롯된 한 권의 책이 그것을 필요로 하는 이들에게 전해지는 것 같았다."[1] 우리도 그 책이 필요하다.

이 책의 모든 저자들은 특별히 기독교적 관점에서 세월의 선물에 대해 성찰하고 있다. 이 글들은 나이 듦에 대한 이해가 부족하고 나이 듦의 가치를 인정하지 못하는 사회 속에서 그리스도인이 어떻게 살 것인가에 대한 성찰이기도 하다. 나는 각 장들을 읽으면서 여러 가지 생각을 하게 되었다. 젊음이 떠나간다는 것에 관해서, 건강을 위한 지원 체계와 적절한 돌봄에 관해서, 존중과 배려에 관해서, 우정에 관해서, 실재를 보는 우리의 방식을 누가 정의하느냐에 대해서 그리고 희망에 관해서. 나는 노화에 대한 근대적 구성에 관해서 성찰하는 과제를 맡았다. 하지만 미리 일러두지만 나는 희망이라는 맥락에서 노화에 관해 말하길 원한다.

나는 아직 예순에 이르지 못했지만, 이제 중년에 들어서고 있다. "내가 할 수 있는 게 있을까?"라는 제이콥스의 질문은 나에게도 긴박하게 들려온다. 나는 그녀의 삶이 담긴 책이 필요하다. 지금 나의 현실은 가족을 부양하고, 경력을 쌓으며, 내 전문성을 벗어난 서툰 삶에서 비롯되는 두려움들과 그것들을 진정시키려는 시도들로 가득 차 있다. 나는 이런 종류의 두려움이 앤 타일러의 소설 《세월의 사다리 *Ladder of Years*》에 나오는 인물 델리아(Delia)로 하여금 과거에 얽매인 자신의 삶에서 떠나도록 했으리라 상상해 본다. [2]

왜 우리는 세월이라는 선물을 칭송하기보다 두려워하게 되었을까? 거치적거릴까 봐 두려워서? 실제로 세월이 흐를수록 주름이 늘고 피부는 처지며, 흰 머리도 늘어나면서, 우리의 복잡한 인생사, 곧 각자의 독특하고 다른 복잡한 인생사가 그 위에 기록된다. 불현듯 거울은 우리에게 지난 세월과 유한성, 종착을 향해 가고 있는 인생사라는 모호한 선물을 비쳐 준다. 우리는 스스로의 힘으로 삶을 완성하려는, 독특한 현대적 환상 속에서 우리 자신의 지혜로 삶의 수수께끼들을 풀어보려 했다. 한때 자유와 운명을 즐기는 노마드였던 우리가 우리 자신을 세월로부터 해방시키려는 헛된 전투에 참가하는 운명이 되고 만 것이다. 어느 현대 시인이 쓴 대로, 세월이란 '폭력배'와 같다. 세월은 "시간을 섬기는 것이 아니라 제멋대로 달아나 버린다."[3] 우리가 저마다 경험한 세월들은 문자 그대로 우리 인생과 우리의 역사를 연대기적으로 측정한 것으로서, 만족 없이 명백히 모순된 굶주림으로 대표되는 현대 사회의 문제이다. 다시 말해 대부분의 사람들은 역사주의에 의해서 제기된 자유를 갖고 싶어 하면서 동시에 비역사적 과거로부터 위로를 받고 싶어 한다. 그리고 이 모든 것들이 델리아가 경험한 이야기다.

앤 타일러는 《세월의 사다리》에서 40세의, 거의 다 자란 세 아이의 어머니인 델리아 그린스테드(Delia Grinstead)라는 여인을 그려낸다. 그녀의 아이들은 우연인지, 사고인지, 아니면 둘 다인지 모르지만, 그녀의 인생에서 떠나갔다. 그녀는 차를 얻어 타고 낯선 동네에 들어가서, 초라한 방 하나를 세 얻어 새로운 삶을 살기로 한다. 거추장스러운 것이 없는 인생이며 "엎질러질" 일도 없는 인생이다. 델리아는 "그린스테드 씨"(Ms. Grinstead)로서 개인사를 배제하고 독립적인 모습으로 살기로 했다. 그러나 결국 세상이 그의 삶으로 끼어들었다. 의도와 달리 새로운 친구들과 새로운 책임들이 쌓여 갔다. 보금자리를 찾는 길 고양이부터 슬픈 사연의 버림받은 남편과 그의 막내아들까지 말이다. 그 남편과 어린 소년을 통해 델리아는 더 나이 든(더 지혜로운 것은 아니지만) 인물인 내트(Nat)를 소개 받는다. 본의 아니게 이 이야기의 고통스러운 아이러니를 열어 준 인물이 바로 내트였다.

델리아와 막내아들은 정기적으로 시니어 도시(Senior City) 요양원에 있는 내트를 방문한다. 델리아의 첫 방문에서 내트는 시니어 시가 어떻게 구성되었는지 설명해 주었다.

이 도시는 캐비닛의 서류들처럼 정리되어 있지. … 우리는 수직적으로 구성되어 있어. 허약할수록 더 높은 층에서 사는 거야. 아래층에는 정정한 사람이 살고 있어. 거기 사는 이들은 지금도 여전히 일을 하거나 주식 매매를 하고, 또는 뭐든 자신들이 할 수 있는 걸 하지. 골프장에 가거나 탁구를 치며 크리스마스에는 남쪽으로 여행을 가기도 하지. 그러니까 이 층은 다소 힘겨운 이들을 위한 곳이야. 휠체어 높이의 주문대가 필요하거나 대처 능력이 떨어지는 우리 같은 사람들이지. 4층은 전적인 돌봄을 제공하는 곳이야. 간호사, 난간 달린 침대 … 모든 사람들은 4층으로 옮겨지기 전에 죽고 싶어 해(p. 193).

내트는 독립과 건강, 성공을 무한히 추구하는 일에 몰입한 사회에서 노화에 대한 연민의 소리를 내고 있다. 그가 비록 이론적으로는 시니어 시를 칭송하지만("자녀들에게 짐을 지우는 것보다는 확실히 더 낫다") 속마음은 다르다. "말하자면, 돌아가는 모든 게 뭔가 나에게 불편한 상징처럼 느껴져. 그러니까 마치 내 인생은 언제나 놀이터 미끄럼틀로 올라가는 사다리, 계속 높이만 올라가는 세월의 사다리 같아. 그러다가 저런! 모서리에서 떨어지고 다른 이들이 뒤에서 나를 받쳐주는 거야. 나는 계속 스스로에게 물어봐. '몇 계단만 더 올라가면 텔마(Thelma)가 우리를 위해 발견한 장소에 닿지 않을까?'"(p.194)

적어도 70대의 내트로 하여금 30대 여성과 결혼하고 한 아이의 아빠가 되게 한 것은 세월의 사다리를 거스르고자 하는 그의 욕망도 한몫을 했다. 내트는 아들이 태어났을 때 한창 들떴으나 그 의기양양함은 눈물로 끝났다. 3주 뒤, 쇠약해진 내트는 델리아에게 고백했다. "시간 여행이었어. … 그냥 거꾸로 여행해서 모든 것을 다시 살아보고 싶은 어설프고 미친 시도였어." 자신만의 시간 여행을 통해 마침내 집에 돌아온 델리아는 내트와 달리 상당한 우연이긴 하지만 제대로 된 시간 여행이었음을 깨닫는다. "그녀가 출발했던 곳으로 돌아가 남편인 샘과 결국 함께하게 되었다면 당신은 뭐라고 했을까? 그녀가 남겨 둔 사람들이 실제로 어떤 면에서 더 멀리 떠나간다면 뭐라고 했을까?"

집에 돌아온 뒤로, 델리아는 자신의 갑작스러운 출발에 대해서 다시 생각해 봤다. 가족 여행 도중에 그녀는 남편과 말싸움을 했다. 남편은 화가 풀리기도 전에 멀리 떠나갔고, 그녀는 충동적으로 해변 가에 눌러 앉았다. 그녀가 뒤를 돌아보자 자신이 있는 파라솔에서 꽤 먼 곳에 그녀의 아이들이 자리를 깔고 앉아 앉았다. 그리고 샘은 한쪽에 서 있었다. 그때 그녀는 아무도 말하지 않는 것 같다는 것을 알게 되었다. 아이들은 수평선을 향했고 샘은 자기 시계를 쳐다보고 있었다. 그녀는 불쑥 방향을 틀었다.

> 하지만 이제 그녀는 6월의 해변이 다르게 보였다. 그녀가 본 세 아이는 대양의 언저리를 경계심과 긴장에 찬 고요함으로 응시하면서 그들의 여행을 떠날 태세를 갖춘 듯했다. 그리고 델리아는 손으로 햇빛을 가리며 왜 아이들이 떠나려 하는지 알려고 했다.
> 엄마도 없이 어디로 가려는 걸까?
> 작별 인사는 어떻게 하지?(p. 326).

델리아의 여정은 고대 문학의 단골 주제를 보여 준다. 민간 설화나 시, 연극, 소설, 예술, 종교의 가르침들이 우리에게 전해 주는 이야기는 안전하지만 답답한 원래의 자리를 박차고 나와 자신을 변화시키는 일련의 모험을 감행하고 결국에는 목표를 달성하거나 상을 받고, 영적 고향에 이르는(아니면 실패하는) 남성 영웅의 이야기다. 길가메시, 욥, 오디세우스,

아이네이아스(Aeneas: 고대 트로이 왕국의 장군이며 로마 건국의 시조로 회자되는 전설 속 인물)의 이야기들은 고대로부터 전해지는 비유적 표현의 힘을 보여 준다. 시인들은 앞에서 여정의 두 주요한 구성요소를 진술한다. 하나는 여행자가 귀환을 통해서 갱신이나 회복을 이루는 순환적 진보이며, 다른 하나는 사회적 또는 지적 무질서의 상황에서 질서의 상황으로 일관되게 진보하는 모습이다.[4] 그러나 델리아의 이야기는 놀라울 정도로 다르다. 그녀의 이야기는 원형보다는 나선형에 가깝다. 이 이야기의 덕목은 딱히 하나라고 말할 수 없는, 방향은 있지만 정해진 지점은 없는 흐름이다. 정해진 경로는 결국 원이나 선 위의 정해진 지점으로 인도될 것이다. 하지만 나선형은 심상(images)을 심화시키고 동시에 부각시킨다. 정해진 경로 없는 델리아의 여정은 그 자체가 우리 각자가 노화를 과녁에서 벗어났다고 생각하여 불규칙하며 일탈적이고 잘못되었다는 인식을 하고 있음을 드러내는 과정이다.

빗나간 과녁

만일 우리가 노화라는 용어를 인생 후반에 광범위하게 적용하고자 한다면, 또는 그 용어를 특정한 연령 집단이나 생활연령(chronological age)에 초점을 맞추지 않고 나이 들어가는 전반적인 과정과 경험에 적용한다면, 델리아의 이야기는 노화에 관한 것이다. 그리고 그녀의 탐구, 곧 인생의 후반에서 의미를 찾으려는 그 탐구는 일반적인 것이라 할 수 있다. 델리아는 인생의 여정에서 노화가 차지하는 모호한 위치를 제거함으로 현대 세계의 세속적이고 과학적이며 개인주의적인 성향을 모방하려는 것 같다. 그녀는 할 수만 있다면 노화를 합리화하고 거기에 질서를 부여하고 싶어 한다. 하지만 그럴 수는 없다. 명료하게 표현하진 못했지만, 델리아는 자신의 여정을 일직선으로 진보하는 모습이라고 상상하며 시작했다. 그러나 이야기의 끝에 이르러 그녀는 완전히 한 바퀴를 돌아온 모습이다. 그렇다면 그녀의 여정은 단순한 회귀였을까?

델리아의 여정이 일직선은 아니지만, 그렇다고 원형적으로 묘사하는 것이 가장 적합한 것도 아니다. 델리아의 여정을 원의 방식으로 짜 맞추는 것은 이 평범한 여성의 이야기를 너무 평이하게 만들어 버리는 것이다. 그렇게 되면 그녀가 성가시고, 즐겁고, 양가적인 즐거움 등이 서로 뒤얽힌 상황에서 발견한 정체성은 묻힌다. 델리아의 여정은 그 순수함과 현실성, 그리고 상호연관성으로 인해 재미있고 관대하며 인간적이다. 그녀의 인생이 기록된 이 책은 가족과 세대 관계, 성별, 노화에 대한 태도 등에서 도덕적이고 영적인 모티브를 찾아간다. 독자들은 그 이야기를 듣는 동안 편안하고 안전한 느낌을 갖는다. 노화에 관한 많은 학문적 문헌들과 달리, 이 책은 노화의 경험에 관한 이야기를 전한다. 그 이야기는 감정이나 지성을 배제하지 않으면서 말의 질서정연함과 느낌의 무질서함을 한데 엮는다. 그리고 사실상 우리가 관습적인 서술로 묘사하는 도덕적 신념보다 더욱 심오한 매일의 삶을 말한다. 중요한 점은 델리아의 이야기가 중요한 방식으로 중요한 점을 가리킨다는 사실이다.

하지만 불행히도 우리의 문화는 다른 방식으로 이야기하는 것에 그다지 많은 관심을 기울이지 않는다. 사람들이 왜 늙는지, 어떻게 늙어가야 하는지, 또는 늙어간다는 것이 무슨 의미인지에 관한 오래된 질문들을 다루지 못해서 초래된 혼란을 인식하지 못하고 있다. 게다가 이러한 질문들이 가족과 세대 관계, 성별, 노화에 대한 태도와도 중복된다는 것에 대해서 인식조차 못한 상태. 우리가 가진 생물학적이고 사회적 실존의 다른 측면들과 마찬가지로, 노화는 과학적 관리의 영역으로 들어왔다. 이는 노화의 과정을 설명하고 통제하기 위해 우리가 어떻게 나이 들어가는지에 대해서만 우선적인 관심을 가진다. 따라서 과학에 문외한인 우리는 델리아의 인생이 기록된 책이 필요하다. 그녀가 우리에게 노화에 관한 정통 이론이나 체계적인 해설을 제공하는 것은 분명히 아니다. 대신 자신의 지극히 개인적이며 간절하고 조마조마했던 다소 평범한 삶의 줄거리를 직접 들려준다. 그녀는 중요한 방식으로 중요한 것들의 이야기를 들려준다. 그것이 시작이다.

이는 의심의 여지없이 고단하고 진지한 일이며, 종종 좌절을 불러오는 어려운 과제로 개선의 여지와 질문이 필요한 오랜 문화적 가정들이다. 실제로 지난 15년 동안 노화 연구에 참여했던 학자들은 실제 삶의 현장이 아닌 사회과학이나 생체의학으로부터 기본적인 통찰력을 얻어왔다. 다른 말로 하면, 대부분의 학자들은 노화를 해결해야 할 기술적인 문제 내지는 최소한 개선되어야 할 문제로 본 것이다. 노화에 초점을 맞춘 신학자들도 노화를 단순히 실직, 빈곤, 질병, 건강 돌봄, 은퇴, 연금 등의 사회정책적 문제로 보았다. 그러나 기독교 신학은 그 이상의 것을 제공해야 한다. 신학적 관점에서 소위 '노화의 문제'는 19세기 말 이후로 인생의 후반부를 괴롭혀 온 문화적이며 상징적인 빈곤과 더불어 늘 있어 왔다.

궁핍함, 또는 델리아가 떠난 이유

특별한 이야기들은 노화의 이해가 단지 노년의 지위, 노인에 대한 태도, 계급과 성별의 차이, 또는 가난하거나 허약한 노인의 처우에 대한 일반화가 아니라는 사실을 드러낸다. 물론 이러한 것들도 중요한 문제이긴 하다. 그러나 이러한 문제들은 분명 근대성의 전형적 관행인 사상, 이미지, 태도만으로는 해결될 수 없을 것이다. 이러한 인식론적 자세는 인간의 노화에 관한 경험이나 문화적 표현이 노화의 실체를 이해하는 데 도움이 된다는 것을 부인한다.[5] 이러한 분리는 노화를 추상화시키며 우리에게 부담되지 않도록 거리를 두게 한다. 이는 노화에 관한 사상과 신념, 그리고 느낌 등을 마치 객관적 실재에 대해 단순히 주관적으로 반응하는 것인양 다룬다. 이러한 분리는 나이 듦에 대한 더 풍성한 이해를 방해한다. 이러한 분리가 내재화되면, 일종의 거짓된 의식이 생겨나 우리 문화에서 몸과 자아의 분리가 일어난다.

오직 '노화의 문제'에만 집중하고 더욱 노쇠한 사람들의 실제 삶과 문화적 표현을 도외시하는 과학적 노화 관리는 우리로 가장 인간적인 경험을 통해 보편적으로 참여하고 결속하는 일을 부정한다. 과학적 노화의 의미를 고양시키며, 그 의미가 공적 담론(그 외 많은 담론)을 지배하게 함으로써, 우리는 스스로 비판적 안목, 곧 인간의 경험이 더 큰 의미를 갖게 되는 것을 거부하는 셈이 된다. 그리스도인들에게는 그러한 이야기들이 있다. 한쪽에는 노화에 대한 경험적 사실과 과학, 의료의 의미 체계가 있고, 다른 한쪽에는 인간 삶의 마지막을 개념화하고 표현하는 그리스도의 이야기와 이상, 이미지, 사회적 관습이 있는데 그 사이의 본질적이고 창조적인 긴장이 존재하지 않는다면, 나이 듦은 결코 개인의 드라마가 음울하게 막을 내리는 것 이상이 될 수 없다.

실제로 오늘날 인생 후반의 의미를 찾는 탐구, 곧 델리아의 이야기와 같은 탐구는 늙음에 대한 신학적 의미의 쇠퇴와 과학적 관리라는 점증하는 지배권을 전제하는 것이다. 지난 50년 동안 근대 과학의 중심 목표는 모든 사람은 아니지만 적어도 서구의 백인 중산층에게는 그들의 현실적 기대인, 급성 질환에 의한 조기 사망의 정복과 건강하고 활동적인 삶의 연장이었음은 부인할 수 없다. 하지만 아이러니하게도, 이러한 기획의 성공 그 자체가 선진국 사회들에게는 새로운 운명을 만들어냈다. 대부분의 중산층 백인 미국인들은 '인생의 늦은 오후를 오랫동안' 그럭저럭 살아갈 것이고 만성질환을 앓다가 죽을 것이다. 미국 문화에서 노화라는 독특한 애처로움은 이처럼 새로운 운명을 부인함에서 비롯된다.

사실상 19세기 중반 이후로, 단지 과학자들과 학자들뿐 아니라 모든 미국인들은 노화를 우리의 개인적이고 사회적 실존의 운명적 측면으로서가 아니라 과학 기술과 전문지식의 도움에서 얻은 의지력으로 해결되어야 할 인생의 문제라고 보게 되었다. 이러한 견해에 따르면, 더 나은 미래로 가는 길은 우리가 역사상 다른 선조들보다 노화의 모든 측면을 더 잘 알고 있고, 확실히 델리아와 같은 평범한 여성이 자신이 살아온 여정과 처한 관계, 상황 안에서 말하거나 말할 수 있는 것보다 학자들이 더 많이 알고 있다고 가정하는 실증주의 과학의 방법론으로 포장되어 있다.

노화를 연구하는 현대의 학자들은 언젠가 경험적 사실이 축적되면 우리 모두 질병이나 고통, 갈등, 혹은 이해하기 힘든 일 없이 나이를 먹는, 자연적이고 사회적인 세계에 대한 총체적 이해에 도달할 것이라고 믿는다. 이와 같은 과학적 관리라는 신화와 관련된 문제는 모두가 틀렸다는 것이 아니라, 오직 절반의 진리라는 점이다. 노화의 과학적 관리는 근본적으로 노화의 '문제'를 잘못 간주하고 있다. T. S. 엘리엇이 언급했듯이, 인생에는 두 종류의 문제가 있다. 한 종류는 답변을 요한다. 그 문제에 관해서 우리는 무엇을 어떻게 할 것인가? 다른 한 종류는 다른 답변을 요구한다. 그 문제가 뜻하는 것은 무엇인가? 이것과 어떤 관련이 있는가?[6] 첫 번째 종류의 문제는 적당한 기술적 자원과 실용적인 대응을 통해서 해결할 수 있는 퍼즐 게임과 같다(비록 노화는 해결되기보다는 개선되어야 할 문제임이 더욱 정확하지만). 두 번째 종류의 문제는 더 깊은 차원의 도전을 던진다. 이는 특별한 정책이나 전략, 또는 기술로 극복할 수 없는 도전이다. 물론 기독교적 이야기에 따라서 자신의 비전을 구성한다고 해서 노화의 도전을 제압할 수 있는 것은 아니다. 그러나 이는 우리로 하여금 관리 불가능하고 모호한 실존의 측면을 이해하고 받아들이며 변화에 대한 이미지를 도모할 수 있게 한다.

이 글의 앞부분에서 인용한 루스 제이콥스(Ruth Jacobs)의 시에서 시인은 "육십에 접어드는 공포와 분노"를 묘사하면서 늙은 여성에게 마치 보복이라도 하듯, 신체적 노쇠에 대한 우리 문화의 견디기 힘든 적의를 반영하고 있다.[7] 자신의 늙어가는 신체에 대한 수치와 혐오를 담은 "내가 할 수 있는 게 있을까?"라는 통렬한 질문은 여성과 노화 모두를 향한 우리 문화의 태도를 보여 주는 것이다. 그런데 우리는 50-60대의 여성들이 불임 치료를 받는다고 하면 놀라겠는가? 그들은 단순히 나이 듦을 인간 조건의 일부가 아니라 풀어야 할 문제로 여기도록 몰아가는 사회를 반영할 뿐이다. 그들은 임신과 자녀양육을 선물이 아니라 (모호한 입장의) 개인적 권리로 간주하게 하는 사회를 반영한다. 그들은 인간을 그 자신의 역사로부터, 우리의 몸 안에서 노화의 의미 있는 표현으로부터 분리시키는 사회를 반영한다. 그들의 소외, 그들의 절박함은 우리가 살고 있는 정치적인 입장의 경제만 받들 뿐이다.[8]

우리는 언제, 어떻게 그와 같은 감수성을 거추장스럽게 여기게 되었을까? 미국에서 노화의 문화사를 추적해 본 토마스 코올(Thomas R. Cole)은 18세기 후반에 심오한 전환이 일어났다고 말한다.[9] 벤저민 프랭클린(Benjamin Franklin)은 새로운 과학적 시도를 명료하게 알려줬다. 1780년에 쓴 글에서 그는 이렇게 말했다. "때로 내가 너무 일찍 태어났다는 사실이 나를 슬프게 한다. 현재 진정한 과학이 이루고 있는 급속한 진보는 어디까지 발전할지 상상조차 할 수 없다. …인간의 힘이 물질을 넘어서… 모든 질병(노년의 질병도 예외 없이)이 확실하게 예방되거나 치료되고 우리의 수명이 연장되는 그 즐거운 경지에 이르게 될 것이다."[10] 프랭클린과 다른 계몽주의 시대의 인물들은 노화를 도덕적이고 영적인 신념의 맥락에서, 상호 연결의 맥락에서, 그리고 노화를 우선 기술적으로 해결될 수 있는 과학적 문제로 이해하려는 흐름에서 형성된 근대적 운동의 전조가 된다.

기본적 연구와 의료적 개입이 가능한 상황에서 신체적 노화를 제거할 수 있는데(최소한 관리할 수 있는데) 노화의 도덕적이며 영적인 가능성을 보려고 애쓸 필요가 있는가? 근대의 전환은 노화가 지혜와 고통의 근원이며, 영적인 성장이자 신체적 쇠퇴이고, 명예이자 연약함이라는 후기 인생의 역설을 담을 수 없었고, 그런 가능성을 허용하지도 않는다.

19세기 개신교 자체가 과학적 진보에 몰입하면서(빅토리아 시대의 도덕성에 대한 깊은 헌신과 함께) 그러한 조류를 거스를 수 없었다. 거스르는 것은 고사하고 중산층 개신교의 지배적인 문화는 20세기에 이르기까지 널리 영향을 준 유산, 곧 노화라는 애매함과 우연성의 자리에 긍정적이거나 부정적인 편견의 양극화를 조장하였다. 청교도들은 초기 미국의 신자들에게 연약함과 노쇠함을 결함이 있는 인간 실존의 피할 수 없는 측면으로 받아들임으로 영적인 능력과 개인적 성장을 이루도록 촉구하였지만, 19세기의 지배적인 개신교 문화는 신체적이며 영적인 문제들에 대한 완벽주의와 개인 의지의 능력에 대한 신념에 경도되어 경험을 통제하기 위해서 이분화하고 합리화하였다. 노년을 받아들이기보다는 정복하겠다는 이러한 압력은 엄격한 이원론을 양산했다. 힘든 일과 신앙, 그리고 자기 규율의 삶을 산 사람은 누구나 완숙한 노년에 이르러 건강과 독립을 보장받으며 신속하고 고통 없이 자연적인 죽음을 맞이하게 될 것이라는 식이다. 그리고 그저 태만하고, 믿음 없으며, 난잡하게 산 사람들은 조속한 죽음이나 비참한 노년에 처할 운명이 된다.

인생 후반의 비애는 근대 과학의 문화 지배와 개신교의 쇠락과 더불어 더욱 강화된다. 개인의 건강과 부에 대한 제한 없는 추구는 사회가 떠안아야 할 부담이 되었고, 쇠퇴와 의존에 대해서는 갈수록 적대적인 문화가 되었다. 우리는 서로에 대한 짐을 벗긴다고 해서, 모든 무질서를 제거한다고 해서, 또는 우리의 수단으로 개인 역사의 수수께끼인 우리의 자아를 재정립하거나 해결하려 시도한다고 해서 근대 미국 사회의 노화에 대한 비애를 이해하거나 덜어줄 수 없다. 우리는 이러한 식으로 자신의 자유로운 개인주의를 무비판적으로 추구함으로 인생의 후반을 '관리할' 수 없다.

델리아의 이야기는 우리 문화의 이상과 이미지들이 사회적으로 점하고 있는 위치를 밝히고 섬세하게 탐구함으로써 이러한 진리들을 드러낸다. 이 이야기는 부분적으로는 그녀가 여성이기 때문에 고대 문학의 영웅들과는 확연히 다른 모습을 띤다. 그녀가 처한 '상황'은 전적으로 지상에서 일어났으며 복잡하게 연결되어 있지만, 독특하고 문화적인 권력과 권위의 관계에 둘러싸여 있다. 그래서 그녀는 신문에서 한 홀아버지가 자신의 12세 아들을 위해 씻겨 주고 요리하고, 잠에서 깨워 주고 아침식사를 차려 주고 숙제도 도와주며 병원에도 데려가고 아이가 비디오게임과 전쟁소설에 흥미를 갖도록 북돋아주는 등의 일을 할 '재가 여성'을 구한다는 광고를 보고 잠시 끌렸지만 거부했다.

델리아는 혀를 찼다. 남자들의 **뻔뻔함**이라니! 아예 달을 따 달라는 말이군. 그녀는 초조하게 신문을 털더니 다시 접었다. 정말로 진짜 엄마 노릇하는 귀한 몸을 어디서 구하겠다고. 그녀는 일어나서 쓰레기통에 〈뷰글신문〉(Bugle: 뉴욕에서 발행되는 타블로이드판 신문)을 집어넣었다.

118

이건 아니지. 웨스트 가를 건너면서 그녀는 가게들을 둘러봤다. 데비스(Debbi's) 댄스학원, 싸구려 레스토랑, 그리고 꽃가게 등. 혹시 영업직이라도 알아볼까? 아니야. 그녀는 너무 조용한 성격이었다. 웨이트리스 일도 알아봤지만 부엌으로 걸어가는 중에도 가족들에게 주려했던 디저트를 종종 잊어버리는 자신을 떠올렸다. 그리고 도서관에서 일하는 링컨 여사로부터 동네에서 사서 한 명도 고용하기가 힘겹다는 이야기도 들었던 터라. 실제로 그녀는 핑거네일 클리닉(Fingernail Clinic)의 희멀건 블라인드를 지나면서 생각했다. 아마 허드렛일이라도 어떻게 보면 '엄마 일' 하는 것보다 나을 거야. 감정적으로는 덜 얽힐 테고 상처 입을 가능성도 적을 테니. 분명히 그녀 자신이 상처 입고 힘들어 할 가능성은 덜할 거다. 고용인의 아이가 안 좋다고 해도, 재가 여성이 개인적으로 책임을 느낄 일은 결코 없을 거야. 그녀는 벨류비전(Value Vision: 저렴한 안경 가게)으로 들어가서 문 안 쪽의 신문더미에서 또 다른 〈뷰글신문〉을 집어 들었다(p. 160).

중산층 남성의 이상향은 인지적 추상성으로서가 아니라 개인과 사회생활의 의례적인 요인이 되어 우리에게 강력한 영향력을 미치고 있는 것이다. 델리아의 휴가는 자신이 어디에 있는지를 모르는 상황에서 계속되는 갈등인 셈이다.

귀환

궁극적으로 델리아의 여정은 돌고 돌아 집에 다다른다. 그렇다면 그녀의 귀향은 정체된 상태로 돌아간 단순한 귀환인가, 또는 그 무서운 소용돌이를 성공적으로 항해한 것인가, 아니면 중년의 위기인가? 그리고 그녀는 단순히 중년 위기의 생존자로서 귀향했는가, 아니면 여정을 거치면서 더욱 지혜롭게 되었는가? 다행히도 그녀는 어느 정도 자기 용납을 하게 되었다. 세대 간 갈등의 불가피성을 이해하게 된 것이다. 각 세대는 다치고 쇠퇴하며 소멸되어서 새로운 세대에 의해서 대체된다. 델리아는 비록 무질서하긴 하지만 다행스럽게도 자기 자신의 처지에서 "영역을 넘어서는" 가치를 어느 정도 발견했다. 거기에 그녀의 이야기가 지니는 취약성이 놓여 있다. 그러한 행운은 그녀의 상상력을 고양시킬 것인가? '집'은 다시금 감옥으로 전락할 것인가? 그녀의 남은 여정에서 올바른 다음 단계는 무엇인가?

때에 맞는 단계(Steps in Time)

근대 사회에서는 정확한 생활 연령을 바탕으로 인생의 한 단계에서 다음 단계로 이동한다는 관념에 익숙해 있다.[11] 아이들은 5세가 되면 유치원에 들어간다. 대학생활은 만 18세 즈음에 시작한다. 은퇴는 60세나 65세에 하게 된다. 생활 연령은 더욱 기본적인 역사 발달, 곧 현대적 '인생 과정'의 출현에 속하는 문제다. 생애에 걸친 활동들을 구성하는 규칙, 기대, 사건들의 패턴이라 할 수 있는 서구 사회의 인생 과정은 18세기 이후로 중요한 제도로 성립되었다. 생활 연령은 급속도로 합리화된 도시 산업 사회에서 아이러니컬하게도 각 개인이 생애 동안에 취하게 되는 다양한 역할과 책무들의 순서를 정해 주는 일률적인 기준으로 작용하고 있다. 이는 또한 개인들이 인생의 후반부를 시작하면서 경험하게 되는 위기에 대한 처방도 하고 있다. 어떻게 해서 우리는 《세월의 사다리》에 나오는 현대의 특유하고 획일적인 이미지에 사로잡히게 되었는가? 무엇이 더 오래되고, 훨씬 더 활기찬 생명나무의 이미지를 무너뜨렸는가? 또한 인생 순환이라는 움직이는 이미지를 정지시켜 버린 것은 무엇인가? 우리는 노화의 근대적 구성이라는 역사로부터 무엇을 배울 수 있는가? 실제로, 이러한 역사를 추적해 보면 노화의 근대적 경험에 관한 많은 것들이 드러난다.

18세기 후반부터 시작해서, 근대적 삶의 구조는 인구 변화에 따라 구성되었다.[12] 모든 삶의 모습과 마찬가지로, 가족생활은 나이에 따른 공적인 권리와 의무들의 계층 체계를 반영하기 시작했다. 근대적 가족 주기의 경험(학교 졸업, 첫 취업, 결혼, 자녀, 최소한 55세까지의 부부 생존, '빈 둥지', 배우자와의 사별)이 급속도로 획일화되면서, 공적 생활에 참여할 수 있는 나이의 경계도 엄격해졌다. 연령에 따라 수반되는 공적 연금 제도는 은퇴의 시작이자 온전한 인간 됨의 문화적 정의라 할 수 있는 성인 세계로의 참여가 끝났음을 보여 주는 표시였다. 죽음에 이르는 나이는 상대적으로 임의적인 패턴에서 예측 가능한 패턴으로 변화되었다. 평균 기대 수명이 극적으로 늘어나자, 죽음은 과거의 경우에서처럼 인생 주기의 다양한 지점에서

가 아니라 주로 노년에서 발생하기 시작했다. 그 결과 노화의 두려움과 죽음의 두려움이 결합되었다. 근대 사회는 이제 완전히 나이에 따라 분리되는 사회로 변모했으며, 대부분의 나이 든 사람들은 활동적인 위치를 점유하지 못하게 되었다. 이는 의심할 바 없이 에이징 산업을 지지하고 급성장시켰다. 그러면서도 생각과 몸과 정신의 노화를 가치 있게 여기진 않았다. 이 사회는 나이 들어감에 대해서 도덕적인 격려나 의미를 제공하지 못할 뿐 아니라, 나이 들어가는 것 자체를 두려워한다(노화를 고독이나 낙후됨, 또는 죽음과 동일시한다). 인생 과정에 대한 이와 같은 새로운 이해의 지도가 등장한 것은 실제로 예술가들의 작품에서 드러난다. 생명나무, 인생 순환, 운명의 수레바퀴 등과 같은 오래된 비유들이 결국에는 오르고 내리는 계단, 피라미드, 최근에는 사다리와 미끄럼틀, 심지어는 폭포 등과 같은 것들로 뒤바뀌었다.[13] 어떠한 단계가 우리를 이곳으로 데려왔으며 그 과정에서 우리가 잃어버린 것은 무엇인가?

해안가의 파편 쓸어내기

인생의 바퀴를 둘러싼 삶의 나이에 관한 아름다운 사례는 14세기 요크셔의 로버트 드 릴(Robert de Lisle)이 만든 예배 시편에 남아 있다. 이 시편은 그리스도께서 중심에서 인간의 운명이 순환하는 수레바퀴를 관장하시는 것으로 묘사한다. 중앙으로부터 빛나는 8개의 보석은 인생의 네 연령대를 비추고 있다. 두 개의 보석은 관과 무덤을 비추는데, 이는 인생의 자연적인 마침을 강조한다. 이 이미지는 인간의 삶이 계절들을 지나 나아가다 죽음이 그 주기를 깨뜨림으로 인생 여정이 영생으로 들어서는 영원한 전환의 의미를 전달한다. 중요한 사실은 각 연령은 하나님으로부터 동일한 거리를 두고 있다는 점이다. 이는 각 연령이 종속되어 있으면서도 동등한 지위를 갖추고 있음을 강조한다. 중심에 그리스도께 놓인 보석 주변의 비문은 다음과 같다. "나는 모든 나이들을 단번에 인식한다. 나는 이성으로 그 모두를 다스린다(Cunta simul cerna totum racione guberno)." 인간의 생을 자연주기로부터 구원하는 데 있어서, 이와 같은 그리스도 중심적 비전은 계절에 따른 시간을 성스러운 시간에 종속시킨다. 지상의 시간은 영원의 단순한 그림자가 된다.[14] 더불어 중요한 점은, 나이에 관계없이 어떠한 개인도 그리스도의 초월적인 지위에 도달할 수 없기 때문에, 아무도 자기 스스로를 온전하게 완성된 존재로 간주할 수 없다는 것이다. 어른이 되는 것에 대한 이 같은 성경적 이상은 모든 인생의 연령대가 하나님 보시기에 동등하다는 점을 확증한다. 우리는 모두 어린아이들과 같다. 지혜로운 늙은 여성이나 남성도 여전히 성장할 수 있는 잠재력을 지닌 젊은 사람이다. 그것이 바로 영원한 시간의 희망이다.

문화 역사가인 토마스 코올(Thomas R. Cole)은 시간과 인생 주기의 개념에 관한 통찰력 있는 책을 썼다. 그에 의하면, 초기 중세시대에 이르기까지,

개인의 인생 주기는 계절과 낮밤의 주기에 상응했다. 그에 따라서 계절과 하루의 시간은 창조로부터 시작되고 묵시로 끝나게 될 세계 시

간의 일부에 속한다. 궁극적으로 모든 시간은 하나님께 속했다. 그러
므로 시간은 구매할 수 있는 것이 아닐 뿐더러 일직선상에서 엄밀하
게 구분될 수도 없었다. [15]

중세 초의 시골에서는 수도원이나 교구 교회의 종소리만이 삶의 자
연적 리듬을 알려줄 수 있었다. 그러나 머지않아 변화하는 삶의 방식은
시간에 대한 이해도 변화시켰다.

하지만 이 같이 평온하고 피안적인 시간과 인생에 대한 이미지는 점
차적으로 쇠퇴해갔다. 중세 후기의 새로운 도시에서 살고 있던 상인
들과 예술가들은 정돈된 비즈니스 행위를 하려면 더욱 정확한 시간
의 측정이 필요하다는 것을 알게 되었다. 교회와 관공서 건물에는 시
간을 알려주는 거대한 황동 시계가 설치되었다. 이러한 인식에서부
터 시간은 소중하며 쏜살처럼 날아가기 때문에 그 전에 사용해야 한
다는 근대적 관념이 자라났다. 도시 생활의 혼란과 부산함 속에서,
시간의 예술적 상징은 죽음과 부패, 그리고 소멸이라는 상징과 병합
되었다. [16]

하지만 지상의 시간이 일반적인 감수성과 세속적 권력의 선호, 그리
고 생산성의 강조 등과 같은 후기 중세 시대의 모든 특성들을 지배함에도
불구하고, 노화는 여전히 (불확실하지만) 영원한 생명으로 나아가는 여정이
라는 함의를 지니고 있었다. 이 시기에 유행했던 오르고 내리는 계단 이

미지는 생의 나이 듦에 대한 복잡한 메시지를 포착하고 있었다. 시간의 덧없음과 죽음의 권세를 질서 있고 생산적인 삶을 향한 소원과 병행시켜 놓은 것이다. 계단 이미지는 인생의 불확실성, 모호함, 무력함 등을 포함하는 데 사용된다. 이는 사회적 퇴락과 영원한 형벌에 빠져들지 모른다는 두려움뿐 아니라 성공을 향한 중산층의 노력 개발을 묘사하는 것이다.[17] 그리고 현대 영어에서 지금도 사용되는 '내리막길 인생(going downhill)'이나 '속절없이 미끄러짐(slipping fast)'과 같은 관용적 표현과 무관하지 않은 취지를 담고 있다.

신세계에 당도한 청교도들은 확고한 윤리에 뿌리내린 도덕적 비전과 더불어 노화에 대한 사상도 함께 가져왔다. 그들의 윤리는 흔들림 없는 건전함과 자기 통제, 그리고 정서적 견고함이라는 특징을 지니고 있었다. 청교도들은 인생의 연령에 따라 적합한 경험과 행동을 정확하게 제시했다. 이를 통해 사람은 잘 표시된 길을 따라 신중하게 자신의 위치를 진단 및 점검하고 그것을 통해 구원에 이르게 되는 것이다. 나이 든 청교도들은 과거를 돌아보며 선택의 신호들을 탐색함으로써 의심을 덜고 확신의 감각을 갱신하여 영혼을 깨끗케 해야 했다. 따라서 순례자의 진로는 앞을 보는 것만큼이나 뒤를 돌아봐야 했다.

실제로 순례하는 인생은 지배적인 이미지가 되었다. 청교도 신앙은 노령화된 순례자의 여정을 인생의 종말을 존중하는 사회적 관습과 신념, 상징들로 채워 주었다. 교회 회원을 스스로를 성찰할 만큼 충분히 나이 든 사람들로 제한시키고, 회심의 과정을 연장하며, 경험과 성찰을 통한 성화를 강조하고, 종종 회중에서 가장 나이 많은 교인들을 앞줄에 앉게 하며, 그들을 존경하도록 권장함으로써, 청교도들은 노화에 풍부한 사회적, 종교적 의미를 주입시켰다. 그들은 심지어 가장 나이가 많은 이에게도 인생의 소멸을 준비하지만 생의 각 순간을 소중히 여기도록 격려했다. 지상과 영원의 운명 모두에 대한 불확실성의 언저리에 살면서도, 모든 연령대의 청교도들은 "현대의 미국적 삶에서는 유례가 없을 정도의 치열함을 안고" 죽음을 마주했다.[18]

따라서 이러한 주제들을 대중적인 종교 소설로 변형시킨 존 번연의 《천로역정 *Pilgrim's Progress*》[19] 이 청교도운동의 가장 영향력 있고 항구적인 문학 작품으로 인정받는 것은 지극히 당연했다. 흥미롭게도 이 소설은 중세 시대 전형적인 남성의 여정과 청년기에서 노년기에 이르는 한 전형적인 여성의 여정을 묘사한다. 1부에서 중년의 '크리스천'은 수 주 내에 자신의 여정을 끝내는데, 이는 수십 년에 걸친 오이디푸스의 방랑이나 오랜 세월이 소요되는 중세 순례자들의 구도와는 거리가 멀다. 한편 2부에서는 젊은 엄마로서 자신의 여정을 시작한 '크리스티아나'가 "나이 지긋한 부인"이 되어 여정을 끝낸다. 비록 그녀가 여성 종속이라는 관습에 얽매여 있긴 하지만, 크리스티아나는 노년에 이르러 자신의 영적 탐구를 완성하게 된다.

크리스천의 중년 여정에서, 번연은 순례라는 주제를 청교도 정통 신앙의 영적 단계와 절묘하게 결합시킨다. 그는 자신이 어릴 때부터 좋아했던 사랑과 모험의 이야기를 외롭게 진리를 향한 여정을 시작한 여행자라는 중세적 인물에 적용한 것이다. 평범한 남자로서 영웅이 된 촌로 크리스천은 자신의 것이 아닌 의로움을 찾으려는 절박함에서 파괴의 도시를 떠났다. 자기 스스로 구원을 이룰 수 있다는 잘못된 믿음을 가진 거만한 젊은 남자 '무지'(Ignorance)와의 극적인 만남은 이를 더욱 더 절실하게 해주었다. 크리스천의 여정은 그럼에도 불구하고 하나님의 선물로 주어지는 진정한 믿음에 이르기가 얼마나 어려운지를 보여 준다. 하지만 그것은 중년의 삶에서 오는 선물이라는 것을 주목하라.

1부가 처음 나온 후 6년 뒤에 출간된 크리스티아나의 여정은 영미 문화에서는 크게 주목받지 못했지만 1부에서 제대로 다뤄지지 않은 노화에 관한 통찰을 담고 있다. 중요한 사실은 크리스티아나의 이야기가 크리스천과의 관계라는 맥락에서 고난과 사랑에 주목하고자 개인의 두려움과 절박함을 뒤로 하고 개인에서 공동체로 초점을 옮긴다는 점이다. 예를 들어 1부에서 크리스천은 갑자기 아내인 크리스티아나와 아이들을 두고 홀로 큰 번민 속에서 길을 나섰다. 그의 여정은 고독하고 적대적인 상황을 거치면서 혹독한 몇 주 또는 몇 개월 동안 진행되었다. 반면 크리스티아나는 네 아들과 이웃인 자비(Mercy)와 함께 여행을 떠나기 전 시간을 충분히 두고 준비했다. 그녀의 여정은 오랜 세월에 걸쳐 진행되었으며 그 동안 그녀는 나이를 먹어갔다.

크리스천과 크리스티아나의 각기 다른 경로가 성별에 대한 사회적 통념에 의해서 전개되었다는 점은 너무도 명백하다. 심지어 크리스티아나에 관해서 쓰기로 한 번연의 결정이 비록 인생 여정에 관한 상상력을 남성들에게로만 국한시켰던 고전적인 중세의 작가들과 대조되긴 하지만, 번연은 여성의 최우선 덕목을 순결로, 대표적인 여성의 죄를 성적 비행으로 묘사하는 전통과는 절연하지 못했다. 궁극적으로 '불굴'(Stand-fast)

이 그리스도의 가장 완벽한 신부가 되는 것을 볼 때, 크리스티아나로 상 징되는 여성의 순결은 남성의 완전함으로 대치되는 셈이다. 여성의 유약 함과 종속성이 가부장적 표현 방법임은 자유주의적 페미니스트 학자들 에 의해서 충분히 지적되었다. 여기서 더욱 흥미를 끄는 점은 번연의 크리 스티아나에 대한 묘사가 적어도 또 다른 주목할 만한 측면에서 그의 크리 스천에 대한 묘사보다 더욱 전통적이라는 사실이다. 중세의 기록에서 남 성 영웅의 여정은 영혼의 단계들을 지나며 인생의 단계들도 통과하곤 한 다. 또한 신실한 여정이란 세월의 무상함과 육신의 쇠락을 감내해야 하는 것이었다. 그러나 이 이야기에서 노화를 경험한 이는 크리스티아나였다. 노화된 육신은 지상의 불완전함을 상징한다. 우리에게 들려진 기독교 공 동체의 따뜻함과 안전함 속에서 죽어간 주인공은 크리스티아나였다.

영혼의 성장이 세월의 선물과 떼려야 뗄 수 없이 연결된 쪽은 크리스 티아지만 미국 개신교의 지배적인 이야기가 된 것은 크리스천의 이야기 에 깔려 있는 육신의 노화와 분리된 영적인 성장이었다. 크리스천의 이야 기는 중년의 남성이 가지는 자기 통제라는 세속적 우선순위와 딱 맞아 떨 어진다. 이는 또한 델리아의 상상을 사로잡은 이야기로서 무기력, 의존, 노쇠함에 대한 두려움을 더욱 강화시키는 것과 같은 이야기이다.

빅토리아 시대의 미국에서 《천로역정》(1부)의 영향력이 정점에 이르 렀을 때, 크리스천은 충분한 믿음과 의지력을 부여 받은 인간이 어떻게 든 시간을 뛰어넘어 세월이 육신에 미치는 영향력을 초월할 수 있다는 견 해의 모델이 되었다. 비록 중세 문화가 기독교의 영원성이라는 관점에 인 생의 노화를 종속시켰지만, 그리고 청교도들이 어떤 면에서 세속적 성공과 사회적 유용함이라는 우선순위에 반대하긴 했지만, 빅토리아 시대의 문화는 생산성과 진보, 그리고 건강이라는 목적을 위해서 이러한 우선순위들을 뒤집었다. 인생의 후반부를 구속하고자 했던 종교적이고 예술적인 전통들은 인간 주권의 신들이 그려 놓은 지도에 따른 정상적인 인생 경로를 향한 탐구에 맞게 길들여지고 동화되었다. 다른 말로 하자면, 19세기 복음주의자들이 자신들의 종교적 유산을 자유주의적 자본주의의 가치관과 일치시켜 해석했을 때 그들은 노화, 죽음, 그리고 선물로서의 삶이라는 전통적인 개혁주의 사상을 수정한 것이다. 노년의 가난과 질병, 그리고 고통이라는 가혹한 진실은 감춰졌고, 죽음은 조용하고, 고통 없이, 질병으로부터 면제되는 사건으로 낭만적으로 미화되었다. 그와 같은 감상적인 이미지들은 아동기와 가족생활, 그리고 모성에 대한 낭만적 이미지들이 여성과 아이들에 대한 자유주의자들의 적대감을 가린 것과 똑같은 방식으로 노화를 저평가했고, 노쇠함과 의존의 두려움, 노인에 대한 적대감을 가리는 데 사용되었다.

19세기 미국의 화가인 토마스 코올(Thomas Cole)은 〈인생의 항해〉(The Voyage of Life)라고 알려진 일련의 네 작품에서 이처럼 이상화된 인생의 과정을 불멸성으로 묘사했다. 1839년에 복음주의 은행가인 새뮤얼 워드(Samuel Ward)의 의뢰를 받고 그린 작품인 〈인생의 항해〉는 《천로역정》의 미국판이라고 불린다. 코올은 자신이 '인생의 흐름'(stream of life)이라고 부르는 것을 우화적이고 신학적으로 다룰 시각적 설교 시편을 구상했는데 자신의 메시지와 취지를 전달하는 매개체로 강을 선택했던 것이다.

〈아동기〉에서는 웃는 아기가 자궁모양의 동굴로부터 나와 인생의 강으로 들어선다. 해가 뜨면서 멋진 풍경이 펼쳐지는데, 수호천사가 배를 저어 좁은 강둑을 통과한다. 〈청소년기〉는 이 시리즈의 가장 유명한 그림인데, 젊은 남성이 당당하게 키를 잡고 자기 자신의 운명을 주관하고 있다. 위풍당당한 나무와 만개한 꽃들, 맑은 시내, 우뚝 솟은 산들, 그리고 한낮의 여름 하늘 모두가 무한한 가능성을 암시하고 있다. 하지만 젊은이가 보지 못하는 것은 멀리서 갑자기 나타나는 모퉁이와 바위 협곡 너머에서 아름다운 시냇물이 폭포로 낙하하는 장면이다.[20] 〈성인기〉(Manhood)에서는 항해자의 보트가 어두운 가을 저녁에 물살 치는 강의 여울을 가로지르는 모습이 나온다. 자살, 방종, 살인 등을 암시하는 허공의 악마가 어두운 구름 위에 도사리고 있다. 부러진 손잡이를 쥔 수염을 기른 남자는 도덕적 훈련과 신앙, 그리고 섭리의 도움을 받아 거친 물길을 뚫고 항해해야 한다. 그는 의식하지 못하고 있지만 수호천사가 하늘에서 그를 내려다보고 있다. 〈노년기〉에서는 하얀 수염을 기른 대머리 남성이 한겨울 밤에 인생의 강이 영원의 대양으로 합류되는 지점에 도달한다. 이제 단지 배의 키만 없는 것이 아니라 녹색 지대도 없다. 오직 검은 구름과 어두운 해안선이 앞에 놓여 있다. 처음으로 수호천사가 항해자의 눈에 나타나 휘황찬란한 황금 도시를 가리킨다. 인생의 풍파를 넘어선 노년은 사실상 이 세상을 떠나 하늘로 승천하기를 기다릴 뿐이다.[21]

코올은 인생의 연령이라는 주제 가운데 〈성인기〉의 풍랑 속에 인생의 모든 근심, 시험, 위험 등을 담아냈다. 고독한 중년의 항해자는 강의 어느 굽이로 가야 성공적으로 통과할 수 있는지를 개인적으로 결정해야 한다. 하지만 자신의 배를 조종할 수 없기 때문에 그의 유일한 진짜 희망은 하나님께 대한 믿음과 의존에 놓여 있다. 중요한 사실은 마지막 두 작품의 어두운 전경은 각 그림마다 배치된 항해자의 수호천사로 인해 상쇄되고 있다는 점이다. 인생의 강에서 맞닥뜨리는 예기치 못한 암초와 모퉁이에도 불구하고 모두 잘될 것이다. 신앙에 대한 보상은 생존, 곧 행복한 죽음과 천상의 내세로 이어지는 평화롭고 안온한 노년이다. 하지만 코올은 또한 극에 달하는 인생의 불확실성과 허상, 그리고 불안을 제거함으로써 노년으로부터 그러한 가능성들을 배제시키려 했다. 따라서 노인의 생존이 더욱 깊은 통찰과 지식, 또는 지혜 등의 성장을 위한 가능성들을 포함하지 못하는 것이다. 오직 안식할 권리만이 남게 된다.

노년의 이미지는 크게 두 가지로 나뉘는데 수동성과 향수라는 이상적 느낌의 노년과 불순종에 대한 하나님의 심판이라는 비참한 노년이다. 따라서 질병과 육체적 쇠락이라는 현실에는 부정적 의미가 덧입혀진다. 낭만주의자들에 따르면, 노년은 청소년기와 성인기에 심은 것을 거두는 시기이다. 따라서 청교도들은 질병과 고통을 피할 수 없는 것으로 본 반면, 낭만주의자들과 개혁자들, 그리고 부흥운동가들은 점점 더 이러한 경험들을 필연적이거나 심지어 생의 정상적인 일부로 여기지 않게 되었다. 자기통제와 완벽한 건강에 대한 그들의 이상은 쇠락하는 육신을 입고 고통당하는 죄인이라는 부정적인 거울 이미지와 조화를 이루었다. 청교도들의 경우 인생의 마지막 시험에 직면해서 최종 책무를 완수하고 영생을 준비하기 위해 노년의 경건과 신앙을 강조했다면 낭만주의자들은 노년을 위한 사회적 책무나 유용성을 밝히지 않았다. 그들이 출간한 설교에는 노년을 위한 준비에 관해서 많은 조언을 담고 있지만, 늙은이들을 위한 조언은 거의 없다. 그들은 노년을 위한 준비가 죽음을 준비하는 것과 동질적이라고 단정했다. 이제는 다음 세상으로 은밀하게 고통 없이 안전하고 착실하게 이동하는 것이 영적, 사회적으로 중요하다는 인식이다.[22]

19세기 후반에 이르러 복음주의가 부르주아적 개인주의, 인도주의 및 진보사상 등과 결합되면서 인생 전반부의 목표인 교육, 확장, 효율성, 자녀 양육, 사회적 유용성 등이 찬양 받기 시작했다. 인생 후반부는 이러한 목표들을 달성할 수 있는 능력이 급속히 감소하는 시기이므로, 이 에세이를 시작하면서 던진 질문, "내가 할 수 있는 게 있을까?"와 같은 현대 특유의 탄식이 나온 것이다. 실제로 가능성의 고갈이라는 인생 후반의 이미지는 노년을 받아들이기보다 '정복'하려는 시도, 곧 인생의 최종 단계를 탐구하기보다는 제거하려는 근현대적 시도를 탄생시켰다.

근현대성은 인간의 한계와 인생 여정에 내재된 긴장과 의존성을 인정하기보다 "출생에서부터 죽음까지 개인의 인생 경험들을 분리시켜서 하나의 과학으로 담아내고자" 한다.[23] 따라서 노년은 19세기 후반에 이르러는 진보에 대한 용납될 수 없는 장애로 드러나게 되었다. 수명의 연장이 진보의 표시일 수도 있지만, 이 시대 최고 의사들이 보기에는 "생산성의 감소 곡선"은 단지 노년에 대한 사회의 "과도한 경외심"을 "야만적 어리석음"으로 여기게 했다.[24] 과거에는 충분한 도덕적 능력이 있다면 피할 수 있다고 믿었던 '나쁜' 노년기의 무섭고 통제할 수 없는 측면은 새로운 사회·경제적 세력에 의해서 점점 다른 국면으로 내몰리고 있었다. 앤서니 트롤럽(Anthony Trollope)의 풍자 소설 《정해진 시기 The Fixed Period》(1882)는 이러한 세력들이 의미하는 충격적인 실상을 담고 있다.

죽음을
정해진 시기에 맞추다니…

트롤럽의 이 미래 소설은 브리타눌라(Britannula)라는 상상의 섬에서 펼쳐지는 20세기 후반을 묘사하고 있다. 이 섬은 최근에 영국으로부터 독립을 쟁취한 공화국으로서 세계에서 가장 진보적인 국가이다. 긴 안목을 지닌 젊은 브리타눌라 사람들은 일정한 연령을 넘어서 그들과 사회에 짐이 된 채 살아가는 노인들의 문제에 대한 고귀한 해결책에 대한 합의를 내린다. 정해진 기간의 법에 따르면, 67세 이상(정해진 시기)의 모든 시민들은 네크로폴리스(Necropolis: 원래 고대 도시의 대규모 공동묘지를 가리킨다)라고 알려진 특별 명예 대학에 배치되어야(deposited) 한다. 늙은 사람들과 젊은 사람들 모두의 유익을 위해 대학의 구성원들은 일 년 동안 안락하고 평온하게 사색하며 사회적 인정을 누리다가 마취 주사를 맞고 평화롭게 화장되는 운명에 놓여 있다. 이러한 방식으로 "수명이 적정 한계를 넘어서 연장될 때 생길 수 있는 인생의 우둔함과 허약함"을 피하고 "명예와 영광의 환경" 가운데 세상과 작별하게 되는 것이다. [25]

그 섬의 첫 번째 시민이 '정해진 시기'에 이르렀을 때 그는 놀랄 것도 없이 자기의 실제 나이보다 한 살 더 어리다고 주장한다. 노인 크래스웰러(Craswller) 씨는 젊었을 때 전폭적으로 지정 시기를 지지했지만, 이제는 자신을 그런 잔인한 법의 희생자라고 항변하는 모순을 보인다. 네버벤드(Neverbend) 대통령이 크래스웰러에게 그가 선구자이자 영웅이 될 것이라고 확신을 주려 했지만 희한하게도 크래스웰러는 전혀 감응을 못 느꼈다.

반대하는 여론이 점점 더 높아지고 있음에도 불구하고, 네버벤드 대통령은 그 법의 도덕적 의로움과 사회적 공익성을 계속해서 주장했다. 그래서 그는 정해진 날에 크래스웰러를 배치하기로 했다. 결국 네버벤드의 계획은 수포로 돌아갔다. 그는 감옥에 '배치'되었고 "우리의 자애로운 현대적 이론"을 이전에 폐기했어야 했음을 깨닫고 탄식한다.[26]

트롤럽의 소설은 근현대 자유주의 사회에서 연령을 도구로 사용하여 인생을 규정하고, 더욱 잔인하게는 일차 노동 시장에서 세대 전환을 관리하려는 경향을 부각하고 있다. 만일 특정한 시간이 인간의 생산성과 합리성, 그리고 효율성의 한계를 정하는 것이라면, 이 정해진 시기를 지난 사람은 아무도 직책을 맡거나 땅이나 다른 유형의 부를 관리하는 일을 못하게 된다. 트롤럽은 합리주의적이고 세속적인 자본주의 문화의 판결 - 노년은 우리와 상관없고 부담스럽다 - 에서 감상주의의 베일을 벗겨낸 것이다.

나이 차별과 강제 은퇴가 단지 근현대성에 의해서 실행될 뿐 아니라 여러 측면에서 볼 때 합법화되고 있음에도, 트롤럽의 상상력은 그 다음 단계로 나아간다. 백년도 전에 그는 우리 사회가 잭 케보키언(Jack Kervokian: 안락사 및 존엄사를 처음 창시해 낸 병리의사)을 합법화할 수 있음을 깨달았다. 아이러니컬하게도 미래 소설인 《정해진 시기 *The Fixed Period*》는 1980년을 무대로 한다. 이 시기는 콜로라도의 주지사인 리처드 램(Richard D. Lamm)이 아프고 늙은 사람은 "죽어서 방해가 되지 않아야 할" 의무가 있다고 주장하기 불과 몇 년 전이다.[27]

트롤럽의 네크로폴리스는 케보키언의 논리에 따르면 우리에게 닥칠 운명도 포함하고 있다. 유효기한을 넘겨 생존한 모든 사람들을 고통 없이 효율적으로 처분하면서, 동시에 이러한 삶의 종식에 명예와 특별함을 부여하는 방식이다. 그와 같은 시각이 드러내는 바는 한 개인의 인생을 단지 일할 수 있는 능력뿐 아니라 그를 초월하는 순례의 여정이라고 보는 도덕적, 종교적 관점이 붕괴되었다는 것이다. 물질적 진보에 헌신한 사회에서 과학이 연장시키는 것은 사실상 생산성이다(여성에게는 말 그대로 생식력이다). 과학의 손에 넘겨진 노년은 건강과 부의 무제한적 축적이라는 미국적 꿈에 대해서, 과거에는 의식하지 못했지만 항상 변함없이 장애만 되는 것으로 치부되었다. 현대 노인학과 노인의학의 창시자들이 정상성과 병리성의 법을 노쇠에 적용시키기 시작하면서, 그들은 사실상 노화를 일차적으로 신비나 영적 여정의 일부로 보는 관점에서 이제는 과학적, 그리고 기술적인 문제로 보는 관점으로 문화적 전환을 완성했다. 동시에 인생의 과정 그 자체는 '공식적으로' 제도화되었다. 사회는 최초의 의무화된 은퇴 프로그램을 시작했고 과학자들이 '노년의 문제'에 대한 해결책을 연구해서 고안한 '요양소'(rest homes)를 만들었다.[28] 가치 절하되어 단순히 의료 문제로 취급되는 노년은 개인의 무제한적인 건강과 부라는 현대적 꿈을 이루는 데 원치 않는 방해물로 인식될 뿐이었다. 아프고, 약하며, 죽어가는 노인들에게 공급하는 것은 비록 나름 꽤 쓸모 있긴 하지만, "노화와 싸우는 전쟁 포로들을 향한 친숙한 몸짓"을 은폐하는 수단이었다.[29] 늙은이들은 도난당한 그림의 액자 뒤에 남겨진 존재들이었다.

　　노화(죽음에 대한 두려움으로 귀결됨)는 현대의 시장 생산성과 유용성의 원칙을 조롱했다. 시간에 대항하는 싸움에서, 역사가 토마스 코올은 이 문제를 이렇게 정의한다. "노년은 가장 통렬하고 몹시도 진저리나는 방식으로 부르주아적 자기 신뢰의 쇠퇴를 상징하는 것으로 부상했다."[30] 더욱이 최전선에 있던 과학자들과 의사들은 자신들이 자연의 거울을 응시할수록 자기 자신을 바라볼 뿐이라는 사실을 거의 이해하지 못했다. 그러므로 '정상적인' 노년을 찾겠다는 탐구는 노인들을 산업사회 공동체의 주변부로 보내는 역할뿐 아니라, 스스로의 계급과 성별에 따른 차원까지 은폐한 것이다.

우리가 현재로 이어지는 과거를 탐구하다보면 공백을 찾게 된다. 그리고 만약 운이 좋다면 현대의 프로젝트가 그 공백을 메꾸거나 수정할 수 없다는 것을 인식하게 될 것이다. 만일 운이 좋다면, 우리는 노화에 대한 현대의 이미지가 단지 문화적 기획, 문화적 특권의 연장일 뿐이라는 진실을 밝힐 수 있을 것이다. 만일 운이 좋다면, 우리가 경청해야 할, 우리의 잃어버린 감각을 발견하게 될 것이다. 그러나 근현대성은 우리에게 구원이 이야기를 들음으로써가 아니라 행함으로써 임한다고 세뇌시킨다. '행함'을 강조하다보면 생물학적일 뿐 아니라 전기적(biographical)인 노화의 종교적이고 영적인 안목을 덮어 버리게 된다. 우리의 '행함'은 노화가 의미 있게 살아야 할 경험이며 단지 건강과 질병의 문제가 아니라는 안목을 덮어 버리게 된다. 우리 사회가 희망을 상실한 것처럼 보인다는 의문이 들지 않는가? 노화를 관리해 온 근현대성의 목소리는 노화의 의미 안에 도덕적 실천을 요청하는 중요성, 곧 희망을 잉태하는 중요성이 있음을 망각함으로써 야기되는 심각한 문화적 혼란을 예견할 수 없었다.

중년의 산파

'중년의 위기'는 그러한 혼란과 무력감의 산물일 뿐이다. 일과 가정의 분리, 임금 노동의 팽창, 세대 전환의 가속화, 무용한 불모의 존재가 될 수 있다는, 그리고 약진하는 세대에 방해가 되리라는, 그래서 휩쓸려 버릴 수 있다는 공포 등이 모두 결합되어 절박함을 만들어낸다. 대부분의 사람들에게 사십대는 종종 망상일 수 있지만 더욱 젊어 보이고 필요한 존재로 남고 싶고 점점 희미하게 다가오는 물러남의 가능성을 회피하려는 처절한 시도를 시작하는 나이이다. 불행히도 자제력과 효율성, 기술적 통제 등을 드높이는 근대성은 그와 같은 지혜의 씨앗에 영양분을 거의 공급하지 않는다. 우리로 하여금 우리가 자신의 이야기와 결말의 독점 저자라고 믿게 하는 사회에서, '좋은 노년'이라는 취약성은 실제로 행운에 의존하게 만든다.

아이러니컬하게도, 노년의 근대적 '신화들'을 배격하려는 우리의 처절한 노력은 인생 후반부를 평가절하하게 만드는 현 문화적 가치와 같은 것으로 들린다. 노인차별에 대한 대항은 더 나이 든 사람들을 시대에 뒤떨어진 문화적 제약으로부터 해방시키는 데 많은 업적을 이루었다. 그러나 노인차별과 그 비판자들은 일반적으로 알고 있는 것보다 더욱 많은 것을 공유하고 있다. 노년에 대한 익숙한 관점을 개혁하려는 움직임은 낙관적인 노인들과 그들의 동맹자들 가운데서 노인학, 광고, 미디어, 노동, 비즈니스 영역 등에서부터 시작됐다. 노인차별을 반대하는 캠페인은 특별히 중산층의 노인들을 위한 선택의 폭을 넓히는 데 상당한 성공을 거두었다. 하지만 불행히도 '새로운' 노년의 옹호자들은 거짓된 이분법과 중산층의 시각을 역사적으로 오염시켜 온 강요된 건강 기준에 여전히 매여 있다. 개인의 건강과 부의 축적을 향한 동일한 갈망, 곧 19세기 노인차별을 일으킨 몸의 통제에 대한 동일한 집착이 노인차별에 대한 비판적 인식을 일으켰다. 비판자들은 의존성, 노쇠함, 질병의 신화를 반박하면서도 노년의 이원론을 극복하지 못했다.

노인차별 비판자들은 단순히 노인을 보수적이고 비생산적이며 초연하고 융통성 없으며 노쇠하고 가난하고 아픈 존재로 보는 과거의 부정적 고정관념을 좀 더 우아하고 긍정적인 고정관념으로 대치시킨 것이다. 하지만 이러한 긍정적 고정관념, 예를 들자면 광고에서 스카이다이빙을 하는 늙은 여성이나 제트스키를 타는 늙은 남성이 출연하는 방식은 과거의 부정적인 고정관념에 비해서 노화의 난해한 변천에 대해 더 많은 관용이나 존경을 보여 주지 못한다. 이제 노인들은 건강하고, 성적으로 활동적이며, 참여적이고 생산적이며 자신감을 가진 존재, 다른 말로 하면 젊은 (혹은 젊어져야 하는) 존재가 된 것이다. 건강과 자기 절제가 과거에는 젊은이들에게 요구되는 덕목으로 간주되었지만, 이제는 점점 노인들에게도 요구되고 있다. 경건과 하나님의 은혜를 대신해서, 과학적 지식과 전문적 기술이 구원에 이르는 길로 제시되는 것이다. 노화의 의미는 여전히 경험적 부분들의 합 이상이 되지 못한다. 이러한 관점은 노화에 관한 비현실적 낙관주의를 낳게 되고 이는 과장된 비관주의로 바뀔 뿐이다. 이는 19세기 복음주의자들이 형성한 것과 동일한 이원론의 세속적 버전이다. 낙관주의로 기울든 비관주의로 기울든 간에, 이러한 이미지들이 상실하고 있는 것, 곧 우리에게 필요한 것은 낙관주의가 아니라 희망이다.

한편 근대적 낙관주의와 과장된 비관주의의 어두운 면이 모든 측면에서 한계에 부딪히면서, 노화와의 전쟁은 급속도로 세대 간의 전쟁이 되고 있다. 사회연금 제도와 노인의료보험 제도의 비판자들은 어린이와 가정의 환경이 악화되는 것은 "연방 예산의 고령화" 때문이라고 비난한다 (80년대 중반까지, 연방정부의 국내 예산에서 절반 이상이 노인들에게 지출되었다). 이러한 견해는 1985년 이후로 사회가 미래 세대에 들어갈 현재 비용을 다른 곳으로 옮기며 어린이와 태아들에 대한 의무를 망각하고 있다고 주장하는 '세대 간 평등을 위한 미국인 모임'(Americans for Generation Equity)이라는 옹호 단체에 의해서 널리 전파되고 있다. 이 단체는 점점 더 황금빛으로 물드는 은퇴를 축하하기 위해 어렵게 번 세금을 인정사정없이 추구하는 탐욕스러운 노인 중심의 로비라는 대단히 강력한 이미지를 이용했다.[31]

1980년대 초에 이르기까지, 노인들은 가난하고, 약하며, 의존적이라는 자신들의 이미지에 근거하여 복지 체계의 수혜자로서 특권적 지위를 누렸다.[32] 그러나 노화에 대한 정 반대의 이미지가 건강하고 활동적인 노인 대중이라는 새로운 이미지를 통해 홍보되었고, 세대 간 평등 캠페인이 노인들을 정치적으로 권력을 지니고 있으며, 이기적이고, 잠재적으로 위험스러운 존재라고 묘사하자, 자유주의 이익 집단의 동력은 노인들에 대해 비판적인 방향으로 돌아섰다. 노년은 다시 한 번 자유주의적 자본주의와 중산층 정체성의 광풍을 막는 피뢰침으로 부상했다. 주로 중년의 백인 베이비부머들의 고령화로 인한 개인적 불안이 출산율 감소와 노화 인구의 부담에 대한 두려움과 합쳐지고, 복지 국가의 재정적, 이념적 논란과 결합되면서, 노년의 가능성을 완전히 가리는 노년의 망령 이미지를 만들어 낸 것이다. 중년의 베이비부머들이 감지하는 것은 스스로 표현할 수는 없지만 중산층 노인들이 더욱 건강해지고, 더욱 재정적으로 안정되며, 더욱 정치적으로 역량을 갖게 되어도, 그들은 일반적으로 늙은 사람에게 가해지는 문화적 권리박탈로 인해 어려움을 겪을 수밖에 없다는 점이다. 중년의 사회적 책무를 충족시키고 과거의 많은 치명적 질병을 피하거나 이겨낸 더 나이 많은 사람들이 종종 고용 가능한 연령보다 10년 또는 20년을 더 살 수 있게 되었다. 그렇다면 이제 어떻게 할 것인가? 그들이 특별히 해야 할, 혹은 하지 않아야 할 일이 있는가? 노년은 정말로 인생의 정점인가? 아니면 의학이 노년을 폐기할 수 있을 때까지 그저 견디어 내는 것이 능사인가?

피상적인 낙관주의나 거짓 비관주의 모두 우리에게 실패의 두려움 속에서 살 필요가 없다는 대답을 제공하지 못한다. 왜냐하면 둘 다 쇠퇴와 죽음의 현실을 감당할 수 없기 때문이다. 우리가 아무리 건강식을 먹고 병원을 잘 다녔어도, 정상적인 노화와 질병 사이의 생물학적 연속선상에 놓인 우리는 오직 그중 일부만 통제할 수 있을 뿐이다. 우리는 모두 만성적인 질병과 죽음에 취약하다. 이러한 취약함은 우리 스스로 인생을 결말지으려는 모든 노력을 수포로 돌아가게 만든다. 우리의 도덕적 실존은 시간에 종속되어 있기에 연약할 뿐이다. 하지만 복음의 지혜는 비관주의와 낙관주의 모두와 구별된다. 왜냐하면 복음은 궁극적으로 역사의 우연성에 종속되지 않는 원천으로부터 비롯되기 때문이다. 또한 우리 자신의 의미 창출 역량에도 종속되지 않는다. 기독교적 관점에서 집단의 역사뿐 아니라 개인의 역사도 마지막에 이르기까지 도덕적으로 모호한 상태로 남게 된다. 희망은 기독교 종말론의 형태를 취한다. 다른 말로 하자면 희망은 역사 너머에서 움직인다. 하나님의 시간 안에 있는 그리스도인들은 자신들을 무능하게 만드는 방식으로 운명에 종속되지 않는다는 가르침을 받는다. 그리스도인들은 희망의 자녀들이다.

따라서 그리스도인들은 낙관주의의 유혹, 비관주의의 허무함에 저항해 싸우면서도 희망을 예찬하게 되어 있다. 희망은 우리가 자신을 위해서 더 많은 것들을 필요로 하고, 원하게 만드는 구속의 매듭을 푸는 일에 나설 것을 요구한다. 희망은 자기기만이라는 실체를 분별하게 해주는 자료들을 모으라고 요구한다. 희망은 우리에게 우리 삶의 무질서한 내용들에 주의를 기울이고 우리의 관행적인 설명보다 사실상 더욱 심오한 도덕적 헌신을 깨닫도록 배울 것을 요구한다. 따라서 이야기는 희망의 산파이다.

이야기로 돌아가서

마거릿 모건로스 굴렛(Margaret Morganroth Gullette)은 솔 벨로(Saul Bellow), 마거릿 드래블(Magaret Drabble), 존 업다이크(John Updike), 그리고 앤 타일러와 같은 작가들의 작품을 '중년 성장 소설'이라는 새로운 장르로 묶어서 지칭한 바 있다.[33] 굴렛은 성장(progress)이라는 용어의 역사적 반향에 주목하지 않았지만, 델리아와 같은 캐릭터는 일직선상의 성장을 이룬 인물이 아니라고 봐야 옳다. 여전히 다소 애매하긴 하지만 그녀는 결국 목적지에 도달하긴 했지만 단순히 원형의 경로를 돈 것도 아니다. 그녀는 중년의 주인공으로서 타일러의 다른 우연한 여행자들과 다르지 않게 나선형의 여정을 거쳤다. 당황한 포스트모던시대의 여행자로서 주저하며 움직이다가 여전히 자신의 방향에 대한 확신 없이 집으로 향한 것이다. 운명과 변덕을 오가는 그녀의 환상적인 율동, 도덕성과 유한함의 용납, 고난과 지혜 같은 모든 고대의 주제들은 비록 불안한 배움이긴 하지만 그럼에도 불구하고 무언가를 향한 충동적 움직임에 의해서 촉발된 근대적 여정에 속한 것이다. 이는 이해 및 죄의식의 해소, 결백함의 갱신, 희망 등이 통합된 것이 아닐까? 델리아는 메시지를 분류하고 수집하는 다른 기준을 가지고 집으로 돌아왔다. 하지만 '왜'에 대한 설명은 없었다. 그녀는 자신이 사는 세상을 놀라운 다양성, 놀라운 동일성, 복잡성과 신비함, 결점과 불완전함을 지닌 아름다움을 지닌 곳으로 바라보고 집으로 돌아간다.

그녀가 본 것은 언어와 이론이라는 것보다 더욱 복잡한 형식으로 밖에는 표현할 수 없는 것이었다. 그것은 암시적이고 구체적인 것들에 집중할 때만 보이는 것이었다. 그녀는 자신의 알맞은 때와 연결됨에 대한 지식, 그리고 아이들에게 어떻게 작별 인사를 해야 할지에 대한 과제를 안고 집으로 돌아왔다. 그녀는 집으로 돌아와 문지방에 이르렀다. 그 다음에는 너무도 빨리, 정말 너무도 빨리, 우리에게 한 가지 과제가 남겨지게 된다. 그녀에게 어떻게 작별인사를 할 것인가이다. 우리는 그녀의 인생이 기록된 텍스트가 필요하다. 우리는 그녀의 인생을 더 알고 싶다!

《천로역정》에 나오는 크리스천의 여행과 같이 델리아의 여정도 간략해서 중도에 그친 것 같다. 마치 그녀가 집에 돌아왔을 때 원을 한 바퀴

돌아온 것 같고, 최종 목적지에 이미 다다른 것 같으며, 아무 할 일이 없는 것 같다. 그러나 우리는 그 이상이 필요하다.

우리는 '록사나 슬레이즈'(Roxanna Slades: 레이놀즈 프라이스의 가정소설 주인공)[34], '매티 릭스비스'(Mattie Rigsbees: 영화 Walking Across Egypt의 가상인물)[35], '애니 바바라 소렐스'(Annie Barbara Sorrells: 프레드 샤펠의 소설에 나오는 노인)[36] 와 같이 나이를 먹으면서도 계속해서 지혜가 성장하며 모든 과거의 경험을 엮어 현재로 연결시키고 개인의 과거를 희망의 여정으로 전환시키는 캐릭터들이 필요하다. 이들은 단순한 처방을 제시하지 않는다. 늙어가는 데 안성맞춤인 낭만적 시각을 제공하지도 않는다. 우리가 인생의 흥망성쇠로 인해서 상처받지 않을 것이라는 약속도 하지 않는다. 그러나 번연의 크리스티아나와 같이 이들은 각 인생의 여정들이 다른 사람들과의 관계 속에서 살아내는 것이라는 점을 상기시켜 준다. 우리는 선물을 받은 백성으로서 "다른 사람들에게 주어 우리가 이 세상을 떠날 때 우리가 베푼 것이 우리 자신이 될 수 있게" 하라는 부름을 받았다.[37] 이러한 관점에서 죽음은 애니 바바라 소렐스의 죽음이 보여준 것처럼, 우리의 최종 선물이 될 것이다.

플로리다 스콧 맥스웰(Florida Scott-Maxwell)은 85세가 되었을 때 이런 말을 했다. "우리는 날마다 죽음을 오해한다. 하지만 인생을 살면서 우리 삶의 원천에 추가할 만한 무언가 적절한 것을 창조하는 것도 가능하지 않겠는가? 우리의 가장 큰 의무는 우리가 어떤 존재인지를 규명하고 확장하며, 우리의 의식을 질적으로 더 훌륭하게 하는 것이리라. 인간이 한 평생 노력해야 할 것은 우리의 원천에 더 가까이 돌아가는 것이다."[38] 우리에게는 이러한 지혜의 소리들이 간절히 필요하다. 우리로 하여금 "우리의 인생을 조화롭게 해주는 기독교의 이야기"[39]를 이해하도록 훈련시켜 줄 수 있는 특별한 이야기말이다.

희망의 아이들

우리는 크리스티아나의 이야기들이 필요하다. 우리는 노인의 이야기, 나이 들어가는 이야기, 변화의 이야기, 자기 초월과 겸손과 지혜의 이야기가 필요하다. 육신의 쇠락과 죽을 운명을 부인하는 걸로 제한되는 이야기여서는 안 된다. 그리고 이러한 이야기들을 들을 수 있는 공동체가 필요하다. 이러한 시간 여행자들을 두렵고 낯선 늙은 떠돌이가 아니라 순례자로, 희망의 아이로, 우리 자신으로 보는 거울로 볼 수 있는 공동체가 필요하다. 우리는 노화의 가치를 재평가해야 한다. 노화하는 신체 또한 성스러운 공간임을 받아들여야 한다. 모든 다양한 방식으로 양육의 영성, 곧 양육은 전 인생을 통해서 제공되고 수용되는 것임을 강조해야 한다. 아마도 이 점에서 아이러니가 발생하게 될 것이다. 나이 들어가는 여성의 몸과 그녀의 지상에서의 관계들, 번연에게는 방해거리로 보였던 바로 그것들이 후기 인생을 위한 지혜의 재발견을 위한 근거, 곧 실천적 지혜의 근거를 제공한다는 사실이다.

우리는 경험된 삶에서 흘러나오는 책들이 필요하다. 특히 그리스도인들의 오래된 이야기가 필요하다. 특별히 희망으로 가득 찬 이야기들,

세월의 선물을 받은 이야기들이 필요하다. 경험된 삶의 텍스트들이야말로 우리를 위해 각 부분들을 통합시켜 줄 것이다. 단순히 생물학적이고 심리학적인 자아가 아니라, 구체적 자아, 구현된 자아와 같은 도덕적 대행자들을 재정립함으로 도덕성의 관계적, 주체적 성격을 재확인시켜 줄 것이다. 그래서 인생의 후반부를 도덕적 범주로 재정의해 주게 될 것이다. 결국 델리아의 이야기는 시간을 거쳐 끈질기게 이어지는 고도의 친밀한 관계의 나선형 속에서 이해의 가능성이 최대치가 되며, 실제로 그럴 수 있음을 알려 준다. 하지만 그녀는 운이 좋아서 그럴 수 있었는데 그것만으로는 충분하지 않다.

분명히 그녀의 이야기는 다른 모든 좋은 이야기와 마찬가지로 많이 알려져야 한다. 그녀의 이야기가 전해질 때는 분명히 독자의 문법이나 전통과 상이한 방식으로 교차할 것이다. 근대적 전통에 빠지거나 노화의 이미지에 사로잡히거나, 또는 삶의 진로에 대한 도표에 얽매여 델리아가 집으로 돌아온 것을 모호한 양가성의 끝인 '규정하기 힘든 아무개'로 상상하려는 엄청난 유혹을 받게 될 것이다. 그것은 행운이 아니라 비극이다. 델리아의 여정이 사실상 완료되었다고, 곧 문지방에 들어선 것이 아니라 제자리로 돌아왔다고 상상하는 것은 이 평범한 여성의 삶에서 여전히 잃어버린 텍스트를 외면하는 것이다.

하지만 델리아의 이야기가 모든 도덕적 양면성이 언젠가는 없어질 것이며, 그래야 한다는 전통과 교차하고 있음을 상상해 보라. 그리스도인들은 그러한 전통을 선물로 받은 자들이다. 우리의 모든 이야기들이 내재된 그 이야기에 충실하다면 행운에 의존할 필요가 없다. 우리는 이야기를 통하는 것 외에 다른 방식으로 하나님을 '아는 법'을 배우지 못했다. 이야기는 진입로이다. 노인들의 관계, 특히 그들의 기독교 공동체와의 관계에 도덕적 비중을 부여하고 개인적 해석을 내러티브 전체를 이해하는 축인 그리스도적 비전과 연결시키면 인생의 전반부나 후반부에 관한 고정 규칙에서 인생의 실천적 지혜와 통일성으로 전환할 수 있게 된다. 예를 들어 그와 같은 전환은 의사들이 할 수 있거나 해야 하는 것 이상의 도덕적 결정을 요청하지 않을 것이다. 또는 적어도, 우리 자신의 생각이나 행동의 자원으로부터 추출되는 것이 아니라, 희망에 의해서 형성되는 우리 자신을 통해서 도덕적 결정이 내려져야 한다.

늙어도 여전히 결실하며

이 에세이를 위해서 자료들을 보다가 나는 더 이상 놀랍지도 않은 사실을 발견했다. 그것은 노화 산업이라고 하는 현대 산업이다. 노화와 흔적의 제거, 노화의 관리, 노화의 병리성은 어디에서나 나타나는 주제였다. 연방 정부와 다양한 재단들, 그리고 교회는 거액의 돈을 투자해서 노인 학대, 치매성 질병, 만성 질환, 사회보장연금, 노인 차별, 은퇴 공동체, 은퇴 설계, 인구 변동의 패턴, 인플레 압력 등과 같은 연구 프로젝트들을 가동했다. 하지만 … 보이는 결과는 없었다. 그럼에도 내가 발견하지 못한 것은 노화와 더 큰 사회적, 정체적 체계와의 관계에 대한 대부분의 견해에서 개념적 명료성과 일관성으로 수렴되는 그 무엇이다. 노화라는 관념에 대한 진정한 신학적 성찰은 더더욱 드물었다. 그것은 예수의 이야기와 교회의 고유한 규범적(서술적이 아닌) 전통을 진지하게 다루는 성찰이어야 한다. 신학적 성찰은 희망에 의해서 형성되어야 한다. 신학적 성찰은 세상을 향한 특유의 태도로 말미암아 구별되어야 한다. 이는 평범한 여성과 남성, 델리아와 같은 평범한 사람들의 이야기와 독특하게 교차할 것이다. 이 성찰의 문법은 초연함의 원리에서가 아니라 환대의 열망에 의해서 구조를 갖추어야 한다. 이는 그리스도인들이 상상하는 대로 우리가 누구이며, 왜 우리가 돌봄의 가능성을 지닌 백성인지, 우리의 접촉선(arc of action)과 우리의 희망이 무엇인지에 대한 진실을 표현하는 특별한 주장이다. 이는 주님의 식탁에서 계속 교제하면서, 인간의 장소로 되돌아감으로, 왜곡 없이, 우리 삶의 어느 한 이야기도 희생되는 일 없이, 우리를 다시 만들고, 다시 돌아오게 하며, 기억하게 한다.

그리스도인들은 정확히 십자가가 덕목 있는 삶의 취약한 상징이 아니라는 이유에서 도덕적 중요성의 대안적 이해를 제공할 수 있다. 십자가는 '그저 하나의 이야기'에 불과한 것이 아니라, 우리가 말하는 이야기들을 포섭하는 실체의 기반이다. 예수의 십자가는 하나님의 은혜이자 우리 희망의 근거이며, 구원의 약속이다. 그리스도 안에서 나이가 들어간다는 것은 주께서 예비하신 식탁으로 나아가는 것이다.

> 그는 늙어도 여전히 결실하며 진액이 풍족하고 빛이 청청하니
> 여호와의 정직하심과 나의 바위 되심과
> 그에게는 불의가 없음이 선포되리로다(시편 92:14-15)

의술과 치료에 의지하며 나이 듦을 정복하려 하다

키스 메도어(Keith G. Meador)

듀크대학교 의학전문대학원 정신의학 및 행동과학 임상교수, 듀크대학교 노화센터 선임연구원

듀크대학교 신학대학원 목회신학 및 의학실습교수 겸 신학 및 의학프로그램 디렉터

션 헨슨(Shaun C. Henson)

영국 옥스퍼드대학교의 박사학위 과정 수료생

근대성의 두드러진 표현 중 하나를 들자면 서구 문명의 치료주의 문화를 꼽을 수 있다. 부정적이든 긍정적이든 '치료주의적'(therapeutic)이라는 말을 적당하게 번역할 수 있는 용어들은 다양하지만, 우리는 현재의 문화적 상황에서 늙어가는 그리스도인들에게 문제가 될 수 있는 의료적·심리적 차원에서 치료적인 전제들이 지니는 측면들에 주목할 것이다. 현 시대가 포스트모더니즘으로 불리든, 불확실성의 시대로 불리든 상관없이 근대성의 치료주의가 유산으로 전해져 왔음은 부인할 수 없다. 이러한 유산 안에 내재된 가정에는 '우리가 어떻게 죽을 것이냐'뿐 아니라 '어떻게 살아야 할 것이냐'에 대한 기대를 형성하는 심리적이면서도 의료적인 입장들이 있다. 현대성이 만들어 낸 의료적 치료주의가 너무 지나치다고 느끼는 것은 '우리가 충분할 정도로 열심히 노력하고 합리적이고 과학적인 역량을 최대한 신뢰한다면 죽음은 피할 수 있을 것이다'라는 자기기만을 빈번하게 조장한 것이다. 20세기 전반부에 뿌리 내린 심리적 치료주의는 현대성을 고조시키며 자율적인 심리적 자아에 관한 신념이라는 여운을 남겼다. 설정된 목표가 자아실현이었는지, 의존적 갈등으로부터 개인의 정신 구조를 해방시키는 것이든지, 또는 외부의 의존적 속박으로부터 풀어나는 것이든지 간에, 자기 단호함과 자율적 합리성은 우리의 치료주의 문화 안에서 새로운 우월적 비중을 차지하게 되었다.

사회학자 필립 리이프(Philip Rieff)는 이제는 고전이 된 책 《치료주의의 승리 *The Triumph of the Therapeutic*》에서 이러한 우월함이 낳은 광범위한 결과를 진단한다.[1] 리이프는 우리가 하나님의 전능하심이라는 전통적 관념을 단지 개인화되고 조종할 수 있는 행복감(sense of well-being)으로 대체하기 위해 고통스럽게 성장해 온 과정을 폭로했다. 그는 우리의 이야기가 선재하는 다른 가치나 윤리를 배제한 채 모두가 원하는 '좋은 느낌'의 이야기로 변모되었음을 지적했다. 이와 같은 지배적 변화를 리이프는 '치료주의의 승리'라고 명명했다. 이는 바로 인생의 '문제 해결자인 신'(deus ex machina)이 자기기만적 행복감으로 표면화된 '심리학적' 인류의 등장이었다. 우리는 "반 신조적 분석 태도"를 고수하며 곤두박질쳐 왔다.[2] 리이프에 따르면, 우리는 특히 기독교 문화에 대한 감각은 접어둔 채 "우리는 괜찮다"는 장기간의 느낌을 얻기 위해 조금 더 많은 시간을 투자했다. 이와 같은 새로운 동기로 우리는 인격적으로 적절한 영성이라고 여겼던 기독교를 적응시킨 것이다. 물론 기독교가 우리의 전반적인 행복감을 훼방하지 않는 한 말이다.[3] 서구 교회 내 많은 활동에서 비롯되는 신학들을 대충 훑어만 봐도 우리 역시 자기만족이라는 미로에 빨려 들어가며 우리 주위의 세계로부터 빛과 소금을 제공받고 있음을 볼 수 있다. 그 반대가 되어야 함에도 불구하고 말이다. 사실상 교회는 이러한 이야기를 쓰는 데 있어서 중심적인 역할을 하고 있으며, 우리는 구원을 필요로 하는 죄인이 아니라 치료를 필요로 하는 정신과 자아를 담은 개별 그릇이 되었다.[4]

교회와 사회가 이렇게 변화해 감에 따라 문화에도 상당한 변화가 일어났다. 이것은 사실 새로운 소식도 아니다. 그리스도인이든 아니든 간에, 우리 중 대다수는 이러한 많은 변화들을 대폭 수용했고 충분히 소화했다. 리이프가 제기하는 '치료주의'의 문제는 우리의 문화가 개인의 특권이라는 관념을 지속적으로 발전시키면서도 도덕적인 기대는 배제시키려 한다는 점이다. 리이프는 "우리 문화는 산다는 것 그 자체보다 더 넓고 풍요로운 그 어떤 목적을 인정하지 않으려는 최초의 문화 혁명"이라고 평했다. 이것이야말로 "점증하는 기대들의 혁명"이라는 의미가 아니겠는가?[5] 이제 새 천년의 시대이자 포스트모더니즘이라 불리는 세상에 발을 내디딘 우리는 최소한 한 발을 여전히 과거에 견고하게 내딛고 있는 것으로 보인다. 구체적으로 말하자면 오직 우리에게만 온통 초점을 맞추고, 심지어 전체 우주와 그 발견도, 심지어 하나님마저 우리 자신의 작은 인간적 우주에 국한되다가 죽음에 이르는 마지막 고통을 겪는다고 할 수 있다.[6] 극적인 발견과 인간 편의의 발전을 이루고 계속해서 견줄 곳 없이 진전을 이룩한 우리는 개선되는 좋은 삶의 최종 단원은 우리 자신에 관해서만이 아니라, 아주 구체적으로 말해서 이른바 "좋은 느낌을 갖는 의지"에 관한 기록이 될 것이라고 판단하게 되었다.

베이비부머들과 현재의 X세대들에게 이와 같은 문화적 환경은 기본적으로 내재된 가정의 일부가 되었는데, 곧 우리가 어떻게 존재하며 어떻게 최소한의 생각을 하는지 보여 주는 방식이다. 하지만 그와 같은 치료주의 문화 속에서 살아간다는 것은 궁극적으로 우리에게 불가피한 질문을 던진다. 그러한 세상에서 나이 들어간다는 것은 어떤 의미인가?

의료 과학은 인간의 수명을 연장할 수 있는 방법을 연구하고 발견하고 계속해서 규명해 왔다. 이론적으로는 확실히 좋은 발상이지만, 때로 몸이 실질적으로 기능할 수 있는 지점, 또는 몸을 지탱하려는 이들에게 바람직한 수준을 넘어서는 지점까지 연장시키려는 것도 사실이다. 이러한 현상은 수많은 노인들을 양성했고, 특히 초 고령자의 수를 대폭 증가시켰다. 우리는 지금 치료주의 문화 내에서 단지 우리 자신에 관한 '좋은 느낌'에 머무르는 정도가 아니라 좋은 느낌을 유지하며 나이 들어가야 하는 상황에 이르렀다. 지난 세기 동안, 서구의 일반적인 기대 수명은 극적인 비율로 상승했다. 미국의 경우 20세기 초반의 기대 수명은 47세였으나, 지금은 남자의 경우 76세, 여자는 80세로 비약적으로 증가했다. 초 고령자는 가장 급속도로 성장하는 집단이다. 1980년대에는 15,000명 정도였던 100세 이상의 초 고령 집단이 21세기에 들어서면서 10만 명으로 증가했다.[7] 평균 기대수명을 100세로 늘리겠다는 의료계의 꿈은 현실이 되어가고 있다. 물론 이러한 사실과 더불어 새로운 의료적, 심리적, 윤리적, 그리고 분명히 신학적 문제들이 등장하게 된다. 이 모든 영역들은 서로 통합적으로 연결되어 있다. 이와 같은 지속적인 사회적 인구 변동은 집단적인 신체 약화와 지적 쇠퇴를 불러일으키면서 또 다른 현대 치료주의 문제에 도전을 준다. 그것은 바로 의료적 치료와 회복에 대한 막연한 기대다. 이 막연한 기대는 종종 고통의 불가피성과 잘 살고 잘 죽는 것의 연계성을 애써 외면하려는 것이다.

포스트모더니즘 시대의 노화: 역사적 맥락

오늘날 과도한 치료주의 문화를 적절하게 해석하고 이에 대응하려면, 이와 같은 문화의 역사적 맥락에 대한 간략한 논의가 필요하다. 교회 안팎에서 우리가 지금 살고 있는 치료주의적 문화 환경을 조성해 온 기본적인 문화 동력이 어떻게 작동했는지 이해하는 일은 중요하다. 근대성의 단계들로 간주되는 현상을 간략하게 되살피는 것은 우리가 지금 연구하는 상황에 대한 더 나은 이해를 정립하는 데 유익하다.

16세기 서구 근대성의 확실한 '발판'은 모든 사고와 행동은 합리적이어야 한다는 요구에서 비롯되었다.[8] 그리고 지적이며 사회적이고 예술적인 모든 문화 양식 가운데 점점 더 다양성을 관용하는 쪽으로 발전했다. 그리고 데카르트 이후로 다양한 사상가들이 순전히 합리적인 방법론을 추구하게 되면서 모든 문제에는 궁극적으로 정확한 답변이 있다는 믿음과 방향으로 흐르게 되었다. 이와 같은 탈 상황화적 흐름은 대략 제2차 세계 대전의 시기에 이르기까지 철학과 과학 모두에 영향을 주었다. 1950년경 일부 지식인들은 우리가 아마도 새로운 국면에 들어서고 있음을, 또는 들어가야 함을 깨닫기 시작했다. 단지 철학뿐 아니라 과학과 기술 또한 "인간화"하는 방법들을 찾아야 할 국면이 온 것이다.[9] 그러한 근대성의 인간화 작업은 근대성의 세 번째 국면으로 보이든, 포스트모더니티의 국면으로 보이든 간에 16세기 인본주의와 17세기 엄밀 과학의 긍정적 성과에 더욱 의존하려는 시도로 볼 수 있다.

이러한 인간화 작업은 전반적으로는 후기 근대성에도 긍정적 영향을 미쳤다. 특히 근대 의학의 경우에는 의학의 근대 과학적 진보와 더불어 진화했던 도덕과 기술의 분리를 보완할 수 있게 되었다. 과학과 기술의 인간화는 엄밀한 과학과 인문학을 둘로 갈라놓았던 근대성의 기존 관넘으로부터 전진하려는 시도로 보일 수 있다. 이러한 인간화의 상황에서 툴민(Toulmin)은 "사실상 이제부터 '의료적' 문제라는 바로 그 정의는 기술적인 양상과 도덕적 양상 모두를 포괄하는 방식으로 제시되어야 한다"고 강조한다.[10] 포스트모더니즘은 우리 삶의 기술적, 지역적 생태계뿐 아니라 도덕적 생태계 내에서 일상적인 삶의 실질적인 문제들에 이론을 어떻게 부합시키느냐에 대한 감각을 가진 이들을 찾고 있다.[11] 포괄적인 의미에서, 곧 근본적 취지에서의 역사적 의존성을 부인하고 자기 확장을 추구하는 치료주의 문화는 과학의 모든 장치들(의료 과학, 사회 과학 등등)을 가동시켜 왔다. 다가오는 시대가 이러한 상황에 건설적으로 관여할 수 있는 잠재력은 어떻게 역사성에 충실하며 교회와 같은 제도에 의해서 제공되는 삶의 의존성에 응답하느냐에 달려 있다. 어느 정도 관여할 것이냐는 포스트모더니즘의 인간화가 우리의 노화 자체를 이해하고 늙어가는 이들에 대한 돌봄에서 비롯된 근대성의 과잉을 얼마나 보완하느냐에 달려 있다.

문제 탐구

의학은 적어도 셸리(Shelley)가 쓴 근대의 프로메테우스라고 하는 《프랑켄슈타인 *Frankenstein*》과 약간 비슷한데 역사의 여러 시점마다 다음번에 무엇을 해야 할지 알 수 없는 방식으로 개선을 추구하고 성취하려 한 것으로 보인다.[12] 결국 의사들 또한 우리 시대의 치료주의 문화의 이야기에 의해 형성된 인물들이다. 그리고 돌이켜보면 우리의 이야기 안에서 기능하는 인류는 단순히 이론적 가능성을 넘어서 고통을 피하고 분명하게는 죽음의 두려움을 회피하려는 열망을 담은 오랜 수명에 대한 관심에 의해 이끌려왔다. 물론 이는 그와 같은 가치들에 대해서 할 말이 많을 수밖에 없는 교회의 사람들을 포함하여 의사가 아닌 우리와 같은 이들이 전문인들의 도움을 절실히 받기 원할 때에야 비로소 가능하다. 하지만 이제 우리 모두는 질문해야 한다. 우리는 얼마나 오래 살기를 원하는 것인가? 나이가 들수록 얼마나 오랫동안 그리고 어떠한 방식으로 우리 자신을 돌보게 되는가?

장수(longevity)에 관한 연구는 최소한 다섯 가지의 의료 범주로 나뉜다. 영속적인 젊음의 유지, 젊음의 회복 또는 회춘, 생물학적 노화의 지연, 수명 연장, 그리고 마지막으로 신체적 불멸의 성취이다. 의료계에서는 이 다섯 가지 범주가 고통과 죽음에 관한 우리의 부정적 태도로부터 동력을 얻은 것이라 본다. 비록 우리가 그보다는 "건강과 젊음에 대한 높은 가치를 부여한다"는 태도를 표방한다 할지라도, 그러한 범주들이 "좋은 기분"을 느끼고 자기 충족을 얻으려는 열망에 의해서 견지되고 있음은 의심의 여지가 없다.[13] 우리는 신체적이고 정신적인 측면에서 고통과 쇠퇴를 피하기 원할 뿐 아니라, 젊음과 같은 것을 성취할 수 있는 역량을 보존하고 싶어 한다. 만일 우리가 사실상 시계를 되돌릴 수 없다면, 우리는 최소한 노화방지 화장품을 바르거나, 성형 수술을 하고, 심지어는 피부에 양의 태반을 주입하는 시술과 같은 방식으로 일부분이라도 젊어 '보이려고'(look) 애쓴다. 이러한 대중요법들로 성공에 이르기는 요원하기 때문에,

우리는 유전학과 미생물학으로 눈을 돌려 가장 원초적인 단계에서 노화 자체를 일으키는 원인을 규명하려고 노력한다. 우리의 숨겨진 희망은 신체의 불멸함을 이루고자 하는 것이다.

우리에게 그와 같은 영속적인 젊음을 갈망하게 하고, 그것에 이르는 능력을 부여하는(어느 정도는 성공적이었다) 바로 그 치료주의 문화에서 나이가 든다는 것은 늙어가는 이들과 그들을 돌봐야 하는 이들 모두에게 새로운 심리적 도전을 제기한다. 노화하는 뇌 자체는 거시적, 미시적, 국부적, 혈관적 변화를 거치며 사고 패턴에 각기 다른 영향을 미치는데, 웰빙에 대한 높은 기대감에 확실히 큰 영향을 준다. 나이가 들어감에 따라 뇌의 크기와 무게가 감소하면서, 뇌의 모양에도 그에 수반하는 변형이 일어난다. 대뇌 회선은 좁아지고, 뇌구는 넓어지며, 뇌척수는 한 덩어리로 모인다. 미시적인 차원에서는 합리적 사고의 진행을 위해 필수적인 중추 시냅스의 연결망이 점진적으로 소실된다. 비슷한 변화가 국부적 뇌 기능과 관련해서도 발생하고, 인생의 40대나 50대가 되면 혈관에서는 파괴적 응고가 뒤따른다.[14]

이러한 요인들과 여기에 수반되는 요인들은 근본적으로 과거 우리의 사고 능력뿐 아니라 현재의 사고 능력을 더욱 감퇴시킨다. 더 심한 경우에는 치매 또는 근본적인 임상·신경병리적 단절증후군으로 이어진다.[15] 나이가 들면서 우리는 이러한 기능적 어려움들로 인해 말 그대로 우리뿐 아니라 다른 사람들까지 당황하게 만든다. 결국 거의 모든 일상 활동이나 행동을 수행하는 데 커다란 어려움(혹은 완전히 불가능한 상태)을 겪게 된다. 이 시대의 치료주의 문화에서 우리는 스스로도 그와 같은 행동을 숨기거나 부인하며, 다른 이들의 그러한 행동과 마주하는 것도 크게 힘들어 한다. 왜냐하면 이러한 행동은 우리가 원하는 모습이 아니며 나이 듦이라는 '질환'이 몰고 올 비참함을 중단하고자 전 사회가 투쟁하는 마당에 골칫거리가 될 수 있기 때문이다. [16] 심지어 건강하게 나이 들어가는 경우와 분명히 '통상적'으로 나이보다 더 젊어 보여도 자아나 일, 가족관계, 우정, 인지적 사고 등과 관련된 심리적인 문제들이 한층 악화될 수 있음을 의미한다. 간단히 말해 나이가 들수록 우리의 "미래는 원래의 모습과 많이 다를 것이다." [17]

윤리적으로도 급속하게 나이 들어가는 우리가 마주하게 될 복잡한 일들은 아주 많아졌다. 평균 수명이 길어지면서 삶을 지탱하는 의료적 돌봄은 필연적으로 두 범주로 나뉘게 되었다. 결정 능력이 있는 노인 환자를 위한 돌봄(노화로 인한 인지 장애가 건강한 결정을 내릴 수 있는 능력 너머의 기본적인 합리성까지는 손상시키지 않은 경우)과 그와 같은 능력이 결여된 이들을 위한 돌봄이다(동일한 인지 장애가 건강한 의사 결정 능력을 손상시킨 경우). 나이가 들면 주변 사람들은 심지어 우리가 그럴 능력이 있음에도 나이 때문에 건강한 결정을 내릴 능력이 부족하다고 여길 수 있다. 역으로 우리가 그러한 적합성을 상실했을 때는 누군가가 우리 대신 그러한 선택을 해주어야 한다. 이러한 이유로 우리는 사랑과 정의를 적절히 진단해서 합리적 선택을 내릴 자격을 갖추었는가에 관한 까다로운 질문을 스스로에게 던져야 한다.

하지만 노화와 관련된 눈에 띄는 편견들이 있다. 특히 젊은이들과 강건한 이들을 칭송하지만 동시에 그렇지 않은 많은 이들을 양산하는 문화에서는 더욱 그렇다. 연령주의(ageism)와 나이 할당제는 우리가 재고해

봐야 할 가장 두드러지고 중대한 두 종류의 편견이다. 연령주의는 인종 편견이나 성차별에 해당하는 노인 문제로 이 경우에는 나이 차별 또는 늙은 사람에 대한 불공정한 일반화가 반복해서 일어난다. 이러한 측면에서의 차별은 미묘하고 은폐된 방식으로 발생한다. "모든 늙은 사람들은 기억력이 나쁘다", "모든 늙은 사람들은 성질이 안 좋다", "모든 늙은 사람들은 우울증을 앓고 있다", "나이가 들면 정신적 장애가 심해진다", "대부분의 늙은 사람들은 성에 관심이 없거나 성을 즐길 수 없다" 등과 같은 진술이 전형적이다.[18] 나이 할당제란 노인들에게 잠재적인 연명 목적의 건강 돌봄을 조직적으로 거부하는 것이다. 이는 젊은이들에게는 거부되지 않는 돌봄이다. 건강 돌봄 비용의 급증은 종종 그와 같은 할당제를 필수화시키는 매우 중요한 요인으로 인용된다.[19] 논쟁의 여지가 있지만, 앞서 언급한 편견적 진술들이 그러한 결정을 내리는 데 중대한 역할을 하는 것으로 볼 수 있다. 연명 목적의 의료 처치들 중에 어떤 것들은 특정 연령 이상에게는 반복적으로 거부되곤 한다.[20] 이러한 우려들로 인해 복잡한 정치적이고 공공 정책적인 토론이 벌어지며, 나이가 많은 이들은 자신들의 생존을 지속하기 위한 옹호 여론이 필요하다.

다른 한편으로, 건강 돌봄을 제공해야 하는 의사와 간호사, 심리치료사, 사회복지사 및 유관 전문가들은 생명을 연장하고 더욱 오래 살 수 있게 하는 방법을 찾기 위해 고안된 연구 프로젝트에서 노인들을 필요로 하고 종종 활용하기도 한다.[21] 심리학자인 필립 커쉬맨(Philip Cushman)은 자기 고백적 저서인 《자아의 건설, 미국의 건설 Constructing the Self, Constructing America》에서 표준적인 심리치료의 발전은 불가분리하게 근대성과 그 문화적 전제의 산물이라고 주장한다. 그는 심리치료가 치료하려는 바로 그 질환이 심리치료에 연루되어 있다고 말한다. 심리치료는 소비 지향적이며, 내면적이고, 개인화된 웰빙 이해에 몰두하게 하기 때문에 빈번하게 "텅 빈 자아"를 조장한다고 말한다.[22] 좋은 기분에 대한 우리의 문화적 집착과 무엇보다도 치료에 대한 갈망을 장려하는 시스템은 궁극적으로 우리에게 진실함을 갖춘 '좋은 기분'을 거부하고, 두려움과 불안, 그리고 자기기만에 매몰된 텅 빈 자아만을 남기게 한다. 우리는 근대성의 치료주의 유산 한복판에서 살아가는 그리스도인으로서 통합적 삶의 일부로서 죽음을 인식하지 못한 채 스스로에게 좋은 삶을 해석하고 전해줄 수 없게 되는 것이다.

심지어 기력이 생생한 노인에게조차 스스로 선택할 수 있는 권리를 주지 않는 온정주의 또한 만성적인 문제다. 그러한 온정주의는 미묘하면서도 때로는 매우 잔인한 형태를 취해서 노령자들이 단지 나이 때문에, 심지어 분명히 그럴 필요가 없는 상황에서조차 자기의 성인 자손들에게 거의 어린이 취급을 받게 만든다. 미묘하게 작동하는 온정주의는 맞서 싸우기가 어렵다. 왜냐하면 그것은 포르노그래피와 마찬가지로 "내가 봐야 알 수 있다"고 주장하기 때문이다. 주관적으로 판단해야 하는 현실에서는 그 실체를 규명하기가 무척 힘들다.[23] 가족들만 이러한 온정주의를 보여 주는 것은 아니다. 나이를 먹을수록 점점 더 의존하게 되는 의료나 간호, 개인적, 사회적 서비스 제공자들 또한 종종 은연중에 그와 같은 온정주의적 관습을 보여 준다.

우리는 영원한 삶을 욕망하여 신들에게 불멸을 간청했던 그리스 신화의 영웅 티토노스(Tithonus)와 상당히 닮았음이 분명하다. 신들은 그의 간청에 응답했다. 그러나 그는 불멸을 얻은 후 바로 자신이 영원한 젊음을 함께 구한다는 것을 망각했다는 사실을 깨닫고는 엄청난 공포에 휩싸인다. 그는 결코 그치지 않을 불멸이라는 악몽의 소용돌이 속에서 그저 더 늙고 쇠약해지기만 할 뿐이었다. 죽음을 회피함으로 스스로에 대해 좋은 기분을 얻으려는 동안, 우리는 노년의 두려움 가운데 죽음이 그리 빨리 당도하지 않으리라는 지점에 이르게 된다.[24]

이 지점에서 단지 사람들이 기대할 만한 "뭔가 신학적이거나 성경적인 것을 말하는 정도"는 그리스도인들에게는 불가능하다. 왜냐하면 그리스도께 속한 사람들에게 "뭔가 신학적인 것"은 이미 언급한 의료적, 심리적, 윤리적 주제들을 포함해서 우리 삶의 모든 문제들에 관여해야 하기 때문이다.[25] 그러나 신실한 그리스도인 됨이 주로 어떻게 바른 질문을 던지느냐를 배우는 것이라면, 우리가 확실히 해야 할 일은 이제 이러한 문제들과 관련해서 구체적인 신학적 질문들을 던지는 것이다.[26] 그때야 비로소 우리의 문화적 내러티브를 숙고하고 신학적 응답을 위해 예수와 교회로 충실한 방향 전환을 할 수 있다.

이러한 신학적 질문들에는 우리가 교회로서 치료주의 문화에서 자신 및 다른 이들 모두와 관련해서 늙어감에 대해 어떻게 생각하며 느껴야 하는지에 대한 질문들이 포함되어야 한다. 사실상 모든 고통을 회피하려는 것과 다를 바 없는 더 나은 삶과 자기충족을 향한 우리의 집착적 충동이 주변의 모든 이들에게 더욱 큰 문제를 일으키지 않는가? 그와 같은 회피는 우리가 주로 섬기는 예수의 이야기와 상치하지 않는가? 또한 이 모든 국면에서 교회는 무엇을 증언해야 하는가? 교회로서 우리는 우리가 살고 있는 치료주의 문화 내에서 새로운 목소리를 발견하려고 했음에도 불구하고 그와 같은 문제 있는 내러티브에 저자로 참여한 공범자였음을 인정할 수밖에 없을 것 같다.

성경의 내러티브는 노화를 부정적 실체로 보는 입장으로 출발하다가 마지막에는 긍정적인 것으로 결론짓는다.[27] 창세기의 전통적 이야기들이 가르치는 바는 원래 우리가 알고 있는 노화나 죽음은 존재하지 않았다는 것이다. 우리는 원래 하나님과 교제하며 동행하는 건강한 불멸의 존재로 살도록 되어 있었다. 하지만 모두 알고 있다시피 이 이야기는 불행한 결말로 끝나고 만다. 잘못된 선택을 하여 죄가 들어왔고, 죄와 함께 노화와 고통이 들어왔다. "필경은 흙으로 돌아가리니 그 속에서 네가 취함을 입었음이라 너는 흙이니 흙으로 돌아갈 것이니라"(창3:19).[28] 우리는 에덴 동산에서 노화와 죽음을 만났고 그것들은 우리 인생의 동반자가 되었다.

성경의 다른 내러티브들을 보면 적어도 어떤 이들은 하나님의 은혜와 함께할 때 더 잘 살 수 있음을 하나님께 증명했다. 나이 듦은 축복과 지혜, 그리고 의로움의 상징이 되었고, 하나님은 부모를 공경하는 일에 순종하는 이들에게 영예로운 상을 주셨다. 예를 들어 출애굽기는 이렇게 말한다. "네 부모를 공경하라 그리하면 네 하나님 여호와가 네게 준 땅에서 네 생명이 길리라"(출 20:12). 그리고 "네 마음으로 나의 명령을 지키라 그리하면 그것이 네가 장수하여 많은 해를 누리게 하며 평강을 더하게 하리라"(잠 3:1-2)는 말씀은 근본적으로 그렇게 할 경우 장수가 약속된다는 것이다. 오랜 세월 동안 나이 듦의 분명한 징조였던 백발에 대해서도 성경은 그 자체를 "영화의 면류관이라 공의로운 길에서 얻으리라"(잠16:31)고 단언한다. 신약성경 전체, 특히 목회 서신들을 보면 과부를 돌보며, 노인을 공경하고, 그들의 믿음과 신실함을 본받는 것이 의무임을 함축적으로 말했고, 또한 명료하게 제시하기도 했다. 그렇게 함으로서 우리 자신이 소유하게 된 바로 그 신앙을 증명하는 것이다.

현대 문화 속에서 우리는 나이 듦을 지혜의 표시로, 장수를 하나님의 축복의 상징으로, 백발을 영광의 면류관으로, 자기 자신을 돌볼 수 없는 이들에 대한 돌봄을 의무로 보는 성경적 가르침에서 얼마나 멀어졌는가? 치료주의 문화의 조종을 받고 있는 교회는 이러한 가르침들을 거의 젊음에 대한 특혜나 표면적 아름다움들과 바꿔 버렸다. 우리는 노화를 현세의 불가피한 일시적 의존성 안에서 하나님이 주신 선물로 인식하지 못하고 있다. 위의 성경 내러티브를 읽은 독자라면 우리가 모두 동일한 전통의 일부로 존재함을 깨닫게 되지 않겠는가?

치료주의의 환상을 초월하라

나이 듦과 노년 전반에 관해서 우리가 어떻게 생각해야 할지 명백한 답변을 제시하기에 앞서 그 생각 속에 함축된 바에 대해 알아보자. 지금쯤 우리를 둘러싸고 있는 치료주의 문화의 가치들이 우리 자신의 관점에 어떻게 영향을 주었으며, 그에 따라 우리 자신의 노화와 이에 수반되는 불편한 문제들 전반에 어떻게 불안과 공포가 가중되는지 명확하게 이해했을 것이다. 좋은 기분을 갖는 것이 궁극적인 갈망이 되었기에 우리는 좋은 기분을 갖기 위해서 나쁜 기분을 유발한다고 여겨지는 것들은 무엇이든 피하려고 분투하게 된다. 여기에는 우리 자신이나 다른 이들에게 노화의 징조가 나타났거나, 더 깊은 차원에서는 질환과 고통 그 자체도 포함된다. 따라서 이제 우리는 특별히 노화와 관련해서 질환과 고통에 주목해야 할 것이다.

교회를 위해 반드시 '좋은 것'과 단순히 사회적인 차원에서 '기분 좋게 해주는 것' 사이에는 측량할 수 없는 간격이 있다. 교회를 위한 '좋은 것'은 예수 그리스도의 삶과 죽음, 그리고 부활의 이야기를 떠나서는 표현할 수 없다. '선'의 개념은 예수에 의해서 인류 역사 그 어디에도 찾을 수 없었던 급진적이고 새로운 의미를 갖게 되었다. 선은 하나님과 하나님의 창조, 예수의 선물, 성령, 은혜와 진리, 재탄생, 기쁘지만 이따금 아프기도 한 진리, 이 모든 것들을 우리가 세상에 임하게 한다는 소식과 연결되어 있다. 이는 또한 우리가 같은 방향에서 오랜 순종의 멍에를 지고 얻게 된 이름이다.[29] 이것은 바울을 비롯하여 우리 모두가 열망하지만 살아내기는 어려운 그것이다. 이는 우리 자신을 희생하고 다른 이들을 위해 살아가는 것이다. 이는 부활하신 그리스도이시며, 따라서 필연적으로 우리 자신이 동시에 참여해야 할 죽음과 고난으로 먼저 나타나기도 한다.[30] 결국에 우리 모두는 죽게 된다.

반면 단순히 웰빙이나 좋은 기분을 느끼는 것은 예수의 삶과 가르침, 죽음, 그리고 부활을 통해 전해지는 정말로 좋은 이야기와 같은 범주에 배치될 수 없다. 좋은 기분은 꾸며질 수 있고, 일반적으로 금세 사라지고 왜곡될 수 있으며, 종종 왜곡된다. 좋은 기분이 무엇인지 구체적으로 정의하는 것도 분명 어려운 일이다. 필립 리이프(Philip Rieff)가 우리는 "선과 악의 오랜 기만을 넘어서 너무 멀리 와버린 나머지 결국에는 조작된 웰빙 인식을 넘어서 아무 실체도 없는… '치료주의'라는 기법을 특정하지도 못한다"고 지적했을 때,[31] 그는 사실상 방금 다룬 기독교적 선의 관념이 상당히 왜곡되었음을 폭로한 셈이다.

이 시대의 치료주의 문화에서 지배적인 인물 유형은 '심리학적' 인간이다. 이러한 근대적 치료주의 문화 내에서 규정되는 치료는 가장 광범위한 의미에서 과학을 적용하여 질병을 고치려는 시도이다.[32] 그와 같이 과학적으로 구성된 사회에서 심리학적 인간은 스스로 일반적인 과학자의 태도를 취하며 과거의 지배적인 목회 안내자였던 사제나 목사를 대신한다. 그리고 사람들을 과학의 일차 대상으로 삼는다.[33]

그와 같은 체제에서도 믿음(순종을 권위자에게 대한 복종과 신뢰로 전환시키는 문화의 강요적인 역동성)이 사라지지 않았다는 점에 주목해야 한다. 하지만 치료주의 사회에서 발견되는 믿음을 기독교 신앙과 혼동해서는 안 된다. 대신 이처럼 새로운 자아의 과학에서 믿음은 단순히 개인적 웰빙 감각에 중심적으로 감지된 필요를 충족시키기 위해서 그 외의 모든 것, 아마도 다른 모든 것까지 배제하는 양상을 띠고 있다. 우리를 지으시고 생명을 주시는 한 분을 향한 기독교 예배와는 대조적으로, 이것은 우리 시대와 우리의 모든 이야기를 위한 '비종교적 종교'(unreligion)인 셈이다.[34] 교회는 적어도 이 두 사상(치료주의 문화와 기독교 신앙)의 흐릿해 보이는 차이를 분별하면서 다른 길을 찾아야 한다. 이와 같은 근대성의 치료주의 의제가 알려

주는 내러티브가 우리를 끌고 가게 해서는 안 된다. 우리는 이러한 질병이 다른 이들을 집어 삼키지 못하도록 맞서야 한다. 교회는 그와 같은 문제들에 있어서 참된 소금과 빛이 되어야 한다. 우리는 그리스도인들이 예수의 이야기와 교회가 지니는 독특성 가운데서 구현할 수 있는 신실한 방식의 나이 듦이 있다는 점을 상기하고, 또한 다른 이들에게 상기시켜 줘야 한다.

우리는 물어야 한다. 왜 '치료주의 문화에서의 나이 듦'이라는 에세이를 써야 할까? 우리는 어쩌다 우리를 부르시고 "와서 죽으라"[35]고 하신 예수님의 이야기를 따르는 삶에서 어떻게 신실하게 나이 들어갈지에 대해 안온하게 침묵하며 소리를 내지 못하는 상태가 되었는가? 우리는 어쩌다 이와 같은 시대 문화에 순응하는 길로 이끌려 왔는가? 또한 나이 듦, 그리고 관련된 문제들에 있어서 소금의 맛을 잃어버린 걸까?

20세기의 근대성은 교회가 때로 신실한 기독교를 지지하거나 대적하는 차원에서 '한편이나 다른 편'을 취하도록 강요받아 온 서구 역사에서 독특하고도 놀라운 시기 중 하나라 할 수 있다. 칼 바르트와 디이트리히 본회퍼와 같은 신학자들의 이야기는 위협적인 문화와 맞서 싸우는 교회의 더욱 힘 있고 생생하며 친숙한 기록에 속한다. 이들의 역사는 특별히 이 점에서 우리의 질문에 유용한 답변을 준다. 왜냐하면 그들의 전투 최전선은 신학적 자유주의나 민족주의, 나치, 심지어 아돌프 히틀러를 대항한 것이 아니라 외부의 문화적 현상에 의해서 서서히 그리고 은연중에 미혹되고 점차 침묵당하고 있는 교회를 향한 것이기 때문이다. 치료주의 문화의 병든 나르시시즘과 싸우는 문제는 확실히 칼 바르트, 디이트리히 본회퍼, 그리고 당시 유럽의 다른 이들이 씨름했던 문제들과 비교될 만한 사안은 아니지만, 적어도 예수와 교회 자신의 정체성과 관련해서는 조금도 덜 절박하지 않다는 사실을 강력히 제기한 것이다.

교회를 오염시키는 문화적 위험을 이해하는 데 있어서 전반적인 무능함을 목도한 바르트나 본회퍼 및 다른 이들은 교회를 원래의 정체성으로 돌아가게 하고자 애썼다. 예수에 대한 왜곡된 관점은 더 말할 것도 없었다. 그러는 가운데 본회퍼는 모든 그리스도인에게 주어진 십자가에 관해서 썼다. 그는 이 십자가가 우리로 하여금 가장 먼저 모든 세상 염려와 집착을 버리게끔 한다고 말한다. 우리 안의 '옛사람'은 부활하신 그리스도와 만남으로 인해 죽게 된다. 사실상 이는 우리 자신의 삶을 그와 같은 고통과 죽음에 내어주는 것이다. 이러한 죽음은 단지 시작일 뿐이다. 이 죽음은 우리가 예수와 교제하는 바로 그 순간에 일어난다. 그리스도께서 사람을 부르실 때, 그분은 그들에게 "와서 죽으라"고 요구하신다.[36]

이러한 사상은 바르멘 선언 초안을 작성한 칼 바르트에 의해서도 전 교회에 강력하게 전달되고 표현되었다. 바르멘 선언은 문화 기독교가 문자 그대로 생명과 죽음의 문제가 되었던 현실을 자각했던 1934년의 고백 교회 운동을 위한 메니페스토였다.

성서에서 우리에게 증언된 예수 그리스도는 우리가 들어야 하며, 사나 죽으나 신뢰하고 복종해야 할 하나님의 유일한 말씀이다. 우리는 마치 교회가 그 선포의 원천으로서 이 하나님의 유일한 말씀 외에, 그리고 그것과 나란히 다른 사건들, 권세들, 형상들 및 진리들도 하나님의 계시로서 인정할 수 있고 인정해야 하는 것처럼 가르치는 잘못된 가르침을 배격한다. … 우리는 마치 우리의 삶에서 예수 그리스도가 아닌 다른 주(州)들에게 속하는 영역, 그분을 통한 칭의와 성화가 필요 없는 영역이 있는 것처럼 가르치는 잘못된 가르침을 배격한다. … 우리는 마치 교회가 그 사신과 직제의 형태를 자신의 기호, 혹은 때때로 지배하는 세계관적, 정치적인 확신들의 변화에 내맡겨도 되는 것처럼 가르치는 잘못된 가르침을 배격한다.[37]

여기서 우리에게 가장 놀라운 사실은 당시의 무시무시한 상황에서 교회에 침투하는 문화의 위험성을 고발하기 위해 바르트가 사용한 언어가 현재 치료주의 문화에 대항하는 우리의 전투와 아주 잘 들어맞는다는 점이다. 특히 우리 중 많은 이들이 그와 같은 갈등이 존재하거나 또는 최소한 그와 같은 문화가 주는 혜택을 포기할 의향이 없음에도 불구하고 말이다. 칼 바르트와 다른 이들은 단순히 교회 그 자체가 예수 외의 다른 권세에 복종할 수 없다는 점을 지적한 것만이 아니다. 그들은 또한 "다른 사건들이나 권세들"이 만일 교회가 자신을 예수와의 마땅한 관계에서 직시하고 그와 같은 왜곡에 대항해서 신실하게 비탄해 한다면 전혀 힘을 가질 수 없음을 암시하고 있다. 우리가 치료주의 문화의 왜곡된 교훈을 뛰어넘으려고 하지만, 그럼에도 불구하고 그 문화 철학과 낯선 이야기는 교회로 하여금 그 참된 정체성을 망각하게 하며, 심지어 신실하게 나이 듦을 어렵게 만들고 있다.

리더십, 순응,

그리고 우리의 이야기를 망각함에 관하여

요동치는 문화의 이야기와 정면충돌하는 것, 또는 주도적 역할을 하는 것, 그리고 현재 만연한 질병이 충분히 퍼질 만한 집단적 사회가 되는 것 사이에는 매우 선명한 차이가 있다. 자신들이 처한 난국과 그 상황의 위험을 신학적으로 인식했던 바르트, 본회퍼, 그 외의 이들은 도대체 누구였는가? 목사들과 다른 교회 지도자들은 더 잘 알아야 하는 것 아닌가? 목사는 더 잘 알아야 한다는 것을 알고 있어야 할 사람들은? 자신들과 같은 신학자들인가? 또한 이 세계에서 잘 나이 들어가는 것이 어려워졌을 때 우리는 누구 탓을 해야 하는가? 아마도 위의 모든 것들 때문일까? 실제로 그게 가장 가능성 있는 대답일 수 있다. 협의에 관한 우리의 책임은 거의 결정적 요소가 아니리라는 생각에서 위의 세 가지는 서로 긴밀하게 얽혀 있기 때문이다.

우리의 치료주의 문화가 참으로 특정한 시간과 공간의 산물이라면, 그리고 목회적 돌봄 제공자가 어떠한 의미로든 참된 지도자라면, 교회의 리더십은 그와 같은 현상에 있어서 자신들이 했던 역할을 점검해 봐야 한다. E. 브룩스 홀리필드(Brooks Holified)는《미국의 목회적 돌봄의 역사 *A History of Pastoral Care in America*》에서 그러한 증거를 치밀하게 재 추적한다. 그는 목회적 돌봄이 어떻게 영혼 구원을 위한 관심의 영역에서 자아실현이라는 개인적 차원의 세속 심리학적 분과를 수용하고 모방했는지를 밝힌다. 그는 교회의 리더십이 어떻게 우리의 변화하는 사회적 질서에 의해 영향을 받았는지, 그리고 그 질서를 형성하는 데 일조했는지 분명하게 지적하고 있다.

2세기로 연원되는 전통적인 죄 사상과 개인적 권면과 공적 참회라는 표준적 방법을 물려받은 미국의 성직자들은 19세기 동안 그와 같은 관습을 잃어버리고 인간 본성의 생명력, 의지의 힘, 무의식적인 충동의 역동적 능력에 관한 대화에 들어갔다. 그들은 자신들이 살던 시대를 반영해서 인간 생명의 '자연적 과정', 곧 사실상 자연 그 자체에 대한 온전한 구상에 몰두하면서 인간 자신을 그와 같은 포괄적인 구도에서의 '권위자'로 보기 시작했다.[38] 우리는 단순히 우리의 결정 역량을 통해서 과거에는 죄로 알려졌던 우리의 병을 정복할 수 있다. 목회자들은 능력 있는 교구민들을 다독거리는 이야기를 전해 주어서 그들로 하여금 자기 개혁을 위한 '결정'을 하도록 하고, 그럼으로써 그들을 신실한 교회 구성원으로 만드는 데 열중했다.[39]

1950년대 후반에는 목회 신학적 전통이 잘못된 선택을 하는 것이 아닌지 공공연히 의문을 제기하는 이들이 등장했다. 그리고 얼마 뒤 필립 리이프는 치료주의가 어떻게 서구 사회를 완전히 지배하고 있는지 관찰했다. 1960년대 후반 그의 책이 나왔을 때는 오직 매우 힘들어하는 이들을 위해서만 사용됐던 치료주의적 대안들이 문화 전반에 넘쳐났다. 그것들은 단순히 불만족스럽거나 평안하지 않거나 행복하지 않은 이들을 위한 사료가 되었다. 그와 같은 위로를 즉시로 제공하는 목회 상담가들은 그들이 받은 신학적 훈련과 교회의 권위자로서 갖는 신성한 역할, 그리고 전통적 신학적 상징과 관습에 대한 헌신으로 인해서 아주 특별한 존재로 인정받을 수 있었다.[40] 하지만 많은 이들은 명백하게 자신들이 가르쳐야 했던 이야기를 잊어버렸다. 이는 매우 치명적인 점인데 왜냐하면 그리스도인들은 자신들이 도움을 얻기 위해 찾는 목회자들이 해답을 알고 있으며,[41] 역사적 교회의 실천에 뿌리를 두고 있으리라 기대하고 신뢰하기 때문이다. 이러한 기대는 믿음이 되고, 이러한 믿음은 우리로 하여금 단지 하나님만을 바라는 것이 아니라 치료주의 문화의 역사성 없는 낙관주의보다 훨씬 더한 희망의 구현을 위해 교회도 바라보기 때문이다. 문화 역사학자인 크리스토퍼 라쉬(Christopher Lasch)는 치료주의 문화의 진보주의적 낙관주의를 예수의 이야기와 성찬을 통한 환대로 구현되는 교회의 희망과 구분하고 있다. 그는 이렇게 주장한다. 희망이란,

> 그것을 결여한 이들에게는 부조리하게 보이는 삶에 대한 뿌리 깊은 신뢰를 함축한다. 희망은 미래가 아닌 과거에 대한 확신에 근거한다. 우리가 희망 있음을 오늘날 낙관주의로 알려진 더욱 통속적인 태도와 구분한다면 우리는 왜 그 희망이 진보에 대한 신념보다 우리를 더 잘 섬기며 험한 항해를 선도해 주는지 알 수 있을 것이다.[42]

초기 교회 때부터 목회자들은 여러 문화에 의해 둘러싸일 수밖에 없었다. 목회자들이 우리의 치료주의 문화가 발전하는 데 어느 정도 영향을 줬는지, 아니면 그 문화가 목회자들에게 영향을 주었는지 확실하게 말하는 것은 사회적 과정의 양방향성을 고려할 때 어렵다. 하지만 성직자와 평신도 공히 교회 안에서 그러한 딜레마가 발전하고 번식하는 데 역할을

한 것은 맞다. 왜냐하면 양쪽 누구도 상대방의 동의 없이 그러한 교회 문화를 신장시킬 수 있는 권한을 가지진 못했기 때문이다. 이는 각자가 사회 전반의 그러한 문화적 취약성에 저항하는 역할을 소홀히 했다는 점을 지적하려는 것이 아니다.

현재 우리의 치유 문화는 다른 문화들과 마찬가지로 문화적으로나 개인적으로 정해진 고통의 의미와 그 경감 방법에 의해서 형성되어 왔다.[43] 치료주의 문화에서 고통은 단지 어떤 불행이나 죽음이 아니라, 나이 듦의 상징 그 자체가 되었다. 노화는 감사함으로 받아들여야 할 하나님의 선물이 아니라 감내하고 치러야 할 고통의 과정으로 해석된다. 우리는 어떻게 해서 고통에 대한 그와 같은 왜곡된 이해를 갖게 되었으며, 나이 듦의 자연적 과정까지 거기에 포함시키게 되었는가? 이는 분명히 넓은 측면에서 볼 때 우리가 예수의 참된 이야기와 정체성을, 그리고 그가 자신의 삶과 고난, 죽음, 그리고 부활을 통해서 우리에게 가르치고 보여 주신 것들을 정말 잊어 버렸다는 사실에 일부 기인한다. 그러한 망각 가운데 더 이상 자신들의 이야기를 스스로 할 수 없는 연로한 형제자매들의 음성뿐 아니라 우리 자신의 이야기와 심지어 우리 자신들마저 잃어버렸다. 이런 망각 때문에 우리는 세대에서 세대로 이어지는 교회의 희망마저 빼앗기게 되었고, 노화와 죽음이 불가피하다는 그들의 음성도 듣지 못하게 되었다.

많은 사람들이 나이 듦과 망각을 불가분의 관계로 본다. 앞에서 설명한 것처럼, 노화의 분명한 신체적 특징들은 단지 우리의 기억뿐 아니라 모든 상위의 뇌기능들을 축소시킨다. 개인에 따라 차이는 있겠지만 우리는 머지않아 뇌의 형태가 변형되는 것뿐 아니라 크기와 용량의 감소를 경험하게 된다. 대뇌 회선은 좁아지고, 뇌구는 넓어지며, 뇌척수는 한 덩어리로 모인다. 혈관에서는 파괴적 응고가 일어나며, 기억 보존과 합리적 사고의 진행을 위해 필수적인 중추 시냅스의 연결망은 점진적으로 소실된다. 여러 형태 중에서 치매나 알츠하이머는 가장 많은 공적 논의를 일으킬 것이다. 이는 매우 큰 손상을 가져오기 때문에 '육화된 해체'(deconstruction incarnate)라 불리기도 한다.[44]

교회의 삶에서 영혼의 치매와 같은 진리의 망각이 있는가? 우리는 강력한 구원의 전통을 내어 주고 쉽사리 치료주의 문화를 떠받치는 전제들을 받아들인 것인가? 우리는 도스토예프스키의 《카라마조프가의 형제들》에서 대심문관이 설명한 것처럼 "그처럼 어두운 행동들이 더 이상 우리를 두렵게 만들지 못하는 범죄들"에 익숙해져서 하나님께 완전하고 공공연하게 반역하는 것은 아닌가?[45] 또는 예레미야서의 거짓 선지자들에 의해 미혹된 하나님의 백성들처럼 가짜 환상에 빠져 하나님의 이름을 잊어버릴 가능성은 없는가?(렘23:23-27)

모든 상처로부터 도피하고 그 필연적 결과를 부인하려는 이 시대의 문화적 충동 속에서 우리는 예수와 교회의 역사적이며 종말적인 희망, 그리고 그에 따른 우리 자신의 정체성을 우리의 기억으로부터 밀어내고 있다. 이는 분명 진실한 내러티브를 거부하는 것이다. 우리는 치료주의 문화의 자기 기만적인 허황된 권력에 귀를 기울이고 있다. 늙어가는 사회에서 우리가 이러한 치료 문화와 맞서려면 우리의 이야기를 재발견하고 상처 입은 진실한 화자로서 우리가 희망을 구현하는 힘겨운 과정을 외면하고 '기분 좋게 하는' 낙관주의의 유혹을 너무 쉽게 받아들였음을 기억해야 한다.

치매가 가져다주는 가장 큰 고통은 종종 관찰자들을 놀라게 하는 한 줌의 기억을 일으키게 한다는 점이다. 환자는 심지어 가장 친숙한 친구나 가족은 알아보지 못하면서 어떤 것은 아주 선명하게 기억해 낸다. 이전에 부르던 노래나 시를 줄줄 읊어대고, 또는 지난 시절 개인적으로 경험한 이야기들을 아주 자세하고 길게 회상하기도 한다. 상실의 고통을 겪는 사람과 소통하는 가장 효과적인 방법은 그런 식으로 기억을 소환하는 동안 옛 이야기와 기억 속에 들어가는 것이다. 알츠하이머 환자들과 비슷한 치매를 겪는 이들은 현대성의 단순한 가설과 달리 인지와 인간됨과 관련해서 자신들의 삶에 숨겨진 한줌의 내러티브들을 회상하는 특별한 역량을 보여 주곤 했다.

《상처 입은 스토리텔러 *Wounded Storyteller*》를 쓴 아서 프랭크(Arthur W. Frank)는 우리는 모두 상처 입은 사람들이며, 더 나아가 자신의 이야기를 나누는 행위는 스스로를 치유하는 과정 가운데 하나라고 주장한다.[46] 따라서 그의 희망은 상처 입은 화자가 도덕적 증인의 역할을 하며 "환멸에 빠진 세상을 다시 매혹시키는 것"이었다.[47] 우리 모두가 들려줄 수 있는 우리 자신의 이야기가 있고, 우리는 이러한 이야기들을 가능한 한 내러티브의 형식으로 작성하고 적용시킨다. 그런데 이 형식들은 주변 문화에 의해서 제공된다. 이것은 우리를 형성하는 공동체와 그 공동체가 전하는 이야기의 중요성을 일깨워 준다.[48] 우리는 나이를 먹으면서 다른 이들의 내러티브에 더욱 의존하게 되는데 이것은 치매 과정에 들어서며 인지 능력을 상실할 때도 인간됨을 지속하는 데 절대적으로 중요하다. 치료주의 문화 안에서 기독교적 내러티브가 갖는 독특성은 현대적 치료주의 세계관의 전제에 종속되지 않는 희망을 구현한다.

치료주의 문화가 품는 중요한 전제는 프랭크가 '보상(restitution) 내러티브'라고 부르는 것으로, 더 좋아지는 사람들의 이야기다. 오늘날의 사회는 건강과 젊음 모두를 존재의 바람직한 상태로 취급하기 때문에 우리는 이러한 것들을 지키고 회복해야 할 조건으로 본다. 의술 또한 종종 치료의 목적과 관련해서는 눈이 가리어 있다. 이에 대해서는 많은 저작들이 지적하고 있다.[49] 그러므로 보상 내러티브는 규범이 되었고 다음과 같은 형식을 지닌다. "나는 어제 건강했고, 오늘 나는 잠시 아프지만, 내일이면 다시 한 번 건강해질 것이다." 물론 명백한 문제는 아픈 자들 모두가 낫지는 않는다는 것이다. 나이가 들면서 더 많은 유형의 질환이 다가오고 종국에는 죽음에 이르게 될 것이다. 따라서 궁극적으로는 의료 과학의 승리를 추구하며 사람을 목적으로 대하지 않는 보상 내러티브는 이러한 측면에서 결국 실패할 운명에 놓여 있다.

또 다른 대안적 줄거리로는 '혼돈 내러티브'를 들 수 있다. 이 내러티브는 보상 내러티브와 정반대의 극단에 위치해 있는데, 모든 의미와 진리가 사라지고, 결코 나아질 수 없고 답이 없는 삶의 상황에 처한 전달자를 묘사한다. 혼돈의 화자는 그와 같은 삶의 사건들에서 확실한 질서나 의미는 전혀 발견될 수 없다고 말한다.[50] 혼돈 내러티브는 다음과 같은 형식을 띤다. "나는 파괴적이고 고통스러운 불치병을 앓고 있고 치료책은 없다. 게다가 내 고통의 이유도 전혀 찾을 수 없다." 또는 "나는 젊음을 숭상하는 사회에서 늙어가고 있다. 이제 그 사실을 되돌릴 길은 없다. 모든 희망은 사라지고 나의 죽음만이 다가오고 있다." 그러한 진술은 혼돈으로 가득 차 있기 때문에 만일 이야기가 시간의 흐름 속에서 질서 있게 일어나는 사건들의 연속이라는 관습적 정의에 따른다면 혼돈 내러티브는 이야기로서 전혀 인식하기조차 어렵다.[51] '치료주의의 승리'와는 거리가 먼 이런 이야기는 더 이상 삶이 나아지는 것은 상상할 수 없고 대신에 근대성이 초월하고자 했던 모든 것의 최종적 우월성을 역설하고 근대성의 과도한 낙관적 치료주의 입장이 남긴 공허함을 지적한다.

보상 내러티브는 유한한 우리 자신의 유한함을 더욱 드높임으로 병약함을 덧없는 것으로 간주하고 혼돈 내러티브는 근대성의 실패에 희망 없이 굴복해 버린다. 반면 세 번째 유형의 내러티브, 곧 '탐구의 내러티브'(quest narrative)는 구체적인 음성(embodied voices) 속에서 고통을 만난다. 이 이야기는 고통의 소유권을 취하며 그것을 사용한다. 진단되지 않은 만성 질환으로 고통을 겪었던 니체는 자신의 고통을 '개'라고 불렀지만, 존 던(John Donne: 17세기에 활동했던 영국 성공회의 사제)은 발진티푸스와 같은 자신의 질환을 영적인 여정으로 변화시켰다.[52] 이는 탐구 내러티브를 실천하는 사람의 이야기라 할 수 있다. 질환을 겪은 이야기, 불가피한 노화의 과정, 또는 소유권과 목소리를 내세우는 죽음의 이야기를 결연히 서술하고 있다. 나이 든 그리스도인들을 위한 탐구 내러티브는 예수의 삶과 고난, 죽음, 그리고 부활, 또한 예배하는 교회의 종말론적 비전에 근거를 둔 희망을 가리킨다.

그와 같은 확고함은 오직 양육 전통의 울타리 안에서만 유지될 수 있다. "진리는 우리가 허상인 줄 몰랐던 허상들"[53] 이라는 니체의 발언을 뒤집어서, 우리의 전통은 우리의 삶이 목적과 의미를 지닌 실체로서, 아직 더욱 더 발견되어야 할 것이라고 가르친다. 이러한 관점에 따르면, 치료주의와 나르시시즘 문화에서 (본래의 완전함을 유지하려고 애쓰는) 우리의 몸은 책임 있는 기능의 전체 과정에 속한 일부로서만 중요성을 갖는 것이다. 그것은 우리의 삶이 그와 같은 여정에서 통일성과 연속성을 갖게 됨을 발견하는 탐구의 과정이다.[54] 이러한 발견은 그와 같은 상황 가운데 우리의 이야기와 다른 이들의 이야기를 들려줌으로 임하게 된다.

그리고 앞서 언급한 것처럼, 교회는 예수와 교회 자신에 관해서 나름대로의 이야기를 갖고 있다. 교회는 근대성이 만들어 낸 보상과 혼돈의 내러티브에 대응하여 매우 독특하고 역사적인 의존성을 갖춘 탐구 내러티브를 보여 줘야 한다. 늙은 나이에 치매를 앓고 있는 사람들이 자신들이 아는 모든 것과 모든 지인들을 잊어버려도, 그들을 둘러싸고 있는 이들은 그들을 잊지 않는다. 우리는 그들을 위해 기억해야 한다. 기독교 공동체 안에서 우리는 한 몸이며 서로의 이야기를 신실하게 나눌 책임을 지닌 자들이다. 우리가 자신의 삶과 성도들의 이야기를 감사함으로 전한다면 비록 하나님은 잊더라도, 예수 안에서 하나님은 우리를 잊으실 수 없다.

치료주의 문화에서 성찬이 지니는 희망

치료주의 문화의 전형적인 특징들인 노화, 고통, 죽어 감을 두려워한다는 것은 그리스도 안에서의 죽음을 거부하는 표시이기도 하다. 우리가 그리스도 안에서의 죽음을 부인하는 이유는 기만에 사로잡혀 스스로를 속이고 있기 때문이다. 그것은 자기충족과 자아실현을 추구하는 슬픈 심리적 중독 가운데 낙관적 기대감에 빠져 자신의 이야기를 잊어버리고 우리 자신이 궁극적 희망이라고 감히 말하는 것과 같다. 의술을 통한 보상 내러티브를 믿는 자율적인 심리적 자아를 통해서 웰빙이 성취된다는 치료주의 문화의 근대적 가정을 받아들인 것이다. 그것은 고난과 희망의 기독교 이야기를 허상의 치료적 낙관주의 이야기와 거래한 것이다. 그 결과 우리는 예수께서 이미 우리에게 주신 정체성과 이야기를 잊어버렸다. 그리고 이것은 더 이상 무엇이 가장 두려운지 헤아릴 수 없는 불안한 삶의 현장을 만들었다. 우리는 두려움과 자기기만을 통해서 이제 나이 듦을 적대적으로 대하게 되었다. 하지만 나이 듦은 예수께서 우리에게 주신 이야기 안에서는 결코 적이 아니다. 우리는 이제 그 이야기를 되찾아야 한다. 하지만 치료주의 문화에 대한 이와 같은 도전은 우리의 육체를 돌보고 치료해 왔던 오랜 역사적 노력들로부터 물러서라는 의미가 아님을 강조할 필요가 있다. 우리가 재고해야 할 것은 의술 그 자체가 아니라 의술을 통한 보상과 인간됨에 관한 축소된 심리적 비전이라는 치료주의 세계관이다. 이러한 세계관은 더 나이 든 사람들에게 비극적인 결과를 빚을 수 있다.

마태복음 기자는 예수께서 "또 자기 십자가를 지고 나를 따르지 않는 자도 내게 합당하지 아니하니라 자기 목숨을 얻는 자는 잃을 것이요 나를 위하여 자기 목숨을 잃는 자는 얻으리라"(마10:38-39)고 하셨던 말씀을 기록했다. 그와 같은 말씀을 기억하는 것이 중요하다. 만일 우리가 이 말씀들을 스스로나 다른 이들에게 늘 상기시켜 주어야 할 진리로 받아들인다면, 이 세상에서 오래 살려고 악착같이 애쓰는 것이 오히려 삶을 잃는 것이요, 반면 우리 삶을 예수와 복음, 교회, 그리고 다른 이들을 위해 내어 주는 것이 그 삶을 영원토록 얻게 되는 일임을 알게 될 것이다. 그와 같은 역설은 오직 우리가 신실하게 서로에게 그 진리를 증언하며, 우리 각자가 우리에게 이 실체를 상기시켜 주는 실천에 참여할 때 비로소 배우고 믿을 수 있게 된다.

마지막 만찬에서 예수께서는 떡을 가져 말씀하셨다. "받아서 먹으라 이것은 내 몸이니라." 마찬가지로 잔을 가지고 제자들에게 말씀하셨다. "너희가 다 이것을 마시라 이것은 죄 사함을 얻게 하려고 많은 사람을 위하여 흘리는바 나의 피 곧 언약의 피니라"(마26:26, 27-28). 이것이 바로 주께서 마음속에 품으신 바다. 후일에 교회는 처음 그들에게 주어진 제도를 전승하는 과정에서 예수께서 제자들에게 "이를 행하라", "이를 마시라", "나를 기념하라"고 말씀하셨음을 우리에게도 알려줬다. 성찬은 가장 강력한 예배이며, 교회의 친밀한 공동체적 활동이다. 그것은 단지 예수가 누구신지 상기시켜 주는 '회상'(anamnesis)만이 아니라 우리에게 부여받은 정체성으로 우리를 초대하며 예수의 삶과 죽음, 그리고 부활, 그분의 운명을 공유하게 하는 시간이다.[55] 이것이 우리가 함께하는 모습이다. 건강하든 아프든, 젊었든 늙었든, 성령에 의해 세상으로부터 나와 부름 받은 삶을 사는 이들은 이러한 사실을 모두에게 증언해야 할 것이다. 그리고 아마도 이 시대의 치료주의 전제들에 맞서 살아가면서 고통과 죽음을 맞이하게 될 것이다.

분명 우리는 평생 제자의 삶을 살아가며 교회로서 예수와 우리 자신에 관해서 배우고 깨달은 바에 신실해야 한다. 그러나 결국에는 모든 치료적 낙관주의를 넘어서는 성찬의 희망을 품게 될 것이다. 예수께서 우리에게 약속하시고 보여 주신 것처럼, 그리스도인들은 부활과 다가올 시대에 대한 매우 특별한 희망을 가져야 한다. 우리는 결코 우리를 잊지 않으시는 신실하신 하나님을 섬긴다. 우리에게는 우리를 부르시는 예수와 성령이 계시다. 예수의 이야기를 기억하고 그 이야기를 우리의 마음에 심음으로, 우리는 이 시대 치료주의 문화의 혼돈과 보상으로부터 해방된다. 기독교 이야기의 탐구 내러티브 안에서 성찬의 증언을 발견함으로 심지어 고통의 아픔 가운데에서도 실체적인 인간됨과 희망을 선사받는다. 이것은 치료주의 문화가 교회의 노령화된 성도들에게 야기한 비극에 대한 좋은 대안이 될 것이다.

Chapter 6

노인들 간의 차이

자신만의
늘어가는 방식을
선택할 수 있다

패트리샤 비에티 정(Patricia Beattie Jung)
시카고 로욜라대학교 신학부 교수

1922년 미국 내 65세 이상은 미국 전체 인구의 12퍼센트로 3천만 명이 조금 넘었다. 2020년까지 그 연령대는 대략 18퍼센트로 증가했다. 앞으로 2040년이 되면 미국인 네 명 중 한 명이 65세 이상일 것이다. 스티븐 샙(Stephen Sapp)의 책《회색 지대에 비추는 빛: 노화에 대한 미국의 공공 정책 *Light on a Gray Area: American Public Policy on Aging*》서두에 나오는 인구통계학적 분석에 따르면 미국의 고령화(graying)에 기여하는 요소는 출산율과 사망률의 감소, 노인 인구의 급격한 증가, 미국의 이민 정책 등 몇 가지로 나뉜다.[1] 그러나 노인 인구의 성장을 가져온 가장 중요한 요소 중 하나는 금세기 동안 선진국 국민들의 평균수명이 급격히 늘어난 데 있다.

지난 세기 동안 우리의 평균수명은 거의 두 배로 늘어났다. 물론 그러한 장수(長壽)는 개인의 경우엔 보기 드물게 역사적인 선례가 있다. 또한 산업화되지 않은 문화권에서도 완전히 새로운 것은 아니다. 그러나 20세기의 마지막 몇 십 년 동안 몇 가지 요소들이 결합하여 미국인들의 수명을 연장시켜 주었다. 의료 사회학자 윌리엄 코커햄(William C. Cockerham)은 이러한 수명의 증가가 개선된 주거 환경, 위생, 영양, 의료로 인해 선진국에 사는 많은 사람들에게 일반적인 것이 되었다고 말한다.[2]

비록 지금은 일반적인 것이 되었지만, 이러한 인구통계학적 변화는 갑자기 일어났다. 그리고 많은 사람들은 아직도 예상되는 수명만큼 살 것을 기대하지 않는다. 우리가 아는 사람들이 한창 때나 일찍 죽을 때에 계속해서 살아 있는 것은 이상한 느낌이 들게 한다. 나이가 들어 죽음을 맞을 때가 매우 가까이 왔는데도 죽지 않고 살아 있는 것은 왠지 신비로워 보인다. 이러한 관점에서 볼 때 노화의 과정은 미지의 세계로 들어가는 것에 대한 두려움이 어떤 것이든 간에, '순전한 횡재(pure gravy)'처럼 보인다. 우디 앨런(Woody Allen)이 재치 있게 말하듯이, 당신이 대안을 찾는다면 노화가 꽤 좋아 보인다.

이 같은 평균 수명의 엄청난 증가는 실제로 프랑스인들이 '제3연령기(the third age)'라고 부른 우리 삶에 새로운 발전 단계를 추가시켰다. 전기 고령자(65-74), 고령자(75-85), 후기 고령자(85+)에 속하는 사람들의 수가 지속적으로 늘어나는데 그중 후기고령자 수가 가장 빨리 증가하고 있다. 실로 100세인들이 미국 인구 중에서 가장 빨리 증가하는 연령층이다! 우리는 인간 수명의 생물학적 한도에 다다를 것인데, 이러한 평균수명의 증가는 거대한 변화를 상징한다. 오늘날 고령자들(elders)은 진실로 우리 모두를 위해 그처럼 나이 드는 것이 무엇을 의미하는지 탐색해 주는 개척자들이다. 그들과 더불어 우리는 개인적으로, 사회적으로, 그리고 교회적으로 정말 미지의 영역 안으로 걸어 들어가는 것이다.

질문이 제기되는 것은 당연하다. 이러한 새 국면이 공동체와 우리 인류에게 어떤 의미가 있는가? 나이가 든다는 것은 무엇을 뜻하는가? 우리는 이러한 과정을 어떻게 이해해야 하는가? 우리는 늘어난 우리의 수명에 대해 어떻게 응답해야 할지 그리고 그러한 응답을 뒷받침하기 위해 어떤 공공정책을 수립해야 할지 거의 모르고 있다. 아서 프랭크(Arthur W.

Frank)는 그리스도인으로서 우리가 이러한 현실에 대한 '기독교적 응답'을 추구하지만, "되풀이되는 문제는 우리가 무엇에 응답하는지를 정확히 명시하는 것이다"라고 지적한다.[3] 우리가 이러한 근본적인(비록 예비적이지만) 문제에 응답하려고 노력하면서 나이 자체가 낳는 차이와 나이가 드는 사람들 간의 차이에 대해 항상 주의를 기울이지는 않았다. 이 글에서 나는 이러한 차이들에 주의를 기울이는 것의 중요성에 관해 자세히 살필 것이며 또한 이것이 어떻게 노화와 노인들에게 부여될 인간관계와 사회적인 역할(들)에 대한 우리의 논의에 영향을 미치는지 설명할 것이다.

나이 간의 차이

이러한 놀랄 만한 인간 수명의 증가가 비교적 최근에 생긴 점을 감안하면 아마도 우리는 고령에 해당하지 않는 것, 곧 중년이나 젊은이들의 특권이며 책임에 의해 고령을 평가하는 경향에 놀라지 말아야 한다. 체력이나 생식성(procreativity) 같은 관점에서는 노인들은 이제 할 일이 없다고 보기 쉽다. 어쨌든 그들에게는 더 이상 그러한 과제가 남아 있지 않다. 그들은 은퇴를 통해 과거에 훌륭히 담당했던 사회적 역할에서 벗어나며 그들의 자녀들이 (성장해서) 떠나고, 그들의 배우자를 잃게 되며, 그들의 강점과 (건강이 아니라면) 지구력(endurance)을 상실해 다른 역할들도 박탈당할 것이다. 그들은 어떤 사람에게도 쓸모없는 것처럼 보인다. 그림형제 동화(Brothers Grimm)《브레멘의 음악대 *The Musicians of Bremen*》에서 고양이

가 인정하는 것처럼 그들은 더 이상 쥐를 잡을 능력이 없는 것처럼 보인다.[4]

이러한 해석의 틀은 익숙한 전제에 의존하기 때문에 버리기 쉽지 않다. 그러나 노화가 더 이상 젊지 않은 것만을 말하지는 않는다. 은퇴는 삶의 끝, 곧 공적 역할과 대인 관계적(interpersonal) 책임의 종결이 아니다. 그것은 도리어 중년을 차지했던 직업(vocation)에서 새로운 제3 연령기의 소명(calling)으로 전환하는 시기이다. 삶의 각 단계는 그 나름의 과제가 있다. 브레멘으로 향해 가던 고양이가 자신이 나이 들었다고 인정할 때 함께 여행하는 다른 동물들에게 묻는다. "내가 무엇을 해야 하지?" 이것은 실로 중대한 질문이다. 그러나 우리가 그 질문에 대한 답을 하기 전에 고려 가능한 응답을 방해하는 모든 전제들(assumptions)을 밝혀야 한다. 그래야만 브레멘으로 여행하는 동물들에 의해 어떤 음악이 만들어질지 상상할 수 있다.

우리가 청년과 중년의 기준에 지나치게 집착한다면 제3 연령기를 왜곡하며 그것의 독특한 직업적 의미를 볼 수 있는 우리의 능력도 약화된다. 이것은 우리로 하여금 나이 들어가는 것을 단지 두려워하게 만들 뿐이다. 노화에 대한 우리의 거북함은 우리가 친구들에게 보내는 '내리막(over the hill)'을 공공연히 나타내는 '익살스러운' 50번째 생일 카드에서도 발견된다. 베티 프리단(Betty Friedan)은 자신의 책 《나이의 샘 *The Fountain of Age*》에서 브레멘을 향해 가고 있는 음악단인 우리에게 주어진 새로운 역할과 책임을 직시하지 못하게 하는 이 '나이의 신비'를 해체하는 작업에 착수한다. 쇠퇴는 노화에 대한 우리의 문화적 이해를 지배하는 해석의 열쇠다. 그리고 그것은 우리가 나이 들어가는 중에 새로운 기회를 찾지 못하도록 만든다. 프리단은 매우 많은 사람들이 중년의 위기를 겪는 것이 놀랄 일이 아니라고 말한다. 누구든 저 미끄러운 비탈 아래로 측은한 무력감의 상태를 거쳐 가차 없이 요양원으로, 그리고 거기서 무덤으로 미끄러져 들어간다면 두렵지 않겠는가?

여기서 주장하는 것은 65세 이상 사람들이 오직 영광스러운 가능성만을 가지고 있다는 것이 아니다. 안락의자에 앉아 있는 사람들이 늘 편안하게 지내는 것은 아니다. 그들은 그들 자신이나 배우자의 지병을 관리하는 것에서부터 사랑하는 이들의 죽음 때문에 슬픔을 당하는 것, 그리고 직업과 연관된 관계의 단절, 제한된 기동성, 의존성의 증가, 그리고 노인들에 대한 부정적인 고정관념 등 다양한 문제에 직면해 있다. 누구나처럼 노인들은 그들이 살고 있는 삶의 단계에서 발생하는 어려움에 대처해야 한다. 그러나 프리단이 주장하는 것처럼 이러한 "음식, 주거, 경제적 지원, 관계, 의료, 삶의 목적, 그리고 존중의 문제들"은 우리의 문화가 장수 자체는 '문제'가 아니란 인식을 하게 될 때까지는 정확히 규명되고 효과적으로 대처될 수 없다.[5]

노인들의 '어려움'이라고 잘못 생각되어 온 많은 것들이 사실은 특정한 병리적 결과들이며 이를 노화와 연결 짓는 것은 적절하지 않다. 예를 들어 알츠하이머는 질병이지 피할 수 없거나 보편적인 노화의 특징이 아니다. 많은 경우 노화의 경험과 관련된 육체적 쇠퇴는 예방될 수 있거나 "식단이나 운동, 생활방식이나 환경의 변화를 통해" 완화될 수 있다.[6] 보통 노화와 연결 짓는 만성질환이나 퇴행성 질환은 흔히 생활방식의 선택,

곧 무엇을 먹고 얼마나 운동하는지, 얼마나 많은 지적 활동을 하는지에 따른 결과이다. 나이와 관련하여 많이 알려진 모든 경구(警句) 중 가장 진실된 것은 "사용하라 그렇지 않으면 잃을 것이다"인 것 같다. 대부분의 쇠퇴는 사실 질병으로부터 유래한다. 운동이 마술은 아니지만 그것은 건강에 도움이 된다.

　　노인들을 불가피하게 육체적으로 점점 노쇠하며, 정신적으로 무능하고 무성화(無性化)된 사람들로 여기고 요양원에 있는 게 가장 좋다고 묘사하는 잘못된 신화들을 폭로하는 것은 노화의 의미를 간파하는 데 가장 중요한 첫걸음이다. 그러나 노화에 대한 우리의 문화적 이해를 지배하는 '쇠퇴 모델'에서 발견되는 명백히 부정적인 설명들은 매우 강력하다. 그것은 그와 반대되는 증거가 계속 보고됨에도 불구하고 지속된다. 예를 들어 우리의 언어에서 시사하듯, 노쇠(senility)는 사실상 일반 사람들의 마음속에 노화와 동일시된다. 그러나 어떤 기계적 암기 능력의 상실은 노화와 관계있는 게 맞지만 최근의 연구는 노인들의 기본 인지능력이 나이가 들어도 쇠퇴하지 않는다는 것을 계속해서 보여 주고 있다. 사실은 보다 복잡하고 통합적인 특정 지적 능력에서는 긍정적인 성장이 일어난다는 몇몇 증거들이 있다. 자신의 논문 "노화에 대한 생물학적 이론"에서 피터 메이어(Peter J. Mayer)는 한때 나이 듦(growing old)의 불가피한 결과로 간주되었던 폐경 후 여성들의 골다공증과 면역체계의 약화 같은 신체적 변화조차도 지금은 특정한 의료적 상태나 영양실조 같은 다른 요소들의 결과로 이해할 수 있다고 말한다.[7]

　　많은 이들에게 고령은 장애나 질병을 겪는 시기가 아니라 매우 건강한 시기이다. 저하와 쇠퇴가 결코 일반적인 것이 아니라는 분명한 증거도 있다. 건강한 연장자들은 일반적인 '쇠락'의 놀라운 예외가 아니다. 그럼에도 "마지막 고려하기"(A Last Look Around)란 제목의 노화에 대한 글에서 에드워드 호글랜드(Edward Hoagland)는 "급상승하는 노인 인구(elder boom)"의 일원이 되는 많은 사람들을 괴롭히는 비이성적이고 지속적인 불안을 호소력 있게 표현하였다. 그는 다음과 같이 의문을 제기한다. "우리는 우리가 느끼는 만큼만 나이 든 것"이란 말은 진실인가? 아니면 원기와 활력의 느낌은 단지 "죽음에 의해 삼켜지고 있는 사람들을 진정시키는 마취제"의 일환인가?[8]

왜 우리는 노인들을 '내리막(over the hill)'이라고 정형화하기를 고집하는가? 부분적으로는 그러한 노화가 어떤 목적을 가지고 있는지 생각할 수 없기 때문이다. 쇠퇴 모델이 올바르게 시사했듯이, 노인들이 젊은이나 중년의 과업을 떠맡을 때는 아니란 점은 분명하다. 이러한 제3 연령기에 우리가 무엇으로 부름을 받는지는 명확하지 않다. 그러한 인생의 백지는 대면하기 두려울 수 있다. 브레멘으로 가는 길을 이끄는 당나귀는 그 길을 여행하는 동물들에게 용기를 가질 것을 반복적으로 권면해야만 한다. 만약 그들이 음악대가 되려면, 그들은 각자 자신들의 목소리를 찾아야 하고, 자신들의 곡을 써야 할 것이다.

우리가 《슈퍼호르몬의 약속 *The Superhormone Promise*》[9]에서 윌리엄 레겔슨(William Regelson)처럼, 노화가 정상적인 삶의 과정이 아니라 질병이라는 속단을 내리려는 유혹을 받는 것은 놀랄 일이 아니다. 역으로 왜 우리는 노화의 과정을 늦추는 것을 원하지 않는 것일까? 나이 드는 것에 어떤 유익이 있는가? 노화에 대한 이러한 의료적 해석으로부터 누가 금전적으로 이익을 얻을지는 분명하다. 그들은 - 호르몬에서 모발 이식에 이르기까지 - 이 '질병'에 대한 다양한 치료법의 상업적 개발, 생산, 그리고 처방에 관여하는 사람들이다. 그러나 연령의 선물로 이해될 수 있는 것을 (부인하는 게 아니면) 감추기 위한 95억 불의 비즈니스 뒤에는 분명히 탐욕 이상의 무엇이 있다.[10]

　노화에 대해 오도하는 부정적인 고정관념을 깨트리는 것은 중요한 과업이다. 그것은 젊은이들과 중년의 사람들에게 일어나는 나이 듦(growing old)에 대한 두려움을 감소시킨다. 그리고 많은 연장자들이 내면화한 연령차별의 결과로서 그들 자신과 동료들에 대한 그들의 지식을 왜곡하는 것에서 자유로워질 수 있다. 그러나 필립 실버먼(Philip Silverman)이 주장하듯, "이것은 상실과 불가피한 기능의 약화를 가져오는 노화의 어떤 면을 얼버무리고 넘어가는 결과를 가져와서는 안 된다."[11] 실로 가장 왜곡적인(distortive) 고정관념들의 교묘한 요소는 그 고정관념들이 일부만 진실인, 혹은 보다 정확히 말해, 참으로 진실 되나 단지 일부 사람들에게만 해당되는 경험을 모두에게 포괄적으로 적용시키는 것이다.

　'노후(golden years)'의 삶에 대한 낭만적인 환상은 쇠퇴(decline)의 이미지만큼 기만적이고 왜곡적일 수 있다. 많은 이들에게 노년은 자신들의 노동의 열매인 재정적 안정, 함께 나이 들기, 그리고 자녀들의 자녀들까지 즐길 수 있는 결실의 시간이다. 그러나 헬런 오펜하이머(Helen Oppenheimer)가 지적하듯이 비록 거짓은 아니나 이러한 이미지는 자주 진실의 일부를 덮게 된다. 노령기에 우리 삶의 어떤 부분들은 저하되기 시작할 것이다.[12]

만약 우리가 어떤 이들이 나이 들면서 직면하는 문제들을 최소화하거나 간과하기를 고집한다면, 우리는 그들과 우리 자신을 위험에 빠트리게 된다. 노화에 대한 진실은 대부분의 현실처럼 그와 같은 상반된 개념적 틀에 대한 우리의 선호가 암시하는 것보다 훨씬 더 복잡하다는 점이다.

우리가 지적했듯이 나이가 든다는 것은 단지 더 이상 청년이거나 중년이 아니란 것만이 아니다. 이 삶의 단계를 단지 상실의 시기로만 보려는 유혹이 얼마나 강하든 우리는 이 단계의 삶을 그러한 관점으로 봐서는 안 된다. 그러한 틀이 비추는 것은 나이 듦이 의미하는 것이 아니고 젊음 지향적 문화의 기저를 이루는 가치이다. 어떤 의미에서 그러한 시각은 감춰진 부분을 많이 드러내긴 하지만 나이 듦이 무엇을 의미하는지는 보여주지 않는다. 그것은 청년과 중년들이 따르는 많은 가치들을 매우 명백히 드러내고 그들에 대한 재평가를 요청한다.

대개는 편파적이고 지나치게 단순한 이런 일반화와 그것이 야기하는 연장자들에 대한 조직적인 차별을 묘사하기 위해 로버트 버틀러(Robert Butler)는 지금으로부터 몇 해 전에 '연령차별(ageism)'이란 용어를 새로 만들었다.[13] 시드니 캘러핸(Sidney Callahan)은 그녀의 글 "우아하게 나이 들기(Growing Old with Grace)"[14]에서 매우 절제된 표현으로 연령차별은 우리 문화에서 노인들에 대한 전반적인 거부감을 일으켰다고 지적한다. 우리 중 많은 이들이 이러한 태도를 내재화했다. 나이 많은 여성들의 사회적 역할 확장에 대한 전망을 다루는 그녀의 논의에서 루스 해리엇 제이콥스(Ruth Harriet Jacobs)는 정서적 측면에서 노인 혐오적인(gerontophobic) 관점을 살핀다.[15] 이러한 시각에서 볼 때 노인들은 사회의 자원을 '소모시키기만' 하는,

사회적으로 필요 없는 존재처럼 보이기 때문이다. 노인들은 자신들이 나이 들었다고 보는 것을 싫어하며 나이에 근거해 동년배들과 정치적으로 견해를 같이하는 것을 원하지 않는다. 이 모든 것은 나이 간의 차이에 대해 충분히 주의를 기울이지 않은 데서 비롯되었다.

노인들 간의 차이

이 책의 다른 저자들이 이미 지적한 것처럼, 노인이 되는 것은 아이들이나 젊은이들, 심지어 중년의 여정과도 다른 길을 걷는 것이다. 그리고 나이 자체가 가져오는 차이에 세심한 주의를 기울여야 한다면, 나이가 같은 사람들 역시 모두 똑같다고 생각해서는 안 된다. 우리는 젊은이와 노인 간의 차이뿐 아니라 노인들 간의 차이에도 많은 주의를 기울여야 한다. (내가 지금 그렇게 되어가듯이) 나이 든 백인 중산층 이성애자 여성이 되는 것은 가난한 나이 든 흑인 남성이 되는 것과 동일하지 않다. 노인들 사이의 많은 차이점에 대한 우리의 무지는 나이 든 사람들에 대해 잘못 일반화하려는 것과 노화를 매우 다양한 관점에서 고려하지 않으려는 유혹과도 일맥상통한다.

본서의 목적 중 하나는 '우아하게 나이 듦'을 구성하는 것이 무엇인지 그리스도인들로 하여금 재평가하도록 돕는 것이다. 지금 노화에 대한 우리의 이해에 많은 영향을 미치는 요소는 생활연령(chronological age)만이 동질집단(cohort)을 형성할 수 있다고 생각하는 경향이다. 그러나 나이 외에도 건강과 성(性), 계층, 그리고 민족성 등 많은 요소들이 한 사람이 이 단계의 삶에서 갖는 경험에 영향을 미친다. 이들 많은 요소들은 노화의 과정에 대한 현재 우리의 이해에서 여과된다. 우리는 우리보다 삶을 앞서 사는 노인들이 기본적으로 모두 비슷하다고 생각한다. 그러나 사실 이들 은 굉장히 다르다. 실제로 어떤 다른 인구 집단 내의 차이보다 노인들 간 에는 더 많은 차이들이 발견된다.

나는 나이 듦에 대한 이전의 많은 평가와 대응들이 이들 많은 차이 들을 충분히 설명하지 않았다고 가정한다. 우리가 지금은 특정 하위집단 들에게만 중요한 것으로 인식하는 것이 여전히 보편적인 주장으로 제기 되고 있다. 이러한 잘못된 일반화는 노인들 간의 중요한 차이를 인식하지 못하도록 한다. 이제부터 나는 노인들 간에 존재하는 이환율(罹患率, 병에 걸리는 비율)과 사망률, 경제적 후생, 그리고 성(性)에서 몇몇 중요한 차이를 살펴볼 것이다. 이것은 노인들 간의 모든 중요한 차이를 광범위하게 설명 하는 것이 아니라, 내가 관심을 갖는 세 분야만을 예로 들 것이다. 앞으로 분명해지겠지만, 노인들을 동질화하는 이러한 경향은 그들 내의 하위집 단뿐만 아니라 관련된 모든 사람들에게도 이롭지 않으며 그리스도인들 로서 어떠한 실천이 나이 듦에 적합한지를 파악하는 우리의 노력도 약화 시킬 것이다.

이환율(罹患率)과 사망률

아마도 노인들의 삶의 질에서 가장 중요한 요소는 건강일 것이다. 하지만 노화와 육체적 건강 간의 정확한 관계는 너무 복잡해서 심지어 노인학 연구자들도 그것을 어떻게 설명해야 할지 확신이 없다. 신시아 토이버(Cynthia M. Taeuber)와 제시 앨런(Jessie Allen)은 전문 "분석가들의 노인들의 미래 건강 상태에 대한 전망 … 특히 신체장애의 유병률과 관련하여 의견들이 심하게 대립한다"[16]고 지적한다. 나이가 들면서 건강도 쇠약해지는 것처럼 보이지만 이것은 어떤 사람들에게는 상당히 늦게 일어나고 그 영향도 다양하다. 비록 모든 노인들에게 필연적이거나 특별히 널리 퍼진 특징은 아니지만, 그럼에도 불구하고 질병과 신체장애는 다른 연령층에 비해 노인들에게 보다 일반적으로 나타난다.

아미다 페리니(Armeda F. Ferrini)는 "모든 연령층 중에서 노인들이 가장 높은 이환율을 갖고 있는데, 노년기 대다수의 이환율은 만성질환인 관절염, 청각과 시각 장애, 고혈압 등이다."[17] 그러나 대부분의 노인들에게 이러한 만성적인 질환이 그들을 쇠약하게 하는 것은 아니다. 그것들에 대한 관리는 일상에서 변화를 거의 필요로 하지 않으며 대부분의 노인들과 젊은 노인들(young old)은 그것들에 잘 적응하고 계속해서 자주적으로 살아가며 자신들의 건강이 나이에 비해 좋다고 평가한다. 페리니는 "대다수는 집안일을 해낼 수 없을 만큼 건강상의 문제를 가지고 있지 않다"고 결론지었다.[18] 다른 한편으로 85세 이상 노인들의 약 3분의 1은 자립 생활을 할 수 있을 만큼 "신체적으로 건강한" 것으로 평가될 수 있는 반면, 그

밖의 3분의 2는 만성적으로 또는 점차적으로 자립 생활이 어려운 사람들이다. 콜린 존슨(Colleen L. Johnson)과 바버라 베러(Barbara M. Barer)가 지적한 것처럼, "최근 종단 연구들은 계속해서 연령이 높을수록 더 높은 등급의 장애(disability)를 지니고 있는데, 특히 최고령자들에게서 높은 비율로 나타난다는 사실을 발견했다." 많은 노인들이 비록 전체는 아니더라도 "점점 더 쇠약해져 가고 있으며" 자주 "머리끝에서 발끝까지 고통"을 느끼고 있다.[19]

요약하자면, 노화와 육체적인 건강 사이의 '규칙'을 정하려는 시도는 잘못된 것일 뿐 아니라 진실을 왜곡시키는 것이다. 다른 어떤 인구 집단보다 노인들 간에는 더 폭넓은 다양성이 존재한다.[20] 노화 자체를 질병, 특히 (백내장과 동맥경화증 같은) 병리적 결과를 초래하고, 노화를 사망과 관련시키는 고령과 연관된 소수의 질병들과 분리시키는 것은 분명히 도움이 된다. 그러나 많은 사람들, 특히 최고령자들에게 이 단계의 삶이 상당한 시련의 기간일 수 있다는 것을 인식하는 것 또한 현실적이다.

비록 노인들 간에 커다란 다양성이 존재하지만 그것에는 분명한 이유가 있다. 고령자들의 하위집단들 중에서 어떤 패턴이 확인되는데, 그것은 수명 및 만성질환과 관련해 노인들 간의 중요한 차이에 대한 계속된 부주의가 건강에 대한 적절한 관심을 약화시키고 공중보건 예산의 배분을 보다 덜 공평하게 한다는 것이다. 이 글의 서론에 언급했던 인간 수명의 증가에 대한 여러 주장들을 다시 생각해 보자. 산업화가 이뤄지기 전인 1850년 이전에는 남녀의 전반적인 수명이 거의 같았다. 콜레스테롤 수치를 낮출 수 있는 에스트로겐의 기능과 같은 여성과 관련된 어떤 생물학적 이점도 효력을 발휘하지 못했다. 계속되는 출산과 더불어 식량과 생존에 필요한 다른 자원들이 공평하게 배분되지 못했기 때문이다.[21] 그러나 20세기 말에 이르러 수명에 있어서 남녀 간의 차이가 커지게 되었는데 여성들이 남성들보다 현저히 유리하다. 예를 들어 1988년에는 65세 이상 남성들이 단지 2백만이었던 데 비해 여성들은 6백 5십만이나 되었다.[22] 100세 이상 인구 중 79퍼센트도 여성이다. 만약 최근의 추세가 계속된다면, 이러한 차이는 점점 줄어들 것이다. 그러나 현재 남녀 수명의 격차가 많이 벌어져 있어서 당분간은 유의미한 차이를 나타낼 것이다.[23]

사망률에 있어서 성별에 차이가 나는 이유는 여러 가지다. 태어날 때 남성들은 여성들보다 조금 더 취약하다. 그러나 사망률의 차이는 생물학적인 것뿐 아니라 사회적인 원인도 있다. 우리 문화에서 남자들은 경쟁, 공격성, 고위험 활동 그리고 약물 남용에 대해 문화적으로 강화된 경향이 있기 때문에 사고와 질병으로 죽는 경우가 훨씬 더 많다. 프리단은 《나이의 샘 The Fountain of Age》에서 왜 여성들이 남성들보다 더 오래 살고 더 잘 늙는가에 대한 질문과 씨름하는 데 한 장(章) 전체를 할애하고 있다. 그녀는 "일생에 걸쳐 여성의 역할에 일어난 바로 그 불연속성과 변화, 곧 그들의 계속적인 퇴직과 해방, 변화와 재고용이 여성들이 고령에 더 강한 적응성과 회복탄력성을 갖는 이유"인 건 아닐지 알고자 했다.[24]

사망률은 인종에 따라서도 크게 다르게 나타난다. 미국에서는 백인들이 흑인들보다 더 오래 산다. 그러나 그것은 계층과 관련된 요인들에 의해 더욱 적절히 설명될 것이다. 모든 인종적 배경 중에서 교육을 받은 부유한 계층이 교육을 받지 않은 가난한 계층보다 더 오래 산다. 미국에서는 흑인들과 히스패닉들이 가난하거나 교육을 받지 못한 비율이 매우 높기 때문에 가난한 흑인 및 히스패닉 남성들은 특별히 위험한 상태에 있을 확률이 높다.

이 모든 것이 왜 중요한가? 분명 사망률의 차이에 대한 무관심은 이 차이를 야기하는 모든 성별 고정관념과 공공정책들을 제대로 분석하지 않고 그대로 내버려 두는 결과로 이어질 것이다. 이것은 특히 우려할 상황에 놓여 있는 가난한 유색인종 남성들에게 명백히 이롭지 못하다. 건강과 관련하여 성의 차이에 대한 부주의는 장수의 선물을 받는 여성들에게 해로운 것으로 드러났다. 비록 여성들이 더 오래 사는 축복을 받긴 했지만 이것이 건강 문제가 없다는 것을 뜻하지는 않는다. 건강은 수명의 문제이자 삶의 질의 문제이다. 장수의 선물이 분명 여성들에게 환영을 받지만 노화와 관련된 사망의 감소가 동반되지는 않았다. 관절염 같은 만성질환 및 퇴행성 질환을 겪는 대다수는 여성들이다. 장수에 있어서 성별 차이에 대한 주목은 이환율과 관련한 성별 차이와 동반되어야 한다. 그래야 결과적으로 장애를 방지하고 장애로 인한 부담을 경감시키는 연구와 치료 프로그램에 계속적으로 공중보건 예산이 공평하게 배분된다.[25]

가난한 여성 노인들

만약 당신이 노인들은 부유하다고, 다른 연령층보다 경제적으로 형편이 더 좋을 뿐 아니라 욕심이 많다는 이야기를 듣게 된다면 노인들 간의 현저한 경제적 차이에 대해 생각해야 할 것이다. 많은 경우 여성 노인들은 젊든 나이가 많든 남성들에 비해 경제적으로 불리한 조건에 놓여 있다.[26] 노화에 대한 백악관 컨퍼런스가 처음 열렸던 1961년보다 지금의 노인들이 평균적으로 경제적 형편이 더 나은 것은 분명하다. 1990년도까지 전체 노인 인구의 빈곤율은 12퍼센트로 급락했고 그것은 일반적 수준의 빈곤율보다 낮다. 이것은 불과 30년 전에 35퍼센트였던 것에 비하면 놀라운 개선이다. 그러나 평균은 다양한 변수들을 감추는 것으로 악명이 높다. 캐런 데이비스(Karen Davis), 폴라 그랜트(Polar Grant), 그리고 다이앤 로우랜드(Diane Rowland)가 지적하듯이, "노인 인구는 구성에 있어서 동질적이지 않다. … (그리고) 경제적으로도 고르게 향상되지 않았다."[27] 그들은 65세에서 74세까지의 백인 남성이 미국에서 빈곤율이 가장 낮은 9퍼센트를 차지한 반면 85세 이상의 비백인 여성들은 59퍼센트라는 부끄러운 비율로 극빈생활을 하고 있다고 발표하였다. 이 비율은 일반적 수준의 빈곤비율보다 4.5배나 높은 수치이다. 어떤 사람들은 앞으로 수십 년 안에 노인부부(elderly couples)와 독신 남성 노인들의 빈곤은 거의 사라질 것이지만 홀로 사는 여성 노인들에게는 (아마도 거의 유일하게) 계속해서 문제가 될 것이라고 예측한다.

오늘날 가난한 노인들의 4분의 3은 여성들이다.[28] 이 비율의 불균형이 매우 놀랄 만하므로 신시아 토이버와 제시 앨런의 연구 "고령화 사회의 여성들: 인구학적 전망"에서 인용한 통계를 상세히 살펴볼 필요가 있다.

가난한 노인들은 불균형적으로 여성들과 흑인 그리고 히스패닉이다. 1990년도에 여성들이 노인 인구의 58퍼센트를 차지하고 있지만 가난한 노인들의 74퍼센트가 여성들이었다. 흑인 여성들이 〔노인 인구의〕 5퍼센트를 차지하지만 가난한 노인들의 16퍼센트를 구성하고 있다. 모든 여성 노인들의 빈곤율은 15퍼센트로 남성 노인 빈곤율의 두 배나 된다.[29]

남편의 죽음이나 만성질환의 발병으로 빠르게 빈곤계층으로 전락할 암울한 상황에 놓인 차상위 계층 여성들의 사정도 첨가되어야 한다. 우리는 단지 소수의 차상위 계층 여성들에 관해 말하는 것이 아니다. 줄리앤 맬보(Julianne Malveaux)는 "모든 여성들의 3분의 1(57퍼센트의 흑인 여성과 47퍼센트의 라티노 여성들)이 빈곤선의 150퍼센트 이내에 있다"[30]고 분석하고 있다.

문제는 사회보장제도가 여성에게 직접적으로 불리하게 되어 있다는 것이 아니라 그 보조금이 독신자들보다 부부들에게 그리고 맞벌이 부부보다 외벌이 부부에게 유리하게 돼 있다는 점이다. 게다가 매를린 문(Marilyn Moon)의 분석에 따르면, "〔가난한 노인들, 시각장애인들, 그리고 지체장애인들을 위한〕 보충적 소득보장(SSI)에 따른 기본 연방 보조금은 독신자들보다 부부들에게 더욱 관대하다."[31] 사회보장연금의 수준은 합법적인 노동자의 고용 이력(그리고 관련 있다면 그/그녀의 부양가족)에 연계되어 결정된다. 여성들은 고용, 승진 등과 관련해 직업 시장에서 조직적으로 차별을 받아왔다. 그리고 자녀 양육과 노인 돌봄을 포함해 그들의 가사 노동이 인정받지 못하기 때문에 사회보장제도가 간접적으로 "남성 노인들의 노동과 군복무에 대해 특혜를 준다"고 단정하는 것은 완전히 터무니없는 말은 아니다.[32] 더구나 여성들은 퇴직연금이 전혀 없는 직위에 고용되는 비율이 지나칠 정도로 많다. 많은 경우 여성 노인들이 직면하는 경제적 문제들은 직업 시장에서 사회적으로 형성되었고 그런 뒤 연방 정책을 통해 강화되었다. 이 모든 이유로 인해 현재 경제적으로 가장 취약한 사람들은 혼자 사는 여성들이다.

머지않아 국가는 사회보장제도와 노인 의료보험제도 혜택을 어떻게 그리고 어느 정도 줄일지의 문제와 씨름해야 할 것이다. 그렇지 않으면 2040년쯤에는 노인들을 위한 이러한 혜택을 유지하는 데 연방 예산의 65퍼센트(지금은 30퍼센트)가 필요할 것이다. 로버트 새뮤얼슨(Robert J. Samuelson)의 말처럼,[33] 미국의 고령화가 제기하는 문제는 '세대 간의 정의'에 관한 것뿐이라고 단언하는 것은 노인들의 경제적 형편 간의 놀라운 차이를 감추는 것이다. 그것은 단지 노인들이 보조금을 수령하도록 하기 위해 얼마나 많은 부담이 젊은 중산층에 지워져야 하는지 그리고 사회에 기여한 것에 대해 얼마만큼 돌려줘야 공정한지를 정하는 문제만도 아니다(왜냐하면 오늘날 많은 노인들이 다른 투자가 이익을 낸 것보다 훨씬 더 받기 때문이다). 그것은 또한 품위 있게 살기 위해 노인들 중 누가 그런 보조금(어쩌면 훨씬 더 많은 보조금)을 필요로 하는지 파악하는 문제이기도 하다. 스티븐 샙(Stephen Sapp)은 "가난한 노인들을 묘사하는 모든 표현들 - 미망인, 홀로 사는, 매우 나이든 - 은 남성 노인들보다 여성 노인들의 특징을 훨씬 잘 나타낸다"고 적고 있다.[34] 노인들 간의 그러한 차이가 무시될 때 우리가 직면하는 공공정책의 딜레마는 세대들 간 정의의 문제로 환원될 수 있다. 부유한 젊은이들처럼, 부유한 노인들은 공동체 안의 가난한 젊은이와 노인들에 대해 경제적 의무를 계속 지고 있다.

오, 사랑스럽지 않은가?

노인들은 모두 계속해서 성적 친밀감을 원하고 즐긴다. 반면 우리 문화는 그것을 부인하는 경향이 있다. 이 점에 있어서 다른 연령들과의 차이와 노인들 사이의 차이, 그리고 이러한 차이가 노인들에게 '적합'하다고 말할 수 있는 성생활에 미칠 수 있는 영향을 살펴봄으로써 이 부분을 매듭지으려고 한다.

남성의 성적 반응성(responsiveness)은 청소년기에 가장 높다가 점차적으로 감소한다. 정상적인 상태에서 반응도가 떨어지면 최소한 여성의 관점에서 볼 때 성적으로 유익하다. 왜냐하면 그것은 남성이 자신의 반응을 더 잘 제어할 수 있기 때문이다.[35] 일부 40세 이상의 남성에게 치밀 결합조직(dense connective tissue)이 음경과 전립선에 발달하게 되어서 마침내는 발기, 사정 그리고 배뇨를 어렵게 할 수 있다. 관련 자료를 요약한 최근 〈뉴스위크〉(Newsweek) 기사에 따르면, "미국 남성의 약 15퍼센트가 70세에(40세 때 5퍼센트에서 상승하여) 성기능을 완전히 상실하게 되고 3분의 1은 최소한 때때로 성기능저하를 경험한다."[36] 그러나 그러한 '남성 갱년기'(viropause)는 노화 자체가 아닌 혈관 질환의 결과라는 사실을 인식하는 것이 중요하다. 그것은 노화로 인한 정자와 테스토스테론 생성의 매우 미세한 감소와 관련되는 것이 아니라 심장병, 고혈압, 당뇨, 흡연, 그리고 알코올중독과 관련되는 것으로 보아야 한다.

비슷하게 '노인들'(older adults)의 성(性)에 대한 미국 장로교(PCUSA)의 연구에 따르면, 여성들은 성적으로 절정기인 30대 중반이 지나도 "생애 내내 그 수준을 계속해 유지하는 경향이 있다. … 오르가즘의 가능성이 계속적으로 높으며 어떤 경우 노년기까지 이어진다."[37] 일부 여성의 경우 일정한 생리적 변화가 성적 반응을 방해할 수 있는데, 나이가 들수록 질액이 감소하고 질벽이 얇아져 오르가즘 중에 자궁수축 통증이 유발된다. 그러나 이러한 변화들이 성적 반응을 감소시키지는 않는다.

따라서 합리적으로 건강한 상태라면, 남녀 모두 성생활의 정도와 비율은 "중년과 노년기에 계속해서 안정적일 것이다."[38] 여기서 중요한 점은 남녀 모두에게 "성적 활력을 노년까지" 유지하는 길이 바로 "성생활을 지속하는 것"이란 사실이다.[39] 그러나 우리 문화에서 성생활은 남녀 모두에게 감소하고 있다. 그리고 여성 노인들이 남성 노인들보다 성생활이 활발하지 못한 경향이 있다. 이는 주로 여성 노인들에게 적합한 성 파트너가 없기 때문이다. 훨씬 어린 파트너를 비롯해 자위, 동성애, 그리고 혼외 관계는 도덕적으로나 다른 여러 가지 이유로 적절하지 않다고 여겨진다. 이것은 특히 여성들에게 사실이다. 속담에 있듯이, 남성 노인들은 결혼을 하고 여성 노인들은 외로워진다.

이것이 타 문화에서는 사실이 아니기 때문에, 노인들의 성생활에 대한 우리의 인식 뒤에 무엇이 놓여 있는지 질문이 제기된다. 미국장로교회(PCUSA)의 연구는 (1) 여성 노인들이 "그들의 성을 폄하하는 연령차별적이고 성차별적인 관념을 내재화"하였으며 (2) 모든 노인들(특히 여성)의 성적 매력을 부인하는 이러한 문화 뒤에는 더 이상 성(性)을 즐겨서는 안 된다는 신념이 있다고 시사했다.[40]

기독교 내에서 성적 쾌락과 애정 행위, 그리고 교제가 어느 정도 인정되어 왔지만 최근까지도 수단이나 부차적인 것으로 간주되고 출산만이 본질적으로 가치 있는 것으로 여겨졌다. 그것은 다른 성적 가치들을 (특히 여성의 성에 대한 평가에서) 가리는 경향이 있었다. 이러한 가치 배열은 폐경기 이후의 여성 노인들에게서 계속되는 성적 욕구와 기쁨의 경험에 의해 도전을 받고 있다. 최근 많은 선진국들에서 이들 여성 노인들은 가임기(可妊期)를 지나서 평균 30년을 더 살고 있다.

20세기 초 여성의 평균 수명은 56세였는데 지금 북대서양 국가들에서는 거의 80세가 되었다. 폐경기의 평균 연령이 50-52세이기 때문에 금세기까지 대부분의 여성은 결코 그들의 가임기를 지나쳐 살지 못했다. 남성은 나이가 들수록 그들의 생식력이 점차적으로 줄어드는 반면 여성은 폐경기가 종료될 때 중단된다. 이러한 '삶의 변화'는 여성의 생식적 기능에서 뚜렷하고 극적인 변화를 알린다. 오늘날 여성들은 생식 능력을 잃은 후 그들의 삶의 3분의 1을 사는 것으로 기대할 수 있게 됐다. 노인 여성들은 생식의 조건 없이 그러한 긴 수명이 주어진 지구상의 유일한 피조물일 것이다. 이것은 연장된 유아기와 청소년기가 독특한 것처럼 매우 독특한 것이다.

성호르몬 및 출산과 관련해 노화하는 여성과 남성이 경험하는 것의 차이점을 줄이려는 노력이 점차 늘고 있다. 그러나 여성 폐경기와 남성 갱년기 사이의 유사점이 몇 가지 있다. 사실 남성은 대략 40세가 되면 테스토스테론과 정자의 생성에 현저한 변화를 경험하기 시작한다. 물론 이 둘은 청소년 후기부터 미세하게 감소해 오고 있다. 40세가 지나면 혈액 내 테스토스테론의 수치가 급격하게(일 년에 약 1퍼센트씩) 떨어진다. 그래서 70세가 되면 남성들은 평균적으로 테스토스테론 생성이 30퍼센트 하락한다. 게다가 순환하는 테스토스테론 양이 혈액 속 SHBG라고 하는 단백질이 증가함에 따라 효과적으로 무력화된다. 그러나 이것과 관련하여 여성과 남성 간의 엄청난 격차를 과소평가하는 '남성 갱년기'와 같은 표현은 노화와 성(性)에 있어서 그들 간의 중요한 차이를 덮어버린다. 나이가 듦에 따라 정자의 수가 분명히 줄어들 때도, 남성들은 90세가 지나서까지 생물학적으로 자식을 볼 수 있는 것으로 알려져 있다. 반면 여성들은 (평균 약 50세에) 배란이 멈추면 새로운 생식 기술(reproductive technologies)의 도움 없이는 더 이상 생물학적 어머니가 될 수 없다. 더구나 여성의 생식력에서 점차적인 것은 거의 없다. 폐경기 중에 여성의 에스트로겐 수치는 크게 격감하며 그에 상응하는 엄청난 영향이 특정 유형의 유방암 위험의 감소에서부터 에스트로겐에 기반한 심장 질환 방어 능력의 상실까지 모든 것에 두루 미친다. 반면 테스토스테론 생성의 감소는 훨씬 더 점진적이다. 비록 테스토스테론의 감소가 골밀도, 근육의 힘, 크기, 지구력, 그리고 몇몇 이차적인 성징에 어느 정도 영향을 미치지만, 대부분의 70대 남성들의 호르몬 수치는 젊은 남성들에게 정상으로 여겨지는 범위 내에 머문다.

이러한 사실들은 굉장히 다양하게 해석될 수 있다. 남성들이 경험하는 것은 모두에게 정상적인(normative) 것으로 취급되지만, 폐경기의 시작을 (북미의 많은 사람들이 그랬던 것처럼) 병리적(pathological)으로 해석하지 않기는 어렵다. 이제 많은 사람들이 이러한 남성 중심적 체제와 폐경기의 '의료화(medicalization)'(기존에는 의학적 문제로 여기지 않았던 증상을 질병·질환과 같은 의학적 문제로 정의하고 치료하는 것)에 이의를 제기한다. 생식 잠재력을 매우 중시하는 성에 대한 관념은 이 같은 인간 삶의 새 국면에 의해 심각한 도전을 받는다. 여성들이 장수와 좋은 성(性)을 누리면 누릴수록 그들이 구현하는 성을 쇠퇴한(withered) 것으로 혹은 생물학적 요행으로 일축하는 것은 더욱 더 어려울 것이다.

만약 우리가 포괄적인 노화 경험의 구체적인 특수성들에 대해 귀납적으로 대화를 통해 숙고하지 않는다면, 우리는 노인들이 공유하는 것과 우리를 구별하는 것에 관하여 그릇되게 일반화할 것이다. 중요한 차이를 감추는 일반화는 노화에 대한 어떤 태도와 노화와 관련된 특정한 실천의 검증되지 않은 주도권을 불가피하게 야기한다. 이들 생각 중 일부는 참으로 위험할 수 있다. 그들은 나이 듦에 대한 우리의 불안뿐 아니라 장수라는 선물에 대한 우리의 거절을 강화한다(어떤 사람들은 노화에 대한 대안으로 거기서 벗어나고자 한다. 현재 노인들의 자살률은 꽤 높다). 중요한 것은 우리 경험의 다양성에 초연하는 것이 아니라 그 다양성의 가치를 인정하고 그 안에서 우리가 공유하는 것들을 분명히 이해하려는 것이다.

이러한 제3 연령기에 우리는 무엇으로 부름을 받는가? 그리스도인들은 이러한 인간 수명의 극적인 증가의 의미를 어떻게 이해할 것인가? 노화 경험의 다양성(사회적으로 형성될 뿐만 아니라 생물학에 근거한)은 '우아하게 늙어가는 것'이나 노화에 대한 기독교적 해답이 다양하다는 사실을 말한다. 어떤 사람들은 완전히 명상적인 삶을 살거나 아니면 활동적인 삶에서(직업과 오락에서) 물러나, 쉬면서 장미향을 맡고 놀라운 '옛날이야기'를 할 만큼 삶의 속도를 늦출 것이다. 다른 사람들은 이제 새로운 모험을 시도할 준비가 되었고 시도할 수 있어서 앞으로 점점 더 생산적인 삶을 살게 될 것이다. 양쪽 생활 방식 모두가 공공복지에 기여한다. 어떤 사람들은 노년으로의 이행을 평온히 경험할 것이고 다른 이들은 자신들이 중년에서 밀려나간 것으로 생각할 것이다. 어떤 사람들은 본질적인 것으로 간소화하고 그들이 한때 추구했으나 모순되게도 자신들을 지배하고 괴롭히는 것에서 벗어날 수 있는 것을 발견한다. 또 어떤 사람들은 재산처럼 소중한 그들의 건강을 즐길 줄 알게 되는 반면 다른 사람들은 아마도 처음으로 만성적이고 퇴행적 질환과 싸울 것이다. 새로운 친구를 갖게 되는 것에 상실과 슬픔이 동반될 것이다. 이 단계의 삶에서는 이전에 긴급하게 우리 마음을 빼앗았던 것들 대부분이 덜 중요하게 보일 것이다. 제니 조셉(Jenny Joseph)이 경고하듯이, 어떤 사람들은 "보라색 옷을 입으려고 할 것이다."[41]

우리가 브레멘으로 가는 길 위에서 작곡하는 음악의 정확한 음색과 화음은 우리가 가져가는 악기와 그 전환점에 선 우리가 누구인지 그리고 우리가 합치려는 사람들의 성격이 어떤지에 많이 달려 있다. 그러나 그 과정에서 핵심은 여정을 기꺼이 시작하려는 우리의 마음이다. 나이를 먹고 노인이 되는 것은 거부할 일이 아니라 감사히 수용해야 할 일이다.

만약 우리가 이 단계의 삶을 계속해서 '쇠퇴 모델' 위에 세워간다면, 그것은 선물로 인식될 수 없다. 우리 사회에 지배적인 노화에 대한 어두운 전망이 시사하듯, 우리 대부분은 자신의 나이를 거부하고 더욱 젊게, "나이를 먹지 않는" 것처럼 "받아들여지고" 싶어 한다. 프리다 커너 퍼먼(Frieda Kerner Furman)은 자신의 책《거울보기: 여성 노인과 미용실 문화 *Facing the Mirror: Older Women and Beauty Shop Culture*》[42]에서 인터뷰 중에 자신의 나이가 많지 않다고 완강하게 주장하는 일흔이 훌쩍 넘은 한 여성에 대한 슬픈 이야기를 했다. 연령 간의 차이와 노인들 간의 차이에 주목할 때 우리는 도덕적 상상력을 억누르는 많은 고정관념을 깨트림으로써 나이 듦에 대한 경험의 다의성(ambiguity)을 더욱 충분히 직시할 수 있을 것이다.

헨리 나우웬(Henri Nouwen)과 월터 개프니(Walter Gaffney)는 노인들을 분리시키려는, 그래서 어떤 경우에는 그들의 존재조차도 거부하려는 마음은 남녀 노인들에 대한 우리의 거부감에 뿌리를 두고 있다고 주장한다. "어떤 손님도 주인이 자기 집에서 편히 있지 못할 때는 환영을 받지 못한다."[43] 아마도 환대의 열쇠는 정직함일 것이다. 그것은 노인들을 돌볼 수 있는 사람이 되고 우리가 늙었을 때 세월의 선물을 축하하는 것이다.

Chapter 7

신학과 경제학의 갈등

안락한 은퇴와
거룩한 제자도 사이에
갈등하다

스티븐 롱(D. Stephen Long)

목사 / 일리노이주 에번스턴의 개럿복음주의 신학대학원 교수 어떻게 하면 노인들의 웰다잉(품위 있고 존엄하게 생을 마감하는 일)을 도울 수 있을까? 이 질문에 답하려면 어떻게 사는 것이 잘 사는 것인지도 알아야 한다. 좋은 삶을 산다는 것은 잘 죽는 방법을 배우는 것까지도 포함하기 때문이다. 모든 경우가 그런 것은 아니지만 기독교 신학에서 점점 삶과 죽음의 예술에 관한 관심이 소홀해지고 망각되고 있다. 제레미 테일러(Jeremy Taylor)는 자신의 저서 《거룩한 죽음 *Holy Dying*》에서 신학자들이 신자들로 하여금 죽음을 준비할 수 있도록 자신들의 책임을 감당할 때라는 사실을 일깨워 준다. 성공회 신학자인 그는 '웰다잉'의 '예술'은 매일 실천해야 할 일반적인 준비를 요구한다고 말한다. 테일러에 따르면 이러한 일반적 준비는 세 가지 원칙에 기초한다. 첫째, 잘 죽고자 한다면 "매일 무덤 문을 두드리면서 죽음을 구하라. 그러면 무덤 문은 결코 그에게 해악을 끼치지 못할 것이다." 둘째, "잘 죽고자 한다면, 평생토록 죽음을 대비하며 살아야 한다." 그러기 위해서는 "신앙과 인내"가 필수 요건이다. 셋째, 잘 죽고자 한다면 "거룩하고 잘 섬기며 십자가의 제자로서 삶"을 추구할 뿐 아니라 "부드러움, 연약함, 그리고 관능적인 추구"를 삼가야 한다. 그리고 죽음을 위한 일반적인 준비에 꼭 필요한 것은 양심의 검증 및 사랑의 실천과 같은 일상의 실천이다.[1]

제레미 테일러가 이러한 의무들을 제시한 것은 17세기 중반이었다.[2] 그리고 그 의무들은 우리 자신의 죽음뿐 아니라 노인들의 죽음에 대해서도 고려하게 하는 맥락이 된다. 거룩한 죽음을 맞이할 수 있도록 돕는 것이야말로 참된 노인 공경일 것이다. 하지만 두 세기가 지나간 지금 테일러가 말한 계명들은 병적인 것까지는 아니라 해도 현대인들과는 거리가 있어 보인다. 현대인의 관심은 죽음 그 자체가 아니라 '은퇴' 또는 '제3의 시대'[3] 라고 알려진 죽음 이전의 시기에 초점이 맞추어져 있다. 현대인은 '죽음'보다는 '노화'(aging)를 말하고 있다. 죽음을 준비해야 하는 것은 현대인에게도 여전한 과제지만, 이제는 죽음 이전 단계에 친구나 친척들, 그리고 적대자들에게 최소한의 부담도 주지 않을 안락한 은퇴생활을 고민하는 것으로 바뀌었다. 하지만 이것은 강하고 거룩한 제자도를 실천하여 삶의 모든 과정에서 죽음을 준비해야 한다는 신학적 요청과 갈등을 일으킬 소지가 있다. 죽음의 언어는 더 이상 금식이나 기도, 그리고 고난의 옷이 아니라 은퇴나 연금, 보험이라는 옷으로 갈아입게 되었다.

이렇게 옷을 갈아입게 된 데는 테일러의 시대 이후에 유익하고 긍정적으로 발전되어 온 사회적 변화가 반영되어 있다. 우리 자녀들의 사망률은 감소했고 우리 부모와 조부모는 생명 연장뿐 아니라 더 건강한 삶을 영위하고 있으며 우리 현대인들은 질병에 대한 대처나 건강관리가 허술했던 과거와 달리 육체의 고통을 덜 받으면서 살고 있다.[4] 이러한 변화들은 결과적으로 새로운 언어를 탄생시켰다. 현대인은 늙음의 과정에 대한 대응책을 배워야 하는 '제3 연령대', 또는 '제3의 인생'이라는 개념을 사용하고 있다. 우리보다 앞선 세대에서는 그럴 기회가 거의 없었거나 그럴 필요조차 없었다. 마조히스트(masochist)가 아니고서는 이러한 유익에 대해 개탄스럽게 생각하는 사람은 거의 없다. 고통 속에서 살아가고픈 사람도 없을뿐더러 자기 몫의 삶보다 더 일찍 죽고 싶어 할 사람도 없기 때문이다. 하지만 이러한 변화의 긍정적 이익을 신뢰하지 못하는 사회적, 정치적 내러티브도 있다. 희소자원을 가장 효율적인 방식으로 사용가능하게 만들며 삶의 고통은 감소시키면서도 발전과 번영을 기약해 주는 중립적이고도 기술적인 자유 시장체제를 만들어야만 한다고 주장하는 내러티브가 그것이다.

이러한 내러티브는 두 가지 문제를 야기한다. 첫째, 시장을 중립적 기술의 도구로만 봄으로써 시장을 가능케 하고 시장을 만들어내는 사회적, 정치적, 신학적 조건들에 대해서는 전혀 분석할 생각조차 하지 않는다.[5] 둘째, 이러한 내러티브가 우리들 삶의 모든 가능한 세계 중에서 최선의 것이라고 여기게 되면, 늙음과 죽음에 관해 생각하고 말할 맥락은 경제학자들이 주도하게 되고 그들의 언어로 말해야 하는 상황이 된다. 그들의 개념은 테일러의 주장과는 거리가 먼 준비 의무를 충족시켜야 한다. 이것은 신앙인들의 노인 공경과 같은 종교적 의무를 이행하려는 선한 의도까지도 왜곡시키는 거짓된 맥락을 만들기도 한다.

우리가 '금식, 철저한 제자도, 그리고 고통의 준비'라는 개념들을 낯설어하고 '은퇴, 연금, 그리고 안전보장'이라는 개념들에 익숙함을 느끼는 이유도 어쩌면 죽음이 도덕적, 정치적, 그리고 신학적 고려보다 '경제학'의 측면에 의해 더 강하게 규정되기 때문이라고 말하는 것이 정확할 듯싶다. 우리가 사용하는 노화와 죽음이라는 언어는 암묵적으로 또는 명시적으로 "의존의 부담"이라고 규정된다. 경제학자들의 언어를 따르고 있는 셈이다.

경제학의 관점에서 볼 때, 노동시장에서 은퇴한 사람은 사회에 '부담'이다. 특히 그가 현재 소비하는 비용이 그가 전체적으로 시장에 내놓을 수 있는 산출물에 대한 그의 기여보다 더 크다.[6]

은퇴자에 대한 이러한 기술적인 정의는 가치판단에서 빗겨 나가려는 특징이 있다. 그럼에도 불구하고 테일러의 관점 혹은 노인 공경의 의무와 비교할 때 노화와 죽음에 관한 그 어떤 도덕적 고려도 포함하지 않는다. 이 개념은 우리의 미래적 사건인 노화가 최소한 다른 사람들에게 부담거리가 될 것이라는 사실을 분명하게 인식해야 한다고 촉구한다. 죽음에 대한 준비 의무에는 우리가 바라는 것에 대해서만이 아니라 다른 사람의 호의에 대한 의존을 확실하게 거부하는 부분도 포함된다는 주장이다. 그러나 이러한 준비 의무가 자율성을 위한 본성적 욕구로부터 나오는 것은 아니다. 그 의무는 특정한 사회·정치적 질서, 곧 한계주의 혁명에 의해 만들어진 질서에서 유래했다고 볼 수 있다.

경제 언어로서의 죽음

경제학자들은 노인과 청년의 관계를 (신 계급적 자유주의라고 알려져 있는) '한계주의 합리성'(marginality economics)이라는 말로 설명한다. 이는 19세기 후반 경제학에 혁명을 일으킨 개념이었다.[7] 이러한 합리성은 희소성의 조건에서 거래를 결정해야 하는 개인을 경제 분석의 출발점으로 추정한다.[8] 시장은 가능한 가장 효율적이고 합리적인 방식으로 이러한 거래를 효과적으로 이끌어 주는 중립적이며 기술적인 도구이다. 이러한 추론은 개인들이 처한 사회적 조건으로부터, 그리고 "재화의 최초 분배가 역사적 배경으로 주어져 있고 그래서 더 이상 경제학자들이 탐구할 것이 없다"[9]는 추정에서 계산된 조건들부터 추상화된다. 이 경우 경제학자의 책무는 이미 주어진 것으로 추정된 사회·경제적 조건들에 들어맞게 효율성을 최적화하는 것이다.

한계주의 합리성: 자연적 혹은 정치적 추상화?

한계주의자들이 말하는 합리성은 자연적이라고, 다시 말해 사물이 원래부터 존재해 온 방식이라고 설명할 수는 없다. 더 정확하게는 사회질서의 규범성으로서 이미 자본주의 사회를 가정하고 있다. 이것이 인정되는 경우는 드물다. 경제학은 스스로를 자연과학과 연관성이 있는 것에 속한다고 생각하기 때문이다. 통합 경제학에서는 한계주의 합리성도 세대 간 이익의 '본성적' 갈등을 가정하는 것이라고 분석하고 있다. 사실 어떤 경제학자들은 우리 사회가 노령화된 인구로 인해 경제 위기에 직면하게 될 것이라고 믿고 있다. 우리는 이러한 위기에 대해 다음 설명에 대해 생각해 볼 필요가 있다. 하지만 그 위기가 존재하든 그렇지 않든 간에 통합 경제학은 갈등을 전제한다. 어떤 경제학 교과서에서 지적하는 바와 같다.

90세 노인이 몇 년의 수명을 기대하는 값으로 2만 달러에 전고관절 치환술을 받는 것은 과연 사회적 자원의 가장 가치 있는 사용일까?

이것은 사회 전체가 이러한 비용의 날카로운 공격을 감내하는 경우가 아니라면 어렵고 불쾌한 질문이다. 사회의 의료 돌봄과 의료 처치 프로그램을 통하여, 비용을 떠맡지 않고서는 이러한 경우들을 피해 갈 길은 없다.[10]

경제학자의 질문은 충분히 '자연스러운' 것처럼 보인다. 우리는 직설적이고 날카로운 선택을 하며 그러한 상황은 피할 수 없는 일이라고 말하곤 한다. 우리는 90세 노인의 개인적인 전고관절치환술에 '사회적 자원'을 쏟아 붓든지, 아니면 이 자원을 좀 더 가치 있는 무엇인가에 쏟아 부을 수 있다. 수학을 적용하면 단순해진다. 우리는 X만큼의 자원을 가지고 있다. Y는 90세 노인의 전고관절치환술의 가치와 같다. Z는 또 다른 '사회적 자원의 좀 더 가치 있는 사용'이다. 결과는 아주 분명한 등식이 된다. $X = Y + Z$ 만일 우리가 Y에 대한 비용을 더 늘리면 Z에 대한 비용을 줄이는 것이 될 수 있다. 그러나 좀 더 살펴보면, 명백히 자연적인 선택은 사라지게 되고, 그것이 얼마나 추상적이고 잘못된 것인지를 알게 된다. 자연스러운 선택일 것 같지만, 그 이면에는 정치학이 숨겨 있기 때문이다.

우리가 마주하게 되는 첫 번째 추상적 개념은 비교라는 용어로 표현된다. 우리는 '90세 된 노인의 전고관절치환술'을 '자원의 좀 더 가치 있는 사용'과 비교하고 있다. 하지만 이 비교는 전고관절치환술을 필요로 하는 모든 90세 노인이 유사한 사회경제적 지위를 공유하고 있음을 가정할 때라야 가능하다. 이것은 분명한 허위이다. 90세 노인 중에는 건강 돌봄을 위해 연방정부의 지출을 요청하는 것 이외의 다른 길을 택하는 경우도 있다. 이 경우의 노인들 모두는 이와 같은 비교에서 제외되어야 한다. 그러므로 우리는 이 비교가 자신의 건강 돌봄을 위해 연방정부의 지출에만 의존하는 사람들과 '자원의 좀 더 가치 있는 사용'을 말하는 사람들 사이에만 적용된다는 것을 깨달을 수 있다. 가난한 사람과 '자원의 좀 더 가치 있는 사용' 사이의 비교가 되는 셈이다. 그러나 '자원의 좀 더 가치 있는 사용'이란 무엇인가? Z를 대변해 주는 것은 과연 무엇인가? 핵무장일까? 담배 보조금일까? 사이클 대표 선발전일까? 도시 내부에 산업단지를 세우는 것일까? 특별검사를 위한 예산일까? 비교의 대상이 무엇일지를 알기 전까지 우리는 그 어떤 실천적 판단도 내릴 수 없다.

이것은 두 번째 추상적 개념으로 이어진다. '사회적 자원'의 할당에 관하여 이러한 실천적 결정을 내린다고 가정된 '우리'는 과연 누구인가? 우리는 사회적 자원의 사용이 더 유용해지는 방법에 대해 질문했었다. 마치 우리가 이 결정을 내릴 만한 직접적인 정치적 기제를 지닌 것처럼 말이다. 하지만 '우리'가 그 결정을 내리지는 않는다. 그리고 우리가 그렇게 해서는 안 된다고 말하는 한계주의자들의 관점도 있다. 개별 소비자로서의 선택이라는 것 외에는 그 어떤 정치적 기제도 존재하지 않으며 선택은 각각의 개인들이 원하는 것을 스스로 결정한다는 생각이다. 시장은 단지 원하는 것과 생산품과 서비스를 연계시킴으로써 이러한 선호의 목록들을 보여 주는 중립적인 도구로 작용할 뿐이다. 따라서 만일 노인 또는 관련자들이 자신들의 자원을 전고관절치환술에 사용하는 것이 유용하다고 판단한다면 그렇게 할 수 있는 시장을 공급해 준다. 시장은 자원의 이러한 사용의 한계적 유용성이 더 이상 버티지 못하게 될 때까지는 이러한 서비스를 계속 공급하게 될 것이다. 말하자면 개인 소비자가 그들의 제한된 자원을 다른 서비스나 생산품에 적용하기로 결심하기 전까지, 90세 노인의 전고관절치환술은 유용한 방안이 된다는 결론이 나온다.

선호도를 이러한 방식으로 종합하고 분류하는 것이 한계주의 경제학자들이 말하는 '사회적 자원'의 전부이다. 정치적으로 이 관점에는 시장에서 사회적으로 제한시킨 것들을 추구하지 않게 하는 제도가 포함된다. 그렇지 않으면 한계유용성에서의 '합리성'은 정반대의 영향을 보이게 될 것이다. 만일 정부나 다른 어떤 기관이 전고관절치환술 보조금을 지급한다면, 소비자로서의 필자는 가진 자원을 할머니의 전고관절치환술과 아들의 대학 교육 두 가지 모두에 사용할 수 있을 것이다. 가장 효용성이 있는 방식으로 내 자산을 할당하게 되면, 비용 문제가 감춰져 있기 때문에 이러한 자원의 사용이 '불합리한' 것임을 인지하지 못한다. 따라서 '전체적인 부담으로서의 사회'라는 표현을 쓴다는 것은 추상적이고 오도된 것이며 다만 한계주의 분석에서만 가능할 뿐이다. 만일 사회적 자원이 희소해진다면, '우리'는 소비자 개개인이 아닌 방식으로 그 자원들을 통제할 만한 그 어떤 정치적 기제도 가질 수 없게 된다.[11]

물론 위에서 X와 같은 것(주어진 시간에서 가용한 자원의 총량)은 무한정 제공되는 것이 아니다. 내 자산을 전고관절치환술에 쓸 것인가, 혹은 아들의 대학 교육에 쓸 것인가를 선택해야 하는 지점에서 일시적으로 고정될 것이다. 하지만 이것은 지속적인 고정은 아니다. 경쟁적인 가치들 사이에서 어려운 선택을 해야 할 때 이를 피해 갈 유일한 대안은 가능한 X를 증대시키는 것이다. 말하자면 우리 사회의 문제들에 대한 가장 좋은 대답은 언제나 경제 성장을 증대시키는 것이다. 그러나 여기에서 우리는 모순에 직면하게 된다. 왜냐하면 그것을 주장한 경제학자들이 모순에 대해서도 말하기 때문이다. 자본주의 사회의 장점은 부의 생산에 가장 효율적인 형식이라고 말하고 있으면서도 노인의 전고관절치환술과 자녀의 교육 혹은 '자원의 좀 더 가치 있는 사용' 사이에서 선택을 해야만 한다는 점을 인정하고 있기 때문이다.

여기에서 우리는 경제학자들의 추상적인 논리를 대면하고 있다. "이것들은 어렵고도 불쾌한 질문이지만 한 사회 전체가 이들 비용의 부담을 감당해야 한다는 문제를 … 회피할 길이 없다는 것이다." 하지만 우리는 이러한 비용의 부담을 짊어질 사회가 없다는 점, 그리고 경제학은 우리로 하여금 개별 소비자로서 실행하는 것 이외에 자원의 사용에 관한 구체적인 식별을 금지하고 있다는 점을 알 수 있었다. 이것은 희소자원의 할당에 관한 사회·정치적 질문을 회피할 기회를 우리에게 허용하는 것이기도 하다. 경제학자가 질문하는 목적은 사회적 자원들의 지출에 관한 실천적 판단을 실행하려는 것이 아니다. 그들의 질문은 단지 자신들의 사회·정치적 출발점을 합법화하기 위한 목적일 뿐이다. 곧 우리 모두가 사회적 자원들에 대해 선택을 해야 하는 개인들이라는 점, 그리고 그렇게 하는 가장 효율적인 길은 이 문제를 시장의 '중립적' 기능에 맡겨두는 것이라는 뜻이 된다.

결정은 시장이 하는 것이고 우리로서는 시장이야말로 우리가 이용할 수 있는 삶의 가장 합리적인 형식이라는 점을 깨달아야 한다. 우리는 다른 방식으로 살아가게 해줄 만한 그 어떤 정치도 가지고 있지 않다. 그러한 정치는 "우리의 자원들을 선하게 사용한다는 것은 무엇인가?"라는 질문에 답해 줄 정치여야 한다. 사람들이 목적으로 삼을 만한 좋은 삶에 대해 어느 정도는 공통적인 개념이 필요할 듯싶다. 그러나 이것이 바로 우리의 민주적 과정이 보호해 주고 있는 부분이다.[12] 따라서 시장은 우리의 유일한 정치이다.

일단 시장이 우리의 정치가 되면, 노인, 노화, 그리고 죽음에 대해 시장이 허용하는 개념으로 말하기 시작한다는 사실에 놀라서는 안 된다. 노인을 공경하는 것은 노인들을 경제학자들의 합리성에 종속시키는 것이 되고 만다. 그 결과 노인을 한계효용의 조건에 종속되는 경제적 부담의 존재로 생각하게 된다. 이것은 건강 돌봄이 전고관절치환술과 자녀교육 사이에서 '자연적으로' 결정해야 할 희소자원이기 때문은 아니다. 이것이야말로 우리가 속한 사회질서의 특징이라는 점이 중요하다.

사회보장제도가 위기에 봉착했다

사회 자원의 좋은 지출을 구성하는 것이 무엇인가에 대해 실천적 판단을 내릴 수 있는 사회·정치적 채비 안에서는 사회보장, 의료보험, 의료보호와 같은 잠재적인 '사회 자원' 프로그램들조차 작동하지 않는다. 모든 사회보장 프로그램을 둘러싼 논쟁은 한계주의 논리 내에서 제기된다. 경제학자들은 노인을 위한 연방정부의 지출은 현재 1만 6천 달러인데 18세 미만의 자녀들에게는 고작 1천 2백 달러밖에 쓰지 않는다고 주장한다.[13] 이 수치는 고령 인구에 의한 자원의 사용이 적절한가에 대한 질문을 제기한다. 물론 이 수치들은 노인과 자녀들이 속해 있는 사회·정치적 맥락을 조망하게 해주는 하나의 추상적 개념이다. 노인에 대한 연방정부의 이러한 지출은 사회보장 및 의료보험 기금에서 나왔다. 사회의 경제 능력이 노인에게 이러한 규모의 보장을 어디까지 지속적으로 제공할 수 있을까 하는 문제는 경제전망가들에게 매력적인 질문이다.

우리는 미국의 사회보장제도가 위기에 봉착해 있다는 이야기를 들어왔다. 이것을 설명해 주는 요인들은 아주 많다. 첫째, 생명에 관한 지출이 증가하고 있다. 1935년에 65세였던 사람들을 위한 지출은 그들이 앞으로 12년을 더 살 것이라고 예측한 계산이었다. 그런데 1995년에는 평균수명이 70세로 연장되었고 2040년까지는 가파르게 상승하여 90세 노인이 20년을 더 살 것으로 추정된다.[14] 이처럼 생명 관련 비용이 증가하는 것은 사회보장의 부담을 가중시킨다. 사회보장은 벌어들인 만큼만 쓴다는 '페이고'(pay-as-you-go) 모델과 신용기금의 혼합이었다. 페이고 모델은 현재의 취업 세대가 은퇴했을 때를 가정하여 노인들을 위한 기금 산정과 경제적 전환이라는 기초에서 작동한다. 기대수명이 증가하면 현재의 노동 세대가 퇴직자 및 노인기금으로 재분배해 줘야 할 재정수익에 부담이 가중된다.

둘째, 노동 인구와 그 연령이 감소하는 것인데 이는 은퇴 세대가 증가한다는 의미이다. 지난 세기의 출산 감소율은 노인을 부양할 사람이 점점 줄어드는 결과로 나타났고 페이고 시스템의 잠재력을 제한시키며 신용 제도에 대한 요구도 높아졌다.[15] 출산 감소율은 신기한 아이러니를 내포하면서 세대 간에 심각한 경제적 문제를 야기한다. 고전적 자유경제학자들과 한계주의자들 모두 이렇게 말하고 있다. 인구 억제(특히 가난한 인구에 대한)는 건전한 경제에 필수적이다. 미국의 출산율은 경제학자들이 사회에 요구했던 바로 그 잣대를 반영하고 있다. 경제학자들은 인구 억제의 성공이 위험에 빠진 노인들을 돌볼 여력을 만들어 줄 것이라고 말한다.

경제 위기가 오리라고 예측되는 세 번째 이유는 신용 제도가 일차적으로 정부의 규제에 묶여 있는 것인데 이것은 다시 정부의 재정에 필요한 빚을 갚는 데 쓰이고 그 결과 수익률이 높아질 수 없기 때문이다.

위기의 네 번째 이유는 증세에 대해 공공이 거부하고 있다는 것이다. 어떤 경제학자는 이 제도를 정착시키기 위해 3%의 증세가 필요하다고 주장한다. 하지만 현재의 분위기에서 증세를 말한다는 것은 거의 불가능해 보인다.

다섯 번째 이유는 가족 및 공동체 구조의 변화와 노동의 본질적 변화에서 기인한다. 엔젤 부부가 말한 것처럼, "오늘날에도 세계 대부분의 지역에서 그러하듯이 인류 역사에서 대부분의 사람들은 더 이상 유급이나 국내 노동에 참여할 수 없을 때까지 일했고, 그 후 그들은 죽을 때까지 가족과 공동체의 자선에 기대어 생존하고 있다."[16] 하지만 이러한 사회적 관행은 '은퇴'라는 비교적 새로운 것에 의해 대체되고 있다. 은퇴를 통해 우리는 가족이나 지역 사회가 기부한 자선으로부터 자유로워지기를 바란다.[17]

현재의 은퇴 관행은 지난 50년간 발전해 온 결과로, 자본주의가 낳은 가족 구조의 변화에서 야기되었다. 1947년에서 1976년까지 65세 이상 노동 참여율은 47.8%에서 20.0%로 감소했다.[18] 이러한 감소는 65세 이상의 인구에게만 해당하는 것이 아니라 45세에서 65세 사이의 연령에도 해당된다. 사회적 관행으로서의 은퇴는 강요되는 동시에 자발적인 것이 되고 있다. 은퇴가 공업 생산에서 서비스 경제로 전환된 노동 고용의 변화, 해고, 공장 폐쇄 등에서 발생한 것이라는 점에서 강요된 것이라 할 수 있다. 반면 개인연금과 사회보장으로 인한 유용성에 의해 발생하는 것이라면 자발적인 은퇴라고 할 수 있다. 비록 은퇴가 선택에 의한 것이라 해도, 경제학자들이 보기에는 은퇴가 '생산적' 서비스의 능력을 지니고 있는 많은 은퇴자들을 위한 '효용성 극대화'일 수는 없다. 노인들이 노동 인구로 남아 있도록 해줄 인센티브가 필요할 것 같다.[19]

사회보장과 개인연금은 가족과 공동체 구조에 대한 의존도를 줄이는 방식으로 은퇴를 가능하게 해준다. 하지만 사회학자 라슬렛(Peter Laslett)은 가족 구조의 축소가 노인들에게 상실이 아닌 이익이 된다고 본다. 그의 주장에 따르면 대가족 제도의 감소는 은퇴 제도 발전에 필수적이다. 왜냐하면 "함께 주거하는 가족 집단은 개인의 생애주기 상의 여러 계기들에 적응하기 어려운 구조이며 노인을 공양하는 것은 대가족의 능력 범위를 벗어난 일"[20]이기 때문이다. 라슬렛에 따르면, 함께 거주하는 가족은 의존과 세대 간 적대감을 낳는다. 노인들의 경우 의존성에서 벗어나기 위해서는 가족이라는 관계에서 스스로를 분리시키기에 충분한 수단이 필요하다. 그에 따르면 지리적으로 멀리 떨어져 있으면서도 친밀성을 이어가는 것이 제3의 인생에 도움이 된다. 그가 주장한 '제3의 인생론'은 은퇴라는 것이 노인들로 하여금 가족이라는 한계요소로부터 독립하려는 자연적 욕구를 반영해 주는 것이고 이러한 상태는 자본주의 사회가 만들어 낸 정황이라는 점을 일깨워 준다.[21]

'제3의 인생'에 해당하는 사람들은 가족, 노동, 그리고 공동체적 삶으로부터 벗어난 안락하고 독립적인 삶을 기대할 수 있을까? 이 질문에 답하려면 과연 어떤 도덕적 관점을 적용할 수 있을까? 제3의 인생을 위한 요건들이 노인 공경의 종교적 의무를 충실히 이행하도록 할 수 있을까? 만일 이러한 기대가 도덕적으로 타당하다면, 노동 인구가 줄어들어도 과연 경제가 노인 세대의 수명 연장, 의료비용 증가, 조기 은퇴, 그리고 핵가족 및 몇 안 되는 공동체 네트워크를 지속적으로 지탱할 수 있도록 도와줄 수 있을까? 만일 그러한 정황이 가능하다면 노화와 관련된 그 어떤 경제적 위기도 직면하지 않게 될 것이라고 경제학자들은 전망한다.[22] 하지만 사회보장제도의 재조정을 통해서는 현행 은퇴제도를 유지하기 어려울 것이다. 노인들을 위해 경제를 작동시킬 수 있는 유일한 길은 개인연금을 증액시키는 것이다. 물론 이것은 가난한 사람들과 부자 사이의 상대적 차이를 키울 우려가 있다. 노화의 문제로 인해 경제적 위기가 초래된 것은 아니지만 빈부격차는 지속적으로 심화되고 있으며 결과적으로 노동과 은퇴는 동등한 것으로 간주되기 어렵다.

많은 경제학자들은 노령 인구로 초래되는 경제 문제의 해법은 개인연금 계획의 유용성을 증대시키는 것이라고 주장한다. 그리고 또 하나, 국가의 능력을 키우는 것이라고 말한다. 이것은 사회학자들이 더 선호할 해결책일 듯싶다. 엔젤 부부에 따르면, "이 모든 변화는 미래에 노인들이 자신들이 독립적으로 살 수 없는 시기가 도래했을 때 정작 국가에 기대는 것 말고는 대안이 거의 없다는 뜻이다."[23] 하지만 국가에 의존하게 된다는 것은 가족과 다른 공동체에 기대려는 것에서 방향을 돌린다는 뜻이다. 국가나 경제 시장은 노인들에게 죽음을 준비하라고 말할 것이다. 그러한 현실에 직면하면, 노화에 관한 신학적 언어를 지키는 것은 그 자체로 정치적 의미를 지니게 될 것이다. 신학적 언어가 우리에게 아무것도 주지 못할지라도, 노화와 죽음에 관한 한 도덕적 자원을 가지고 있기 때문이다.

신학 언어로서의 죽음

신학과 사회경제적 분석을 어떻게 연관시킬 수 있을까? 이 질문은 뭔가 잘못된 것일 수 있다. 경제를 자동화 기계나 쓸개 수술, 또는 가옥 건축 등과 같은 기술과학에 속한다고 여기고 있기 때문이다. 이것들은 신학과 연관이 없는 중립적이고 기술적인 분야이고, 신학적 언어를 잠식하지도 않는 요소들처럼 보인다. 이것은 기화기 정비처럼 경제가 지속적으로 그 고유한 한계를 뛰어넘고 그 논리를 인간 삶의 모든 영역에 부과하는 것과도 같다. 신학은 그 고유한 논리로부터 그 어떤 지적 공간도 양보해서는 안 된다. 이것은 기독교 신학의 필수적인 특징이다. 신학은 '메타담론'으로서 모든 다른 담론들을 창조와 구원의 내러티브 안에서 해석해야 한다. 만일 이러한 사명을 거부한다면, 그 어떤 신학도 그 고유의 본질을 제대로 구현할 수 없을 것이며 결과적으로 그 지성적 근거를 다른 담론들에 의존해야 하는 결과에 이를 것이다.[24] 정치적으로 좌나 우에 속하는 신학자들은 모두 경제학 및 사회학을 자율의 영역에 속하는 것으로 간

주함으로써 이러한 사명을 회피해 왔다. 이것은 결과적으로 신학을 비합리적인 것, 문화적인 것, 또는 사실에 반하는 허구적인 것으로 전락시키게 될 것이다.

모든 것은 그리스도 안에서 충만해지고 그분의 권위에 복종한다

기독교 신학은 다른 분과 학문에 자리를 양보해서는 안 된다. 신학의 논리는 보편적 메타-클레임(항상 역사적으로 매개되는), 곧 그리스도가 주이시며 그것은 대체될 수 없다는 주장에서 제기된 것이기 때문이다. 노화에 대한 신학적 분석이 지니는 강점은 경제학이 감추고 있는 것을 우리에게 분명하게 깨닫게 해준다는 점이다. 우리가 목적으로 삼아야 하고 자원의 선용에 관한 판단 기준이자 반드시 구현해야 할 선한 삶이라는 개념을 제시해 준다. 그리스도의 권위보다 더 높은 권위는 있을 수 없다. 따라서 그리스도의 희생의 논리보다 더 큰 권위로 신학의 지위를 판단할 지적인 담론은 있을 수 없다. 칼 바르트(Karl Barth)는 이렇게 말한다.

그리스도의 희생이 의미하는 것은 하나님께서 보류시키신 시간, 끝없이 반복하는 인간의 죄를 단지 넘어가 주시는 시간, 하나님의 은혜와 하나님의 심판의 대안이 되는 시간, 그 안에서 인간 제사장이 그들의 직무와 열매를 스스로 만드는 것이 의미 있는 시간이 끝났다는 것이다. 그리스도의 희생이 의미하는 것은 인간이 하나님과의 언약에서 신실한 존재로 자리하게 된다는 것이 의미를 가지게 되는 시간, 그리고 인간이 하나님과 평화를 누리게 되며 하나님과 화해하고 하나님께 되돌아가게 되는 시간의 여명이 밝아왔다는 것이다. 우리가 요한복음 19장 28절에서 들어온 것은 십자가에 못 박히신 예수는 "모든 것이 끝났다"(tetelestai)는 것을 아셨다는 것이다. 그리고 그리스도께서 죽으시면서 하신 마지막 말씀은 "다 이루었다"(tetelestai)(요 19:30)는 것이었다. 예수는 하나님께서 자신의 희생을 외면하지 않으셨다는 것을 아셨다. 예수께서 말씀하신 것은 하나님께서 말씀하신 것이었다. 임시적인 일이 일어난 것이 아니라 하나님의 뜻을 만족시키기에 충분하며 전적이고 완전한 것, 곧 지속도 반복도 추가도 혹은 대체도 할 수 없고 그럴 필요도 없는 새로운 것으로서 옛것이 종료된 것이자 결코 낡지 않는 것이다. 또한 그곳에서만 지속되고 빛이 나며 능력과 권세가 있는 새롭고 영원한 것이다.[25]

신학은 그리스도의 완벽하게 충분한 희생 안에서 모든 것이 완전해진다고 제안한다. 여기에서 '만물'이라는 영향권을 벗어날 것은 아무것도 없다. 만물은 그들의 고유한 목적을 부여받았다. 그리스도의 희생은 완전한 구속이다.[26] 이 완전한 구속의 논리는 다른 모든 분과 학문이 각각의 진리의 용법에 따라 자리를 잡게 했다. 이 관계는 뒤집혀질 수 없다.

신학이 다른 분과 학문들과 관여할 때 각각의 학문들은 신학의 논리 안에서 다른 담론들의 자리를 결정해야 하고, 신학 고유의 논리, 곧 그리스도의 희생을 반영하는 것이어야 한다. 존 밀뱅크(John Milbank)가 일깨워 준 것과 같다. "예수께서 그 어떤 규모라도 권력 자체를 거부하신 것과 초대교회가 현존 질서의 전복을 거부한 것은 내적 연관성이 있다. 상대적인 평화, 박애, 그리고 정의의 대안을 모색하면서 말이다."[27] 이러한 연속성은 예수 그리스도와 초대교회 사이에서만 아니라 그리스도인의 삶에서도 영속적인 특징으로 나타나야 한다. 이것이 복음의 관점을 따르는 것이기 때문이다. 신학을 경제학과 연관 지으려는 것은 격변적인 혁명적 행위를 통하여 특정한 사회 구조를 타도하려는 취지가 아니다. 우리는 프롤레타리아가 봉기하여 권력을 폭력적으로 쟁취하고 생산수단을 통제할 것을 기대하지 않는 것처럼 자유시장이 효과적으로 작동하고 아직 성취되지 못한 국가의 부가 구현되기를 기대하지도 않는다. 또는 '의로운' 신정체제가 구현되기를 기다리는 것도 아니다. 신학의 책무는 어느 곳에서나 또는 어떤 결과에서든 신실한 그리스도인의 실천을 위한 여지를 만들어 내는 데 있다. 노화의 문제에서도 다르지 않다. 노화에 관한 신학적 성찰이 반드시 경제학자와 사회학자의 분석에 응답하면서 시작해야 할 필요는 없다. 그들의 관점이 신학과의 연관성을 추구해야 하는 것이지 그 관계를 뒤집어 놓아서는 안 된다.

신학적 성찰은 개인들 사이의 희소자원 할당 문제에서 시작하지 않고 그리스도의 십자가와 부활에서 그리스도께서 주시는 생명의 완전성을 적절하게 분배하는 것으로부터 시작한다. 신학이 실질적으로 중요한 것이 되려면, 신실한 감정 그 이상의 것이어야 한다. 그리스도께서 주시는 생명의 충만에서 시작한다고 해서, 비극적 갈등의 가능성을 부정하려는 것은 아니다. 우리는 여전히 90세 노인의 전고관절치환술이 우리들 자원의 적절한 사용에 해당하지 않는다는 이야기를 할 필요가 있다. 하지만 이러한 판단은 그리스도의 권위에 종속되는 교회적 사명에 대한 이해에 근거하는 것이어야 하며 한계 효용론자들의 주장처럼 추상적인 계산에만 기초하는 것이 되어서는 안 된다. 이들의 관심은 언제나 이면에 '유용성'을 숨기고 있기 때문이다.

예수 그리스도의 충만한 생명은 우리가 '교회'라고 부르는 새로운 형태의 사회적 재생산 형태를 만들어내는데 이는 인종, 계급, 가족, 그리고 민족의 장벽을 깨뜨린다. 교회는 하나님의 통치를 보여 주는 가시적 취임식이며 이것은 예수 그리스도의 가르침과 죽으심, 부활에서, 그리고 모든 사람이 예수 그리스도의 생명에 참여함으로써 예수 그리스도의 지속적인 사명에로 부르심을 받도록 하는 성만찬적 구조에 의해 부여된 것이기도 하다. 예수 그리스도의 행위는 우리에게 노인들이 예수께서 세우신 새로운 공동체에서 어떤 역할을 해야 하는지 계시해 준다. 노인들은 우리에게 신실한 노인 공경의 맥락을 제공해 준다. 예수께서는 이것을 시내산에서 계시된 율법을 완수함으로 교훈하셨다.

예수께서 율법의 모든 것은 하나님 사랑과 이웃 사랑 안에서 성취된다고 말씀하실 때, 이는 우리로 하여금 시내산에서 모세에게 주신 토라의 구현이자 예수께서 주신 계명을 실천하도록 방향을 바꾸어 놓으신다.[28] 이것은 이스라엘과의 결정적인 분리를 말하는 것이 아니라 하나님의 통치를 직접적으로 구현하고 실현하는 그리스도의 관점에서 그 이야기를 재해석하도록 이끌어 준다.[29]

모든 사회적, 정치적, 경제적 제도들은 그리스도의 권위에 종속된다. 우리는 이러한 기능이 가족을 위해, 그리고 노인을 돌보는 일에 어떻게 작용하는지 볼 수 있다. 이를 위해 그리스도께서 네 부모를 공경하라는 계명을 실천하신 방식을 살펴볼 필요가 있다.

노인을 공경한다는 것의 의미

율법 자체가 목적은 아니다. 만일 그렇다면 순종이라는 것 자체가 자의적인 것으로 전락할 것이며 율법을 준수하기만 하면 된다는 식으로 변질되고 말 것이다. 율법은 인간의 행위를 덕스러운 목적을 향하도록 이끌어 준다. 율법은 덕스러운 행위를 통해서만 드러난다. 덕이 없는 율법은 변덕스럽고 율법이 없는 덕은 방향을 잃는다. 예수께서는 그리스도인들에게 덕스러운 목적을 지향하는 사회적 정치적 삶을 제시하셨다. 하지만 부모를 공경하라는 계명과 관련하여 보여 주신 것은 계명의 완성이라기보다 모순적인 것처럼 보인다. 예수께서 보여 주신 부모에 대한 태도는 그다지 존경하지 않는 모습처럼 보이기 때문이다.

누가복음은 예수께서 성전에서 사흘이나 부모의 시야와 돌봄에서 사라졌다고 기록했다. 마리아가 그를 발견하고 "아이야, 어찌하여 우리에게 이렇게 하였느냐?"고 물었을 때, 어린 예수는 "어찌하여 나를 찾으셨나이까? 내가 내 아버지 집에 있어야 될 줄을 알지 못하셨나이까?"(눅 2:48-49)라고 답하셨다. 부모의 염려를 부질없는 것이라 면박을 준 것이다. 이것이 예수께서 그의 가족을 면박하신 유일한 경우는 아니다. 마가는 예수께서 어머니와 형제들이 기다린다는 말에 대해 이렇게 대꾸하셨다고 기록한다. "누가 내 어머니이며 동생들이냐? …내 어머니와 내 동생들을 보라 누구든지 하나님의 뜻대로 행하는 자가 내 형제요 자매요 어머니이니라"(막 3:31-35). 마태와 누가 모두 이러한 장면을 완곡하게 표현하긴 했지만, 어머니가 그토록 심각하게 찾아다니는 모습과 뒤섞어놓지는 않았다(마 12:46-50; 눅 8:19-20). 하지만 마가복음이 다루지 않는 가족에 대한 예수의 표현을 기록했다. 누가는 이것을 직설적으로 기록했다. "무릇 내게 오는 자가 자기 부모와 처자와 형제와 자매와 더욱이 자기 목숨까지 미워하지 아니하면 능히 내 제자가 되지 못하고"(눅 14:26; 마 10:37-39도 참고하라).

마태와 누가 모두 가족에 대한 예수의 험악한 표현 하나를 기록하고 있다. 예수께서 자신의 아버지를 장례하고자 하는 제자를 향하여 하신 말씀이다. "죽은 자들이 그들의 죽은 자들을 장사하게 하고 너는 나를 따르라"(마 8:22; 눅 9:60). 이러한 문장은 늙음과 죽음의 신학을 전개하려는 데 그다지 많은 것을 약속해 주지 않는 것처럼 보인다. 마찬가지로 요한복음은 예수께서 그의 어머니가 갈릴리 가나의 혼인 잔치에서 포도주가 떨어졌다고 말했을 때 했던 충격적인 반응을 기록했다. "여자여 나와 무슨 상관이 있나이까? 내 때가 아직 이르지 아니하였나이다"(요 2:4). 이처럼 성경 안에는 예수께서 그 당시의 노인들을 공경하지 않는 것처럼 보이는 다양한 기록들이 있다. 예수 자신의 사명의 긴급성은 자신의 부모에 대한 것을 포함하여 노인에 대한 관심과 필요에 초점을 맞춘 신학을 위한 여지를 거의 남겨두지 않는 것 같다.

하지만 노인들에 대한 예수의 가혹해 보이는 표현들은 요한복음에서 볼 수 있는 가슴 아픈 장면으로 보충될 필요가 있다. 예수께서 십자가에서 고난을 당하실 때, 어머니와 "곁에 서 있는" 요한을 보고 하신 말씀이다. "여자여 보소서 아들이니이다…보라 네 어머니라"(요 19:26-27). 이 고통스러운 장면은 앞서 언급한 가혹한 사례들과 모순되지 않는다. 오히려 그것들을 적절하게 정리해 준다. 사실 이 장면은 예수께서 말씀하신 "다 이루었다"는 맥락에서 정당성을 가진다. 제자에게 어머니를 맡기신 것은 예수께서 모든 것을 이루시는 사건 중 하나에 속한다. 여기에서 우리는 가족이란 예수 그리스도의 권위에 따라 재구조화되고 그의 권위에 복종되어야 한다는 것을 알 수 있다. 요한은 십자가의 고통 아래서 어머니 마리아에 대한 부탁을 받고 자신의 집으로 모셨다.

이 장면은 우리가 지금 다루고 있는 노화와 죽음에 대한 적절한 신학의 모색에 좋은 기여를 한다. 라니에로 칸탈라메사(Raniero Cantalamessa: 이탈리아의 가톨릭 사제 - 역주)는 이것의 중요성을 잘 설명해 주고 있다. "마리아는 십자가 아래에서 시온의 딸로 드러나고 있으며 아들의 죽음과 상실 이후에 하나님으로부터 더 많고 새로운 가족을 받은 여인이 된다. 하지만 이것은 육으로 난 것이 아니라 영으로 난 것을 의미한다."[30] 부모를 공경하라는 네 번째 계명은 가족을 무시함으로써가 아닌 가족을 재편성함으로써 완성된다. 이것은 마치 그리스도인의 공동체 안에 더 이상 남자도 여자도 없고 이방인도 유대인도 없으며 종도 주인도 없는 것과 마찬가지로, 아들도 아버지도 없는 관계인 것과 같다. 예수께서 말씀하신 것처럼, 신실한 자들 모두가 서로에 대해 형제, 자매, 어머니이다. 이 계명에는 사랑과 소망의 덕이 전제된다. 자선은 요한과 마리아의 관계에서처럼 다른 사람을 집으로 모셔오고 자신의 자원을 그들을 위해 공급할 때 드러난다. 소망은 죽음이 과부와 고아를 버림받도록 남겨두지 않는 데서 드러난다. 그들은 교회 안에서 새로운 가정을 발견한다. 우리의 자원은 십자가 아래에서 드러난 이러한 새로운 현실에 대한 증인이 되는 데 사용되어야 한다.

우리가 다른 사람들의 형제와 자매가 될 수 있다는 것은 쉽게 설명될 수 있지만, 우리가 다른 사람들의 어머니가 될 수 있다는 것은 놀라운 일이다. 이것은 아우구스티누스를 놀라게 했다. 그는 이렇게 썼다. "나는 우리가 그리스도의 형제이자 자매라는 점은 이해할 수 있다. 하지만 우리가 어떻게 그리스도의 어머니가 될 수 있다는 말인가?" 아우구스티누스는 이것이 어려운 이야기이지만 그렇다고 해서 교회론적으로 설명하지 못할 이유는 없다고 보았다.

> 누가 당신을 낳았는가? 나는 당신의 마음이 "어머니인 교회입니다!"라고 말하는 소리를 듣는다. 마치 마리아처럼 이 거룩하고 영광스러운 어머니는 순결한 동정녀로 우리를 낳았다. …그리스도의 몸인 지체들은 성령 안에서 생명을 낳아야 한다. 마치 동정녀 마리아가 자궁 안에서 교회를 낳았듯이 말이다. 이러한 방식으로 여러분은 그리스도의 어머니가 되어야 한다. 이것은 불가능한 일이 아니다. 여러분의 능력 범위를 넘어서는 것이 아니다. 양립 불가능한 것도 아니다. 여러분은 자녀가 되었고 마찬가지로 어머니가 될 수 있다.[31]

아우구스티누스는 예수께서 요한에게 어머니를 부탁하신 사건에서 예수의 신성과 인성의 증거도 발견한다. 아우구스티누스가 보기에 노인들에 대한 예수의 거친 표현들은 예수의 신성을 보여 준다. 그 표현들은 예수께서 생물학적 가족의 한계에 매어 있지 않으신 것을 보여 준다.

다른 한편 예수께서 요한에게 어머니를 부탁하신 사건은 인성의 증거이다. "그때, 십자가에 달린 한 인간으로서, 예수께서는 그의 육체의 어머니를 인지하셨고 가장 사랑하는 제자에게 가장 인간적인 방식으로 부탁을 하셨다."[32] 어머니에 대한 예수의 사랑은 자연적인 것이었고 그 이상이었다. 심지어 초자연적이기도 하다. 그것은 은혜에 근거한 것이었으며 가족에 대한 생물학적 유대를 통해 또한 그것을 넘어서 가족을 사랑할 자유에 근거한 것이었다. 그것은 필연이 아닌 선물이었다.

요한에게 어머니를 부탁하신 유언은 "다 이루었다"는 예수의 선언을 우선 이해함으로 해석되어야 한다. 십자가에서의 희생은 모든 것을 충족시키는 희생이었으며 여기에는 그리스도께서 가족을 재편성하고 노인에 대한 우리의 의무를 다하는 것도 포함된다. 이것은 단지 생물학적 가족에 대한 의무를 넘어선다. 대신 가족의 범위가 확장된다. 요한이 마리아를 자신의 집으로 모시고 요한이 마리아의 아들이 된 것은 부모에 대한 공경을 말해 준다. 부모 공경은 신앙 안에서 부모를 공경하는 것이다. 여기에는 자녀 됨과 부모 됨 역시 포함된다. 역으로 자녀에 대한 부모의 의무에는 부모로서의 역할을 하는 것뿐만 아니라 기꺼이 우리의 자녀들이 우리의 어머니가 되게 허락하는 것, 곧 신앙 안에서 자녀가 우리를 거듭나게 하도록 허락하는 것도 포함된다. 이것은 부모에 대한 일체의 무시를 허용하지 않는다는 말보다는 예수께서 십자가 위에서 어머니를 위해 준비하셨을 뿐만 아니라, 제자들에게 신앙 공동체 안에서 그들의 부모를 위한 진리를 마련해야 한다는 것을 가르치신다.[33] 이것은 마리아가 '노인' 그 자체를 상징하는 인물이라는 뜻이 아니다. 마리아는,

암브로시우스가 말한 것처럼 … 믿음, 사랑, 그리고 그리스도와의 완전한 연합이라는 질서 안에서 교회의 유형이다. 교회의 신비, 어머니이자 동정녀라고 불리는 신비 안에서 마리아는 동정녀이자 어머니의 탁월하고 단일한 형태로 모범을 보여 준다. 신앙과 순종을 통하여 하늘 아버지의 아들을 이 땅에 출산하였으며 이것은 인간의 지식에 의한 것이 아니라 성령의 강권하심에 의한 것으로서, 새로운 하와가 되어 옛 뱀이 나타난 방식이 아니라 전혀 의심하지 않으면서 하나님의 사자를 통하여 마리아에게 믿음을 가지게 했다. 마리아가 낳은 아들은 하나님께서 모든 형제들 중의 맏이가 되게 하셨다(롬 8:29). 다시 말해 어머니의 사랑으로 협력하는 출산과 형성에 있어서 믿는 자들의 맏이가 되게 하신 것이다.

교회는 숨겨진 거룩함, 친밀한 사랑, 그리고 신실한 임무 완수 안에서 하늘 아버지의 뜻을 숙고한다. 신앙 안에서 하나님의 말씀을 받아 어머니가 된다.[34]

마리아는 우리들 모두에게 신실한 어머니의 모습을 보여 준다. 마리아는 교회의 상징이자 가족의 유대를 재구성하는 상징이다.

말하자면 우리의 노화, 그리고 노인들의 노화에 대해서도 우리가 생각하고 말하고 행동하는 방식은 가정이 '모든 것'을 가지신 그리스도의 권위에 종속되고 재구성되어야 한다는 점을 반영하는 것이어야 한다. 마리아를 '그 아들의 딸'이라고 말하는 것은 가정의 완전한 질서를 반영해 준다. 이처럼 재구성된 가족이 우리의 방침이 되어야 하며 노인들과 우리들 자신이 죽음을 준비할 때 사용하는 언어의 터전이어야 한다.

갈등은 해결될 수 있을까

우리의 출발점은 한계주의자들의 추상적 계산이 아니라 만물이 그리스도께 복종해야 한다는 신학적인 정치학이다. 우리가 노화의 경제적 문제에 대한 준비된 답을 가지고 있는 것은 아니다. 그러나 대신 이 문제를 다루는 논쟁과 구체적 결정을 내리기 위한 다른 맥락을 가지고 있다.

1. 대안적 여지가 필요하다.

죽음에 대한 준비와 관련하여 첫 번째 신학적 책무는 노인들이 교회 공동체 안에서 돌봄을 받을 수 있는 일종의 대안적 여지를 마련하는 것이다. 그러한 여지에서만 노화와 죽음의 언어를 그 자체의 논리 안에서 작동시킬 신학을 허용할 수 있다. 여기에는 우리의 모든 필요를 그리스도의 권위와 교회의 사명에 복종시키는 것이 포함된다. 그리고 우리와 부모들의 고통을 하나의 목적으로 준비하게 하는 의무와 습관도 포함된다. 이러한 의무들은 그리스도의 남은 고난을 내 몸에 채우는 것이 된다(골 1:24).

신학에서는 노화에 관한 분석을 경제학자나 사회학자들에게 맞출 필요가 없다. 그 대신 그들의 논의가 추상적 본성을 지니고 있다는 사실, 그리고 그들이 정치적 사회적 평가를 은닉하고 있다는 것을 폭로할 수 있어야 한다. 노화는 한계효용이라는 기초만 가지고는 적절하게 평가될 수 없다. 유용성 그 자체는 우리에게 교회의 사명에 필수적이라고 할 수 있는 구체적인 결정을 실행하기에 충분한 자원을 제공하지 못한다. 토마스 아퀴나스가 말한 것처럼, 하나의 행동이 유용하다고 하는 것은 그것이 목적을 지향하고 있기 때문이다.[35] 그 목적에 대해 알기 전까지 우리는 무엇이 유용한 것인지에 대해 적절하게 말할 수 없다. 목적에 대한 인식 없이 유용함을 말한다는 것은 한계주의의 근간이 된다. 바로 이것이 항상 정치를 시장적 고려에 환원시키는 이유이기도 하다. 그리스도인은 그러한 정치적 환원주의를 결코 지지해서는 안 된다. 우리의 정치는 만물이 그리스도 안에 드러나는 목적에 대한 증인됨을 감내하는 것이어야 한다. 이것은 경제적 고려가 교회적 사명에서 그 목적을 발견해야 한다는 것을 수반한다. 이것은 만물이 그리스도께 복종하는 신호이자 예측이다. 이러한 사명은 우리가 노인으로서 또는 병원, 요양원, 그리고 가정에서 우리가 돌보아야 할 노인들에게 고관절치환술을 해주어야 한다는 선험적(a priori) 원칙을 우리에게 주지 않는다. 그러나 그것에 관한 논변이 이루어질 수 있는 정치적 맥락을 제공해 줄 수 있을 것이다. 우리는 이렇게 질문하면서 시작할 수 있다. "우리는 과연 의학을 희귀한 천연자원으로 보는 방식으로 시행해야 하는가?"

여기에서 말하는 '우리'에는 공동의 사명을 지닌 하나의 보편적 연합 안에서 믿음의 사람들을 연대시키는 일종의 규정성을 지니고 있다. 우리는 더 구체적으로 이렇게 질문해 볼 수 있다. "우리의 사명을 더 잘 수행할 수 있도록 하는 '다른 가치 있는 자원들'이란 무엇인가?" 도심 내부에 무료진료소를 운영하는 것일까? 아마도 우리는 교외에 거주하는 노인들이 더 큰 사명을 위해 그러한 수술을 받도록 해야 할 것인지 질문할 수 있다. 과연 사랑의 삶을 연장할 수 있는 것인지 말이다.

2. 본질은 부활의 치유 능력이다.

그리스도의 권위에 복종하는 것은 고통당하는 자들에게 여지를 주는 것과 동시에, 고통이라는 것이 사랑의 삶을 감소시키는 것이 아님을 인정하는 것이며 또한 부활에 의해 치유 능력이 구현되는 데 대한 증인됨을 뜻한다. 고통이 우리가 알고 있는 유일의 적은 아니며 또 다른 적이 남아 있다. 마리아가 제자들과 함께 살았던 것처럼, 우리의 부모들 역시 아들과 딸들 사이에서 살아가는 기대를 가지면 안 되는 것일까? 이러한 '돌봄'은 노화와 죽음에 따르는 고통을 감소시켜 줄 수 있다. 죽음과 그 수행원은 아직 완전히 패퇴시킨 것은 아니지만 십자가와 부활에서 완전히 이기신 것이다. 바로 이러한 이유로 우리는 노인들이 거짓된 안전보장이라는 우상에 희생당하지 않도록 해야 한다. 90세 노인이 고관절치환술과 얼마 남지 않은 기간의 고통을 견뎌내는 것, 그리고 국방부가 요청한 것보다 더 많은 돈을 승인하는 것에 치중하느라 우리는 부활의 치유능력을 부인해 왔다는 사실을 확인할 수 있다.

3. 생물학적 가족관계나 국가, 또는 시장에는 해법이 없다.

교회는 생물학적 가족, 국가 혹은 시장의 언어로만 해석되는 노인에 대한 인식을 뛰어넘어 그들을 배려하는 것으로 할 일을 다 했다고 생각해서는 안 된다. 함께 거주하는 가족들이 덕스러운 삶의 구조를 만들기보다 세대 간 적대감을 만들어 낸다는 라슬렛의 주장은 일부 옳은 면도 있다. 하지만 그리스도인은 가족에 관한 그의 주장을 두려워 할 필요가 없다. 라슬렛이 말하는 가족은 재구성된 것으로서, 그것을 두고 낭만주의적 환상을 말할 필요는 없다. 그럼에도 불구하고, 라슬렛이 자선을 획득자산과 자율성으로 대체하려는 것은 문제가 될 수 있다. 왜냐하면 신앙공동체는 더 이상 돌봄을 받지 못하는 자들에게 카리타스를 재분배해야 할 책무를 지니고 있기 때문이다. 사회보장제도와 같은 돌봄 제도가 생물학적 가족 관계를 따라 부를 재분배하는 한, 그러한 돌봄을 가족에게만 맡기거나 개별적 수입에 맡기는 것보다 가족을 그리스도의 권위에 복종시키는 관점을 대안으로 제시하는 것이 더 적절하다고 하겠다. 국가라 하더라도, 하나님의 주권을 따라 가정을 재구성할 권위를 위임받았다고는 할 수 없다. 그것은 교회만이 할 수 있는 책무이다. 그 책무는 세례라는 성례를 통해서만 성취될 수 있다. 교회는 분배를 통해 만족을 추구하는 것보다는 필요를 충족시키도록 도와야 한다. 이것은 초대교회의 가르침이었고,[36] 이것이 의미하는 것은 교회 안에서 가정이 가지고 있는 자원은 그리스도의 권위를 인정하는 한계 내에서 사용되어야 한다는 점이다. 스스로 자립할 수 없는 자들을 부양함으로써 교회는 오순절의 사명을 완수한다.

4. 하나님의 통치에 대한 위협은 노인과 청년이 아니라 부자와 빈자의 구분이다.

교회 안에서 하나님의 통치에 대한 심각한 위협은 젊은이와 노인 사이에 존재하는 격차가 아니라 가난한 사람과 부유한 사람 사이의 격차이다. 노인들이 더 광범위한 분류법인 가난한 자라는 범주로 분류된다면 그들은 자선을 공급받아야 할 대상이 된다. 사회보장제도가 위기에 직면한 것처럼 보일 수 있지만, 그것을 '노화의 위기' 그 자체로 인식할 필요는 없다.[37] 위기는 가난한 자와 부자 사이에 문화적으로 경제적으로 격차가 더 크게 벌어지고 있다는 사실에 있다. 교회는 늙고 가난한 자의 문제를 그들의 '제3 인생'의 시기에만 해당하는 것으로 설명해서는 안 된다. 교회가 경제적 격차를 충분히 다루지 못하고 오히려 점차 계급적 이해관계에 따라 분리되고 있다는 점이 교회의 위기라고 하겠다.

5. 노인은 부담으로 계산되는 개인이 아니다.

노인은 의존이라는 부담거리로 계산되어서는 안 된다. 심지어 기술적인 의미에서조차 그러한 말을 해서는 안 된다. 노인들은 세례를 받음으로써 교회를 발전시키는 선물과도 같은 존재가 된다. 목사 안수를 받은 사람과 마찬가지로, 세례를 받은 사람도 그 책무는 평생 간다. 그리스도인의 삶의 목표는 강요된 것이든 자발적인 것이든 간에 삶의 끝에서 안락함을 누리는 것이 아니라, 신실한 섬김이어야 한다. 이것은 우리가 일상의 일을 멈추고 신실한 자들과 함께 기뻐할 때도 반드시 요구되어야 한다.

6. 대안적 실천 방법이 무엇인지 생각해야 한다.

여기에 말한 이 모든 것은 오늘의 교회에서 보편화되지 않은 방식으로 노인을 위한 의료와 돌봄을 실천할 대안적 여지를 모색해야 할 필요를 말해 준다. 그 대안적 모색은 교회 내부의 사역과 외부의 사역 모두에 해당한다. 샌프란시스코 차이나타운의 온 록(On Lok) 프로그램처럼, 공동체에 근거를 둔 의료 및 돌봄의 사례에서 배울 필요가 있겠다. 그들은 노인들에 대한 의료적 섬김과 사회적 섬김을 통하여 노인들이 자신들의 가정과 공동체 안에서 함께 생활할 수 있도록 돕고 있다.[38] 교회가 부유한 노인들을 위한 요양원을 많이 세워서 재정적 이익을 얻는 데만 관심을 가지고 있다면, 가족 관계 안에서 그리스도의 권위에 복종하는 일이 방해받게 될 것이다. 이는 노화의 경제에 대한 신학적 분석에 심각한 문제를 제기한다. 왜냐하면 신학과 경제학의 갈등은 용어의 차이에서 나오는 추상적인 것이 아니기 때문이다. 교회의 실천에 필수적으로 요청되는 언어와의 갈등임에 틀림없다. 만일 교회의 구체적 실천이 구현되지 못한다면, 결국 우리도 시장의 지배적인 언어를 사용할 수밖에 없게 될 것이다. 말하자면 우리의 죽음이 의존의 부담이라는 용어로 설명되고 말 것이다.

'충만하고 거룩하고 신실하게' 늙을 수 있다

건강에 관한 제대로 된 정의에는 반드시 죽음이 포함된다.

사랑의 세계에서도 죽음의 고통을 겪고 그것을 이겨내는 것이 포함된다.

반면 효용의 세계에서는 죽음이 끼어들면 패배한다.

죽음이 효용을 위한 도구와 절차를 무용하게 만들기 때문이다.

사랑의 세계는 지속되며 슬픔이 그 증거가 된다.

- 웬델 베리(Wendell Berry)

한 번의 짧은 잠이 지나가고, 우리는 영원히 깨어난다.

그리고 더 이상의 죽음은 없다. 죽음, 너는 죽었다.

- 존 던(John Donne)

조엘 제임스 슈먼(Joel James Shuman)

펜실베이니아주 윌키스바의 킹즈칼리지 신학 및 윤리학 교수 우리 문화에서 노화와 죽음의 관계에 대한 인식은 왜곡되었으며 전적으로 순환 논리에 지배당하고 있다. 실제로 많은 사람들이 노인이 되면 죽는다는 것을 알고 있기 때문에 늙기를 두려워하고 오래 사는 것도 두려워한다. 하지만 우리가 죽음을 두려워하는 이유 가운데 하나는 우리 자신이나 다른 사람을 보면서 좋은 죽음에 대한 인식 또는 체험이 없기 때문이다. 좋은 죽음에 대한 인식이나 체험이 없는 이유 중에는 죽음이 노인에게만 국한된 것이라고 생각하면서, 죽기 한참 전부터 노인들을 요양 기관에 맡겨 그들과 우리를 분리시키기 때문이기도 하다. 노인의 죽음은 종종 불필요하게 길어지고 고독하며 비참하다. 그러한 인식 속에서(혹은 적어도 그러한 가정 속에서) 우리는 노인들과 거리를 두고 싶어 한다. 그들의 눈에 투영된 우리 자신을 보기가 두렵고 우리에게 예견된 죽음을 마주하기 두렵기 때문이다. 바로 그 시점에 우리가 그들의 삶에 참여하고 그들이 우리의 삶에 참여하여 그들과 우리 모두에게 가장 중요한 차이를 만들어 낼 수도 있었겠지만, 우리는 그들을 방치하고 말았다. 죽음에 대한 두려움과 소외의 순환이 영구화되면서, 우리는 계속해서 죽음이란 우리에게 일어날 수 있는 절대 최악의 것, 생명에 대한 소외, 피해야 할 것, 적어도 통제되어야 할 것이라고 믿게 되었다.[1]

이러한 논리는 현대인의 삶에서 거의 대부분의 영역에 강하게 스며들고 있다. 이것이야말로 교회가 맞서야 할 세력이다. 그리스도께서 사망을 이기시고 부활의 아침에 새로운 존재의 첫 열매로 살아나셨기 때문에, 세례를 통해 그리스도의 몸 된 교회의 구성원으로 거듭난 자들은 죽음에서의 부활이라는 소망을 안고 살아간다. 우리는 더 이상 사망을 공포나 심판으로 경험하지 않아도 되며, 죽음의 두려움에서 도피하려고 애쓸 필요도 없다. 특별히 이러한 확신은 병든 자와 노인들의 삶을 통해 살펴볼 수 있다.[2] 우리는 공동체 안에서 그리고 공동체를 넘어서 그들이 잘 죽을 수 있도록 도울 방법들을 꿈꿀 자유를 가지고 있으며 또한 그 상상을 구현할 자유도 가지고 있다. 그렇게 함으로써, 우리는 공통적으로 지니고 있는 생명을 통하여 사망을 이겼다는 사실을 증언할 증인으로 세워져 간다. 존 던(John Donne)의 표현을 빌자면, 사망이 죽는 때를 소망으로 내다볼 수 있다.

하지만 이러한 상상은 우리가 능력을 받았음에도 불구하고 어떻게 시작할지 거의 모르고 있다는 현실을 인정하는 데서 시작해야 한다. 이제까지 경험하지 못했던 좋은 죽음에 대해 구체적으로 말해줄 방법은 과연 무엇인가? 마흔을 지난 필자는 이러한 문제를 일회성 주제 이상의 것으로 다루어왔다. 그리고 마음을 다해 돌보아 왔던 이들이 죽어가는 모습을 한 명 이상 지켜봤다. 하지만 그들 중에 '좋은'(good) 죽음이라고 표현해도 되겠다는 경우는 없었다.[3]

이것은 우리가 노화와 죽음에 관한 왜곡된 사고방식을 감지하지 못한 채 지나쳐 버렸다는 뜻이 아니다. 대니얼 칼라한(Daniel Callahan)은 이 문제를 누구 못지않게 사려 깊게 다루었다. 그는 죽어가는 노인들을 돌보는 문제에 있어서 현대 미국의 문화가 위기에 봉착했음을 확신하게 되었다.[4] 그의 말처럼 문제는 우리가 '자연적인' 수명을 설정하는 감각을 상실했다는 것이며, 그 결과로 생명의 질에 대한 고려 없이 생물학적 수명의 연장을 무비판적으로 추구하는 경향을 지니게 되었다는 것이다.[5] 그에 따르면, "이미 자연적 수명을 다한 자들에 대한 의료의 바른 목적은 수명의 연장보다는 고통에서의 해방이라는" 방식으로 노인에 대한 의료적 돌봄을 개발해야 한다.[6]

어떤 의미에서 칼라한의 논의는 매우 큰 영향력을 가질 뿐 아니라 신중하게 생각해야 할 가치를 지닌다. 하지만 신학적 관점에서 그의 주장은 논쟁의 소지가 있다. 이를테면 '자연적 수명'이라는 것이 정확히 무엇을 말하는가에 대해 누구라도 동의할 수 있다는 주장에는 의구심이 든다. 다른 한편 우리는 한 사람이 더 이상 참된 의미에서 삶을 지속할 수 없을 때 죽을 수 있도록 허용해야 한다고 말할 수 있겠지만, 이러한 주장은 우리가 '참된 의미에서 산다는 것'이 무엇인지에 대해 분명한 이해를 가질 때에야 가능하다. 이는 제도나 개인적 욕구의 문제일 뿐 아니라 도덕적 합의의 문제이기도 하다. 무엇이 본래적인 선이며 인간의 삶을 위해 좋은 것들이란 무엇인가에 대한 본격적인 주장들과는 별도로, 우리는 한 사람이 삶을 마감했는지의 여부를 단순하게 말할 수 없다.

그럼에도 불구하고, 칼라한이 이러한 문제들에 대해 달리 생각하는 방식을 배워야 한다고 말했던 점은 평가할 만하다. 아마도 달리 생각해 보기 시작할 최선의 지점은 죽음과 노화에 대해 지금처럼 생각하는 이유에 대해 살펴보는 것, 그리고 우리들 중 다수가 좋은 죽음에 대한 생각 자체가 부질없는 짓이라고 말하는 이유를 살펴보는 것이리라.[7] 이 글에서 필자는 노화와 죽음에 관한 현대인의 사고가 (적어도) 세 가지 요소들의 작용으로 형성되었으며, 각각의 요소는 나머지 두 요소들과 내적 상호연관성을 지녔음을 말하고자 한다. 첫째, 우리는 근대 후반부에 죽음의 생명 의료화라고 불리는 것에 대해 지속적이고도 점증적으로 주목하는 경향을 보이고 있다. 이러한 경향은 노화와 죽음을 생명을 소외시키는 질병 문제로 환원하는 추세로 나타났으며, 그 결과 죽음이 의료기술에 의해 통제되거나 퇴치될 수 있을 것이라 생각하게 되었다. 둘째, 우리는 자본주의적 정치 경제에 의해서 행사되는 헤게모니가 더욱 더 점증하고 있음을 볼 수 있게 되었다. 이것은 우리 스스로를 남들과의 관계에서 '정상적'으로 또는 일차적인 것은 아니겠지만, 생산과 소비의 순환에 참여할 능력이라는 관점에서 바라보게 만들었다. 이것은 노화와 죽음의 과정에 있는 사람들을 비참하게 보도록 조장한다. 마지막으로, 아주 최근에 이르기까지 죽음의 대안적 실천을 담당하며 노인과 죽어가는 이들을 돌보는 공동체로서의 전통이 지니는 실천과 도덕적 중요성이 쇠퇴하고 있다는 것이다. 이러한 쇠퇴는 궁극적으로 우리가 생명의 마지막을 마주하고 있는 자들을 돌보는 방식과 관련된 '윤리'라는 요소를 심각하게 무력화시키는 쪽으로 가고 있다.

늙음과 죽음의 의료화

늙음과 죽음에 관한 우리 문화의 왜곡된 사고방식이 근대 의학에 의존한다는 점에서, 우리가 눈여겨봐야 할 것은 근대 후기의 구조에서 의료가 지대한 영향을 미치고 있다는 사실이다. 말하자면 "의사들만 비난할 수 없다." 중요한 의미에서 의료는 문화 현상임에 틀림없다. 몸에 대한 의료적 이해와 나이 듦에 따라 몸에 나타나는 변화들, 그리고 그 변화들에 대한 우리의 반응, 이 세 가지는 모두 문화에 의해 형성되며, 문화로부터 멀리 있는 것이 아니라 매우 긴밀히 연관되어 있다. 이에 대해서 한나 아렌트(Hannah Arendt)는 우리에게 많은 것을 말해 준다. 아렌트는 20세기 후반의 과학과 기술의 폭발적 발전에 대한 성찰에서, 과학에는 "야생적이지도 않고 유휴하지도 않은 꿈에서 인간이 기대하는 것을 실현하고 확인시켜 주는 감각"이 있다고 말했다.[8]

이러한 주장에도 불구하고, 의학은 근대성의 무비판적인 실증주의적 전환의 더 중요한 전달자 가운데 하나였다. 이것은 특히 노화와 죽음에 대한 의료적 설명에 부분적으로 연루된 신체, 곧 기계로서의 은유가 적용되고 있음을 보여 준다.[9]

몸을 하나의 기계적 존재로 생각하는 근대의 사유방식은 아마도 데카르트의 심신이원론에서 제시된 '마음에 대한 관점'이 그 기원일 듯싶다. 데카르트는 인간의 마음이 자유롭고 능동적이며 비물체적인 것이라고 생각했으며 인격성과 행위 주체로서의 인간을 말해 주는 처소라고 보았다. 반면에 몸은 물질적이면서 완전히 수동적인 것으로 간주되었고 인간의 행위 주체를 규정할 때 전혀 이질적인 요소라고 생각했다. 데카르트는 몸이 물질적이고 수동적이라는 이유에서 분명한 기계적 법칙의 관점에서만 설명될 수 있다고 보았다.[10] 알래스데어 매킨타이어(Alasdair

MacIntyre)에 따르면, 이러한 사고의 결과로 몸이 "과학적 탐구 결과의 대상 또는 사례"로 이해된다고 말한다.[11]

　　과학적 의료 기술의 발흥과 더불어, 몸을 기계에 비유하는 관점은 질병에 대한 생각을 바꾸어 놓았다. 질병은 다름 아닌 기계 구성 요소들의 한 부분이 오염되었거나 고장 난 것이라고 설명하는 것이 가장 바람직하다고 생각하게 된 것이다. 이러한 생각은 듀보(Dubos)가 '특수병리학 이론'이라고 불렀던 것으로서, 근대 의학의 위대한 업적들의 많은 부분에서 기초가 되었다.[12] 게다가 이러한 생각은 노화와 죽음을 포함하여 몸에 고통을 주는 요소들이 궁극적으로는 단순한 개념, 곧 작동 원인(efficient causality)이라는 용어로 이해되어야 한다는 주장에도 영향을 주었다.[13] 질병과 마찬가지로 죽음은 일차적으로 특정한 작동 원인의 결과로 이해되고, 의료는 이러한 원인들을 밝혀내고 제거하는 방향성을 갖게 되면서 의료는 죽음의 치료를 그 일차적 목적으로 삼아야 한다는 관념이 생겨났다. 이러한 일반화되고 모호한 관념과 더불어 죽음에 이르기 전의 중간 기간에 의료는 생명을 최대한 연장시켜야 하며 노화와 죽음의 정확한 이유를 좀 더 잘 파악해내는 방향으로 나아가야 한다는 문화가 생겨났다. 셔윈 눌랜드(Sherwin Nuland)가 말한 것처럼, "현대 생명의학은 … 우리로 하여금 언젠가는 반드시 죽을 수밖에 없는 우리 자신의 개별적 운명의 도래를 부정하는 잘못된 환상을 심어주는 데 기여해 왔다."[14]

　　이러한 경향성을 설명하기 위해, 눌랜드는 현대 의학이 모든 경우에서 '죽음의 원인'으로 단정 짓는 특정한 관점, 곧 연방정부의 연간 '최종 사망률 통계 보고서'("Advance Report of Final Mortality Statistics)의 영향과 그것에

반영된 관점에 대해 주목한다. 눌랜드에 따르면, 보고서에서는 그 누구도

> 단순히 죽은 사람의 명단은 찾을 수 없다. 보고서는 아주 강박적인 논조로 팔순이나 비유전적인 요인으로 사망한 사람들에 대해 일부 치명적인 병리학적 임상의 범주들을 적어두고 있다. 사망자는 모든 경우에 보건부서 및 세계보건기구가 규정하는 방식을 따라 사망하는 길 밖에 없다. 의사면허를 가진 자로서, 35년간 사망진단서에 '노인' 이기에 사망했다고 기록한 적이 없다. 사망진단서는 공식적인 검증을 거쳐 기록으로 남게 된다. 세상 어디에서도 노화로 죽었다고 적는 것 자체가 적법하지 않다.[15]

이것은 노년을 죽음의 '합법적' 원인으로 상정하는 것이 해법이라고 말하는 게 아니다. 죽음을 생명으로부터의 소외라고 추정하는 한, 노화를 죽음의 원인으로 상정하는 것은 노화 그 자체가 탐구하고 치유할 대상이라고 말하는 것과 다르지 않다.[16] 여전히 죽음과 관련된 지도를 행하는 것보다 죽음이란 통제하고 치료해야 하는 것이라는 사실에 강조점이 있다는 것이 문제라 하겠다. 의료과학은 노화와 죽음이라는 인간에게 주어진 요소들을 바르게 도와 줄 방식들을 발전시키기보다 노화 및 그와 관련된 생리학적 변화의 분자·화학적 혹은 유전적 기초를 발견하는 데 집착하고 있다. 삶의 질을 향상시키려는 강력한 요청들 때문에, 의료는 역설적으로 존 던이 말했듯 "더 이상 죽음이 없는" 상태가 가능해지는 때를 향하여 테크놀로지의 발전을 이루고 있다는 (적어도 기독교적 조망에서는) 이단적

이라 할 잘못된 소망의 관점에서 노인을 대하고 있다.

시장 헤게모니

노화와 죽음에 대한 현대인의 관점에 작용하는 두 번째 강력한 힘은 우리 삶의 한 부분이 되고 있는 자유시장주의 정치 경제이다. 우리는 점점 더 시장 이데올로기로 구성된 하나의 세계에 살고 있다. 시장 이데올로기는 우리로 하여금 일차적으로 재화에 대한 욕구로 가득 찬 소유형 인간이 되라고 훈련시킨다. 그리고 스스로를 협의의 특수한 방식에서만 다른 사람들과 관계를 형성하는 존재로 이해하도록 이끌어간다. 미국의 현대 문화에서 돌봄에 대한 진정한 실천자를 다룬 논문에서, 찰스 테일러(Charles Taylor)는 시장경제와 절차적 자유주의의 유형 사이에 불가분의 관계가 있다고 말한다. 그가 지적하는 절차적 자유주의란 "삶의 실체적 목적에 관심을 두지 않고 각자의 목적을 추구할 수 있도록 자원을 상호 협력적으로 배당하는 일에 관심을 가진다."[17] 그는 이러한 정치철학이 개인 숭배를 낳는다고 주장한다. "사회관계들과 더 광범위한 사회적 실재들을 개인의 선택과 행위로 구성한다. 이러한 방식으로 심화되고 견고하게 정립된 관점은 소극적 자유를 최상의 가치로 상정하고 있다."[18]

이어서 테일러는 소극적 자유는 단지 소극적일 뿐이라고 말한다. "~으로부터의 자유"(freedom from)는 절대적 의미에서의 자유가 아니라 다른 무엇인가를 위한 자유이다. 무엇보다도 다른 사람들에 대한 완전한 위탁에 전혀 방해받지 않는 자율적 행위자로서, 사람들의 다소 환상적인 자기 인식은 자본주의 정치경제를 성공시키기 위한 필수 요소이다. 사실 우리의 현대 문화는 우리로 하여금 이러한 사실을 믿도록 만들고 있다. 우리는 다른 무엇보다 우리 자신과 다른 사람들에 의해 '소비나 노동의 단위'로만 식별되는 '돈을 벌고 쓰는 사람들'이다.[19] 효율적인 생산자-소비자가 되는 것은 우리에게 무한한 유연성을 요구한다.

> 장소에 매여서는 안 되며, 고용을 따라갈 준비를 해야 한다. 그들은 시간에 매여서도 안 되며, 주중은 물론이고 특히 일요일의 그 어떤 시간에도 일할 준비를 해야 한다. 따라서 그들은 특정 집단의 사람이나 공동체와 얽매여서는 안 된다. 심지어 가족이 있다는 것은 시장에서 중요하지 않기 때문에 사회적 의미를 지니지 않는다. 그것은 유연성만 산만하게 할 뿐이다. … 그들은 짧게 절단되어 자신의 연속적 선택의 원칙이 아니라 시장의 요구에 따라서만 행사하는 일련의 기능으로 축소된다. 이러한 방식으로만 소비자의 다양하고 변화하는 욕구에 대응하고 그들을 충족시킬 수 있다. 하지만 소비자는 누구인가? 바로 그들 자신이다. 노동자들의 유연성에 대한 요구 이면에 있는 가정은 소비자들 역시 고정되거나 제한된 욕구를 갖지 않을 것이며, 더 일반적이고 따라서 시장성이 없는 좋은 것에 대한 욕구를 자발적으로 포기함으로써 그들 스스로 정체성을 부여하지 않을 것이라는 것이다.[20]

그러므로 생산과 소비의 무한순환에 참여하기 위해서는 만인에 대한 만인의 투쟁으로 특징지을 수 있는 세상에 살고 있음을 더욱 확신해야 하는 상태가 된다. 그 세상은 특히 (비록 대중적이지만) 범퍼 스티커에 "가장 많은 장난감을 가지고 죽는 사람이 승자다"[21] 라고 새겨두게 되는 세계이다. 이러한 태도는 공동체와 전통을 부식시킨다. 왜냐하면 우리의 삶이 서로에 대한 관계로 구성되는 심층적인 것이라는 생각과 양립할 수 없기 때문이다.[22] 존 밀뱅크(John Milbank)도 이렇게 말한다.

> 자본주의의 가장 타고난 경향은 공동체를 배제한다. 자본주의는 사회 전체와 추상적인 부의 축적 또는 일반적으로 할 수 있는 일의 축적 중 하나라고 할 수 있는 것을 개인의 주된 목적으로 만들고, 특히 사회적 관계 형성을 포함한 어떤 구체적인 것을 하고자 하는 욕망을 강하게 굴복시키기 때문이다.[23]

이것은 필자가 앞에서 말했던 노화와 죽음에 관한 현대의 논리와 매우 분명한 연관성이 있다. 우리가 이어가야 할 자본주의는 특정한 사람 및 장소에 얽매이지 못하게 하며 서로를 멀어지게 한다. 서로에 대한 우리의 의무는 최소화되어 버린다. 하지만 전적으로 사라져 버리는 것은 아니다. 우리와 연관된 자들이 있다는 점, 그리고 스스로는 돌볼 수 없어서 누군가의 도움을 받아야 하는 자들이 있다는 사실을 우리는 잘 알고 있다. 하지만 우리는 그러한 돌봄을 제공할 수 없거나 혹은 제공하고 싶어 하지 않는다. 돌봄을 베풀게 되면 우리가 이해하고 있는 주요 책무, 곧 정치적 경제에 책임감 있게 참여하는 일이 어긋나기 때문이다. 그리고 스스로를 돌볼 수 없는 사람들에 대한 보살핌이란 단순히 자신의 이익을 위해서가 아니라 경제의 이익이라는 점에서도 전문화되어야 한다고 설득 당한다.

바로 이 지점에서 죽음과 노화의 의료화에 의해 형성된 노인에 대한 태도는 우리가 시장에 참여함을 통해서 형성되는 태도와 직접적으로 연결되었다고 볼 수 있다. 시장은 생산과 소비의 순환에 더 이상 참여할 수 없는 정도가 되면 노인들이 더 이상 사회의 '정상적인' 구성원일 수 없다고 생각하게 되었다. 더구나 의료 기술이라는 렌즈를 통해 노화와 죽음과 관련된 변화를 보게 되면서 노인들에게 가장 적합한 장소는 병원이나 숙련된 간호 시설을 갖춘 의료기관이라고 생각하게 되었다. 그리고 그곳에서 노인들을 쇠퇴하지 않도록 치료하거나 통제할 수 있을 것이라고 믿게 되었다.

정치 경제의 관점에서 볼 때, 돌봄의 이러한 모델은 적어도 두 가지 측면에서 서로에게 이익이 되는 것으로 인식된다. 첫째, 전문적 돌봄이 효용성이 높을 것이라는 생각이 일반화되고 전문적 돌봄이 광범위하게 구현될 수 있다는 점에서 가족과 지역사회 구성원들이 시장에 보다 완전히 참여할 수 있다는 생각이다. 둘째, 노인들은 이러한 형태로 경제 과정에 재참여하게 되고 전적으로 새로운 형태의 경제가 구현된다는 생각이다. 병들고 죽어가는 노인들을 위한 총체적 돌봄 서비스가 경제의 한 과정이 되었으며, 그 경우에 해당하지 않는다고 하더라도 상대적으로 활동적이지 않은 노인들이 지닌 부가 다시 경제를 통해 유통되고 있다는 생각

이다.[24]

전통의 쇠퇴

삶을 의료와 시장의 렌즈를 통해 보는 경향이 점점 강해지는 것은 우리들 자신에 대해 생각하는 방식이 더 종합적인 형태가 되는 것이기도 하고 전통을 적대시하는 근대성의 특성에서 비롯된 것이기도 하다.[25] 이와 동일한 사고의 변화가 과학적 실증주의에 나타나 우리들 자신을 근대 의학의 일부분이자 꾸러미에 속하는 것으로 생각하게 만들었다. 또한 우리들 자신을 생산자이자 소비자로 여기게 한 시장 경제는 인간을 위한 선에 관한 특정한 설명에 실체적으로 위탁하고 있는 전통 담지적 공동체의 삶의 방식을 약화시키며 그러한 설명을 지탱해 주는 특정한 행위들, 그리고 전통적으로 이들 공동체에서 노인 구성원들에 의해 의미 있게 확장되어 온 설명과 행위들을 약화시켰다.

칸트의 〈계몽이란 무엇인가?〉는 이러한 요소들을 보여 주는 대표적인 문헌이다. 그는 "타자에게 이성적 판단과 숙고를 대신해 달라는 경향"[26] 으로부터 인간을 해방시키는 새 시대가 도래했다고 주장한다. 칸트는 새롭고도 외향적인 공적 공간의 창조를 말했다. 이곳은 사실성과 보편적 합리성이 통치하는 민주적 영역으로 인간이 살아야 할 당위에 관한 전통적이고 권위주의적인 주장들은 인정되지 않는다.[27] 알래스데어 매킨타이어의 말처럼, 이곳에서 "자아는 유신론적이고 목적론적인 세계 질서와 그것을 스스로 합법화하기를 시도하는 위계질서에 동시적으로 가두어 버린 사회 구조의 모든 낡아빠진 양태로부터 해방된다."[28] 시대를 통해 축적되어 온 전통이 주는 지혜가 아니라, 이러한 자율적 인간의 합리성이 문제일 듯싶다.

물론 이러한 공적 공간의 등장이 매킨타이어가 '낡아빠진 양태'라고 설명한 것의 직접적이고 철저한 와해로 이어지는 것은 아니다. 오히려 이러한 현상은 인간이 그 자체의 특정한 규칙에 의해 움직이는 두 세계에 동시에 살고 있다는 현대인의 이해를 공유할 수 있게 해준다. 현대인은 무엇보다도 공적 공간에 속해 있다. 보편적 이성에 의해 구성되는 도덕성이 지배하는 영역으로서, 그 안에서 서로를 신뢰한다는 것은 자유로운 선택에 의한 것이요 계약에 따른 것이다. 공적 공간은 우리가 살고 있는 곳이자 낯선 사람과 연계되는 영역이며 학문과 시장의 영역이다. 또 다른 세계는 사적 영역이다. 가족과 신념의 영역으로서, 정서와 감정에 의해 지배되며 그곳에서의 관계성은 상호이익에 대한 기대가 아니라 정서적 공감에 기초한다.[29]

하지만 공적·사적 구분의 가정에는 매우 큰 문제가 있다. 특별히 현상 유지(status quo)에 관련된 대안을 세우거나 재설정하려는 경우에는 더욱 그렇다. 공적 세계는 사실의 세계라고 하는 그 생각 자체가 가치 혹은 심지어 신념의 사적 세계보다 어느 정도는 더 현실적인 것이리라는 생각을 가지게 한다. 더구나 가치와 신념 등의 문제들은 의료 및 시장에 거의 연관성이 없거나 혹은 무관하다는 식으로 생각하게 된다. 기껏해야 가치와 신념은 추상적인 도덕 원칙들이 추출될 수 있는 다듬어지지 않은 것들로 취급된다. 결과적으로 이러한 방식을 취하지 않는 공동체들은 죽어가는 노인들을 위한 돌봄이라는 구체적인 반증을 보여줄 수 없게 된다. 왜냐하면 그러한 공동체들은 주도적인 시스템 안에서 증대시키는 개선책을 찾는다는 명분으로 자신들의 확신과 관행들을 더 보편성이 강한 관용구들로 번역하려는 유혹에 굴복해 왔기 때문이다.[30]

그 결과 노인들은 몇 가지 점에서 단번에 문화적 공격을 당하게 된다. 불가능한 것은 아니겠지만, 잘 늙고 죽는 것에 대해 가르침을 주기 어렵게 된다. 노인들이 늙어감에 따라 신체에 나타나는 변화들은 신체를 지닌 존재에게 고유한 것으로 여겼던 관점보다 문화적, 의료적 측면이 더 강조되는 방식으로 설명된다. 그리고 인간이란 본래적으로 늙게 마련이기에 더욱 전문화된 돌봄을 받아야 한다는 사실에 대해 의구심이 생겨난다. 시장경제의 효율성에 대한 강조와 생산에서 소비에 이르는 순환 과정은 우리로 노인들을 더욱 소외시키도록 부추긴다. 노인들이 경제활동에 참여할 수 없게 된 것을 두고 그들을 짐으로 생각하게 되며 특별히 그들을 돌보는 일에는 기간이라는 용어가 필요하다는 생각에 이른다. 노인에 대한 돌봄에 상대적인 기간을 설정하는 일은 과연 누가 할 수 있겠는가? 그리고 전문기관 이용이 광범위하게 가능해진다면, 과연 누가 기간을 문제 삼을 수 있을까?

이러한 태도는 우리 문화에서 전통적 권위를 아주 가볍게 무시해 버리는 일반적 관행에 의해 더욱 증폭된다. 결국에는 노인들이 분리되고 만다. 그들을 잉여적 존재라고 생각하기 때문이다. 매킨타이어는 이렇게 말한다.

전통의 역할이 인정되는 사회에서, 노인들은 그에 상응하는 역할을 한다. 전통을 없애버리면 노인들은 기능도 없고 남아도는 사람이 되고 만다. 전통이 인정되는 곳에서는 노인들이 젊은이들에게 자신들의 젊은 시절과 상속된 과거에 대해 이야기해 주는 것이 문화의 전승이며 불가결한 요소이다. 반면 전통이 인정받지 못하게 되면, 노인의 이야기는 따분한 조상들의 넋두리가 되고 만다.[31]

노인의 지혜는 우리 삶의 광범위한 부분에서 사라져버렸다. 우리가 그 지혜라는 것이 더 이상 존재하지 않는다고 믿기 때문이다. 그리고 죽음에 대한 태도, 곧 우리에게 불가피한 죽음이 다가왔을 때 죽음의 두려움을 무시해 버리지 못하는 모습에서 이것이 더 분명하게 나타난다.

나이가 들어감에 따라 죽음과 함께한다. 전통의 개념은 세대를 통해 확장되는 관계의 개념으로, 각 세대는 그 안에서 전통을 초월하는 역사의 한 부분을 발견할 수 있게 된다. 그 어떤 세대도 다른 세대의 지위를 빼앗을 수 없다. 따라서 각 세대에게 죽음의 순간이 있게 마련이다. 죽음이란 막아낼 수 있는 것이 아니며, 언젠가는 환영하고 받아들여야 하는 요소이다.[32]

매킨타이어의 관점은 우리의 일상적인 경험과는 큰 차이가 있다. 그 것은 우리가 거의 무수한 방법으로 항상 그리고 어디에서나 서로에게 묶여 있다는 것을 발견하는 우리의 삶에 '자연적인' 리듬이라는 단어를 감히 사용한다면 적절하고 고른 리듬이 있다는 것을 암시한다. 우리가 직면해야 하는 질문은 현재 우리가 처한 정황에서 되어야 할 단계를 향해 나아갈 방법이 과연 무엇인가 하는 문제이다.

그리스도인들은 대안을 줄 수 있을까?

만일 그리스도인들이 노화와 죽음에 대한 현대적 관점에 대안을 주고자 한다면, 매킨타이어가 남겨둔 인용문으로부터 시작해야 한다. 이와 더불어 우리들 각자는 죽을 때가 있다는 사실, 잘 죽는다는 것의 중요한 요소는 단지 죽음이 있다는 것을 아는 것만 아니라 모든 개인이 죽음의 때에 가까워지고 있음을 공동체적으로 식별해야 함을 알아야 한다. 그리스도인은 생기론자(vitalists)가 아니다. 생물학적 생명을 그 어떤 대가를 치르더라도 반드시 붙잡아야 할 선이라고 생각하지 않기 때문이다.[33] 레이 앤더슨(Ray Anderson)은 이렇게 말한다. 개인의 생명이 중지된다는 뜻의 죽음은 하나님으로부터 인간이 소외된 결과이다. 반면 그 소외는 예수의 삶과 죽음 그리고 부활을 통해 극복된다. 이것은 육체를 지닌 존재로서의 인간이 생물학적으로 맞이하는 죽음의 경우를 말하는 것이 아니다. 이것은 피조물로서의 인간에게 고유한 현상일 뿐이다.

인간 인격성의 죽음에 관한 신학은 자연적 생명에 속하는 영역에서의 죽음이라는 현실적인 측면 또한 포함해야 한다. 삶과 죽음의 이러한 생물학적 연속성은 유한하고 필멸(mortal)을 지닌 피조물을 포함하여 인간의 실존에 관하여 하나님께서 세우신 한계에 해당한다. 하지만 이 한계가 벗어나지 못할 운명이 되는 것은 아니다. 하나님께서는 인간으로 하여금 하나님과의 인격적이고 영적인 관계를 맺으심으로 이러한 자연적 한계를 넘어 인간의 인격성을 고양시켜 주실 것을 약속하셨기 때문이다.[34]

하지만 성육신, 죽음 그리고 부활에 관한 올바른 신학적 진술은 그 자체만으로는 기독교적 대안을 위한 충분한 기초가 되지 못한다. 그 대안은 노화와 죽음에 관한 잘 정리된 신학뿐 아니라, 각자의 죽음의 의미를 신실하게 해줄 공동체적 삶의 형식과 실천들에 관한 철저한 설명을 기독교가 해줄 수 있느냐는 것이다. 기독교가 어떻게 하면 진정한 대안 문화가 될 수 있느냐에 관해 살펴보려는 이유가 바로 이것이다. 웬델 베리(Wendel Berry)는 죽음과 삶의 연속성에 관한 비전과 그 실천들을 말해 줄 공동체에 주목한다.

올바르고 완전한 제자도를 배운다는 것, 곧 죽음을 삶, 쇠퇴와 성장, 그리고 반환과 생산에 대해 두 가지를 더불어 설명하는 제자도를 배운다는 것은 문화적 관용의 불가피한 형식이다. 이것은 인간이 지닌 필멸을 인정하고 행동하는 효과적인 방식 가운데 하나이다. 그는 죽을 것이고 다른 사람들은 그 이후를 살아간다.[35]

넓게 보면, 그리스도인으로 하여금 신실하게 나이 들고 죽을 수 있게 하는 '올바르고 완전한 제자도'는 우리로 하여금 신실하게 살아가도록 이끌어주는 바로 그 제자도이다. 그리고 좋은 죽음이란 결국 잘 살아온 삶에 근접한 것이며 그렇게 실행된 죽음이라는 것도 알 수 있다.[36] 더구나 잘 사는 삶이란 신실한 교제를 통해 살아온 삶이다. 하나님과의 교제, 다른 사람들과의 교제, 그리고 다른 피조물과의 교제에 신실하며 출생, 삶, 늙음, 그리고 죽음이라는 리듬에 맞추어 살아가는 것을 뜻한다. 세례와 성찬의 예전에 참여하고 베푸는 것은 아마도 그리스도인의 삶을 근본적인 공동체적 교제를 통하여 가장 잘 볼 수 있게 하는 렌즈일 듯싶다. 세례는 하나님과의 특별한 관계 속으로 들어가기 시작하는 단계라는 뜻만 가진 것이 아니라 성례전을 통하여 깨닫게 되는 하나님의 '지상의 사람들과 하늘의 모든 동료들'을 포함하는 성도들과의 교제에 참여하는 멤버십을 가지게 되는 것이기도 하다.

그리고 노화와 죽음은 성도들의 공동체적 교제 안에서 완전히 새로운 관점으로 해석된다. 교회가 우리에게 필연적인 죽음을 확신과 심지어 기쁨 속에 맞이할 과정이라는 사실로 훈련시킨다면 죽음의 두려움을 초월하는 것 이상의 의미를 가진다.[37] 또한 성도의 공동체적 교제는 하나님의 은혜로 구성된 공동체가 과거와 미래로 확장되어 죽은 자들까지 포함하는 지속적이고 즉각적인 성도들의 현존을 깨닫게 해준다. 이러한 의미에서, 성도의 공동체적 교제는 절대적으로 전통을 담고 있어야 한다. 교회가 성도들의 사례들을 식별하고 살펴본다는 사실은 또 다른 것을 기억하게 해준다. 교회는 신실한 삶을 살아온 자들의 지혜를 보배롭게 여기며 그것을 구현하도록 이끌어 준다. 사실 이것은 교회가 기억의 공동체로 간직되어 왔음을 뜻한다. 그러므로 교회는 항상 풍요로워지는 공동체이어야 하며, 그 안에서 "젊은이와 늙은이가 서로를 돌보아야 한다. 젊은이들은 늙은이로부터 배워야 한다. 그것이 꼭 학교이어야만 하는 것은 아니다. 게토화된 '어린이 돌봄'과 '늙은이를 위한 집'이어야 하는 것도 아니다. 교회 공동체는 늙은이와 젊은이의 연합을 통해 정체성을 가지며 서로를 기억한다."[38]

그리고 여기에서, 죽음이란 삶의 정상적인 주기에 해당한다는 것을 말해 주는 또 다른 방식이 그리스도인의 공동체에 있음을 발견한다. 만일 잘 죽는다는 것이 우리가 가장 심오한 신학적 확신에 대한 복음적 증인 (evangelical witness)이 되는 범위에서만 도덕적으로 의미 있다는 점을 깨닫게 된다면, 좋은 죽음이라는 선물을 받아들일 방법을 가르쳐주는 것보다 더 중요한 교훈은 없다는 것도 깨닫게 된다. 이러한 방식으로 교회는 세상에 대해 근본적인 진리의 증인이 된다.

갱신의 개념에는 항상 상실과 죽음의 개념이 수반된다. 갱신이 일어나기 위해서 과거는 망각되는 것이 아니라 폐기되어야 한다. 우리 또한 그렇게 되고자 한다면, 우리도 현재 존재하는 방식을 멈춰야 한다. 생명을 얻기 위해서는 생명을 잃어야 한다. 우리의 언어는 이러한 죽음에 대한 풍요로운 증언들을 가지고 있다. 봄이 오기 전에 한 해가 저물어 간다. 싹이 트기 전에 씨앗이 땅에 묻혀야 한다. 엘리자베스 시대의 비유처럼, 성적 죽음은 결혼을 한정짓는 용어로서의 죽

음이다. 거듭남을 위해서는 영적 죽음이 있어야 하고 부활은 몸의 죽음이 있어야 가능하다.[39]

이 교훈은 노인들이 그들의 나날을 살아갈지도 모르는 우리의 한가운데에 명예와 존경의 공간을 만들지 않는 한 우리에게 잘 가르쳐 줄 수 없다. 우리가 살아감에 있어서 노인을 공경할 여유를 찾아내기 위해서는 공동체에 노인들이 존재하고 노인들에게 공동체가 존재하기 위해서는 시간과 비용이 소요되며 일정한 기법의 계발이 필요하다. 이러한 필요사항들은 현대적 삶을 살아가는 우리들 대부분의 경우에 실현하기 쉽지 않다. 우리는 고용주들에게 거의 맹목적 추종이 요구되는 직업에 종사하고 있으며, '경제 성장'의 명분에서 추종을 기반으로 삼는 정치 경제에 이끌리고 있다. 만일 우리가 신실한 삶을 살고자 한다면, 우리는 기꺼이 회개해야 한다. 정말로 중요한 것에 대한 우리의 확신에 더욱 부응하는 차별적인 삶의 방식을 취해야 한다.

결국 이것은 우리가 근본적으로 삶의 다른 방식을 받아들일지 심각하게 고려해야 한다는 뜻이 된다. 우리가 동네 의사에 의지하던 시절과 농업시대, 확대 가족 시절의 더 단순했던 시절로 '되돌아 갈' 수 없고,[40] 또한 모두가 그렇게 기대해야 하는 것도 아니지만, 우리 중에는 그 시절로 돌아가자고 주장할 사람도 있을 것이다. 그러나 우리는 기독교 공동체가 지닌 고유한 사회적, 정치적, 경제적 대안 문화로서의 지위에 기초한 대안을 상상해 볼 수 있다. 교회는 세례를 통해 재구성된 공동체로서, 가족 관계로 설명하자면 서로에 대한 돌봄을 근본적 책무로 확증하는 구성원들로 이루어진 확대 가족이다. 더구나 교회는 경쟁, 효율성, 그리고 생산과 소비의 무한순환에 의해 특징 지워지는 것이 아니라 우리 삶의 모든 선한 것들은 은혜로우신 하나님의 선물이라는 생각에 의해 특징 지워지는 공동체이다.

우리는 우리 삶과 우리가 지닌 자원들을 선물로 이해하고 있기 때문에, 신앙의 형제자매들 사이에서 다른 방식의 삶을 위하여, 부와 다른 자원들의 창조적 재분배에 기꺼이 참여할 자유를 지니고 있다. 그리스도인들은 부의 축적과 지위에 집착하는 길에서 자유로워진 자들로서, 자녀양육 또는 부모나 조부모를 세심하게 돌보는 데 시간을 사용하고 그에 따른 기술적 자원들을 활용할 수 있다.

이처럼 비제도적인 맥락과 비전문적인 돌봄으로의 전환은 의료의 거부가 아니라 성도의 공동체적 교제가 주는 선함, 그리고 선 그 자체에 대해 과학적 의료를 종속시키는 고유한 행위이다. 의료는 우리에게 치료를 추구하는 방식을 권고함으로써 죽음의 순간과 얼마나 가까이 왔는지를 식별하도록 돕는다. 그리고 삶의 마지막에 종종 겪게 되는 고통과 통증에 대처할 수 있도록 해준다. 하지만 이것은 환자와 의사 양측 모두가 삶의 연장에 관심하는 것도 아니고 죽음 그 자체에 대한 제어도 아닌 신실함의 관점에서만 다가설 때라야 가능하다. 이러한 인식은 우리가 현재 지니고 있는 의료와는 매우 다른 의료가 필요하다는 뜻이 된다. 셔윈 눌랜드는 이 부분에서 최소한의 반향을 보여 준다. 그는 이렇게 주장한다.

우리 모두에게는 우리를 알 뿐 아니라 죽음에 다가서는 길을 아는 안내자가 필요하다. 같은 질병이라도 복잡한 과정을 통해서 이를 수 있는 많은 길이 있고, 많은 선택지가 있으며, 우리가 쉬거나 계속할, 또는 여행을 완전히 끝낼 수 있는 많은 관문들이 있다는 것을 알려 줄 안내자말이다. 그 여행의 끝에 도달하기까지, 우리는 사랑할 동료가 필요하며 우리의 길을 홀로 선택하게 할 지혜가 필요하다. 우리의 결정에 들어오게 마련인 진료라고 하는 외적 요소는 우리의 가치를 잘 알고 있으며 우리의 삶의 방식을 잘 알고 있는 의사로부터 주어져야 한다. 우리가 앞에서 다루었던 극히 전문적인 의료기술을 지닌 낯선 사람이 결정을 내리게 해서는 안 된다. 그 결정의 순간, 우리에게 필요한 것은 낯선 자의 친절이 아니라 오랜 기간 함께한 친구의 이해심이다. 우리의 건강 돌봄 시스템이 어떤 식으로 새롭게 갖춰지든 간에, 좋은 판단은 이처럼 단순한 진리를 귀하게 여기는 데서 비롯된다.[41]

그리스도인에게 눌랜드가 말한 숙련되고 우정을 가진 자들이란 세례의 이야기를 공유하는 자들이다. 우리 삶의 모든 좋은 것들처럼, 그들은 은혜롭게 주어지고 성숙된 선물처럼 주어진 자들이다. 이러한 의미에서, 죽음은 선물로서의 삶 주변을 맴도는 총체적인 생명 개념 가운데 한 부분이다. 노인들은 우리에게 삶의 과정에서 그들 자신이 남자와 여자로 살아올 수 있도록 이끌어 주었던 이야기를 전해 줌으로써 그들의 지혜를 나누고 우리를 축복해 준다. 이러한 이야기의 힘은 우리를 도덕적인 존재가 되게 하며 다른 모든 것들 중에서도 노인들을 사랑과 공경으로 돌보는 사람이 되게 하고 그들의 삶이 우리들에게 의미를 주는 것이라는 점을 깨닫게 해준다.

이러한 이해가 커질수록 우리는 우리 안에서 하나의 희망을 발견하게 된다. 노인들에게 감사의 마음을 전하고 싶은 욕구와 능력이다. 우리는 노인들의 의존성이 점차 커지고 있다는 사실을 인지하고 받아들이면서 그들에게 우리의 시간과 자원을 선물로 줄 수 있다. 그들이 죽음을 맞이할 때 그들 곁에 함께 머무는 선물이다. 우리는 그들에게 어렵고 때로는 기쁘지만은 않은 돌봄을 선물로 주며 그들을 먹이고 목욕시키며 밤에는 그들을 지켜준다. 우리는 그들이 죽음의 문턱에 들어서는 때 그들의 고통과 두려움을 작게나마 공유한다. 그리고 그들이 죽었을 때 진정으로 슬퍼하며, 우리가 가지고 있는 것보다 더 많은 것을 받았다는 사실을 깨닫게 된다. 그들은 우리의 돌봄을 은혜 안에서 받아들임으로 잘 죽는 방법이 무엇인지를 우리에게 보여 주며, 언젠가 우리들이 그렇게 떠나가야 할 때의 예표가 된다.

Growing
Old
in Christ

Part 3

나이 듦에 대한 기독교적 실천

공동체,
나이 듦을
환대하라

세대를 초월한
우정을
쌓으라

스탠리 하우어워스(Stanley Hauerwas)
듀크대학교 신학대학원의 길버트 T. 로우 신학적 윤리 석좌교수

로라 요디(Laura Yordy)
듀크대학교 종교학대학원의 박사과정 학생.

우리 사회에서 노인들에 대한 가장 충격적인 묘사 중 하나는 외로움이다. 노인과의 우정 같은 것은 거의 상상할 수 없다. 늙어간다는 것은 고립되어 가는 것이라는 우리의 고정관념 탓이다. 고립은 유약성, 사회적으로 쓸모없음, 가정과 소유로부터의 소외, 강요당하는 의존, 향수 등과 맞물려 여러 측면에서 사랑받지 못하는 존재이자 사랑을 주기 어려운 존재라는 이미지를 만들어낸다.

많이 늦은 감이 있지만 우정과 늙음의 관계에 대한 설명을 다루고자 한다. 우정과 늙음의 관계에 대한 설명에는 늙음 자체를 어떻게 생각하는가의 문제가 포함되게 마련이다. 모두가 늙어갈 수밖에 없지만, 늙어가는 방식과 그 의의는 각자의 역사적인 맥락과 그가 속한 공동체에 따라 달라질 수 있다. 우정과 늙음에 관한 이 글이 모든 공동체에 적용될 수 있다는 뜻은 아니다. 이 글은 우정을 기독교의 관점에서 다루고자 한다. 그리스도인들의 우정 개념이 노인들 사이에서만 아니라 시간을 가로질러 적용될 수 있다는 점에 주목하게 될 것이다.

하지만 필자들은 우리의 관점을 최대한 솔직하게 말할 생각이다. 이 글은 중산층, 백인, 프로테스탄트 미국인의 경험에서 나왔으며 주류, 중산층 교회(종종 백인 교회라고 불리는)를 대상으로 삼았다. 아프리카계 미국인, 아시아계 미국인, 그리고 히스패닉 계열의 우정과 늙음의 관계는 필자들이 다루는 백인들의 모습과는 크게 다를 수 있다. 그럼에도 불구하고 필자들은 기독교 전통 안에 공유하고 있는 이야기들과 행위들이 이 주제를 설명해 줄 수 있고 문제를 풀어낼 자원이 될 수 있으리라 기대하고 있다. 필자들은 교회라고 불리는 공동체에서 세대를 초월하여 어떻게 우정이 가능한지 그리고 왜 필수적인 요소인지 살펴보려 한다.

물론 기독교 공동체 안에서도 늙음의 방식들은 다양하다. 그리고 실제로 다양한 방식으로 나타나고 있다. 마치 젊음의 방식이 다양한 것처럼 말이다. 필자들이 의도하는 것은 모든 노인들에게 동일하게 적용될 관점을 제시하는 것이 아니다. 젊은이와 늙은이에게 주어진 매우 다양한 은사들이 시간 안에서 공동체를 형성시키는 자원이 된다는 점과 교회가 우정을 위한 충분한 시간을 가지고 있는 공동체임을 확인하고자 한다.

필자들의 설명 방식이 얼핏 보기에 기술적(記述的)이면서도 규범적인 것으로 보일 수 있다. 하지만 두 가지를 예리하게 구분하기란 쉽지 않다. 필자들은 기술적 관점에서 출발한다. 특히 미국 사회에 나타난 늙음과 외로움을 다루고자 한다. 그렇다고 해서 필자들의 관점에 도덕적 전제가 없다는 듯 말하고 싶지는 않다. 필자들은 인간에게 피할 수 없는 것으로 여겨지는 늙음과 죽음의 관계를 일반적인 견지에서 설명하고자 한다. 이 글의 중간 부분에서는 좀 더 분명한 규범적 성격이 드러나게 될 것이다. 조금은 놀랄 수 있겠지만, 우리는 기독교적 우정에 대한 이해를 돕기 위해서 수도원적 설명을 다루고자 한다. 이러한 설명을 통해 우리가 속한 공동체에서는 시간이 서로를 소외시키지 못한다는 점을 전제하면서 우정의 본질을 말해 주는 중요한 요소를 찾아낼 수 있을 것이라고 기대하고 있다. 결론부에서는 교회가 세대 간 그리고 세대 안에서의 우정을 구현할 실천적 방안을 제시하고자 한다.

이 글이 신학적 관점을 배경으로 삼고 있다는 것은 분명하다. 하지만 이러한 접근법이 다른 배경을 가진 관점들과 어떤 차이가 있는지 드러내 보이고자 한다. 그리고 이 글은 포스트모던 신학을 방법론으로 삼고 있다. 우리가 볼 때 늙음의 문제에 관한 보편성을 지닌 관점이란 있을 수 없다. 따라서 필자들은 우리가 속한 전통을 배경으로 말할 수밖에 없다. 필자들은 이 글이 우리 입장에 대한 변명이기보다 다른 배경의 전통들에서 이 문제에 관한 논의들이 촉진되기를 기대한다.

늙는다는 것은 우리의 친지들과 평생의 친구들을 지역적 거리나 질병, 죽음을 통해 상실해 가는 것을 뜻한다. 친구들이 멀어지고 떠나감에 따라, 우리는 삶의 이야기와 정체성을 상실해 간다. 우리는 늙어감에 따라, 과연 지금까지 나 자신으로서 살고 있는 것인지 의구심을 가지게 된다. 늙어가는 살과 뼈를 보면 과연 이것이 이제까지의 우리 자신의 모습이었으리라고 인정할 수조차 없다. 거울에 비친 얼굴과 몸을 보면서 '내 몸'이라고 보기 어려운 상태가 되기도 한다. 그러면서 우리는 다른 사람들로부터 소외될 뿐만 아니라 우리 자신으로부터도 소외된다.

물론 노인들은 기억을 가지고 있지만 기억 자체가 맞지 않을 수도 있다. 결국 자신으로부터의 소외가 깊어진다. 그런가 하면 기억은 우리가 이제까지 살아왔던 모습으로 더 이상 살 수 없음을 일깨워 주는 고통을 주기도 한다. 삶과 정체성을 이어오게 만든 이야기들이 너무도 다양해서 말이 많아지기도 한다. 지나온 이야기들을 일일이 늘어놓는 것 자체가 고독을 심화시키는 것일지도 모른다. 이야기를 늘어놓는다고 해서 이제까지 살아왔거나 혹은 공유해왔던 내용을 다 담아낼 수는 없다. 요컨대 나이 듦은 한때 자신의 모습으로부터 지속적인 소외를 낳는다.

은퇴하여 고향에 돌아온 이야기를 다룬 《옛 친구들 *Old Friends*》에서, 키더(Tracy Kidder)는 아내와의 사별 후 '기억 때문에 고생하는' 한 노인의 이야기를 전해 준다. 이 이야기는 우리의 자화상을 완벽하게 보여 준다. 인간은 기억 없이 살 수 없지만 그에 못지않게 기억 때문에 고통을 받는다. 예를 들어, 키더는 노인이 결혼 초기에 아내가 프라이팬을 떨어뜨리는 것을 주워 주면서 했던 말을 기억하면서 이렇게 말했다고 적었다. "만약 집사람이 살아 돌아온다면, 프라이팬을 수백 번 떨어뜨려도 난 조금도 개의치 않을 거야."[1] 키더는 기억 현상과 관련하여, 기억이 우리를 통제하는 만큼 우리가 기억을 잘 통제하지 못한다는 사실을 말해 준다. 노인은 결혼 생활이 정말 행복했다고 기억했지만, 지금 기억해 내서 말하는 이야기라고는 아내가 프라이팬을 떨어뜨렸다는 사실과 아내와 60년에 걸쳐 불화를 겪었다는 사실 뿐이었다.

그의 아내는 사랑한다는 말을 듣기 원했을 것이지만 그는 그것을 거부한 것이 아니라, 사랑을 증명할 일들을 실행하는 것을 선호했을 뿐이라고 항변하고 싶었을 것 같다. 그의 아내는 이해는 하지만 여인들은 그런 말 듣기를 원한다고 말했을 듯싶다. 그리고 아마도 그는 "우리 집에서는 그렇게 하지 않아"라고 대답했을 것 같다. 그는 아내가 죽기 전 몇 주 동안 사랑한다는 말을 매일같이 하루에 몇 차례씩 들려주었다. 아내가 숨을 거두기 얼마 전까지 석양이 물든 방에서 말이다. 하지만 아내는 아무 말도 없었다. "그래요, 당신을 용서해요"라는 말조차 없었다. 나 같으면 그랬겠지만, 아마도 그의 아내는 일생동안 상처를 받았던 것 같다.[2]

이야기 끝에, 키더는 기억의 실패가 시간을 거슬러 올라가는 경향이 있다는 신경학의 기초 원칙을 말한다. "기억이 희미해질수록, 과거가 가까워진다."[3] 키더는 이 과정이 의심의 여지없이 생리적 원인에서 오는 것이지만 심리적 요소로 귀결된다고 말한다. 노년에는 많은 이들이 자신에게 일어났던 가장 중요하고 가장 좋은 것을 기억해 내는 경향이 있는 것 같다. 하지만 그토록 마음을 써서 기억해 낸 것이 더 이상 '나'의 모습일 수 없음을 깨닫는 슬픔으로 이어지곤 한다.

이 문제를 다른 방식으로 설명해 보자. 우리가 늙어갈수록 과거를 회상한다는 것 자체가 늙음의 유익 가운데 하나일 수 있지만, 과거에 우리가 성취하고자 노력했던 일들은 과거에 대한 향수가 우리의 삶을 왜곡시키는 만큼이나 우리를 소외시키기도 한다. 특히 요양원에서 돌봄을 받으며 인위적 연명의 삶(artificial life)을 살게 될 때는 더욱 그렇다. 그런 경우에 노인들은 남들에게만 아니라 자신에게서도 소외되고 있다고 느낀다. 노인들은 이야기를 풀어냄으로써 우정을 위한 공통점을 만들려 노력하지만, 이야기를 너무 자주 하면 그 이야기는 말하는 자와 듣는 자 모두에게 소외되어 버린다. 그 이야기에 공동체 형성에 기여할 전통이라는 요소가 공유되지 못하고 있기 때문이다.

요양원에서 종종 등장하는 부고는 끔찍했던 고독을 말해 주는 가슴 아픈 표식이다. 키더는 인터넷 부고에 대해 말한다. 부고는 짧은 찬사의 글을 써서 한 줄 혹은 두 줄로 요약되곤 한다. "사랑스러운 여인, 가족과 친구와 동료들이 그리워할 사람"이라는 식으로 말이다. 고인의 특징을 기억하여 글을 쓰는 경우도 있지만, 그리 길지는 않다. "식물 애호가, 열정적인 빙고 게임 플레이어, 어린이를 좋아했던 사람."⁴ 그러한 무명의 죽음들은 이 사회에서 너무 오래 살면 홀로 죽을 수밖에 없다는 슬픈 사실을 증언해 준다.

이러한 익명성은 노인들만의 운명이 아니다. 오히려 자율성을 강조하는 우리 사회를 집약적으로 표현해 주는 것이라 하겠다. 우리 사회는 다른 사람들의 도움 없이도 살아갈 수 있다는 자율성을 강조해 왔다. 하지만 우리는 다른 사람들의 도움 없이는 살 수 없다. 자율을 추구하는 현대사회는 인간이란 의존적 존재라는 사실을 인지하게 못하도록 방해한다. 불행하게도 우리 모두는 이러한 관행에 적응하고 살아가면서 나이를 먹는다.

예를 들어 자율성과 분리시킬 수 없는 부산물인 익명성의 문제에서 벗어나는 방법 중 하나는 '성공하는' 사람이 되는 것이다. 그리고 이것은 우리 문화의 소비 습관과 긴밀하게 연관된다. 수많은 고가의 사치품들은 구매자가 부와 재정적 안정, 세속적 성취의 상태에 '도달'했다는 표식이라고 홍보된다. 그 정도의 구매자가 되기 위해서는 열심히 일해야 하는 것은 물론이고 사회에 공헌도 해야 하고 부를 축적하여 현명하게 투자해야 하며 은퇴할 때는 고급차를 타고 다닐 수 있어야 한다. 그래야 성공한 사람이라고 평가받고 성공의 정상에 설 수 있게 된다.

하지만 현실은 이렇게 홍보되는 이미지와 너무나 대조적이다. 한 사람(여기에 풀어낸 시나리오 주인공은 남성일 가능성이 높고 여성의 경우도 있기는 하다)이 오랫동안 열심히 일해서 집 한 채를 마련하고 노후를 위한 재산을 모아 자발적 또는 강요된 은퇴 연령에 이르게 된다. 그는 더 이상 사회에 눈에 띠는 기여를 할 수 없다. 그의 수익은 더 적어지고 그토록 열심히 일해서 모은 재산은 소진된다. 주택을 유지하기 어려워지고 운전면허는 더 이상 사용하지 못하게 되며 가구들은 낡아버렸다. 더 이상 의미 있는 존재가 아닌 상태에 도달한 셈이다. 그는 성공의 정상에 서는 대신 미국의 노동자나 중산층의 노년이라는 심연으로 떨어져 버렸다. 성공이라는 것은 너무나 자주 '모든 것을 가진 것'이라고 규정되기 때문에, 적은 소유는 실패를 의미하게 되었다. 과연 누가 실패자의 친구가 되려 하겠는가?

　　이렇게 되면, 늙는다는 것은 친구 없이 살아가는 법을 배우는 것이라는 뜻이 되어 버린다. 불행하게도 이것은 우리 사회에서 노인이 자선을 구걸하는 신세가 되었다는 것을 의미한다. 많은 노인들, 특히 홀아비와 과부들은 가족들의 직접적인 부양을 받고 있다. 가장 많은 부양자는 배우자, 딸, 며느리 또는 조카들이다. 노인들은 재정적 지원에서부터 교통은 물론이고 일상의 음식 먹기, 화장실 가기, 그리고 목욕하기에 이르기까지 광범위하게 가족들에게 의존한다. 이러한 의존성은 우리 사회가 추구하는 자율성에 위배된다. 하지만 우리는 남의 도움 없이는 살아갈 수 없다. 도움을 받지 않고 살아간다는 것은 가족이 돌봄의 주체라는 점에서 또 다른 의미의 자율성을 위배하는 것이 된다. 성년이란 스스로의 삶을 선택하는 사람이라는 문화적 이미지에 비추어 본다면, 그들을 돌보지 않기로 선택할 수도 있다. 심지어 우리가 오랫동안 돌봄을 시행하고 있는 상황에서도 돌봄의 포기를 자율적으로 결정할 수 있다. 더구나 우리는 우정이라는 것을 대등한 관계에 있는 사람 사이에서 자율적으로 선택한 관계라고 생각하기 때문에, 노인들의 가족 의존성이라는 것이 결국은 성년 자녀들과 늙은 부모들 사이에는 그 어떤 우정도 성립되지 않는다고 생각하게 되거나 심지어 금지된 것처럼 여길 수 있다.

　물론 앞서 말한 은퇴한 사람들의 경우, 집과 공동체를 떠나 요양원에 들어가는 방식으로 가족으로부터 벗어날 수 있다. 이러한 유형의 '시설'은 유용하고도 좋은 방식일 수 있으며 부가적으로 필요한 돌봄도 제공할 수 있다. 또는 이러한 변화가 노인에게 쾌적한 기후를 가진 지역, 그리고 노인 지향적인 문화적 자원과 활동이 갖추어진 도시를 구성하려는 사회적 요청에 의해 촉진될 수 있다. 이것은 매우 적절한 변화이기는 하지만, 노인들을 또 다른 의미의 난민으로 만들어 버리는 부작용이 있다. 공동체 멤버십도 없고 참여해야 할 책임도 없으며 친밀한 이웃도 없고 자신들을 기억해 줄 친구조차 없는 사람들로 전락시킬 수 있다는 뜻이다.

　사실, 우리 사회에서 노인들이 소외되는 이유 중 하나는 늙으면 자유로워질 것이라는 생각 때문이다. 노인들은 더 이상 '정규적인' 책무들을 지지 않아도 된다고 간주되곤 한다. 노인들은 '어린 시절'로 되돌아가서 그들의 가장 만족스러운 순간들을 만끽할 수 있다. 하지만 이러한 자유는 너무나 자주 가족과 공동체로부터 버림받는 길이 된다. 이렇게 버림을 받는다는 것은 기억 없이도 살아낼 수 있다고 생각하는 사회에서 충분히 예견된 일이다. 하지만, 노인들이 젊은이들에게 해야 할 가장 중요한 책무는 단지 기억을 하는 것이 아니라 우리의 기억이 되어 주는 것이다.

우리 사회에서 노인들을 이러한 책무로부터 면제시키려는 것은 인간 발달이 성년 초기 혹은 아무리 길어야 중년에 끝난다는 관점과 연관이 있다. 미국 문화를 주도하는 많은 이미지들은 노인들을 삶의 길을 완성한 사람, 곧 더 이상은 중요한 것을 학습할 능력도 없고 더 이상 도덕적으로도 성장하기 어려운 존재로 묘사한다. 따라서 노인들은 성품을 형성하는 심오한 우정보다 시간을 때우는 '활동'을 통해 다른 노인들과 피상적 우정이나 맺게 될 것이다. 노인들은 젊은 성인들보다 더 단순한 존재들인 것처럼 묘사된다. 그리고 전형적으로 '고집스러운' 혹은 '화를 잘 내는' 존재로 여겨진다. 이러한 표현들을 사용하게 되면, 결국 친한 친구들 사이의 흥미롭고 복합적인 특성을 지닌 우정에 대해서는 생각하지 못하게 된다. 마치 노인들은 그다지 신경 쓸 존재가 아니기 때문에 굳이 노인들과 우정을 쌓을 필요가 없다는 이야기가 되어 버린다.

하지만 노인과의 우정이 없다면, 젊은이들이 어떻게 늙어가고 죽을지 배울 수 있을까? 과연 노인과 다른 세대들 사이의 우정보다 더 중요한 것이 있을까? 예를 들어 지금 이 글을 노인(하우어워스)과 젊은이(요디)가 더불어 쓰고 있다는 사실 자체에 중요한 의의가 있다. 젊은이는 에너지와 열정을 지니고 있다. 노인의 경우에도 그럴 수 있기는 하다. 두 사람의 필자들 중에서 노인 하우어워스는 최근에 와서야 죽음이 자신에게 다가올 수 있음을 다시 생각하게 되었다는 이야기를 해 줄 수 있다. 죽음의 가능성이 아직은 멀리 있는 것 같지만, 노인 하우어워스는 죽음이 삶에 대한 관점을 변화시킬 수 있음을 젊은이 요디에게 설명해 줄 적임자이다. 이것이야말로 늙음이 본질적으로 알려 주는 통찰인 셈이다.

　예를 들어 늙어간다는 것은 우리가 다른 존재가 될 수 있다는 사실, 또는 우리가 육체라는 사실을 성찰하도록 이끌어 준다. 늙어간다는 것은 크고 작은 고통과 질병을 겪게 된다는 것을 뜻하며, 이것은 우리가 육체를 지닌 존재일 뿐만 아니라 근본적으로 육체에 지나지 않는다는 사실을 일깨워 준다. 아주 사소한 통증과 고통 때문에 겁에 질릴 때, 우리는 압박을 느끼게 되고 죽음의 문제에 친숙해지게 된다. 흥미롭게도 노인들은 우정 관계가 아닌 다른 사람들의 질병에 대해서는 과연 '치료'할 수 있는 것인지 아닌지를 놓고 엉뚱한 이야기를 늘어놓기도 한다.

　우리는 늙어감에 따라 죽음에 대한 인식이 깊어진다고 믿고 있지만, 죽음은 우정을 방해하는 또 다른 요소가 되기도 한다. 필자들 둘 중 하나가 곧 죽게 된다면, 친밀감이라는 난제에 착수해야 할 이유도 없어지는 것 아니겠는가? 시설에서 돌봄을 받는 경우라면, 이 문제는 더욱 더 가슴 아픈 일이 될 듯싶다. 우정을 통해 외로움을 극복할 수 있다고 생각하는 경우라면 절망적이게 될 것이며 죽음이 멀지 않은 상태라는 사실을 두려워하여 결국은 우정을 이어가지 못하게 될 수 있다. 죽음이 가깝다는 것을 알아야만 죽음에 바르게 대처할 수 있다. 큰 슬픔이 찾아오고 우정에서 우러난 애통함이 밀려올 것이다. 노인을 젊은이들로부터 분리시키는 것은 분명히 노인을 '한 장소'에 모시려는 현대 사회의 계획에 담긴 가장 잔인한 요소이다. 그런가 하면, 젊은이들은 노인과 좋은 친구가 되지 못하는 것 같다. 그들 자신은 죽지 않으리라 생각하기 때문이다. 하지만 세대 간 우정의 겉치레 관계를 극복하는 유일한 방법은 시간을 넘어서 우정을 쌓아가는 길이다.

나이를 뛰어넘는 그리스도인의 우정

필자들이 보기에 노인들이 우정을 쌓아가는 데 어려움이 있는 것은 사실이지만 기독교야말로 이 문제를 풀어 낼 충분한 자원을 지니고 있다. 무엇보다도 우정의 문제, 곧 노인과 친구가 되는 방식에 관해 기독교가 많은 이야기를 해줄 수 있을 것 같다. 노인들 사이의 우정뿐만 아니라, 세대 간 우정은 노인에 대한 섬김을 풍요롭게 해주는 공동체를 이루는 데 결정적인 요소가 된다. 여기에서 분명히 해야 할 것이 있다. 교회는 다른 기관들처럼 그저 '후원 구조'로서의 혜택을 제공하는 사회봉사 단체로 간주되어서는 안 된다. 오히려 교회가 실천을 통해 구현하는 기독교 이야기는 이제까지의 다른 공동체들과 다른 방식으로 늙음과 우정을 이해할 길을 열어 줄 수 있어야 한다.

필자들은 나이 듦에 대한 기독교적 설명 방식들과 우정의 본성 및 그 중요성에 대한 기독교적 이해 방식 사이의 복합적 관계를 다루고 싶다. 이를 위해 엘레드 리보(Aelred Rievaulx, 1109-1167)의 책을 살펴보고자 한다. 그의 책에는 우정의 문제에 대한 기독교의 지혜를 풀어냈다고 평가할 만한 풍부한 자원이 담겨 있기 때문이다. 21세기 사람들에게 중세 수도사 이야기를 끄집어내어 우정에 관한 기독교적 설명을 제시하는 것 자체가 이상해 보일 수 있겠다. 하지만 신앙 공동체 내 수도사들 사이의 우정에 대한 그의 설명은 우정에 대한 기독교적 관점을 담고 있으며, 우리 문화에 나타난 우정의 문제들을 살펴보도록 이끌어 준다.[5]

　물론 기독교가 우정 문제에 있어서 탁월성을 지닌다고 말하려는 것은 아니다. 플라톤, 아리스토텔레스, 그리고 키케로 역시 우정에 대해 심오한 관점들을 제시했으며 그들의 주장이 기독교에 영향을 준 것도 분명하다. 예를 들어 아리스토텔레스는 세 종류의 우정을 말한다. 이용하는 우정, 쾌락의 우정, 그리고 덕을 위한 우정이다. 앞의 두 종류는 결함을 가진 우정이다. 친구로서 우정을 쌓는 것이 아니라 이용 가치나 쾌락 때문에 우정을 이어가는 것이기 때문이다. 이러한 우정의 문제점은 쉽게 무너질 수 있다는 것이다. 우정의 파트너들이 "믿을 만한 사람들이 아닐 경우가 그렇다. 그들이 더 이상 쾌락을 주지도 못하고 유용하지도 못할 경우, 그 즉시 우정도 끝나고 만다."[6]

　아리스토텔레스는 앞의 두 경우와 대조적으로 완전한 우정, 곧 성품을 위한 우정은 탁월함 혹은 덕이 서로 대등하게 드러나는 선한 사람들 사이의 관계라고 말한다. "이러한 친구들은 그들 스스로가 선한 사람들이기 때문에 서로서로 상대방의 선을 추구한다. 그들은 또한 그 자체로(per se) 선하다. 그들의 선함은 우연한 것이 아니라 본래적이기 때문이다"(1156b5-10). 이러한 우정은 그들이 변하지 않는 덕을 지닌 사람들이기 때문에 오랫동안 지속된다. 반면 아리스토텔레스는 그만한 정도의 사람들이 거의 없기 때문에 여기에 해당하는 우정을 찾아보기 쉽지 않다고 말한다. 더구나 이러한 우정을 발전시키는 데는 시간과 친숙함이 요청된다. 아리스토텔레스는 서로의 교제 가운데서 도출되는 즐거움의 분량 외에 친구를 특징 지울 수 있는 것은 없다고 지적한다(1157b17-20).

우정에 관한 기독교적 관점은 그 우정에 내재된 즐거움을 반드시 고려해야 한다는 아리스토텔레스의 주장과 잘 어울린다. 그럼에도 불구하고 우정에 대한 기독교적 관점은 상당히 다른 상황을 염두에 두는데, 이는 아리스토텔레스의 관점을 재조정해야 할 정도이다. 우정에 관한 기독교적 관점은 추상적인 이론화를 시도하지 않는다. 그리스도인의 우정은 그리스도의 몸으로 부르심을 받았다는 상호 협력적이면서도 오랜 시간이 요구되는 제자도라는 맥락에서만 이해될 수 있기 때문이다.[7] 엘레드는 이것을 다음과 같이 설명한다. "우정은 모든 것에 앞선다. …우정은 하나님께 대한 지식과 향유로 이루어지는 완성에 이르게 하는 길이기 때문이다. 이러한 친구는 주께서 복음서에 말씀하신 것처럼 하나님의 친구가 될 것이다. 이제부터는 너희를 종이라 하지 아니하고 친구라 하였노니(요 15:15)."[8]

이렇게 보면, 우정에 대한 기독교적 관점은 서로 연관된 세 가지 특징을 지닌다. (1) 친구들로 하여금 그리스도인의 덕을 획득하고 행할 수 있도록 서로 돕는다. (2) 그리스도의 몸으로서 기독교 공동체를 세워간다. (3) 성령을 통하여 하나님의 은혜를 힘입어 하나님과 친구가 되게 한다. 이러한 우정의 가치가 본래적인 것에서 '단지' 도구적인 것으로 전락되면 그리스도인의 우정은 무너져 버린다. 그리스도인의 우정이란 그 자체로 추구할 가치를 지니는데 그것이 하나님의 선물이기 때문이다. 하지만 이러한 요소들은 여흥을 즐기는 데 시간을 함께 보낸다는 것과는 거의 관계가 없음을 유념해야 한다. 여기에서 말하는 그리스도인의 우정 개념이 늙음에 관한 선입견을 벗어나게 해 줄 것이라고 말하기는 어렵다. 오히려 기독교 공동체로 하여금 늙음을 선물로 인식하도록 이끌어 준다.

우정의 첫 번째 측면 즉 우정의 가장 중요한 목적은 친구의 선한 성품을 독려하는 데 있다. 엘레드가 말한 것처럼, "우정은 이 세상에서만 아니라 가야 할 저 세상에서도 열매를 맺는다. 우정은 그 매력을 통하여 모든 덕들을 형성시켜 주며 그 탁월함으로 악덕들을 꺾어 버린다"(2:9). 이것은 나이와 상관없이, 친구들끼리 영향을 주는 행동을 함으로써 하나님의 은혜를 힘입어 선을 향하여 나아가도록 이끌어 줌을 뜻한다.

> 요한복음에서 주께서 말씀하셨다. "내가 너희를 택한 것은 너희가 열매를 맺도록 하기 위함이다." 말하자면 서로 사랑하라는 말씀이다. 이처럼 진정한 우정을 통해 스스로를 선한 존재로 만들어 감으로써 우리 스스로가 향상되며, 커져가는 완전성의 기쁨을 누리고 열매맺게 된다. 따라서 영적 우정은 선한 사람들 사이에 성품과 목표와 습관의 유사성을 계속 이어가도록 해준다(1:46).

이렇게 보면 노인들이라고 해서 반드시 회심, 변화, '심지어 덕에 있어서도 더 이상은 기대할 것이 없는 '자신들의 길을 다 걸어간' 사람들이라고 하기는 어렵다. 예를 들어 하나님께서 노년에 소명을 주셔서 제자의 길을 걸어가고 큰 열매를 맺게 하셨던 성경의 인물들을 생각해 보라. 아브라함과 사라, 이새, 다윗, 스가랴, 그리고 엘리사벳과 안나를 생각해 보라. 이들의 이야기는 우리로 하여금 일반적인 통념을 가지고서는 그리스도인의 삶을 제대로 설명할 수 없음을 깨닫게 해준다. 노인들은 여전히 공동체 안에서 제자도를 실천하도록 부름을 받고 있다. 그들이 실천해야 할 제자도에는 이제까지 살아왔던 삶의 방식을 근본적으로 변화시키는 것까지도 포함된다.

이처럼 용감하고도 어려운 제자도를 실천할 수 있도록 친구들이 어떤 도움을 줄 수 있을까? 먼저 우정이라는 것 자체가 하나님의 선물이라는 사실을 이해하는 것이 좋겠다. 우정이라는 은사는 기독론적이다. 엘레드가 말한 것처럼, 우정은 "그리스도 안에서 형성되는 것인 동시에 그리스도를 따라 유지된다. 그리고 …우정의 목표와 유용성은 궁극적으로 그리스도와 연관된다"(1:10). 우정을 기독론이라고 말하는 이유는 친구들 사이에 공유되는 선이 그리스도의 사랑이기 때문이다. 이것은 그리스도 안에서 일어나는 일이며 그리스도 안에서 지탱된다. 그리고 우정은 그리스도의 나라에서라야 완성된다. 우정이 지닌 이러한 기독론적 기초는 친구들로 하여금 서로에게 특정한 방식으로 마치 그리스도와 같은 존재가 되어야 한다는 소명으로 이어진다. 서로를 섬기면서도 친구가 잘못될 때는 적절하게 바로잡아 주는 방식으로 말이다. 말하자면 친구는 우정을 통해 기독교 이야기를 우리의 이야기가 되게 해준다.

우리 모두가 우리의 이야기대로 살아야 한다는 엘레드의 관점은 자율성에 대한 현대 사회의 욕구와는 극명하게 대조된다. 엘레드는 이렇게 말한다. "이들은 인간이 아니라 짐승들이다. 누구도 위로해 주지 말고 누구에게도 짐이 되지 말고 슬픔도 주지 말라고 한다. 다른 사람의 선에서 즐거움을 얻지 말고, 자신의 불행 때문에 누군가에게 전혀 아픔을 주지 않는 사람이 되라고 말하는 것과 다르지 않다"(2:52). 그리스도인은 삶이 우리의 성취가 아니라 선물로 주어진 것이라는 사실을 인식해야 한다. 인간은 전적으로 연약한 존재이며 은혜로우신 하나님께 의존해야 할 피조물이다. 하나님은 우리가 선택할 수 있는 그 어떤 것보다 앞서는 '이야기'를 우리에게 주셨다. 우리는 은사로 받은 것을 거스르는 것을 '죄'라고 부른다. 죄는 우리가 진실하게 되려면 우리 삶에 대해 반드시 말해야만 하는 이야기의 한 부분이다. 이러한 뜻에서, 우리 자신에 관한 진실을 말해 줄 친구가 필요하다. 친구가 없다면 자기 의를 앞세우려는 유혹에 빠지기 쉽다.

결과적으로 그리스도인에게 있어서 우정은 인간이란 원래 의도된 것보다 못한 존재임을 발견하도록 이끌어 주는 필수 요소이며, 창조되었을 때의 모습을 찾아 떠나는 여행을 시작하도록 인도하는 자원이기도 하다. 우정을 '쌓아가는 것'은 제자도를 실천하기 위한 리허설이자 제자도를 위한 습관을 키워 주는 요소이기도 하다. 엘레드가 말한 것처럼, "친구들은 서로에게 관심을 가지며 서로를 위해 기도해 주고 한 사람이 다른 사람에게 얼굴을 붉힐 때 다른 사람이 그를 즐겁게 만들어 주며 다른 사람들의 실패를 마치 자신의 일인양 함께 애통해 하는 것이다. 우울한 사람을 격려하고, 약한 자를 강하게 하며, 슬픈 자를 위로하기 위해, 그리고 격분을 가라앉혀 주기 위해 모든 수단을 동원한다"(3:10). 세대를 넘어선 우정은 이러한 상호독려를 특별한 방식으로 구현한다. 예를 들어 노인은 나이가 들어가는 방식과 죽는 방식에 대해 교훈을 줄 수 있다. 젊은이 역시 노인들에게 노화란 무책임, 무관심, 그리고 절망에 빠지는 것에 대한 변명일 수 없음을 일깨워 준다. 대부분의 사람들은 늙었을 때를 대비하여 젊었을 때 어떻게 살아야 할지 생각하지 않는다. 청년이 노인과 함께 우정을 가질 때라야 평생 동안 이어지는 우정의 가치를 깨달을 수 있으며 우정이라는 덕을 가지게 된다.

늙음에 대한 이야기에서 중요한 것은 죽음이 우정의 한계가 아니라는 점을 깨닫는 것이다. 엘레드는 이렇게 말한다.

우리는 영적 우정의 분명하고도 진정한 목표를 알 수 있다. 친구에게 무엇도 거절하지 않으며, 친구에게 그 어떤 부담도 주지 않고, 친구를 위해 목숨까지도 버릴 수 있어야 한다. 이것은 하나님께서 정해주신 희생이다. 영혼의 생명이 몸의 생명보다 훨씬 더 중요하다. 그리고 나는 친구에게 거부해야 할 단 한 가지가 있다고 생각한다. 영혼을 죽음으로 몰아넣는 것, 곧 죄는 거부해야 한다. 죄는 우리 영혼을 하나님과 분리시키며 삶에서 영혼을 분리시킨다(2:68).

친구에게 거부해야 할 것에 대한 알레드의 성찰은 죄가 아니라 죽음이야말로 최대의 적이라고 믿도록 훈련 받아온 우리를 깜짝 놀라게 한다. 하지만 엘레드는 우리의 삶이 죽음에 대한 두려움이나 부정으로 구성되면 우정이라는 것 자체가 취약해질 수밖에 없음을 잘 상기시켰다. 우정은 죽음에 대한 대비책일 수 없다. 죽음의 대비책이라는 것 자체가 없기 때문이다. 그 대신 우정은 우리의 삶을 선하게 만드는 내러티브의 한 부분이어야 한다. 극적으로 말하자면, 그리스도인의 우정을 가능하게 하는 요소는 우리가 죽을 만한 가치가 있는 무언가를 말해 주는 이야기 속에 함께 묶여 있다는 기독교의 관점에서 나온다.

여기에 우정에 관한 기독교적 이해의 두 번째 측면을 살펴보자. 그리스도인의 우정은 그리스도의 몸으로서의 신앙 공동체를 세워가는 것이라 할 수 있다. 그리스도인 사이의 우정은 공동체가 아니면서도 공동체를 거스르는 것일 수 없다. 오히려 우정은 공동체를 선하게 만드는 데 기여한다. 이러한 선을 공동선이라고 할 수 있겠다. 공동선이란 개인의 이익의 총합에 해당하는 선이 아니라 우정을 통해 발견하지 않고서는 알 수 없는 선이다. 엘레드는 말한다. "우정의 근원은 하나님께 있다. 개인의 행복이 모두의 행복이다"(3:79). 더구나 우리에게서 이러한 우정은 현재의 우리들에게만 해당되는 것이 아니라 우리가 성도의 공동체라고 부르는 천국에 간 사람들까지도 포함된다.

기독교 공동체가 기억에 의해 이어지는 이유가 바로 이 때문이다. 우리가 중심으로 삼아야 할 축제가 있다면 그것은 우리가 세상을 위한 기억 속에서 하나님의 삶의 일부가 되는 기억의 축제이다. 그러므로 기독교에 결정적인 것은 기억이 가능성일 뿐만 아니라 필수성이 되는 공동체를 형성하는 것이라 하겠다. 기독교가 기독교일 수 있는 것은 이미 천국에 간 자들을 기억하고 우리에게 신앙을 가능하도록 이어준 자들을 기억할 때만 가능하다. 신앙의 언어 그 자체가 앞서 간 자들에 대한 신실함이라는 뜻을 내포하고 있다. 그들은 우리의 기억 속에 살고 있으며, 우리도 그들에 대한 기억 속에 살고 있다. 그러므로 노인들이 없는 교회는 있을 수 없다. 그들은 교회 이야기를 구체화 시켜 준 기억들이다. 물론 우리는 교회의 모든 노인이 '그들 시대의 지혜'를 표현한다고 기대하지 않는다. 그러나 교회 안의 지혜로운 노인들을 대체할 것은 없다. 누군가는 그 이야기를 잘 전해 줄 방법을 알고 있어야 한다.

교회의 이야기가 우리의 이야기이기 때문에, 교회는 세례를 통해 생물학적인 방식보다 더욱 결정적인 방식으로 우리가 서로의 일부가 되어 왔다는 것을 이해할 수 있는 범위 내에서 가족의 대안일 수 있다. 이렇게 함으로써, 다른 방식으로는 상상할 수 없던 우정의 가능성을 발견하게 된다. 그러므로 노인들은 가정에서 무력해진 존재가 아니라 그리스도의 몸의 일부로서, 배경이나 재능, 성, 인종, 그리고 계급이 다른 모든 어린이와 성년들과 함께 어울릴 수 있는 자가 된다. 우리는 그리스도를 통해서만 진정한 정체성을 가질 수 있으며 진정한 자신이 될 수 있다. 그리스도인의 예배는 우리의 삶을 관습에서 벗어나게 하는데, 이를 통해 우리는 늙어가는 자신뿐 아니라 늙어가는 다른 사람들 안에서도 자신을 발견할 수 있게 된다. 물론 이것은 노인들이 단지 '주일에만 인사하는 지인'이 아니라 친밀한 우정 안에 연결되어 있을 때라야 가능하다.

더구나 노인들이 세속의 힘을 벗고 내려놓는 것은 교회를 위한 자원이 된다. 이를 통해 우리는 중요한 일을 할 수 있게 된다. 서로를 위한 존재가 되는 일말이다. 그리스도인은 행위보다 존재에 주목한다. 그리고 그것은 우리의 몸을 통해 구현된다. 우리의 몸은 더 이상 임신하거나 운전을 하거나 작은 글자를 읽거나 계단을 오르는 일 등을 할 수 없는 상태가 되어도 여전히 '존재'한다. 몸이 존재하는 것만으로도 하나님의 영은 우리 안에 계신다.

우정의 세 번째 측면은 그 정점인 목적(telos)과 관계된다. 그것은 바로 하나님과의 우정이다. 토마스 아퀴나스는 지복(至福, beatitude), 곧 축복의 삶은 궁극적으로 하나님과의 우정이라고 했는데 우리가 믿는 어떤 이미지도 그의 제안보다 더 강력하지는 않다. 엘레드는 토마스 아퀴나스가 이런 말을 하리라고 예견한 듯이 그리스도께서 우정을 나이 듦과 죽음의 외로움을 물리칠 수 있는 방편으로 제시해 주셨다고 말한다.

> 사랑하고 사랑받는 것, 도와주고 도움을 받는 것, 그래서 형제애라는 달콤함에서 보다 숭고하게 빛나는 신성한 사랑에 이르기까지 이렇게 날아오르는 것이 축복된 삶의 나눔이 아니겠는가? 이제 자선의 사다리를 타고 그리스도의 품으로 올라가고, 다시 그 사다리를 타고 내려가 이웃을 사랑하게 되는 그곳이야말로 편안한 쉼의 자리가 아닌가?(3:127)

엘레드에게 하나님과의 우정은 인간의 우정을 통해 나타나며 그들 자신과 다른 사람들이 친구가 될 때에 비로소 가능해진다.

하나님과 우정을 누릴 수 있다는 이야기는 우리가 하나님과 동등하다거나 그렇게 될 수 있다는 뜻이 아니다.[9] 오히려 우리가 하나님보다 못한 존재라는 사실을 깊이 깨달을 때 가능해진다. 이러한 차이를 인지하는 것은 모든 우정 관계에서 중요한 의미를 지닌다. 우리 자신의 이미지를 우정을 저하시키는 나르시시즘 방식으로 다른 사람에게 던져 주지 말아야 한다는 뜻이다. 그리스도인은 하나님 앞에서의 유약성을 인정하는 것이 그리스도 안에서 공동체를 이룰 우정을 방해하는 것은 아니라고 생각한다. 물론 하나님과 우리의 차이는 무한하다. 하나님은 창조주이자 만유의 영원한 주시며, 우리들은 결함을 가진 피조물이자 유한한 존재들이다. 노인들과의 우정, 그리고 노인들의 예배 참여가 반드시 필요한 또 다른 이유가 여기에 있다. 늙어간다는 것은 쇠약해진다는 것이다. 환자와 마찬가지로 노인은 도움을 필요로 한다. 하지만 그들이 도움을 필요로 한다는 것 자체가 공동체 구성원들로 하여금 하나님의 피조물이라는 동료의 자격으로 서로를 향유하도록 도울 수 있게 한다. 우리들 모두는 유약한 존재이자 도움을 필요로 하는 존재들이기도 하다. 오랫동안 사회적, 문화적 세력에 의해 길들여진 젊은이들은 마치 영원히 자율적인 존재로 자기만족을 추구하며 살 수 있을 것처럼 지내왔다. 하지만 이러한 위선은 이내 무너져 버렸다. 눈앞에 유약한 노인들이 있다는 것은 우리로 하여금 자신의 위치를 일깨워 준다. 결국 그리스도인들은 우리들 사이에 공존하는 노인들이 우리 자신의 삶을 당연시하지 않도록 이끌어 주도록 간청해야 한다.

우리가 살아 있음을 인정하는 것은 우리가 죽을 수밖에 없는 존재임을 인정하는 것이며, 이것은 가장 좋은 친구가 되는 필수 조건이다. 아리스토텔레스는 다른 사람들과 친구가 되기 위해서는 먼저 자기 자신과 최고의 친구가 되어야 한다고 주장한다. 아리스토텔레스에 따르면, 친구란 (1) 친구를 위해 선이 되는 것을 바라고 행하는 존재, (2) 친구를 위해 그 친구의 실존과 삶을 바라는 존재, (3) 친구를 위해 시간을 쓰는 존재, (4) 우리가 하는 것과 같은 것을 행하기를 바라는 존재, (5) 슬픔과 기쁨을 나누는 존재이다. 아리스토텔레스는 선한 사람은 자기 자신이 이러한 존재임을 느낄 수 있는 사람으로서, 스스로에게 가장 좋은 친구가 된다고 말한다. 특별히, 선한 사람은 "자신에게 시간을 쓰고자 하며 기쁨을 누리고자 하는 사람이다. 성취의 기억은 자신에게 기쁨을 주며 미래를 향한 희망을 준다. 이러한 기억과 희망은 유쾌함을 누리게 한다"(1166a23-27). 그리스도인이 두려움이 없는 존재임을 기억할 때, 이 모든 조건이 가능해진다. 우리는 죽음에 직면에서도 '편히 쉴' 수 있다고 믿는 자들이기 때문이다.

우리는 '시간의 포로가 된'(caught in time) 존재들이다. 태어나서 죽을 때까지의 시간은 짧고 거침없이 흐른다. 하지만 그리스도인은 하나님의 생명의 일부가 되었기에 이 시간을 두려움이 아닌 선물로 받아들인다. 우리가 죽음을 운명으로 맞이하는 것처럼 우리는 결국 서로 친구가 될 것이다. 우리는 하나님과 친구가 되기 위해 사는 존재들로 창조되었으며 또한 그렇게 될 운명을 지닌 존재들이다. 이러한 창조와 운명은 우리를 우리 자신과 친구가 되게 하며 서로와 친구가 되게 한다. 그리스도인들은 자신의 죽음이나 친구들의 죽음을 애도하지만, 그런 이유 때문에 서로 덜 친해져야 하는 것은 아닌가 싶은 의구심을 품지는 않는다. 오히려 우정 안에서, 그리고 우정을 통하여 우리 모두가 공동의 기억을 공유한 구성원임을 깨닫게 된다. 그리고 이러한 공동의 기억은 나이 듦을 기쁨, 제자 됨, 그리고 복으로 인식하도록 이끌어 준다.

교회와 노년

우정과 늙음에 관한 이러한 설명이 우리 시대의 교회라는 현실에서 비현실적인 것으로 보일 수 있음을 잘 알고 있다. 오늘의 교회는 기독교 공동체의 노인들에게 책임이 부여되어 있다고 생각하기보다 아마도 미국적 노화 방식을 따르고 있는 듯싶다. 하지만 교회가 이 문제에 대응할 자원조차 없다고는 생각되지는 않는다. 사실 우리는 그리스도인들이 스스로를 늙음과 우정에 관해 미국적 사고방식과는 다른 반응을 보여 주었으면 하는 바람을 가지고 있다. 필자들에게 준비된 '해법'이 있는 것은 아니다. 하지만 작지만 의미심장한 해법을 제시함으로써 교회로 하여금 세대 간의 우정이라는 예술을 회복하도록 이끌 관점들을 보여 주고자 한다.

가장 중요한 것은, 교회가 노인이라고 해서 도덕적 책임을 면제하는 공동체가 아니라는 사실을 확인해야 한다. 그들 스스로가 교회를 떠나 플로리다로 이주하지는 않는다. 그리스도인에게 '플로리다'란 없다. 플로리다에 사는 그리스도인의 경우라 해도 다르지 않다. 말하자면 우리는 오늘의 우리를 만들어 준 이들과 함께해야 한다. 그럼으로써 미래 세대를 그들이 부름 받은 모습으로 육성해야 한다. 그리스도인에게 노화는 기회 상실이 아니다. 세상에서는 능력의 상실로 여겨지는 노화가 오히려 기독교 공동체에서는 선을 위한 섬김이 되어야 한다.

하지만 문제는 우리가 이미 늙었을 때는 그 방법을 배우기 너무 늦었다는 점이다. 늙었을 때 잘 사는 법을 배우고자 한다면, 젊었을 때 무엇이 잘 사는 것인지 배워두어야 한다(사실 우리시대의 가장 큰 문제 가운데 하나는 마치 늙지 않을 것처럼 살 수 있고 또한 그렇게 살아야 한다고 생각한다는 것이다). 물론 이것은 교회가 젊은이와 중년, 그리고 노인들이 서로서로 고립되지 않도록 해 줄 때 가능하다. 앞서 말한 것처럼, 교회를 기억의 공동체라고 할 수 있다면 세대 간의 고립이야말로 교회의 사역을 불가능하게 만드는 요인일 수 있다. 교회로 하여금 기억의 공동체가 되게 하는 첩경은 복음이다. 복음은 무수히 많은 부차적 줄거리, 복잡성, 특이점, 그리고 흐름을 지닌 이야기이다. 이야기는 기억을 통해 이어지며 되풀이해서 말해야 살아남는다. 이야기의 새로운 측면들은 이야기를 통해 발견된다. 교회가 우리의 정체성을 말해 주는 복합적인 이야기를 기억하는 사람들에게 의존한다고 말하는 이유가 바로 이것이다.

그래서 교회는 이야기를 이어가고 다시 잇기에 필요한 기술을 기억하기 위해 앞서 살아간 사람들에게 의존하는 공동체라고 할 수 있다. 이러한 책무가 전적으로 노인에게 주어진 것이라는 뜻이 아니다. 교회가 교회답기 위해 노인들이 그 일을 감당해야 한다. 이러한 뜻에서 그리스도인은 지혜롭게 늙어갈 수 있으리라 기대된다. 교회는 지혜에 의해 구성된 공동체이기 때문이다. 지혜는 목적과 수단의 원칙에 의해 획득되는 것이 아니라 교회의 이야기를 더불어 살아내는 경험을 통해 얻어진다. 모든 그리스도인이 나이가 들면서 지혜롭게 되어야 한다는 의미는 아니다. 교회는 지혜로운 사람들의 존재, 특히 우리 가운데 노인들의 존재를 필요로 하는 공동체가 되어야 한다.

이런 점에서, 지혜 공동체로서의 교회와 현대 사회를 대조시켜 보는 것은 흥미로울 듯싶다. 현대 사회는 정당한 권위를 가졌다고 추정하는

'전문가'를 의존하는 경향을 지니고 있기 때문이다.[10] 전문가라고 해서 지혜로울 것이라고 기대할 수는 없다. 오히려 그는 기술적 합리성을 사용하여 결과를 산출할 최선의 길을 아는 사람일 뿐이다. 전문가의 권위로 구성되는 사회는 이야기 없이도 살아갈 수 있는 공동체이고 싶어 한다. 다른 측면에서 노인들이 필요하지 않은 사회를 추구하는 것이라 할 수 있겠다. 필자들은 교회란 이러한 종류의 공동체가 아니라고 확신한다. 교회는 기억을 통해 이어지는 공동체이기 때문이다. 교회는 노인들의 지혜에 의존하여 이어지는 공동체로서 현대성을 말하는 문화와 불가피하게 긴장관계에 있다.

교회를 지혜에 의해 살아가는 공동체라고 말하는 것은 교회가 세대 간의 우정이 가능한 공동체일 수 있음을 의미한다. 지혜란 쉽게 배울 수 있는 것이 아니라 시간을 넘어서는 우정을 통해 공급되는 지속적인 과정이다. 엘레드가 우정과 지혜의 관계에 대해 말한 것처럼, "우정은 은혜 없이는 존재할 수 없다. 그러므로 우정에는 영원성이 자라나고 진리가 그 안에서 빛난다. 마찬가지로 은혜는 우정을 통하여 기쁨이 된다. 과연 지혜의 이름으로 나머지 세 가지를 분리시켜 낼 수 있을까?"(1:63) 그러므로 교회는 어린이들과 '청소년'이라고 불리는 아이들이 노인들의 발치에 앉아서 과거의 지혜를 배울 수 있는 방식을 찾도록 노력해야 한다. 이러한 '앉음'은 교회로 하여금 성급하게 서두르는 사람들의 공동체가 아니라 기다릴 줄 아는 지혜를 배우는 사람이 되기를 요구한다. 말하자면 그리스도인은 우리 시대가 목표로 삼는 것을 성취하기보다 하나님의 시간에 하나님이 하시는 일에 대한 증인이 되기를 지향해야 한다.[11]

아마도 교회가 노인들에게 요구하는 가장 어려운 과제는 죽음의 길에 대한 가르침일 듯싶다. 이 가르침은 특히 자율성에 기반을 둔 사회에서 결코 쉽게 찾을 수 없는 취약성(vulnerability)에 대한 인식을 필요로 한다. 우리 중 누구도 '본성적으로' 어떻게 죽을지 알지 못한다. 우리는 우정을 통해 잘 죽는 법을 배워야 한다. 종종 들리는 소리와 달리 우리는 혼자 죽을 필요가 없다. 그리고 우리는 죽어가고 있다는 이유만으로 친구들에게 버림받지 않을 것이라는 사실을 알고 있다. 교회가 그러한 공동체가 될 수 있다면, 그렇게 죽어가는 자들은 행복한 사람일 수 있다는 인식을 줄 수 있을 것이다. 그렇게 된다면 교회는 젊은이와 노인 모두를 다시 끌어들일 수 있을 듯싶다. 우리는 이 행복에 대한 엘레드의 목가적인 표현을 볼 수 있다. 그가 상당히 노년이 되었을 때 쓴 글이다.

> 삼일 전 수도원 회랑을 거닐고 있을 때 사랑을 받는 형제들이 함께 앉아 있었다. …나는 낙원의 즐거움을 즐기며, 각각의 나무에 달린 잎사귀들과 꽃들, 그리고 열매들을 경탄하며 즐길 수 있었다. 그 많은 무리 속에서 나를 사랑하지 않는 형제는 아무도 없고 그래서 내가 사랑받지 못하고 있다는 생각을 갖게 하는 자도 없었다. 나는 지극히 큰 기쁨을 누렸다. 세상의 그 어떤 즐거움도 따르지 못할 정도였다. 사실 나는 내 영혼이 그들 모두에게 쏟아 부어져 있음을 느꼈고 그들의 감정은 내게로 전해져 왔다. 그래서 나는 선지자가 말씀하신 것처럼 말할 수 있었다. "보라, 형제가 연합하여 동거함이 어찌 그리 선하고 아름다운고"(시133:1, 3:82).

이 문장을 비현실적인 묘사라고 치부해서는 안 된다. 필자들은 기독교인들이 이것을 노인들과의 우정을 위한 처방전으로 읽어야 한다고 생각한다. 이러한 우정 안에서 우리는 교회가 된다. 그리고 이러한 우정은 교회 안에서라야 가능하다.

Chapter 10

예배의 실천

자신이
누구에게 속한 자인지를
마음에 새기다

수전 펜들턴 존스(Susan Pendleton Jones)
듀크대학교 신학대학원의 특별프로그램 디렉터

그레고리 존스(L. Gregory Jones)
목사 / 듀크대학교 신학대학원 학장

20세기의 가장 강력한 지적, 사회적 세력은 자연과학과 자본주의 경제라 할 수 있다. 이 둘은 점차적으로 사람됨(personhood)의 지배적인 이미지를 형성해 왔고, 이는 인간 생명의 목적과 운명에 대한 신학적 이해를 훼손시켜 왔다. 예를 들어 인간 본성에 관한 '과학적' 이해는 합리성을 인간성의 규정적 특징으로 간주한다. 이와 같은 과학적 이해에 바탕을 두고 의료 윤리에 광범위한 영향을 주는 책을 쓴 트리스트람 엥겔하트(Tristram Engelhardt)는 사람(person)을 "자의식을 갖춘 합리적이며, 자유 선택을 하고, 도덕적 관심의 감각을 지닌" 존재로 기술한다.[1] 이러한 기반 위에서 엥겔하트는 모든 인간이 사람인 것은 아니라고 주장한다. 그는 "인간이 아니라 사람이 특별하다"고 단언한다.[2]

비슷하게, 자본주의 경제는 사람을 단지 합리적 선택자일 뿐 아니라 경제에 생산적으로 기여할 능력이 있는 존재로 정의한다. 사람됨은 그가 누구이냐에 따라서가 아니라 그가 무엇을 할 수 있느냐에 의해서 규정되는 것이다. 그러므로 개인들은 그들이 유용한 일꾼일 때 사람으로서의 가치를 지닌다. 만일 그들이 더 이상 유용하지 않다면, 그들은 거대한 경제 체제 안에서 대체 가능한 부속품일 뿐이다.[3] 경제적 이해에 있어서, 인간이 아닌 생산적인 개인들은 특별하게 여겨지며 사람으로 간주된다.

자연과학과 자본주의 경제에 대한 이러한 서술은 결코 동일하지 않다. 하지만 이 둘의 전제가 서로 중첩되면서 인간 삶의 목적과 운명에 대한 우리의 이해를 더욱 빈곤하게 만들고 있다. 이 둘은 현대의 무신론적 가정에 의해 형성되었다. 이 두 설명 체계는 인간이 합리성이나 생산성 때문이 아니라 하나님의 형상과 모양으로 지음 받았고 하나님과 교제를 누리는 운명이라서 귀중하다는 신념을 배제했다.

이 서술은 함께 수반되는 사회적, 경제적 영향력과 함께 많은 서구 인들, 특히 미국인들에게 합리적이거나 생산적이지 않은 사람들과 어떻게 지내야 할지 알기 어렵게 만들었다. 우리는 생산적이지만 합리적이지 않은 사람들이나 합리적이지만 생산적이지 않은 사람들까지는 살짝 관용할 수 있다. 그러나 예를 들어 심각한 정신적, 신체적 장애를 입은 전혀 합리적이지도 생산적이지도 않은 사람들과는 어떻게 지내야 할지 모른다. 더군다나 우리는 아직 합리적이거나 생산적이지 않은 갓 태어난 신생아들과 노인들, 만성 질환자, 그리고 죽어가는 이들에게 어떠한 지위를 부여할지도 확실히 알지 못한다.

실제로 엥겔하트는 사람됨에 대한 자신의 정의에서 인간의 다양한 모습을 배제했음을 인정했다. 여기서 배제된 집단 중에는 태아, 유아, 노인성 치매환자, 정신장애인, 중증 뇌손상자 등이 있다. 엥겔하트는 우리가 그러한 집단의 사람들을 위한 치료나 돌봄을 더욱 늘려야 하는 데는 동의하겠지만 엄격히 말해서 그들을 '사람들'로 인정하지는 않는다고 지적한다. 따라서 그는 낙태는 정말 심각한 도덕적 쟁점이 아니며, 도덕적 구조는 유아 살해를 비난하는 데 달려 있지 않다고 결론 내린다. 그는 "유아 살해에 반대하는 그럴 듯하고, 문화적으로 치우치지 않은 강력한 주장을 펼치기가 어려워졌다. 우리가 제시할 수 있는 최선은 추측에 근거한 정황적인 논쟁이다"라고 말했다.[4] 안락사에 대한 반대도 같은 범주에 봉착해 있다.

이러한 전제들은 죽음과 죽어감에 대한 서구 문화의 반감(또는 부인)뿐 아니라 모든 것은 고쳐지고 치료될 수 있어야 한다는 기술 문명의 당위성과 연결되면서 더욱 위험해지고 있다. 고맙게도 우리는 아직 유아 살해나 안락사를 적극적으로 시행하는 시점에는 이르지 않았다. 그렇긴 해도 우리가 생각을 바꿔 우리 주위의 사회·경제적 영향력에 저항하지 않는다면 개념적이고 실질적인 영향력은 그리 멀리 있지 않다.

기독교 예배는 우리를 형성하고 위협하는 사회·경제적 영향력뿐 아니라 우리의 생각에 도전을 주는 현장이 되어야 한다. 하지만 너무나 자주 그리스도인들(특히 우리가 다루고 있는 개신교인들)은 우리의 예배가 합리성과 생산성이라는 더 큰 문화의 전제에 의해 형성되도록 허용해 왔다. 대부분의 개신교 예배는 정신 장애인들은 결코 참여할 수 없는 언어로 지배되고 있다. 더욱이 예배의 물리적, 사회적 공간들도 오직 정신적으로나 신체적으로 건강한 사람들에게만 소통이 잘되는 방식이었다.

이 글에서 우리는 기독교 예배가 사람됨의 부패한 관념에 저항하고 우리의 생활방식 및 사고방식을 재형성하는 데 있어서 어떻게 중요한 역할을 감당할 수 있을지 제안하고자 한다. 특히 우리는 기독교 예배가 어린 아이로부터 나이 많은 노인에 이르기까지 하나님의 형상과 모양으로 지음 받은 사람이라면 누구나 하나님과 교통을 나누고 그분을 찬양할 자격이 있는 피조물이라는 점을 재천명하는 현장임을 주장할 것이다.

우리는 분명 모든 노인들이 합리적 역량이나 생산력, 또는 그 모두를 결여하고 있다고 단정하지 않는다. 많은 노인들은 여전히 합리적이고 생산적이다. 하지만 그와 같은 역량의 상실은 인간이 나이 들어가면서 가장 두려워하는 바이고, 그러한 두려움의 일부는 자신들이 하나님께 버린 바 되었고 다른 이들에게도 '쓸모없다'는 것이기 때문에, 우리는 기독교 예배가 그와 같은 두려움의 근원을 어떻게 흔들 수 있을지 보여 주고자 한다. 더 나아가 오늘날 우리의 가정과 공동체, 그리고 상상력으로부터 노인을 소외시키는 현상이 근본적으로 합리성과 생산성이라는 편협한 인식에 근거한 '사람됨에 대한 전반적 이해'로 인해 상당 부분 형성되었다고 믿는다. 우리는 그러한 전제들에 도전을 주고, 사람됨의 이해를 성찬을 중심으로 하는 공동체적인 찬양에 집중시킴으로써, 강력한 인지적, 생산적 역량을 유지하지 못하는 노인들을 더욱 깊이 인정할 수 있게 될 것이다.

우리는 성찬과 관련된 두 이야기로 시작해 보려 한다. 하나는 정신장애인에 대한 이야기이고, 다른 하나는 중증 뇌손상 환자에 대한 이야기이다. 이 이야기들을 통해서 우리가 너무도 자주 누가 사람으로 인정받는지, 또는 사람이 무엇을 '이해할 수' 있는지 얼마나 제한하고 있는지 고찰하고자 한다. 그 다음에 우리는 왜 예배가 나이를 먹을수록 중심적 역할을 해야 하는지, 그리고 함께 살아가는 노인들을 어떻게 예우할지에 대해서도 간략하게나마 건설적인 제안을 하고자 한다. 우리는 교회의 실천을 통해서 노인들의 지혜를 명예롭게 대한다는 의미가 무엇인지 비전을 제시하며 결론을 내릴 것이다. 종합적으로 우리는 예배가 한 사람이 제한된 인지적 역량을 갖고 태어났든, 질병이나 비극적 사고로 기억력을 상실했든, 심각한 치매나 알츠하이머로 고통을 당하든, 아니면 죽어가는 날까지 이성, 감정, 영혼의 기능을 온전하게 활성화시킬 수 없든 상관없이, 평생 동안 인간 삶의 목적과 운명에 대한 우리의 비전을 형성하는 데 중심적인 역할을 한다는 점을 주장할 것이다.

I

건강한 중년들은 너무나 자주, 우리와 다른 사람들은 분명 덜떨어진 이해력을 가지고 있다고 단정한다. 우리는 그들이 무엇을 붙잡아야 하는지에 대한 우리의 이해를 그들에게 강요한다. 그러나 종종 기독교적 삶의 실천과 그 중심에 있는 성찬은 우리의 제한된 상상력을 넘어서는 하나님과 공동체에 대한 이해를 갖게 한다.

그러한 예를 1975년에 정신 장애인들을 위한 라르쉬 공동체의 국제 코디네이터가 되었던 수 모스텔러(Sue Mosteller)의 이야기에서 접했다. 라르쉬는 전 세계 26개국에 100여 개가 넘는 지부를 둔 공동체로, 정신 장애인들과 다른 사람들이 신앙 안에서 함께 살아갈 수 있다는 신념에 기반을 두고 있다. 이 공동체는 정기적으로 먹고, 일하면서 함께 살아간다. 그들은 함께 모여서 예배를 드리고 성찬을 나눈다. 그와 같은 실천은 참여자들의 삶을 형성하는 데 강력한 영향을 준다.

모스텔러는 라르쉬 공동체의 정신 장애인 거주자이자 할머니와 사별했던 마이클의 이야기를 통해서 이와 같은 영향이 어떻게 나타나는지를 알려 준다.[5] 모스텔러의 기록에 의하면, 할머니가 돌아가신 후 "마이클의 어머니는 신체적으로나 정서적으로 자신의 슬픔과 상실감뿐 아니라 마이클이 어떻게 반응할지 알 수 없어서 힘들었다. 그래서 마이클에게 장례식이 끝날 때까지 할머니의 죽음에 관해 말하지 않기로 했다." 일반적으로 라르쉬 공동체는 이러한 조치에 반대한다. 왜냐하면 장애가 있는 이들이 기쁜 시간뿐 아니라 슬픈 시간을 통해서도 살아가는 법을 배우는 것이 중요하기 때문이다. 하지만 공동체는 애도의 시간을 보내고 있는 마이클 어머니의 입장을 존중했고 그에 동의했다.

장례식이 끝난 주말에 마이클이 집에 돌아왔다. 마이클의 아버지는 토요일 아침에 그 일에 대해 알려 주었다. 그때 마이클은 어머니가 "침대에서 쉬고 있는 모습을 보고, 어머니 옆에 앉아 아무 말도 하지 않고 함께 머물며 위로를 전했다." 마이클은 거의 45분 동안 이렇게 했고, 그것은 나중에 어머니가 밝힌 대로, 그 순간에 자신이 정확히 필요로 했던 거였다고 했다. 하지만 그게 전부가 아니었다. "은색 꽃병을 가리키던 마이클은 머뭇거리며 아버지에게 그 꽃병에 코카콜라를 채워 달라고 부탁했다. 서로 의견 교환이 있고 난후, 말을 더듬거리며 종종 자신의 생각을 표현하기 힘들어 하던 마이클이 결국에는 아버지에게 자신도 꽃병이 꽃을 담는 것이지 콜라를 담는 것이 아닌 줄은 안다는 것을 납득시켰다. 하지만 그는 그래도 꽃병에 콜라를 채워 달라고 했다." 그러는 동안에 마이클은 탁자를 가져오고 주위에 의자 세 개를 놓았다.

아버지가 돌아오자 마이클은 탁자 한 편에 부모님을 앉게 하고 자신은 다른 편에 앉았다. 그리고 코카콜라와 빵 한 조각을 탁자에 올려놓았다. "이제부터 우리 모두 할머니를 위해서 기도하겠습니다." 그는 빵 한 조각을 잘라서 어머니에게 주고 기도해 달라고 부탁했다. 그리고 아버지에게도 그렇게 한 뒤 자신도 빵을 떼어 할머니를 위해서 소리 내어 기도했다. 그는 '꽃병'을 돌리는 순서를 진행했고, 돌아가면서 고인을 위해 기도하게 했다. 그런 다음에 부모님에게 이제부터 하나님이 할머니를 돌보실 것을 확신하지만, 홀로 되셔서 도움이 필요한 할아버지를 생각해 주어야 한다고 말하며 순서를 마쳤다.

마이클의 이 심오한 기독교적 비전을 어떻게 이해할 수 있겠는가? 심지어 그의 부모도 할머니의 죽음에 관한 그의 이해력과 대처능력을 과소평가했다. 하지만 마이클은 라르쉬 공동체의 성찬 예식에 정기적으로 참여함으로써 함께하고, 함께 먹는 습관을 개발했다. 이에 힘입어 그는 어머니와 아버지를 위한 사역을 했고 하나님과 기독교 공동체의 능력을 증언할 수 있었다. 비록 그가 인지적으로는 손상을 입었지만, 예배하는 공동체에 참여하는 습관으로 형성된 앎, 곧 인지적 능력이 겉으로는 더욱 강성해 보이는 많은 이들보다 더욱 심오한 '앎'을 지니고 있던 것이다.

합리성에 대한 현대적 관념에 도전을 주는 이러한 지식은 신경정신학자 올리버 색스(Oliver Sacks)가 들려주는 지미 지(Jimmie G)에 관한 이야기에서 더욱 명료하고 극적으로 드러난다.[6] 지미는 매력적이고 이지적이며 잘생긴 49세의 남성이다. 불행히도 그는 기억 능력을 상실했다(memoryless). 색스는 지미가 지성을 지니고 있음에도 기억 능력을 잃어버린 건강한 사람이라는 것에 당황했다. 그래서 이렇게 질문하게 된다. "기억의 더 큰 부분을 잃은 사람, 자신의 과거와 자신을 규정하는 모든 것을 잃어버린 사람의 삶은 어떤 것일까? 그가 보는 세계나 자아는 어떤 것일까?"(p. 23)

지미의 인생은 모든 계획과 목표에도 불구하고 색스가 그를 처음 본 1975년으로부터 30년 전인 1945년, 곧 그가 열아홉 살 때에 멈춰 있다. 그는 1945년 전에 일어났던 일들은 다 기억하지만 그 이후에 일어난 일들은 기억하지 못했다. 그는 자신의 어릴 때를 아주 상세하게 선명하고 정감 있게 설명할 수 있다. 하지만 해군에 있던 시절을 설명하려 하면, 현재 시제로 말하기 시작했다. 실제로 색스는 지미가 여전히 자신을 열아홉 살로 믿는다는 사실을 발견했다.

흥미로운 것은 지능 검사에서 지미의 점수는 매우 잘 나왔다. 색스의 묘사에 따르면, 지미는 "두뇌회전이 빠르고, 관찰력이 좋으며, 논리적이어서 복잡한 문제들과 퍼즐들을 푸는 데 어려움이 없었다. 어려움이 없다는 것은 문제를 빨리 해결할 수 있다는 것이다. 만약 많은 시간을 들여서 풀어야 한다면 자신이 해왔던 것을 잊어버렸다"(p. 26). 그는 주기율표도 매우 잘 알고 있었다. 하지만 1945년 전에 발견된 원소들만 포함된 주기율표일 경우다.

지미는 사실상 최근의 사건들을 기억할 수 있는 역량은 갖추고 있지 못하다. 그는 매일 매일의 사건이나 사람들은 기억할 수 없다. 실제로 그는 불과 수초 전에 들은 말이나 본 것도 잊어버리곤 한다. 가끔은 최근 사건을 희미하게 기억하지만 일관성 있게 엮지는 못한다. 색스가 주목한 것처럼, "(지미가) 기억을 저장 못한 것이 아니라, 기억의 흔적이 극단적으로 달아나 버린 것이 분명하다. 인식하는 지적 능력이 고도로 우월함에도 불구하고, 특히 산란케 하거나 경쟁하는 자극들이 있을 경우 일분 안에, 때로는 그보다 더 빨리 기억이 지워져 버리는 것이다"(p. 27).

색스는 지미처럼 자신의 삶이 "망각의 늪에 빠져 풀려 버린"(p. 29) 높은 지능 소유자의 사례로 인해 감정적으로 불편했고, 상심했으며, 몹시도 당황스러웠다. 신경학적 차원에서 색스는 지미가 코르사코프 증후군(Korsakov's Syndrome)을 가진 것으로 진단했다. 그러나 색스는 더욱 근본적인 질문과 갈등했다. 그는 자신의 노트에 지미가 "과거(또는 미래)가 없는 남자, 변화무쌍하고 의미 없는 순간에 갇혀 있음"이라고 썼다. 색스는 "잃어버린 영혼, 뿌리가 없거나 먼 과거에만 뿌리를 내리고 있는 이 사람에게 어떻게 하면 연속성을 부여하고 자신의 뿌리를 세워야 할지"(p. 29) 계속해서 궁금증을 가졌다.

색스와 다른 이들은 희망 속에서 지미를 돕고자 자신들의 일을 시작했다. 지미는 아주 매력적이고, 호감형이며, 똑똑했기 때문에 색스가 보기에 '구제 불가능한 존재'라고 상상하거나 믿기 어려웠다. 하지만 그는 덧붙여 이렇게 말하고 있다. "우리 중 누구도 그처럼 강력한 기억상실증을 경험하거나, 상상해 본 적은 없을 것이다. 이는 모든 것, 모든 경험, 모든 사건이 영문도 모른 채 무한한 기억의 구덩이에 빠져 버린 것과 같다."(p. 35) 색스는 자신이 할 수 있는 일이 과연 있을지 의아해하며 당황했다. 그는 지미가 자신의 처지를 인식하지 못하는 잃어버린 자아, 잃어버린 영혼의 존재가 되었다고 생각했다. 왜냐하면 그의 처지가 그와 세계를 의미 없는 현재의 소용돌이로 몰아갔기 때문이다.

아마도 색스의 당황스러움은 무엇보다 사람됨에 대한 현대의 제한된 인식을 보여 준다. 색스는 의료과학이 지미를 도울 방법을 몰랐기 때문에 그가 어떤 자원으로부터도 '구제 불가능한' 상태가 되었다는 점에 주목한다. 그는 치료받을 수 없다. 그렇다면 어떻게 할 것인가?

색스는 의사이자 인문학자로서 지미가 구제 불능이라고 단정적으로 결론짓기보다 계속해서 질문을 던졌다. 그는 심지어 노인들을 위한 시설을 운영하는 로마 가톨릭의 수녀에게도 질문했다. 그곳에서 지미는 치료를 받은 바 있었기에 그들이 지미의 상태에 대해서 어떻게 생각하는지 알아봤다. 색스는 거기서 나눈 대화를 다음과 같이 보고한다. "사람들은 (지미에 관해서) 본능적으로 영적인 희생자로 말하는 경향이 있다. 곧 '잃어버린 영혼'이라는 것이다. 그렇다면 그가 정말로 질병 때문에 '영혼 실종'이 되었다는 것이 가능하겠는가? '그가 영혼이 있다고 보세요?' 한 번은 수녀들에게 이렇게 물은 적이 있다. 그들은 나의 이 질문에 분노했지만 내가 왜 그런 질문을 하는지 알았다. '예배할 때의 지미를 보세요.' 그들이 말했다. '그런 다음에 스스로 판단해 보세요'"(p. 37).

지미는 그 시설에서 정기적으로 예배에 참여하고 있었다. 색스는 지미가 예배하는 모습을 지켜보았다. 색스가 관찰한 모습은 놀라웠다.

나는 심오하고 인상 깊은 감동을 받았다. 왜냐하면 그에게서 전에는 볼 수 없었고 결코 가능하다고 생각조차 못했던 강력하고 한결 같은 관심과 집중을 보았기 때문이다. 나는 지미가 무릎을 꿇고 혀로 성체를 받는 모습을 보았으며, 이것은 의심의 여지없이 그의 영혼이 미사의 영과 완벽하게 하나가 되는 성찬의 충만함과 총체성을 보여 주는 것이었다. 그는 완전히 강렬하게 절대적인 집중력과 주의를 기울이며 고요함 가운데 떡과 포도주를 받았다. 그는 전심을 다해 전적으로 몰입했다. 거기서 망각이나 코르사코프 증후군은 볼 수 없었다. 그런 것들의 존재는 전혀 가능하지도, 상상하지도 못했다. 그에게는 더 이상 오류와 잘못이라는, 곧 의미 없는 순서들과 희미한 기억이라는 방어기제가 작동하지 않았다. 다만 그는 자신의 전 존재를 투여하는 행위, 곧 어떠한 방해도 용납됨 없이 매끄러운 유기적인 지속성과 통일성 속에서 감정과 의미를 수반하는 행위에 몰입해 있었다(pp. 37-38).

색스는 지미가 예배를 드리면서 자신의 영혼을 발견했다는 점을 인식했다. 그는 사람됨이 다른 역량과 분리된 채 기억이나 정신활동, 또는 마음에 의해서 제한될 수 없음을 발견했다.

실제로 색스는 지미의 영혼이 하나님을 경배하는 예배 가운데 도덕적으로 집중하는 예술적이고 극적인 활동 안에서 발견된다는 것을 알았다. 다시 한 번 색스의 설득력 있는 관찰을 보자.

지미가 예배하는 모습을 보면서 나는 영혼이 부름 받는 다른 영역들에 눈이 뜨이게 되었다. 그리고 집중과 교감 속에서 잠잠해졌다. 동일한 몰입과 집중의 깊이를 음악이나 예술에서도 볼 수 있었다. 내가 목격한 바로, 그는 음악이나 간단한 드라마를 '이해하는'(following) 데 어려움이 없었다. 음악과 예술의 매순간은 다른 순간들을 가리키거나 담고 있다. … 만일 지미가 잠시 동안 어떤 과제나 퍼즐, 또는 게임이나 계산과 같은 정신적인 과제에 빠져 있다면, 그는 그렇게 하자마자 아무것도 없음이라는 기억상실증의 심연 속으로 와해될 것이다. 하지만 그가 정서적이며 영적인 집중 속에 빠져 있다면, 곧 자연이나 예술을 감상하거나 음악을 듣거나, 예배당에 참여한다면 그 집중력과 분위기, 고요함은 한 동안 지속되며, 그것은 우리로서는 시설에서 그의 여생 동안에 거의 보기 힘든 깊은 사색과 평온함일 것이다(pp. 38-39).

의심할 바 없이, 지미의 예배 참여는 마이클이 자신의 할머니를 기억하는 예식 가운데서 보여 줬던 것과 유사한 '앎'을 반영한다. 이 두 사람 모두에게서, 성찬은 일상적인 인지적 능력의 한계를 넘어서서 하나님을 경배하는 가운데 육신과 영혼이 수반되는 참여를 보여 준다.

더욱이 지미의 이야기는 사람됨과 공동체 참여를 이해하는 또 다른 방식을 보여 준다. 그의 인생과 영혼은 계속해서 예배 가운데 단순한 말하기와 읽기, 말씀 듣기를 초월하는 차원, 곧 음악과 드라마, 그리고 몸을 굽혀 성찬을 받는 극적인 활동들을 통해서 지속적으로 형성되고 있다. 지미는 예배 가운데 '생생한' 존재가 되었다. 아마도 지미의 인생에서 오직 수녀들만이 경험 과학의 좁은 서술로는 설명할 수 없는 인간에 대한 돌봄이 무슨 의미인지를 온전하게 이해한 것이다. 아마도 오직 그들만이 생산적이지 못한 이들, 곧 경제적인 관점에서는 빈곤한 재정 자원의 '누수'로 보일 수 있는 이들을 위한 돌봄의 헌신을 구현한 것이다.

색스의 결론적인 성찰은 그가 예배당에서 지미를 관찰하면서 얻은 강력한 교훈을 잘 보여 준다.

처음 그와 만났을 때는 의아했다. 그가 일종의 흄 학파(철학자 데이비드 흄의 경험과 관찰에 의한 인식론 학파)에 따른 [거품 긴 표현이지만] 인생의 표면에서 의미 없이 움직이는 존재로 저주 받은 게 아닌지, 그가 갖고 있는 흄 학파에서 간주하는 질병의 지리멸렬함을 극복할 수 있는 다른 방법이 있는지 궁금했다. 경험 과학은 그렇지 않다고 말해 준다. 그러나 경험 과학, 곧 경험주의는 영혼을 고려하지 않으며, 무엇이 인간의 존재를 구성하고 결정하는지 헤아리지 않는다. 아마도 이 점에서 임상적 교훈뿐 아니라 철학적 교훈이 필요할 것이다. 코르사코프 증후군이나 치매, 또는 다른 끔찍한 질병이 일으키는 유기적 손상과 흄 학파식의 해체가 아무리 심각하다 해도 예술, 성도의 교제, 인간 영혼의 어루만짐을 통해서 여전히 감소될 수 없는 재통합의 가능성이 남아 있다. 그리고 이것은 처음에는 희망 없는 상태로 보였던 신경 정신적 황폐함 속에서도 보존될 수 있을 것이다(p. 39).

지미의 사례에는 임상적 교훈뿐 아니라 철학적 교훈이 담겨 있다. 하지만 여기서 색스가 분명하게 표현하진 않았지만 암시적으로 던진 신학적 교훈도 있다.

II

마이클과 지미의 이야기는 사람됨의 현대적 관념이 지니는 한계와 부적합성을 보여 준다는 측면에서 울림이 있다. 그러나 신생아와 어린이들뿐 아니라 마이클, 지미, 노인들, 알츠하이머 환자들을 포함한 우리 모두가 근본적으로 하나님을 경배하기 위해 지음 받은 피조물이라는 점을 가장 잘 알려 주는 것은 성찬을 중심으로 하는 예배이다. 색스가 주목한 바와 같이, 예술이나 음악, 성도의 교제 등은 영혼의 '재통합'과 정체성의 재창조를 위한 기회를 제공한다. 그것들은 미학적 중요성 그 자체 때문이 아니라 근본적으로 우리가 누구인지, 곧 하나님의 형상대로 지음 받은 피조물이라는 사실에 의존하기 때문에 그런 것이다.

따라서 성찬이 요양 시설의 노인들에게 매우 중요하다는 것은 놀랍지 않은 사실이다. 몸짓과 의식을 포함하는 성례전은 통합을 위한 강력한 기회를 제공한다. 실제로 수전이 요양 시설의 노인들에게 성찬을 집전했을 때, 상당한 인지적 손상에 시달리는 이들도 성찬 예전의 일부에 참여할 수 있다는 것을 발견했다. 더욱이 한 할머니는 자신의 이름도 기억하지 못하고 일상적인 의사소통조차 불가능했는데 당일 아침에 수전과 함께 성찬 기도문을 낭송했다. 그리고 주기도문도 읊었다. 평생의 습관이 하나님과 교통하는 삶을 형성한 것이다.

이와 유사하게 우리는 음악이 지미의 영혼을 매우 심오하게 어루만졌음에 주목해야 한다. 음악은 인지적 이해보다 훨씬 더 깊은 차원에서 우리를 어루만진다. 예를 들어 에베소서는 대안적 삶의 형태로서 노래와 음악의 힘을 강조하면서 이를 술 취함과 명쾌하게 대조시키고 있다(엡5:18-20). 데이비드 포드(David Ford)는 이 구절에 대해서 선명한 논평을 내놓는다.

시편 부르기와 찬양, 그리고 영적인 노래 등은 〔술 취함과는〕 대조적으로 육신과 마음, 그리고 정신의 전 존재를 다른 이들과 하나님께 집중하도록 조율해 주는 '건전한 도취'라 할 수 있다. 이는 술 마시는 것과 같이 습관을 형성하는 자아의 신체적 훈련이다. 형성되어야 할 주된 습관은 깨어 있음(alertness)이다. 또한 여러 언어로 긴밀하게 연결된 단어인 순종의 습관도 있다. 노래함은 자유로운 순종, 곧 다른 이들과 함께 진정성 있게 따르는 본보기이다. 이때 우리의 몸은 종종 자아를 이끌며, 그러다가 점차적으로 열리며 다른 영역에까지 스며드는 의미에 몰두하는 자신을 발견하게 된다.[7]

몸은 종종 자아를 인도한다…. 사람들을 고통이나 인지적 손상 가운데서 지탱시켜 주고, 우리 삶에 찬양이 넘치도록 하는 데 음악이 그토록 강력한 이유는 우리의 존재를 총체적으로 어루만지기 때문이다. 정신뿐 아니라 몸과 영혼, 그리고 열정 모두를 말이다. 아름다운 음악은 우리를 현재 처한 급박한 상황으로부터 불러내어 우리의 상상보다 훨씬 더 큰 세상으로, 하나님을 경배하게끔 이끈다. 성 아우구스티누스는 시편 32편 설교에서 음악이 지닌 기묘한 능력을 다음과 같이 증언한다.

〔사람들이〕 열심히 일하는 곳마다, 그들은 기쁨을 표현하는 가사가 담긴 노래들로 시작한다. 하지만 기쁨이 넘쳐흘러 말로는 충분하지 않을 때 사람들은 이처럼 긴밀한 깊이를 버리고 단순히 노래 소리에만 열중한다. 이 벅찬 감격(jubilation), 이 의기양양한 노래는 무엇이란 말인가? 우리의 마음이 말로는 담을 수 없는 느낌으로 터져 나온다는 것

은 멜로디를 의미한다. 이 도취감은 궁극적으로 누구에게 속한 것인가? 분명 형용할 수 없는 그분이다. … 표현할 말이 없고 침묵할 수 없다면, 멜로디의 솟구침 외에 달리 할 수 있는 것이 무엇이겠는가?[8]

우리는 말로 표현할 수 없는 하나님이 음악을 통해 찬미를 받고 멜로디의 환희를 통해 가장 적절한 경배를 받으신다는 사실을 발견한다.

더불어 우리는 우리의 사람됨, 하나님을 경배하기 위해 지음 받은 피조물로서의 정체성은 근본적으로 사회적이라는 것을 발견한다. 우리는 예배 가운데 흘러넘치도록 풍부한 공동 찬양을 통해서 삼위 하나님의 형상과 모양을 품게 된다. 다시 말하지만 음악은 중심적 이미지를 제공한다. 포드는 이렇게 설명한다.

소리(sounds)는 배타적인 경계를 갖지 않는다. 소리는 끝없이 다양한 방식으로 서로 조합하고, 조화하며, 공명할 수 있다. 노래를 부르면 이 많은 소리들이 각자 역할을 맡아서 공간을 채우는 효과가 나타난다. 새로운 목소리가 고유의 독특한 어조로 첨가되면 풍성한 연출이 일어난다. '충돌 없는 확장'(벡비 Begbie의 표현)이라는 표현은 넘쳐흐르는 음악 안에서 참여자들이 그들의 경계를 변화시키는 것을 말한다. 음악은 경계의 안과 밖 모두에 있으며, 노래 가운데 새로운 음향적, 사회적 공간을 만들어 낸다. 엔 프뉴마티(en pneumati 성령과/안에서)는 에베소서 2장 18절과 22절에서 동일한 구절의 반복적 사용과 조화를 이룬다. 유대인들과 이방인들 사이를 분리하던 벽은 무너지고 그들은 성령 안에서 그리스도를 통하여 아버지께 나아가게 되었다. 공동체는 함께 '거룩한 성전', 그 무엇보다도 시와 찬송으로 가득한 '성령 안에서 하나님이 거하시는 공간'으로 함께 연결되어 가는 것('함께 조화를 이루는' - sunarmologoumene)이다. [9]

음악은 찬양의 복합적 일체 안에서 참여자들 사이에 다양한 다름의 차원들을 연합시키는 방식을 제공한다. 따라서 예배는 말을 사용할 수 있는 사람뿐 아니라 노래를 부르는 사람들도 포함한다. 그들의 영혼에는 멜로디가 두드러지기 때문이다. 하지만 아무 음악이라고 중대한 차이를 일으키지는 못한다. 그것은 영혼을 위하고 하나님을 찬양하기 위한 음악이어야 한다. 근본적으로 그리스도인들은 하나님을 찬양하는 데 적합한 예배는 십자가에서 죽으시고 부활하신 그리스도의 얼굴을 반영한다고 선언했다. 우리의 찬양은 십자가의 기쁨과 우리의 가장 깊은 두려움과 가장 높은 희망을 끌어안을 수 있는 음악이어야 하고 우리가 집요하게 구하는 승리뿐 아니라 가장 강렬한 슬픔에 의해서 형성되어야 한다. [10]

이처럼 하나님을 찬양하는 것은 아직, 더 이상, 또는 결코 인지적으로 기능할 수 없는 고통당하는 자들을 절대 버리지 않는 공동체를 형성해야 한다. 이러한 찬양은 피조물들이 완성에 이르기까지 고통당하고 신음하는 고통스러운 현실을 언급하는 로마서 8장의 결론에 나오는 비전을 증언하는 것이다. "내가 확신하노니 사망이나 생명이나 천사들이나 권세자들이나 현재 일이나 장래 일이나 능력이나 높음이나 깊음이나 다른 어떤 피조물이라도 우리를 우리 주 그리스도 예수 안에 있는 하나님의 사랑에서 끊을 수 없으리라"(롬 8:38-39).

　신학적으로 우리는 예배를 통해, 하나님을 향한 기도와 찬양을 통해, 사람으로서의 우리의 정체성과 미래에 대한 희망이 예수 그리스도 안에서 드러난 하나님의 기억과 희망에 의해 형성된다는 것을 배우게 된다. 우리 인생의 이야기들은 비록 죄와 억압, 비극, 그리고 노화와 죽음이라는 현실로 말미암아 깨지고 부서지더라도 삼위 하나님의 이야기 안에 자리 잡을 때 그 충만한 의미와 온전한 이해에 도달하게 될 것이다. 우리가 아는 인생은 가지각색의 위험과 위협, 그리고 무질서로 가득하며, 죽음의 실체 또한 피해갈 수 없다. 그렇지만 그 어느 것도 우리 주 그리스도 예수 안에 있는 하나님의 사랑으로부터 우리를 끊을 수 없다. 왜냐하면 그 이야기는 우리와 함께 시작하고 끝나기 때문이며, 또한 하나님과 더불어 시작하고 끝나기 때문이다.

　데이비드 켁은 이러한 신학적 확신을 매우 명료하고도 설득력 있게 발전시켰다. 알츠하이머 질환과 하나님의 사랑에 관한 연구인 《우리가 누구에게 속한 자인지 잊는다는 것 Forgetting Whose We Are》에서 발전시켰다.[11] 알츠하이머는 인격의 한계를 시험하는 병이기 때문에, 하나님의 이야기에 대한 신학적 주장과 개인적 정체성의 매개자로서 하나님의 기억과 희망에 대한 중요한 시험 사례를 제공한다. 궁극적으로 알츠하이머 환자는 정체성의 분열을 겪게 된다. 켁은 "알츠하이머 질환을 분석하다 보면 우리가 성경 이야기에서 만나는 궁핍한 피조물들의 상황, 곧 질병의 수치나 파경, 죽음 등을 접한다. 이러한 피조물의 자아는 가족과 교회, 그리고 하나님의 도움에 의존하게 된다. 이러한 피조물의 기질은 무엇보다

310

도 우리가 우리의 이야기를 그리스도의 고난과 죽음, 그리고 부활의 이야기에 결합시켜야 함을 인정하게 만든다."[12]

신학적으로 우리를 그리스도 예수 안에 있는 하나님의 사랑으로부터 끊을 수 있는 것은 없다. 그러나 너무도 많은 공동체들이, 심지어 예배하는 공동체들도 궁핍한 사람들을 소외시키고 고립시키는 방식을 취하고 있다. 교회 안에는 다른 이들을 제대로 돌보지 못하는, 그래서 하나님의 사랑을 경험하지 못하게 하는 것들이 너무나 많다.

예배하는 공동체로서 교회는 하나님을 경배하기 위해 모이며 사람들의 인격적이고 다양한, 그리고 복잡하고 심지어는 와해된 이야기를 그리스도의 고난과 죽음, 그리고 부활의 이야기 안에서 정립시켜야 할 사명을 안고 있다. 이는 우리로 하여금 교회됨의 실천(to practice the church)을 배우게 하며, 특히 교회의 예배가 전 세대에 걸쳐, 인지적 역량과 무관하게 인간의 존엄함을 유지하는 현장이 되어야 함을 요구한다.

우리는 특별히 세례와 성찬의 집전을 통해서 이를 행한다. 세례는 우리가 은혜로우신 하나님의 피조물임을 깨닫고 확인시켜 줌으로써 우리가 세상의 가치와 무관하게 존엄함을 지닌 존재임을 인정한다.[13] 우리는 세례를 통해 그리스도의 죽음과 부활에 참여하며, 그리스도 안에서 새 생명을 얻는다. 더 나아가 세례 의식에서 공동체의 구성원들은 새롭게 세례 받은 이들을 환영하며 자신들의 생애 동안 세례 받은 이들을 돌보겠다고 헌신한다.

이와 비슷하게, 성찬은 우리의 삶과 우리의 공동체를 그리스도의 고난과 죽음, 그리고 부활이라는 드라마 안에 위치시킴으로 우리의 여정을 지속하게끔 도와준다. 추수감사절의 낭송과 찬양, 떡과 포도주를 통한 그리스도의 진정한 현존, 성찬을 받는 이들의 신체적 움직임, 성찬의 음악 등이 모두 합쳐져 하나님을 찬양하는 공동체를 형성하고 지속시켜 준다. 더 나아가 성찬의 빈번한 집례는 마이클과 지미의 이야기에서 드러났던 종류의 앎을 형성하는 습관들을 발전시켜 준다. 가장 특별한 것은 성찬이 우리 모두에게 중대한 희망의 성례라는 것이다. 특히 노인들에게 이것은 우리의 삶이 죽음에 의해서 속박되지 않고 부활하시는 그리스도께 붙잡힌 바 되었음을 상기시켜 준다.

이는 교회적으로 우리가 하나님의 피조물로서 서로의 정체성을 발견하도록 가르치는 삶의 습관과 사상, 상호작용을 발전시키는 방법으로 예배를 실천할 때 비로소 진정성 있는 기독교 공동체를 발견한다는 것을 시사한다. 우리는 세대를 넘어 돌봄과 우정을 주고받는 예배 가운데 그러한 경험을 할 수 있다. 또한 병약하거나 인지 손상을 입은 자들 또한 돌봄과 우정의 수혜자로서 중요한 존재임을 경험한다. 우리는 호스피스 병동의 의사였던 아이라 바이악(Ira Byock)이 더 이상 자신의 삶을 통제할 수 없어서 절망하던 한 남자에게 해준 말을 통해서 많은 것을 배울 수 있다. 그는 관대했고 베푸는 삶을 살았던 사람이었다.

그러니까 선생님께서 지금까지 아주 모범적으로 보여 줬던 사회적 책임은 다른 이들을 위한 일로만 제한되지 않습니다. 이처럼 돌보고 돌봄을 받는 상호작용은 공동체가 만들어지는 방식이랍니다. 저는 공동체가 가족과 마찬가지로 명사라기보다는 동사에 가깝다고 믿습니다. 공동체는 우리 가운데 궁핍한 이들을 돌보는 과정에서 생겨납니다. 선생님이 이제야 공동체의 그러한 측면을 보시게 된 것은 불행입니다. 하지만 선생님 자신이 돌봄을 받도록 허락함으로, 그리고 기꺼이 돌봄의 수혜자가 됨으로, 공동체에 더할 나위 없이 소중한 방식으로 기여하는 것입니다. 진정한 의미에서 우리는 선생님을 돌봐야 합니다. 호스피스에 있는 우리뿐 아니라, 우리가 대표하는 공동체, 곧 우리를 후원하고 지원하는 공동체를 대표해서 말입니다.[14]

공동체는 동사다. 우리는 바이악의 설명에 덧붙일 게 있다. 공동체는 하나님을 찬양하고 예배하며, 세대를 넘어서 서로를 돌보고 돌봄을 받는 과정에서 가장 신실하고 진실한 모습으로 만들어진다.

지금까지 우리는 사람됨에 대한 우리의 신학적, 교회론적 전제를 재고하는 데 집중했다. 우리에게는 예배에 의해서 형성되는, 특별히 성찬에 의해서 형성되는 삶과 생각의 습관이 필요하다. 이는 인지적 역량에 관계없이 세대를 넘어서는 돌봄과 헌신의 패턴을 지속하기 위함이다. 그런데 우리의 논의는 돌봄의 수혜자이자 시간이 지나면서 인지적 기능이 감소되거나 상실되는(그럼에도 항상 존엄한 가치를 지닌) 노인들에게 초점을 맞춰 왔다. 그러나 많은 노인들은 다른 이들을 돌보고, 젊은 세대들에게 지혜와 헌신을 제공하는 데 있어서도 중요한 역할을 감당한다. 만일 우리가 우리의 삶과 정체성을 하나님께 드리는 경배와 관련해서 이해한다면, 그리고 돌봄을 주고받는 공동체에 의해서 그러한 삶과 정체성이 유지된다면, 우리는 우리와 함께 있는 노인들을 더 잘 인정하고 존중할 수 있을 것이다.

III

사람들은 어린아이들뿐 아니라 노인들을 존중해야 한다. 합리적 역량과 생산성 때문이 아니라, 하나님을 경배하기 위해 하나님의 형상과 모양으로 지음 받은 피조물이기 때문이다. 따라서 대체 가능한 존재란 없다. 우리가 무시하거나 소외시키거나 방치해도 괜찮은 사람은 아무도 없다. 우리는 가장 약한 이들에게 제공한 돌봄에 따라 평가 받을 것이다.

그렇지만 우리가 노인들을 존중해야 하는 이유는 그들이 미래를 위한 지혜의 원천이자 안내자이기 때문이다. 노인들에게는 이끌어내야 할 평생의 경험들이 있으며, 젊은이들에게 제공할 중요한 지혜를 갖고 있다. 분명한 것은 모든 노인들이 지혜롭거나 덕스럽지는 않다는 것이다. 하지만 좋은 습관을 쌓고 오랜 세월 동안 신실하게 하나님을 섬겨온 이들은 다른 이들에게 많은 것을 제공할 수 있다. 예배는 세대들을 하나로 묶을 수 있는 중심적 실천이며, 노인들에게는 세대를 넘어서 중요한 관계를 세우고 유지할 수 있는 기회이다. 예배에 정기적으로 참여하고 어린이들과 어울리는 것은 노인들의 신체적, 영적 건강을 증진시키기도 한다.

연합감리교단 교회의 목회자로서 우리의 경험에 비추어 볼 때, 우리는 노인들이 세대를 넘어서 다른 이들에게 돌봄을 제공할 수 있는 몇 가지 중요한 방법들을 제안하고 싶다. 첫째, 성찬에 의해서 양육을 받은 사람들은 다른 상황에서도 함께 먹는 습관을 개발해야 한다. 한 교회에서 우리는 의도적으로 노인들로 하여금 교회의 어린이들과 청소년들과 더불어 음식을 나누게 했다. 어떤 때는 노인들이 음식을 준비했고, 다른 때에는 어린이와 청소년들이 음식을 준비했다. 서로 관계를 구축하고 노인들이 자신의 시간과 지혜와 믿음을 이제 막 삶과 신앙의 여정을 시작한 이들과 나눌 기회를 제공하기 위함이었다. 결과는 놀라웠다. 노인들은 어린 친구들과의 시간을 즐거워했으며, 어린이와 청소년들은 자신들을 위해서 충분하게 시간을 내어주는 어른들로부터 관심을 받는 것을 고마워했다. 실제로 몇몇 경우에는 관계가 더욱 증진되어 세대를 초월하여 정기적으로 방문을 하고 전화 통화를 나누기도 하였다. 일부 노인들은 인근에 살며 추가적인 지원이 갈급한 아이들을 위한 '대리 조부모'가 돼주었다.

이와 유사하게, 세례와 입교 예식은 노인 세대와 젊은 세대 사이에 중요한 관계를 확인하는 기회를 제공한다. 예를 들어 대부나 대모 제도는 그리스도인들에게 아이들을 키우는 일이 부모에게만 오롯이 맡겨진 것이 아님을 강조하는 중요한 실천이다.[15] 유아 세례 의식에서는 참석한 회중에게 그들이 이 아이를 키우는 데 도울 것인지를 묻는다. 대부나 대모는 그러한 과정을 위해서 특정 역할을 공인받는 것이다. 사람들은 종종 또래 친구들에게 대부나 대모가 되어 달라고 부탁하지만, 우리가 목격한 바로 노인들이 신실하고 능력 있게 어린아이들을 위한 대부 대모 역할을 감당하는 경우도 있다. 어쨌든 노인들은 시간과 지혜를 모두 갖추고 있다.

이러한 관계는 입교 과정 내내 지속될 수 있다. 아마도 입교 예식은 노인들에게 다른 이들을 돌보는 일에 구체적으로 참여하는 별도의 계기가 될 것이다. 우리는 교회의 몇몇 노인들에게 공식적으로 입교 과정에 있는 청소년들을 위한 멘토가 되어 달라고 부탁했다. 그리고 각 입교 지원자에게 교회의 어른들로부터 멘토링을 받도록 해서 그리스도인으로서 생각하고 살아가는 법을 배우게 했다. 우리는 몇몇 노인 교인들이 우리가 찾고 있던 기독교적 지혜를 지니고 있음을 발견했다. 하지만 그들이 얼마나 많은 시간을 초등학교 6학년이나 중학교 1학년 아이들과의 멘토링에 들일 수 있을지 예측할 수 없었다. 놀랍게도 우리에게 부탁받은 노인들은 아이들과의 관계를 통해서 자신들이 주었던 것보다 더 많은 것을 받게 된 계기였다고 술회했다. 이 모습을 보면서 우리도 매우 기뻤다.

같은 교회에서 노인들은 교회의 방과 후 프로그램의 핵심적인 봉사자가 되었다. 노인들은 교회에 와서 초등학교와 중학교에 다니는 아이들과 같이 놀아 주고 그들의 숙제를 도왔으며, 그들이 가진 고민에 대해서 같이 대화했다. 그들은 대개 한 부모나 생계를 위해서 부모 모두 일하러 가야 하는 가정의 자녀들이었다. 노인들이 지역사회의 현관 열쇠 증후군(latchkey syndrome: 맞벌이 부모를 둔 아이들이 홀로 집에 들어갈 수밖에 없는 사회 현상을 가리키는 표현)에 대한 대안을 제공한 것이다.

이 모든 상황 속에서 기독교의 예배와 그 토대에 놓인 신학적 가정들은 노인을 존중하고 그들에게 다른 이들을 돌보기 위해 삶을 제공하는 관계에 들어설 수 있는 길을 제공한다. 분명히 기독교 공동체에서 노인들을 존중하고자 개발된 다른 실천 방식들이 있을 것이다. 그러나 성찬의 집전과 공동 식사, 하나님께 드리는 기도와 찬양, 노래 부르기와 다른 음악, 대부 대모 제도와 입교지원자 멘토링 등은 공동체가 동사로서 돌보고 돌봄 받는 과정 속에서 우리를 지탱시켜 주는 사례들이다. 우리는 그러한 실천들을 통해 노인들을 존중한다. 우리는 우리 자신과 그들을 양육시켜 나이 듦에 따라 우리에게 요구되는 지혜가 무엇인지를 발견하며, 사람됨에 대한 세상의 규정에 저항하고, 세상이 버리고 무시하고 소외시키는 이들을 돌보는 거룩한 습관을 형성하고 구현한다.

IV

우리는 기독교 예배가 나이 듦과 지혜, 습관, 그리고 기독교적 성결에 관한 우리의 전제를 형성하고 반영하는 중요한 방법들을 일깨워 주는 비일상적 예식 하나를 간략하게 전함으로 이 에세이를 마치고자 한다. 그 예식은 그렉(Greg: 본 장의 저자 중 한 명인 Gregory Jones를 말함)의 할아버지가 머물렀던 요양시설 내 케어센터에서 치러졌던 우리 첫 아이의 세례식이다.

그렉의 할아버지 아서(Arthur)는 은퇴한 연합감리교단 목사님이셨다. 그는 86세에 우리의 결혼식 주례를 해주시며 첫 아이가 태어나면 세례를 주러 오겠다고 약속했다. 우리의 아이가 태어났을 때, 아이의 증조부는 더 이상 여행을 다닐 수 없었다. 아서 할아버지는 지혜가 풍부한 경건한 남성이었고, 우리는 그의 생애를 명예롭게 하고 그가 우리에게 약속한 것을 이루어 주기를 원했다. 그래서 아이오와에 있는 그분께 아이를 데리고 갔다. 그분은 요양시설의 케어 센터 내 일광욕실에 계셨다.

아서 할아버지는 그날을 위해서 준비를 매우 철저히 하셨다. 예식을 베풀 때 입을 성직자 가운도 새로 주문했고, 세례 예식의 순서에 특별 기도 낭송을 마련해 놓으셨다. 우리는 이 세례식을 위해서 우리 가족과 교회 가족, 그리고 기독교 공동체의 다른 지체들을 초대했다. 그 주일에 함께 모였을 때, 케어 센터의 분위기는 감동적이었다. 노인들은 그들 중에서 새로운 생명이 등록되는 것을 보고 감격했으며, 모든 사람들의 시선은 아이와 곧 거행될 세례에 맞춰졌다.

세례를 위해서 모인 회중은 세상의 기준으로 보면 다소 초라한 무리들이었다. 집례자인 그렉의 할아버지는 당시 89세로 5개월 뒤 90세 생신을 치르신 직후에 돌아가셨다. 그분은 너무 약해서 제대로 서 있기도 힘들었다. 그래서 휠체어에 앉아서 세례식, 성찬식, 기도, 설교 등을 인도했다. 그 예식에 모였던 사람들은 그렉의 이모할머니, 알츠하이머를 앓고 있는 은퇴한 목사님의 배우자를 포함한 우리 가족들이었다. 신학교 시절의 친구들도 와주었다. 예식이 진행되는 동안, 그렉의 이모할머니는 계속해서 뜬금없는 질문과 영문 모르는 핀잔을 내놓으셨다. 할머니는 20년 전에 함께 보냈던 시간들에 대해서 그렉과 이야기 나눌 수 있었지만, 아기가 누구인지 분간을 못하셨고 그 상황에 대해서 거의 이해하지 못했다. 루스 이모는 세례식 순서 중 음악에 주로 몰두하셨다. 예식에서 나오는 말은 그녀에게 의미가 없었지만, 그래도 몸짓과 음악에는 큰 소리로 거리낌 없이 반응하셨다.

그날 예식의 정점은 우리가 아서 할아버지로부터 들은 설교와 기도였다. 거기에는 너무나 많은 지혜와 통찰이 담겨 있었고 앞으로 다가올 세상과 우리 아이들의 삶에 대한 큰 희망, 그리고 하나님의 선함에 대한 굳은 확신이 있어서 우리는 감사의 눈물을 흘리지 않을 수 없었다. 그분은 우리에게 확실한 선물을 주시고자 온 힘을 다 쏟으셨다. 아서 할아버지의 삶은 누가 봐도 유용함과는 거리가 멀었다. 그의 사고력은 쇠퇴하고 있으며, 기력도 소진되었다. 그분은 줄 수 있는 것보다 훨씬 더 많은 것을 필요로 하셨다. 엥겔하트와 그의 동료 학자들이 지녔던 합리주의적 전제나 자본주의의 생산성 기준에 따르면, 거기 모인 사람들 중에 소수만이 사람으로 인정될 수 있을 것이다. 그러나 우리는 아서 할아버지가 그날 보여 주신 예배 리더십이나 함께 동참했던 그분들을 결코 잊을 수 없다.

우리 모두가 알았고, 지금도 알고 있는 것은 이 예식이 하나님을 경배하기 위한 사람들의 모임이라는 것이다. 그날 공동체는 동사였다. 3개월 된 아기로부터 죽음이 몇 달 남지 않은 사람에 이르기까지 그날의 회중 가운데 매우 확고한 인지적 역량이나 충분한 생산적 유용성을 지닌 이들은 몇몇에 지나지 않았다. 그러나 그 회중은 예배에 의해서 형성되는 삶, 그리고 삶을 변화시키는 예배의 탁월한 사례를 보여 주었다.

아서 할아버지와 루스 이모, 마이클, 지미, 그리고 수많은 다른 이들을 통해서 우리가 배우는 것은 사람에 대한 세상의 타락한 정의에 저항하고 우리의 삶과 생각의 습관을 재형성해 주는 데 있어서 기독교 예배가 중심적 역할을 한다는 것이다. 우리는 가장 어린 아이로부터 가장 나이 많은 노인들에 이르기까지 모두 하나님의 형상과 모양으로 지음 받은 피조물이자 하나님과 교제를 누리는 자들이다. 예배는 우리가 하나님을 찬양함에 참여할 수 있는 소중한 존재라는 사실을 일깨워 주는 결정적인 현장이자 실천 양식이다.

삶에 은퇴는 있지만,
그리스도인에게
은퇴는 없다

찰스 핀치스(Charles Pinches)
펜실베이니아주 스크랜튼대학교의 신학 및 종교 연구교수

나이 듦의 미덕은 무엇을 의미하는가? 어떤 것들은 오래될수록 훨씬 좋아진다. 예를 들어 포도주나 일부 치즈 종류이다. 우리는 '완벽을 향해 숙성된다'(aged to perfection)는 말을 한다. 물론 어떤 것들에겐 세월이 마지막 단계에서 맞는 매우 끔찍한 과정인 부패나 썩음 같은 보잘 것 없는 것을 가져다준다. 식탁 위 검게 변한 바나나가 신선함이나 아름다움을 회복하도록 돌보거나 쪼그라드는 호박을 다음 핼러윈 등불을 위해 격려하는 것은 소용없는 일이다. 나이 듦은 이런 것들로부터 그들의 주요 기능을 앗아가 버린다. 그들은 독특한 개성과 형태를 완전히 상실한 채, 이제는 한물간 것들이 되었을 뿐이다.

만일 우리가 바나나가 아니라 인간에 관해 논의한다면, 나이가 미덕인지에 관한 질문은 초점이 바뀌어야 한다고 생각할 것이다. 예를 들어 인간의 미덕에 관한 질문은 나이 자체를 두고 해서는 안 된다고 말할 것이다. 결국 한 사람이 나이가 들었거나 들지 않았거나 하는 것은 그 누구의 선택에 의한 것이 아니며, 그렇기에 한 개인이 인간적, 도덕적 미덕을 지니고 있는지와는 거의 아무런 관계가 없다. 인간의 미덕에 관한 한, 우리는 나이가 들었는지 젊었는지에 초점을 맞추기보다는 그 사람이 용기나 절제 등의 성품을 갖고 있는지에 초점을 맞춰야 한다.

그러나 마치 성품이나 미덕이 만병통치약(one-size-fits-all)인 것처럼 이쪽으로 너무 빨리 향하는 것은 인간적 미덕을 갖는다는 것이 무엇을 포함하는지에 관한 미세한 구별뿐만 아니라 하나님 앞에서 인간 피조물로 잘 늙는다는 것이 무엇을 의미하는지에 대한 중요한 면들을 놓칠 수도 있다. 우리가 '나이 든' 사람들을 특별한 위치에 둔다는 단순한 사실을 고려하면 충분히 이해할 수 있을 것이다. 오래된 바나나는 어떤 유사한 종류의 기회도 갖지 못한다. 그것들은 숙성됐다기보다는 '너무 익어버린' 것이다. 우리는 그들이 흘러 보낸 것, 곧 한때 가졌으나 지금은 없는 것으로 정의한다. 반면 나이 든 인간이 젊음의 활력이 없는 사람들이라고 이해하는 것은 그들을 바르게 보는 것이 아니다. 그들이 젊음의 활력이 없을지는 몰라도 이러한 사실이 그들이 누구인지를 말하는 것은 아니다. 나이 든 사람들은 어떤 결핍된 것 때문만이 아니라, 그들이 획득했거나 드러내는 노인들만의 고유한 어떤 것 때문에도 특별한 신분을 갖는다. 바로 이 점은 실제로 나이 듦에 미덕이 있을 수 있다는 사실과 나이가 든 사람들은 있지만 다른 연령층은 갖고 있지 않을 미덕이 있을 수 있다는 사실을 의미한다.

이 점은 표준적인 우리의 도덕적 신념에는 잘 어울리지 않을지도 모른다. 오늘날 우리는 한 인간과 다른 인간 사이의 어떤 차이가 도덕적으로 가치가 있다고 생각하는 것을 그리 좋아하지 않는다. 바로 이것이 우리와 똑같은 존재인 노인들의 '권리'를 세워 주기 위해 많은 에너지를 써 온 이유이다. 닥터 수스의 호튼(Seuss's Horton)을 인용해 말하자면, "사람은 아무리 어려도, 혹은 아무리 늙어도 사람이다." 호튼은 한 가지 의미에서는 옳다. 나는 '사람'이란 말의 어떤 의미에서도 노인들이 '사람들(persons)'이 아니란 것을 말하려는 것이 결코 아니다. 그러나 호튼의 자그마한 후

(Who)들은 사실 우리에게 흥미로운 대비를 제공한다. 그들은 우연히 작은 사람들이다. 한편 노인들은 단지 그냥 나이 많은 사람들이 아니다. 그들은 노인들이다. 마치 어린 사람들이 단지 우연히 어린 사람들이 아니라 사실은 어린이인 것처럼.

요점은 이것이다. 인간에 관한 한 나이는 머리 색깔이나 몸의 크기, 심지어 인종과 대조적으로 특별하다. 왜 그런지에 관해선 많은 이유가 있다. 우선 우리 인간은 죽는다. 그래서 우리가 죽음이나 출생의 시간이 근접함에 따라서 적응하는 것은 이상한 것이 아니다. 더구나 내러티브 신학자들이 말하는 것처럼, 인간의 삶은 일종의 여정이거나 이야기이다. 다른 이야기처럼 인간의 삶은 시작과 중간, 끝이 있다.

나는 아직 늙지는 않았다. 그래서 확실히 말할 수는 없다. 그러나 나는 이 점이 노인들에게 위안을 줄 것이라고 생각한다. 특히 노화의 징후를 방지하는 것이 얼마나 중요한지 수도 없는 메시지를 쏟아내는 오늘날 미국 같은 사회에서는 더욱 그렇다. 윌리엄 메이(William May)는 이점에 관해 다음과 같이 통찰력 있게 지적하였다.

미국인들은 자신 및 다른 사람을 존재가 아닌 하는 일로 평가하는 경우가 많다. 은퇴로 일을 박탈당할 때 사람들은 종종 그들의 정체성마저도 몰수당한다. 그들은 자신들의 자존감을 잃을 뿐 아니라 그로 인해 타인을 존중하는 마음마저 잃는다. 그래서 노인들은 지배 세대로서의 의식의 가장자리로 미끄러져 내려온다. 미국은 가장 세속적인 나라 중 하나로 평가된다. 여기서 세속적이란 반종교적(irreligious)이기에 세속적이라는 의미가 아니라 지금 세대, 곧 힘을 갖고 권력을 행사하는 세대의 문화적 특징에 있어서 그렇다. 소비주의 사회가 세속적이라는 의미는 지금 세대에 철저히 맞춰져 있다는 의미에서 세속적이다. 소비주의 사회는 지금 세대를 위해 과거 세대의 유산에서 거리를 둠으로써 미래 세대를 위한 자원들을 낭비하고 만다.[1]

메이(May)가 보았듯이, 지배 세대가 쥐고 있는 이런 헤게모니로 인해 지금 세대가 어린이들이나 노인들에게 주의를 기울일 때는, 동화(同化)를 강요하거나 거만하게 가르치려 드는 것 중 하나다. 어린이들은 지배 세대가 여전히 어린이들이라면 원할 법한 것을 즐기도록 안내 받는다. 그리고 노인들(the elderly)은 나이가 들어도 늙지 않는 척하도록 유도된다. 마지막 사항을 설명하자면, 나는 매일 지역 병원의 새로운 '노인 의료 센터' 광고판 옆을 운전해 지나간다. 그것은 스노보드를 타면서 씩 웃고 있는 한 노인을 보여 준다. 광고 문구는 생기발랄하게 외친다. "나이에 맞게 행동하세요!" 나는 '노인 의료 센터'에 있는 사람들이 광고판보다 더 지혜롭다고 생각한다. 그러나 모두가 볼 수 있는 광고이기에, 그것은 우리가 다소 속임을 당하고 있음을 보여 준다. 우리는 노인들을 위한 센터를 건립한다. 그리고 그것에 관련된 미사여구로 노인들에게 단연코 맞지 않는 삶의 방식을 생각하게 만든다.

여기서 오래된 바나나에 대한 우리의 이야기는 아직도 열매 맺지 않았다. 우리는 '나이 듦의 미덕'이란 문구를 포도주의 경우처럼 나이 자체가 미덕이라는 사실을 의미하는 것으로 이해하였다. 지금까지 제기된 주장은 나이가 사람을 분명히 변화시키기는 하지만, 사람을 망가트리지도 완벽하게 하지도 않는다는 사실을 밝혀 주었다. 그 변화는 중요한 면에서 사람들을 다르게 만든다. 그들은 나이가 들었다. 노인들에게 삶은 나이가 들지 않은 사람들의 삶과 중요한 점에서 다르다. 노인들의 삶은 일련의 뚜렷한 미덕들을 (통용되게 만들 뿐만 아니라) 명백히 필요로 할 것이다. 이러한 미덕들은 어릴 때 습득된 것들과 완전히 별개의 것들은 아닐 것이다. 왜냐하면 삶은 결국 같은 것이기 때문이다. 그러나 나이가 든다는 것은 그로 인한 변화가 있기 전에 가졌던 덕목들의 중대한 개편(retooling)을 필요로 할 것이다.

다음으로 넘어가기 전에 한 가지를 더 말하고자 한다. 나이 듦은 크기(size)처럼 단지 우연히 그러한 어떤 것으로 생각되어서는 안 되며, 아이가 되는 것과 같이 그 사람이 누구인지의 한 부분이다. 그렇다면 우리가 던졌던 첫 번째 질문을 이제 덜 혼란스러운 방식으로 다음과 같이 물을 수 있다. 숙성된 포도주는 분명히 좋은 것이다. 오래된 바나나는… 글쎄 아마 아닐 것이다. 그렇다면 나이 든 사람은 어떤가? 우리에게 노인들이 있다는 것이 미덕인가? 혹은 좀 더 존중하는 투로 말하면, 우리 중 일부가 나이 듦의 특징을 지니게 되는 것이 좋은 것인가? 그리스도인들은 주저하지 않을 것이다. 그것은 좋은 것이며 사실 매우 좋은 것이다. 우리는 하나님이 우리를 상호간 기쁨과 혜택을 위해 다양하게 창조하셨다고 확신한다. 그리고 그것은 또한 우리가 말하고자 하는 것을 잘 설명해 준다. 예수께서 어린이들에게 하셨듯이, 노인들은 우리들의 다양성의 증거로서만이 아니라, 다른 연령대의 우리가 무시하려는 유혹을 느끼는 진실의 표시로도 우리 가운데에 세워질 수 있다. 이러한 방식으로 모든 연령, 청년과 노년 그리고 중간 연령층 사이에 지속적으로 연속성이 있다는 사실이 상기되어야 한다. 노인은 다른 연령의 사람들과 다르다. 그러나 바로 이 이유 때문에 노인이 특히 덕스럽다면, 인간의 삶의 본질이 무엇인지에 관해 알 수 있으며 또한 우리에게 그것을 나타내 보여 줄 수 있다.

미덕과 은퇴에 관하여

이제 우리가 찾아야 할 것이 있다면, 노인의 삶의 어떤 것이 특징적인 덕목을 일으키는지 알기 위해 그들의 삶의 내부를 들여다보는 것이다. 그러나 인간의 삶이 계속적인 것이기 때문에, 나이가 듦에 따라 완전히 새로운 덕목들이 생겨난다고 말할 수는 없다. 나이가 우리에게서 특별한 비전과 강점을 유발하지만, 나이가 들어 이러한 미덕들의 뿌리를 개발할 때까지 기다린다면 우리는 좌절할 것이다. 아플 때 우리는 잘 아프기 위해서 특별한 미덕이 필요하다. 그러나 특별한 미덕들이 우리가 갑자기 아픈 것처럼 일시에 개발될 수 있다고 생각하면 어리석은 것이다.[2]

미덕에 관한 고전적 전통의 커다란 강점 중 하나는 미덕의 삶을 구체적인 인간의 경향이나 욕구를 중심으로 정리한 것이다. 우리 인간의 어떤 욕구들은 특별히 강력하다. 만약 제어되지 않으면 강물처럼 우리를 휩쓸어 갈 것이다. 이러한 욕구들은 제어될 필요가 있다. 반면 다른 유형의 역경에 직면할 때 우리는 뒷걸음치는 경향이 있다. 이러한 상황에서 우리는 잘 감당해낼 수 있도록 강해질 필요가 있다. 네 가지 기본 미덕 중 두 가지, 절제와 꿋꿋함은 이러한 본질적인 인간의 욕구나 경향에 대처한다. 두 미덕은 이러한 상황에 의해 우리의 삶이 일그러지지 않도록 막아 준다.

아퀴나스가 생각했듯이, 미덕들은 사람들마다 완전히 다르지는 않지만 우리의 고유한 본성들이 어떤 차이를 유발하는 것은 사실이다. 특히 욕구(appetite, 혹은 아퀴나스에게는 열정)와 관계된 이 두 가지 기본 미덕에 있어서는 그렇다. 예를 들어, 아퀴나스에게 성적 욕구는 호색적인 욕구로 이해한다. 그래서 절제가 필요한 것이다. 그러나 성적 욕구가 사람마다 다른 것은 의심할 여지가 없다. 그래서 사람마다 성욕을 대처할 때 절제의 형태도 각기 다르게 나타난다.

노인들의 미덕에 관한 논의를 이러한 사실에서 시작할 수 있다. 욕구는 사람마다 다를 뿐 아니라, 개인의 삶의 공간에 따라서도 다르다. 여기서 명백한 예는 성적 욕구다. 노인에게 있어 성적 욕구에 대한 절제는 30년 전과는 다를 것이다. 이것 말고 관련된 다른 변화도 있다. 예를 들어 두려움을 일으키는 것에도 변화가 있다. 가령 북적거리는 공항이나 도시의 거리가 젊은이들에게는 흥분의 환경이지만 나이가 들면 커다란 불안 요소가 된다. 그래서 노인이 자녀를 보기 위해 로스앤젤레스로 비행기를 타고 가려면 엄청난 용기가 필요하다.

이러한 식의 분석이 중요하긴 하지만 우리 관심 사안의 핵심은 아니다. 분명히 우리는 인간의 몸의 상태에 기인한 변화에 대해 이야기하고 있다. 그것이 어떤 면에서 노화와 관련된 모든 것과 연결돼 있기 때문이다. 청력은 쇠퇴하고 사고(思考)도 느려진다. 그래서 모든 것을 정확히 이해해야 하는 붐비는 공항은 불안한 곳이다. 그러나 나이 듦에 따라오는 변화는 이러한 몸의 변화와 관련되면서도 몸담고 있는 공동체에서의 노인의 위치 및 거기서의 생활 형태와 더욱 깊은 관련이 있다.

나의 장인은 은퇴를 하셨지만 그리스도인에게 은퇴란 없다고 자주 말씀하신다. 그분의 말씀은 당연히 옳다. 이 점은 그리스도들은 나이가 들어도 일을 그만두어서는 안 되기에 강조될 수 있다. 어쨌든 그리스도인이 55세에 직장에서 마땅히 해야 한다고 생각하는 일, 예를 들어 환자를 돌보거나 사람들을 가르치는 일을 진지하게 수행한다면 왜 그 일을 그만두어야 하는가? 사실 그리스도인이 그 일을 관둔다면 그 사람은 하나님과 공동체를 섬기는 그 일 자체를 위해서라기보다 급여에서 오는 외적 보상을 위해 일했다는 것을 가리키는 것이 아닐까?

테레사 수녀나 그녀처럼 죽는 순간까지 소명을 다한 그리스도인들에게는 죄송하지만 그리스도인의 삶으로부터 은퇴가 아니라 평생직장에서의 은퇴를 뜻하는 은퇴의 개념에는 중요한 의미가 분명히 있어 보인다. 우선 자신의 직업이 당연히 자신의 소명, 곧 생계를 위해 하는 일을 통해 하나님과 공동체에 대한 의무를 수행한다고 주장하는 이들은 좀 오만하다. 가질 수 있는 유일한 직업이 석탄을 채굴하는 경우를 생각해 보라.

그러나 더욱 중요한 것은 어떤 사회에서는 은퇴가 하나의 소명에서 다른 소명으로의 이행(移行)으로 기능한다. 전통적인 힌두교에서 삶의 한 단계(asrama)에서 다음 단계로의 이행은 매우 뚜렷하고 확연하다. 중년에는 남자가 주로 그의 가족과 직업에 전념하는 가장으로서의 단계를 살아간다. 그의 피부에 주름이 생기고 머리가 희어지면 그는 산속에 거주하는 단계로 이행할 수 있고 어떤 의미에서 이행해야(많은 이들이 할 수 없더라도) 한다. 이 단계는 생을 마감할 때까지 행하는 삶의 마지막인 금욕적 단계와 합쳐진다. 그리고 이 단계가 모든 단계 중 가장 명예롭다.

서구 사회에서 은퇴하면 일반적으로 직업에 따른 책임과 염려로부터 놓임을 얻게 된다. 그래서 사람들은 다른 것들을 추구할 수 있다. 물론 많은 이들에게 이것은 충격적일 수 있다. 왜냐하면 직업 세계는 우리가 매일의 일정을 맞춰 짜는 정형화된 일과일 뿐만 아니라 삶의 의미와 목적의 유일한 원천이기 때문이다. 돈이 많은 사람들은 흔히 돈을 모으느라 바쁘게 지냈던 젊은 시절을 빼앗겼다 생각하며 열정적으로 '재미'를 추구한다. 그들의 공허함은 이중적이다. 왜냐하면 그들이 좇는 재미는 환상일 뿐 아니라, 그것을 좇고자 하는 결의는 젊은 시절 그들의 일 자체가 일종의 돈벌이가 되는 오락, 곧 지금 그들의 공허한 희망을 채울 수 있기 위해 그때 그들이 해야 했던 것임을 보여 준다.

우리가 은퇴를 무엇이라고 생각하든 간에 그것은 전환점, 곧 노년으로 들어가는 관문으로 작용한다. 만약 우리가 나이 듦의 미덕이 있다는 생각을 충분히 이해한다면 어떤 형태의 은퇴는 반드시 필요하다. 몸의 노화나 성적 욕구의 감소와는 대조적으로, 은퇴가 가져오는 것은 우리가 하는 일에 대한 서술 방식의 변화이다. 그래서 은퇴한 사람은 자신에 관해 이렇게 말한다. "나는 과거에 그것을 하곤 했지만 지금은 더 이상 하지 않지. 지금은 이것을 해."

우리 사회가 갖는 은퇴에 대한 이해에 있어서 유감스러운 점은 일반적으로 그것을 유급의 일에 적용한다는 것이다. 이러한 사실은 자본주의

신들을 섬기는 세속 직업에서 보낸 시간이야말로 진정으로 우리 삶의 핵심이라고 간주하는 것이 수반될 때 특히 나쁘다. 그래서 젊을 때는 우리가 취업을 준비하는 시간이 되고 노년은 더 이상 생산할 수 없기 때문에 바깥으로 밀려나도 되는 시간인 것이다. 은퇴가 자본주의 시스템에서 일과 매우 밀접하게 연결된다면, 일하지 않은 배우자들에게는 모호하게 적용될 수 있다. 가령 나의 어머니나 장모님의 경우 남편들과 더불어 자신들에 대해 "우리는 은퇴했다"라며 그 용어를 받아들인다. 그들이 은퇴란 용어를 남편과 함께 받아들이는 것은 꽤 중요한 부분이다. 나의 아버지와 마찬가지로 어머니는 "나는 과거에 그 일을 했지만 더 이상 하지 않아. 이젠 이것을 하지"라고 말씀하신다. 어머니의 경우, 우리 다섯 자녀를 양육하셨고, 우리 모두는 부모님의 집에서 36년 동안 지냈다. 그러나 우리 자녀들은 이제 모두 떠났고, 어머니는 우리를 양육하지 않으신다. 은퇴하신 것이다.

이처럼 수정된 의미의 은퇴라면 나는 나이 듦의 미덕으로 되돌아갈 수 있다고 생각한다. 물론 단서가 하나 더 있긴 하다. 만약 우리가 "나는 과거에 그것을 했지만 더 이상 하지 않아. 이젠 이것을 하지"란 구절에 표현된 대로 은퇴를 생각한다면, '그것'이 어떤 것(thing)이 아니라 삶을 규정하는 활동을 뜻하는 것이라면 결국 우리는 '이것'이 우리가 죽을 때까지 할 것으로 기대되는 것이란 사실을 덧붙여야만 한다. 은퇴가 삶의 한 단계로 이해된다면, 그것은 중요한 마지막 단계이다. 그래서 어떤 이들의 경우에는 은퇴가 참으로 긴 단계다. 이 단계는 중간의 출산이나 양육의 단계와 다르지 않게 그 자체가 매우 많은 변화와 적응을 포함할 것이다.

자신의 집에서 자녀들을 36년간 양육하고 돌본 후, 나의 어머니는 1977년에 아버지와 함께 은퇴하셨다. 그리고 나서 25년 동안 은퇴생활을 하고 계신다. 나는 어머니가 25년 간 본인의 죽음을 준비하면서 보내셨다고 생각하지만 82세이신 지금은 자신의 죽음이 금방이라도 일어날 수 있다는 사실을 더욱 더 인식하고 계신다. 하지만 현재 건강 상태를 볼 때 그런 일이 곧 일어날 것 같지는 않다. 이 25년 동안 어머니의 삶에는 이전의 36년과 비슷할 만큼이나 많은 변화가 있었다. 그러나 그 25년 기간 동안(그리고 이것이 은퇴에 관한 중요한 점이다) 어머니는 이전의 삶의 단계에서 보았던 것과 다르게 자기 자신과 삶과 일을 보게 되었다. 어머니는 은퇴를 삶의 마지막 단계로 이해하였다. 이것이 은퇴를 뚜렷하게 특징짓는 가장 중요한 요소이며 그 자체로 나이 듦의 독특한 미덕에 관해 생각하는 하나의 핵심적인 근거를 제공한다.

나이 듦의 미덕: 지금처럼

앞에서 나는 '나이 듦'이 '은퇴'와 항상 동일한 것이라고 주장하지 않았다. 얼마나 나이가 많든 직장에서 은퇴할 때까지 우리는 나이 든 것이 아닌 것처럼 말하거나, 반대로 나이가 어떻든 은퇴한 사람들은 모두 은퇴한 사실 때문에 나이 들었다(elderly)고 말하고자 한 것은 아니었다. 오히려 은퇴와 관련해 나의 관심은 내가 매우 옳다고 생각하는 것, 곧 '나이 드는 것'은 단지 고령과 더불어 오는 일련의 신체적 변화 이상을 포함한다는 사실이다. 그밖에 그것이 포함하는 것은 활동적인 직장인/전업주부의 시기와는 다른 삶의 단계로의 진입이다. 메이(May)의 표현을 빌리면 나이든 사람은 더 이상 지배 세대의 구성원이 아니다. 더 나아가 내가 말한 것처럼, 이 시기는 단지 부정적으로만 이해되어서는 안 된다. 다시 말해 나이 듦이란 어떤 권력의 상실뿐 아니라, 인간의 삶이라는 전체 이야기 내의 한 대목으로 이해되기도 해야 한다. 은퇴는 마지막 단계이자 이전의 모든 것이 요약되고 종결되는 삶의 결론이다.

우리가 보았듯이, 오늘날 은퇴의 개념은 많이 왜곡되기 쉽다. 그럼에도 불구하고, 나는 왜곡된 은퇴 개념의 회복을 제안한다. 사실 미국뿐아니라 다른 지역의 기독교인들이 이 회복의 임무를 수행하는 것은 중요한 과제이다. 노인들과 다른 연령층 사람들 모두에게 이 임무의 핵심적인 부분은 나이 듦의 미덕이 있다는 사실과 그것이 어떻게 가능한지를 인식하는 것이다.

나이 듦의 구체적인 미덕에 관한 성찰을 하나의 이야기로 시작하고자 한다. 몇 해 전 전국을 횡단하는 긴 여행 중에 우리 가족은 아내의 이모네에 하루 이틀 머물 예정으로 방문했다. 당시 84세의 데이(Day) 이모부는 기뻐 어쩔 줄 모르며 우리를 맞아 주었다. 왜냐하면 그 당시 우리 자녀들 4명은 모두 12세 이하들이었기 때문이다. 데이 이모부가 알듯이 12살 이하의 아이들만큼 게임을 좋아하는 사람은 그 자신 이외에는 없었다. 우리가 도착하고 나서 곧 '오셀로(Othello)'와 같은 흥미롭고 좀 알려지지 않은 게임이 등장했다. 오셀로 조각들 양쪽에는 다른 색깔이 칠해져 있는데 움직이면서 색깔이 바뀌는 체커와 같은 종류의 게임이다. 보드에 가장 많은 조각들을 자신의 색깔로 뒤집은 사람이 이긴다. 우리는 데이 이모부가 실제로 오셀로란 이 특별한 게임 세트를 자신의 차고에 있는 목공방에서 직접 만든 것임을 알게 되었다. 곧 이어 공방 투어가 주선되었고 우리는 조각들이 띠톱으로 잘라지고 선반 위에서 형태를 갖추는 모습을 알게 되었다. 데이 이모부는 여러 가지 기능 때문에 이 기계들에 대한 애정을 갖게 되었지만, 공방에서 그가 가장 좋아하는 것은 목재더미라는 것을 알 수 있었다. 이모와 이모부는 젊으셨을 때 장로교 선교사였다. 선교사로서의 삶은 또 다른 이야기이다. 당신이 추측하는 이야기는 지금 이곳의 이야기와 관계없지 않다. 그러나 우리는 지금 은퇴 생활을 하고 있는 그들에 관해 이야기하고 있다. 그리고 여기서 특별히 관련성이 있는 것은 은퇴한 데이 이모부와 블랜치(Blanche) 이모가 가난하지는 않지만 꼭 생활비에 맞추어 살아야 한다는 사실이다. 데이 이모부의 목재더미가 전부 얻어온 나뭇조각들로 이뤄져 있는 이유이기도 하다. "이것은 낡은 주걱에서 온 오크 나무 조각이지. 주걱은 튼튼해야 하기 때문에 어떤 주걱들은 오크 나무로 만들지. 그리고 여기에 빌리(아들)가 나에게 가져다 준 검은 호두나무 조각이 있군. 빌리가 어디서 가져왔는지는 잊어버렸어. 하지만 검은 호두나무잖아! 색깔 한 번 봐. 손자 녀석들을 위해 크로켓 망치를 만들기엔 충분하지. 검은 호두나무 크로켓 망치를 상상해 봐!"

투어가 끝나고 게임 테이블로 돌아와서는 카드놀이가 시작되었다. 만약 당신이 젊은이들과 카드놀이를 한다면 심지어 가장 단순한 '고피시'(Go Fish) 게임조차도 성가신 문제가 하나 있다. 대부분의 카드놀이는 테이블 주위 상대방이 볼 수 없도록 한 손을 펴 카드를 쥔다. 그러나 이것은 어린이들에게 매우 어려운 일이다. 대개 가장 어린 아이들이 그것을 한번 시도해 보고는 카드를 버려두고 가 버린다. 그러면 카드의 앞면이 보이게 테이블에 놓여 있는 것을 더 나이 많은 형제와 자매들이 그대로 보게 된다. 그 다음 연령의 아이들에게 그 놀이는 끊임없는 불만의 원인이다. 왜냐하면 그들은 카드의 앞면을 보여 주어서는 안 되다는 것을 알지만 그들의 손이 아직 작고 미숙해서 한 손으로 카드를 잡고 다른 손으로 카드를 하나씩 집어들 때 종종 몇 개씩 바닥에 떨어뜨리기 때문이다.

오셀로와 크로켓 그리고 '고피시'는 데이 이모부와 블랑쉐 이모 댁에서 주말 내내 계속되었다. 헤어져야 할 시간이 왔고 우리는 집으로 출발했다. 그때가 늦여름이었다. 그런데 크리스마스 직전에 이모와 이모부가 보낸 선물 꾸러미가 도착했다. 꾸러미 안에는 아이들 수만큼 타원형의 매끈한 노란색 소나무 블록이 들어 있었는데 니스가 칠해진 표면에는 각 아이들의 이름이 불로 새겨져 있었다. 나무토막 밑바닥은 평평해 어떤 테이블 위에서도 안정되게 놓였다. 경기장 계단처럼 경사진 표면에는 깊고 좁은 홈이 새겨져 있었다. 각 블록은 개인화된 수제 스탠드로 카드를 남에게 보여 주지 않고 본인만 볼 수 있도록 하였다.

노인들의 미덕을 자세히 설명하면서 윌리엄 메이(William May)는 단순성(simplicity)이라고 부르는 미덕에 관해 다음과 같이 말했다.

단순성이 노인들을 특징짓는 것이어야 한다. 기억력이 익숙하고 반복적인 생활(groove)로 차츰 약해지기 때문이 아니라 인생의 순례자가 마침내 가볍게 여행하는 것을 배웠기 때문이다. 노인은 단순한 진리와 단순한 은사에 의거해 사는 것을 배운 것이다. 미가 선지자는 그러한 사람을 다음과 같이 묘사한다. "사람아 주께서 선한 것이 무엇임을 네게 보이셨나니 여호와께서 네게 구하시는 것은 오직 정의를 행하며 인자를 사랑하며 겸손하게 네 하나님과 함께 행하는 것이 아니냐"(미가 6:8).[3]

메이가 우리 인생의 끝이 가까울 때 데이 이모부 같이 우리에게 필요한 미덕을 가르칠 수 있는 노인들의 주된 미덕이자 나이와 무관하게 우리 모두의 삶에서 실천할 필요가 있는 중요한 미덕을 표현하기 위해 단순성이란 용어를 사용한 것은 적절하다. 젊어서 죽는 것은 제외하고 어떤 사람이 노년을 혼란하고 복잡한 상태에서 살아야 한다면 그것보다 자신의 노년을 사취당하는 상황은 없다. 우리의 삶은 복잡하며 중년에는 특히 그렇다. 그리고 이러한 여건이 나중에 완화될 수도 있다는 점이 지금 복잡한 상황 한가운데 있는 사람들에게 크게 달라지는 것은 없다. 이것이 노인들을 우리와 함께 살도록 하는 것이 중요한 이유 중 하나이다. 왜냐하면 이전과 달라진 현실과 그들의 능력에도 불구하고 그들은 우리에게 위기와 혼란이 삶의 전부가 아니라는 사실을 말해 주는 상징이기 때문이다. 우리에게 평화를 주소서(Dona nobis pacem). 과연 하나님은 인생의 마지막 때 우리에게 평화를 주실 것이다. 그것은 우리가 아이들이 작은 손으로 힘들게 카드놀이를 하는 것을 보는 눈과 해결책을 생각하는 마음, 그리고 배려와 사랑으로 아이들을 위해 해결책을 마련하는 시간을 갖는 황혼의 고요함 속에서 얻을 것이다.

만약 우리가 메이의 생각처럼 단순함이 노인으로 잘 살기 위한 중요한 미덕이라는 데 동의한다면, 우리는 관련된 하나의 미덕을 규명하기 위한 우리의 길을 명확히 볼 수 있다. 데이 이모부의 이야기가 끝난 대로 끝맺으려면, 그는 그가 본 것, 곧 어린 아이들이 카드놀이를 힘겨워 할 때의 작지만 거짓 없는 좌절을 보아야 한다. 이렇게 하기 위해서는 현재 속에 살아야 한다. 데이 이모부가 바닥에 앉아 종손자손녀들과 카드놀이를 할 때처럼 그는 존재하는 그대로의 세상에 맞춰져 있어야 한다.

상황에 대한 이러한 현재적 의식을 나는 기쁨(delight)의 미덕이라고 부를 것이다. 그것은 메이가 언급했듯이 어느 정도는 인생을 가볍게 여행하는 것을 배웠고 그래서 그들을 무겁게 짓누르는 걱정거리가 적어졌기 때문에 주어지는 노인들의 특별한 은사이다. 그것은 또한 부분적으로 그들이 여행의 막바지에 가까워졌고 그래서 '중요한 것'에만 주목하고 신경 쓰던 과거에서 해방되었기 때문이다. 예를 들어 나의 아내와 나도 우리 아이들이 카드놀이에 힘들어 하는 것을 보았지만 그것은 우리의 걱정거리 중 가장 작은 것이었다. 반면 우리는 그들이 학교에서 공부를 어떻게 하는지, 이번 가을에 새 외투가 필요할지 등에 관심이 가 있다.

기쁨의 미덕은 데이 이모부가 카드로 인한 문제를 알아차렸을 때뿐만 아니라 검은 호두나무를 보면서 감탄했을 때도 표출되었다. 최근에 돌아가신 나의 아버지도 말년에 장미를 보살피면서 그런 모습을 드러내셨다. 아버지를 방문하면 항상 나는 아버지의 장미를 보고 좋아했다. 그러나 아버지가 보는 것처럼 보지는 않았다. 아버지는 나의 삶의 단계에서는 단지 어렴풋이 알아차릴 뿐인 즐거움을 장미에게서 느꼈을 것이다. 데이 이모부가 나무에 대해서 그런 것처럼 말이다. 말년의 아버지는 장미에 관해서라면 하나님의 세계에서 가장 단순하며 최고인 것을 대하는 양 감탄하고 향기를 깊이 들이 마시는 데 특별히 능숙하였다.

모든 미덕이 그래야겠지만 데이 이모부에게서 기쁨의 미덕은 행동으로 이어졌다. 그의 단순함과 기쁨의 미덕은 그가 우리 아이들과 카드놀이를 하며 보낸 시간을 내가 같은 것을 하면서 보낸 시간과 다르게 만들었다. 그것은 더욱 현재적이었고 아이들이 카드와 씨름하는 것을 내가 보는 것과 다른 방식으로 볼 수 있게 만들었다. 그러나 더 부가할 것은 데이 이모부에게 이 관찰은 그가 보는 세계에 기꺼이 참여하려는 용의(用意)를 가져왔다. 이것은 데이 이모부가 한 것이 쉬웠다는 의미에서 단순하다는 뜻은 아니다. 그와 반대로 카드 꽂이를 만드는 것, 심지어 크리스마스를 위해 그것을 우송할 계획을 세우는 것은 시간, 배려, 그리고 기술을 필요로 한다. 그것은 세상에서 하나의 일에 직접적이고 구체적으로 몰두한다는 의미에서 단순하다. 그것은 아이들이 씨름하는 것을 보는 것이고 집중하고 골몰하여(또 즐거운 마음으로) 그 문제를 해결하는 것이다.

단순함과 즐거움은 나이 듦의 육체적인 면과도 놀라울 정도로 관련되어 있다. 나는 노인들이 당연히 갖는 염려, 곧 그들 자신의 육체적인 건강에 대한 염려에 관하여 말하고 있다. 이것은 단순하지만 종종 매우 커다란 시련이다. 노인들은 육체적 힘이 감소하고 있다는 것을 매일 의식하며 살고 있다. 이러한 사실은 그들로 하여금 자신들의 한계에 대해 끊임없이 느끼게 만든다. 이것은 썩 미덕 같아 보이지 않고 우리 문화에서는 분명히 미덕이 아니다. 실은 스노보드 타는 노인 광고판이 말해 주듯이,

우리가 하고 싶다고 생각하는 것이 아니라 우리가 정말 할 수 있는 것의 범위 안에서 살아가야 한다는 사고보다 더 우리 사회를 오싹하게 만드는 것은 없다. 그러나 그리스도인들은 제한성(limitedness)이 어떻게 선물일 뿐만 아니라 소명이 될 수 있는지를 안다. 만약 한계성을 갖고도 잘 살아간다면 그것은 미덕이라고 불릴 수 있다.

나이가 많은 배우자나 가까운 친구, 더불어 자신의 건강에 대한 걱정은 강박관념이 될 수 있다. 그러나 적절히 조절된다면 그것은 우리가 이야기해 왔던 단순함과 즐거움의 미덕을 증진시킨다. 심각하게 쇠약해진 사람들에게 몸은 벗어나고 싶은 감옥처럼 보일 것이다. 하지만 그렇지 않은 많은 노인들에게는 몸의 미덕에 대한 고양된 의식과 몸이 아직도 할 수 있는 모든 것에 대한 감사가 생겨난다. 한 할머니는 이렇게 말한다. "나는 (내가 언제나 원하는 것처럼) 스노보드를 탈 수 없을 겁니다. 그러나 햇살이 비치는 화창한 오후에 우편물을 가지러 밖으로 걸어 나갈 수는 있습니다! 아, 그것이 얼마나 기쁜데요."

좀 더 나아가서, 몸에 대한 이러한 깊은 이해는 덕스러운 이들에게서 타자에 대한 매우 집중된 공감을 일으킨다. 젊든 나이가 많든 우리는 모두 몸의 필요와 선물을 공유한다. 덕스러운 노인들이 자신들의 몸에서 이러한 필요와 선물을 각별히 의식하는 경우 그들은 타인에게서도 이러한 것들을 감지한다. 나는 데이 이모부가 우리 아이들이 카드를 제대로 쥐지 못해서 힘들어하는 모습을 매우 잘 볼 수 있었던 이유 중 하나는 그의 손이 예전같이 잘 움직이지 않고 그러한 한계 속에서 살게 되었기 때문이라고 생각한다. 덕이 없는 사람들에게서 몸에 대한 염려는 대개 나 자

신과 나의 몸 그리고 몸의 질병에 대한 염려로 머물게 된다(그리고 종종 그것
이 더 늘어나게 된다). 반면 덕스러운 노인에게 그것은 쉽게 타인에 대한 염려
로 확장된다. 간밤에 잠을 편안히 못 잤다면 그들은 시기심 없이 다음과
같이 묻는다. "지난밤에 잘 잤어요?" "나는 오늘 아침에 한기가 느껴져요.
춥지 않으세요?"

　　우리 가족의 농담 가운데 하나는 플로리다에 계신 조부모님을 방문
하려면 날씨에 대해 이야기할 준비가 되어 있어야 한다는 말이다. 날씨는
하루에도 여러 번 이야기된다. 주로 노인들로 구성된 교회에서 다음 날에
대해 적어도 하나의 일기 예보를 아는 것은 늘 있는 일이다(물론 예보가 공유
되기에 대개 새로운 내용은 없다). 일기 예보가 어떠하든, 모두가 우리의 방문을
위해 햇볕이 나고 날씨가 따뜻하기를 희망한다. 어떤 이는 이것이 노인들
이 고민할 다른 일이 거의 없다는 표시라고 여길 것이다. 그럴지도 모른
다. 그러나 몸을 가진 피조물이 날씨에 관심을 갖는 것은 당연하다. 더구
나 내년이나 십년 후에 무슨 일이 일어날지 전념하는 대부분의 우리와 대
조적으로 오늘이나 내일 무슨 일이 일어날지에 관심이 있는 사람들에게
태양이 비칠지 안 비칠지보다 더 중요한 일이 무엇일까? 매일의 날씨에
대한 관심은 실은 일종의 단순한 마음을 표시하는 것일지도 모른다. 그
것은 우리가 생각하듯이 악덕이 아니라 미덕이며 덕스러운 노인들이 우
리에게 주는 선물일 수 있다. 이것을 통해 그들은 지금 존재하는 것, 아주
충분한 시간, 항상 우리와 함께하겠다고 약속하신 은혜로운 하나님의 선
물을 마음껏 즐기고 향유하도록 우리를 가르친다.

나이 듦의 미덕: 과거의 경우

고령은 당연히 시간이 축적되어야 한다. 그 시간은 인간의 시간이요, 기억에 의해 전달되는 시간이다. 기억을 나르는 것은 이 사람이나 저 사람만의 일이 아니다. 그것은 여러 세대에 의해 이뤄진다. 노인들은 이러한 축적된 기억과 관련해 특별한 역할을 갖고 있다. 살아 있는 사람들 가운데 그 누구보다 우리에게 과거를 잘 보여 주기 때문이다.

그러나 노인들에게서 발견되는 이런 의미의 미덕은 외형적으로 나타낼 수는 없다. 누구에게 봉사하든 모든 노인들은 분명히 그들이 수행하는 어떤 기능이 있다. 왜냐하면 기억의 이전(移轉)은 노인들이 젊은이들과 소통하는 길 외에 달리 이뤄질 수 없기 때문이다. 이것은 공동체 내에서 기억되는 내용 외에도 기억의 이전과 연관된 어떤 기술이나 은사가 발견될 수 있다는 것을 의미한다. 예들 들어 어떤 할머니들은 대단한 이야기꾼들이며 자신들의 화술 때문에 존경을 받는다. 그러나 거기에는 기술보다 큰 미덕이 있다. 이야기꾼은 신중한 선택과 판단 없이 기억만 이전하지 않는다. 단순히 흥미를 위해 사람들에게 이야기하지도 않는다. 외려 이야기를 통해 우리를 형성시킨다. 이야기 속에서 과거는 현재로 넘어와, 노인들의 말 속에서 뿐만 아니라 그들이 우리에게 말할 때 그들 속에서 살아난다. 그들은 과거를 구체화하지만 현재의 목적을 위해 과거를 우리에게 가져온다. 그들은 어쩌면 잃어버렸지만 회복되어야 하는 것을 우리에게 상기시킨다. 그리고 아직 감사함으로 받아야 할 선물, 또는 우리의 현재 성취를 능가하고 그 영광이 아직도 복구될 수 있는 과거의 어떤 행위를 우리에게 알려 준다. 이러한 기억을 전하고 소통하는 노인들은 의도를 가지고 그렇게 한다. 그들은 지금 삶에서 우리가 가르침 받기를 원하는 것이다.

이러한 사실은 이야기꾼들의 이야기들이 상이한 기억들에서 서로 경쟁을 한다는 뜻이다. 이야기꾼의 기술뿐 아니라 미덕을 알아내기 위해 우리는 이야기의 방식뿐 아니라 어떤 이야기를 하는지 질문해야 한다. 이것을 분석하기 위해 그리고 각각의 노인들이 이야기를 통해 사람들을 어떻게 섬기는지 관찰하기 위해 나는 놀라운 고대의 이야기, 호머의 《일리아스 *Ilias*》를 살펴보고자 한다.

《일리아스》에는 호전적이고 모험적인 아카이아 사람들(Akhaians)이 자신들의 위대한 도시의 성벽 뒤에 버티고 있는, 앞선 문명의 교화된 트로이 사람들(Trojans)을 멸망시키는 것에 온통 마음이 사로잡혀 있다. 이들 두 민족들 사이에 맹위를 떨치는 전쟁이 이 거대한 서사시의 중심이 된다. 이야기는 대립하는 민족의 강력한 전사들이자 각 민족의 지배 세대의 구성원인 아킬레우스(Akhilleus)와 헥토르(Hektor) 사이의 격돌을 자세히 설명한다. 그러나 자기 민족들을 섬긴 두 노인들, 아카이아인들의 우두머리 네스토르(Nestor)와 트로이인들의 왕 프리암(Priam)은 덜 주목받고 있다. 네스토르와 프리암은 앞에서 말한 의미에서 은퇴한 상태다. 이 두 문명의 중요한 일인 공격하고 방어하며 전력을 다해 가장 영예로운 전쟁을 치르는 일은 다음 세대로 이미 넘겨졌다. 그러나 그 두 노인들은 한가로이 지내지 않았다. 대신 각 백성들의 현재 행위를 과거에 의해 지속되는 맥락 안으로 위치시키는 뚜렷하고 중요한 역할을 하였다. 과거에 대한 이러한 관련은 지배 세대 내에서 활약하고 있는 이들이 그들 앞에 놓인 과제를 해결하기 위해 힘과 용기를 발휘해야 할 때 매우 중요하다.

이 일에서 네스토르의 역할은 매우 분명하다. 그는 현명한 조언을 제공하는 것 외에, 전투에서 과거의 영웅적 행위에 대한 격렬한 이야기로 아카이아 전사들을 계속해서 고무시켰다. 네스토르는 그들이 (후퇴를 계획할 때, 분명히 그렇게 하는) 과거의 영광에 필적하지 못한다면, 그들의 조상들에게 어울리지 않는다면서 때때로 그들을 꾸짖기도 했다. 그러한 기능에 있어서 네스토르는 아카이아인들과 토로이인들 간의 전쟁이 계속되는지 여부와 많은 관계가 있었다. 《일리아스》 초반부에 실제로 호머는 교전중인 양쪽이 전쟁을 피하려는 인상을 주고 있다. 예를 들어 한때 헥토르(Hektor)는 일대일 대결에서 아카이아인들에게 그와 맞설 용사 한 사람을 내보내라고 요구하였다. 아킬레우스(Akhilleus)는 그의 막사 안에서 뚱해 있고 아카이아의 부하 병사들은 앞으로 나아가길 주저하고 있었다. 왜냐하면 헥토르는 엄청난 상대였기 때문이다. 이 불확실한 순간에 네스토르는 유사한 도전이 에레우탈리온(Ereuthalion)에 의해 제기되었고 당시 젊은이였던 자신이 그 요청에 맞서 당당히 응했던 때를 모두에게 들려 주었다.

> … 그가 모든 장수들에게 도전했는데 그들은 겁이 나 부들부들 떨기만 할 뿐 아무도 감히 맞서지 못했소. 그렇지만 나의 강인한 마음은 대담하게 그와 맞서 싸우도록 나를 부추겼소. 비록 나이는 모든 이들 중에서 가장 어렸지만 나는 가장 크고 가장 강력한 전사를 죽였던 것

이니, 그는 이쪽저쪽으로 뻗고는 큰대자로 누워 있었소. 그때처럼 내가 젊고 기력이 왕성하다면 좋으련만! 그러면 번쩍이는 투구를 쓴 헥토르도 당장 싸울 상대를 만났을 텐데. 그러나 아카이아의 최고인 그대들 중에서는 아무도 자진하여 헥토르와 맞서기를 원치 않는구려![4]

네스토르는 가장 연로한 전사로서 그것에 관해 권위 있게 말하였다. 그는 과거 세대의 영광을 현재 세대에 전달하는 특별한 역할을 수행했다. 현재 세대는 헥토르의 강력한 힘 앞에서 공포에 사로잡힌 채 자신감을 잃어버렸다. 그의 이야기는 감동적이었다. 서서히 다가오는 두려움은 멈췄으며 병사들은 결연히 일어났다. "이렇게 노인이 꾸짖자 모두 아홉 명이 일어섰다…"(7.177-88). 아홉 중에서 아이아스(Aias, Ajax)가 지명되었고 전쟁이 재개되었다.

　이 짧은 에피소드에서 호머는 어떻게 전쟁이 세대에서 세대로 전해지는지 보여 준다. 이 사실은 그의 다른 서사시 《오디세이아》의 마지막 부분에서 더욱 분명해진다. 여기서 젊은 텔레마코스(Telemakhos)는 마침내 성인이 되어 그의 아버지 오디세우스(Odysseus)와 할아버지 라에르테스(Laertes)와 함께 전투 준비에 참여한다. 자랑스러움으로 가슴이 부풀어 오른 오디세우스는 그의 젊은 아들에게 다음과 같이 환호를 보낸다.

"텔레마코스야! 너는 지금 전사들의 우열이 가려지는 싸움터에 들어가고 있거늘, 전부터 지상 어디에서나 용기와 남자다움으로 존경받아 온 우리 선조들의 가문을 욕되게 하지 말라고 내가 굳이 말할 필요는 없겠지!" 슬기로운 텔레마코스가 그에게 대답했다. "아버지! 제게 이런 기개가 있으니 원하신다면 아버지 말씀대로 제가 가문을 욕되게 하지 않는다는 것을 보여 드리겠어요." 그가 이렇게 말하자 라에르테스가 기뻐하며 말했다. "신들이여! 아들과 손자가 서로 용맹을 다투니 이 얼마나 기쁜 날입니까!"(24: 651-72).

(권위의 상징으로) 망토가 건네졌고 그것은 갑옷으로 보호되었다. 네스토르나 라에르테스 같은 노인들은 다음 세대가 전쟁에 혼신을 다하는 것을 배웠다고 확신할 때에라야 기쁨을 얻는다. 네스토르는 분명히 용기 있는 사람이다. 그러나 고령이 되었을 때 그에게 요구되는 용기는 전쟁에서의 무용(武勇)보다는 과거의 무용이 현재에 요구하는 것을 그의 후계자들에게 드러내는 용기이다. 네스토르는 그가 의거해 살았던 법도가 자녀들과 그 후손들의 삶까지 반드시 이어지도록 하기 위해 그의 고령과 인격 속에 잠자고 있는 모든 권위를 대담하게 사용하였다.

이 모습은 여러 모로 마음을 사로잡는다. 하지만 그것은 충분히 논의되어야 한다. 왜냐하면 여기서 우리는 현재에 다시 한 번 활성화된 과거의 살육에 관해 이야기하기 때문이다. 참으로 그것은 전쟁에 대한 갈망이며 네스토르에서 아이아스(Ajax)로, 혹은 라에르테스에서 오디세우스로 그리고 또 텔레마코스로 전해진 전투를 위한 용기이다. 그리고 그것은 트로이를 파괴하고 그 시민들을 학살했으며 이타카(Ithaca)의 문명화된 삶을 전소시켰다.[5] 그래서 우리는 네스토르 같은 노인들이 그들의 강인한 마음과 다음 세대에게 도전의식을 북돋우어 동일한 것을 가르치려는 관심에서는 분명히 존경할 만하지만 그들이 매우 성실히 전해 주고자 하는 이야기들에 의해 눈이 멀 수 있다고 생각할 수 있다(호머도 그렇게 생각할까?) 이런 관점에서 볼 때 트로이의 나이 든 왕이자 할아버지인 프리암의 후반부 행위에 대한 이야기는 주목할 만한 대비를 제공한다.

《일리아스》에서 프리암의 중요한 장면은 동시대인인 네스토르가 매우 열렬하게 고무시켰던 전투 후에 등장한다. 그 일은 끔찍한 결과를 낳고 말았다. 프리암의 아들 헥토르는 전사했고 그의 시신은 아킬레우스의 전차에 매달려 매일 끌려 다니며 놀림감이 되었으며 아킬레우스의 무용을 보여 주는 처지가 되었다. 프리암은 아들의 시신을 내 달라고 요청하러 밤중에 아킬레우스를 찾아간다. 트로이로 가져와 정중히 장례를 치러 주기 위해서였다. 적진 속으로 들어가는 것은 어려운 일이었으며 프리암은 많은 트로이인들의 만류에도 불구하고 그렇게 했다. 그는 비탄에 잠긴 채 자기 도시의 경계선에서부터 적진을 향해 몸을 끌며 나아가다가 낯선 땅에서 방향을 잃었다. 그러나 그는 아킬레우스의 부하로 변장한 '안내자'(Wayfinder) 헤르메스(Hermes)를 만났다. 그 사람은 프리암을 정중히 대해 주었다. 프리암이 "그가 경애하는"(24.572) 자신의 아버지를 생각나게 했기 때문이기도 했다.

오랫동안 보지 못한 아버지에 대한 이러한 기억은 프리암이 이 젊은 이의 도움으로 아킬레우스의 막사에 도착했을 때 이루어질 두 사람 간의 대화를 예시하였다. 프리암의 첫 번째 행동은 "그의 아들을 죽인 분노의 손"(24.572)에 무릎을 꿇고 입을 맞추는 것이었다. 그리고 그는 다음과 같이 말했다.

"신과 같은 아킬레우스여, 그대의 아버지를 생각하시오! 나와 동년배이며 슬픈 노령의 문턱에 접어든 그대 아버지를. 혹시 인근에 사는 주민들이 그분을 괴롭히더라도 그분을 파멸과 재앙에서 구해 줄 사람은 아무도 없을 것이오. 그래도 그분은 그대가 살아 있다는 소식을 들으면 마음속으로 기뻐하며 날이면 날마다 사랑하는 아들이 트로이에서 돌아오는 것을 보게 되는 날을 고대할 것이오. 하지만 나는 참으로 불행한 사람이오. …아킬레우스! 신을 두려워하고 그대 아버지를 생각해 나를 동정하시오. 나는 그분보다 동정 받아 마땅하오. 나는 세상 어떤 사람도 차마 못할 손을 내밀고 있으니 말이오"(24.582-608).

네스토르의 경우처럼, 이 노인의 말은 지배 세대의 가장 맹렬한 대표자에게 영향을 미쳤다. 그러나 이번에는 전쟁터에서의 함성으로 나타나지 않았다. 일깨워진 기억은 전쟁에서의 강력한 행위에 관한 것이 아니었다. 프리암은 피에 굶주린 그의 조상들에 필적하라고 아킬레우스를 책망하지 않았다. 그 대신 그의 말과 태도에서, 그의 인격으로, 그리고 그가 적이자 패배자의 아버지라는 사실을 통해 프리암은 강력한 아킬레우스에게 우리 모두에게 공통된 인간 삶의 유한함을 일깨워 주었다.

두 젊은 연인들의 무모한 열정 또는 권력의 절정에서 힘에 대한 대단하면서도 끔찍한 시험(test)에 함께 들어가는 기운이 넘치고 자신감 있는 남자들의 열정 - 이런 열정들은 본래 시간을 인정하지 않는다. 이러한 열정들은 의도적으로 잘 망각한다. 그래서 이런 열정의 소유자들은 자신들이 영원하며 아무도 꺾을 수 없다고 믿는다. 《일리아스》도처에서 여러 유형의 분노로 그의 행동이 가장 잘 요약되는 아킬레우스는 이러한 열정에 의한 건망증에 단단히 갇혀 있었다. 이 힘, 곧 예기치 못한 이질적인 프리암의 말과 존재의 힘은 이러한 마법을 끊어 버렸다. 갑자기 아킬레우스는 각 인간의 삶을 그것의 시간 안에 놓이게 하는 세대 간(cross-generational) 사랑에 마음이 움직였다. 그는 그의 아버지를 기억하였고 그러고 나서 얼마간 자신을 기억하였다. 순식간에 그를 고향에서 먼 곳까지 오게 만든 전쟁, 헥토르에 대한 그의 승리, 그의 친구 파트로클로스(Patroklos)가 삶의 맥락, 곧 그 자신과 아버지, 그리고 프리암과 그의 아들의 삶의 맥락 안에 놓이게 됐다. 그래서 그들의 불운한 엇갈림에 대한 깊은 슬픔이 갑자기 그대로 보였다. 여기서 증오와 반목에 대한 더 이상 타당한 이유가 없을 이들 두 사람이 함께 슬픔을 나누었다.

> 이런 말로 노인은 그의 가슴속에 아버지를 위해 통곡하고픈 욕망을 불러일으켰다. 그래서 그는 노인의 손을 잡고 살며시 한쪽으로 밀어냈다. 그리고 두 사람 모두 생각에 잠겨 프리아모스(프리암)는 아킬레우스의 발 앞에 쓰러져 헥토르를 위해 흐느껴 울었고, 아킬레우스는 자신의 아버지를 위해 때로는 파트로클로스를 위해 울었다. 그리하여 그들의 울음소리가 온 집안에 가득 찼다(24.610-17).

슬픔을 함께 나누는 이 순간이 두 사람에게 의도하지 않게 우연히 다가왔다. 그것을 가능하게 한 것은 프리암의 용기였다. 그것은 어떤 용기인가? 이것은 자신의 고령에 의지해 젊은이들을 부끄럽게 하여 전투에 참가시킬 만큼 기세와 권위가 있었던 네스토르의 열정(fervor)과 어떻게 다른가? 차이점은 전쟁 세계와 서로 다른 관계에 있는데, 그것은 물론 지배 세대가 통치하는 세계이다. 네스토르는 과거의 전쟁에 대한 증인, 곧 전쟁이 가져오는 영광과 전쟁이 필요로 하는 용기에 대한 증언자이다. 그러나 최소한 《일리아스》에서 전쟁은 전쟁이 시간 속에서 성취한 것, 다시 말해, 전쟁이 평화의 시기를 가져온 사실과 관련해서는 중요하지 않다. 반대로 전쟁은 순식간에 영원한 영광을 획득하는, 시간을 초월하는 길을 사람들에게 제공하였다. 네스토르는 젊은이들에게 그들이 마침내 될 노년의 모습에 관해 상기시키지 않았다. 반대로 그가 과거에 성취했던 영광을 묘사함으로써 젊은이들을 고무하였다.

프리암의 용기는 중요한 모든 것의 최고인 전쟁의 주도권에 기꺼이 도전하려는 데 있다. 그렇게 함으로써 그는 우리 삶이 우리의 힘이 절정일 때만 가장 밝게 빛난다고 생각하는 것에 도전하였다. 그의 노령은 아킬레우스를 현재 시간의 열정에서 벗어나게 하였다. 좀 더 정확히 말하면 그의 사랑하는 아들을 죽인 분노에 찬 살해자로부터 아들의 시신을 내어 달라고 간청하러 온 노인이 전쟁의 영광은 한순간의 빛나는 자부심이 아니라 그들이 시간 안에서 거두는 것, 곧 슬픔에 대한 참된 기억 속에 살아남는다는 진리를 증언하였다. 그리고 아킬레우스가 불현듯 깨달은 이것은 프리암뿐 아니라 아킬레우스의 아버지, 아킬레우스 자신 그리고 우리의 일시성(temporality) 안에서 우리를 함께 묶는 사랑에 의해 형성된 모든 남자들과 여자들에게도 사실이다. 이것이 서로에게 슬픔을 주었던 프리암과 아킬레우스가 그럼에도 슬픔의 원인이 되는 시간적 사랑에 대한 기억 속에서 하나가 될 수 있는 이유이다.

이때 노인으로서 프리암의 미덕은 진실한 기억을 위한 용기(courage of truthful remembrance)이다. 그 진실성은 슬픔과 비탄을 기꺼이 짊어지려는 데 있다. 네스토르 또한 젊은이들을 전쟁으로 나가도록 꾸짖었을 때 유사한 용기를 보여 주었다. 그러나 그는 젊은이들에게 현재의 자신보다는 과거의 자신을 나타냄으로써 그렇게 하였다. 이때 그의 기억은 현재를 강화하는 데 지나지 않는다. 그는 권력과 영광을 추구하는 지배 세대에 이의를 제기하기보다 지지한다. 반면 프리암은 아킬레우스와 자신을 아킬레우스의 막사로 안내했던 젊은이에게서 어떻게 현재의 시간이 과거와 미래와 조화를 이루는지에 대한 의식을 이끌어낸다. 그들은 전쟁의 무용(武勇)으로 빛나고 그 황홀한 초월적 영광에 휩싸여 있는 과거의 모습으로가 아니라 언제나 사랑했던 아들들을 그리워하는 지금의 모습으로서 그들의 아버지를 상기하게 되었다. 그래서 아킬레우스는 즉각 자신이 누구인지 그리고 그가 헥토르에게 한 일의 참된 의미가 무엇인지를 깨닫게 되었다. 그는 영광스러운 순간에 적을 완파한 뛰어난 사람만이 아니다. 오히려 긴 세월에 걸쳐 자신이 행한 일과 다른 사람들이 행한 일을 감당해야 하는 사람이다. 면전의 이 노인 프리암이 그랬고 먼 지방에 있는 그의 아버지가 그랬던 것처럼 그가 감당해야 하는 것은 상실의 슬픔이었다. 이 진실된 기억의 순간에 누가 상실을 초래한 책임을 져야 하는지의 문제는 뒤로 물러난다. 중요한 것은 영원히 살 수 없는 이 두 유한한 남자들이 그것을 감당한다는 사실이다.

노인으로서 프리암의 용기는 아카이아인들이 삶의 가치로 삼았던 힘의 지배에 대한 도전이었다. 프리암은 아킬레우스의 탁월한 실력은 인정했지만 그것들에 궁극적인 진실의 위치를 부여하지 않았다. 참으로 프리암은 네스토르의 전쟁 이야기가 지닌 허구성에 대한 증인이 되었다. 왜냐하면 그 이야기는 전쟁을 시간 속에 위치시키지 못하기 때문이다. 그 이야기는 그 결과로 고통당하는 사람들이 감당해야 할 슬픔을 간과하였다. 프리암의 용기는 결코 사적인 미덕이 아니다.[6] 그는 단지 자신의 마음속에서만 전쟁에 대한 이러한 결론에 도달한 것이 아니다. 그는 도시의 성벽 뒤에서 안전하게 머물며 자신처럼 헥토르를 사랑했던 사람들과만 그의 슬픔을 나누지 않았다. 오히려 그는 자신의 나이에 훨씬 더 어려운 행동인 안전한 곳을 벗어났다. 그러고는 불굴의 의지로 아들이 전사한 바로 그 전장을 가로질러 자신이 긴 세월 애정을 쏟았던 대상을 무참히 파괴한 자를 대면했다. 이 과정에서 그는 자신의 나이를 드러내고 지금까지 《일리아스》에서 말해진 것과 다른 이야기의 진실성에 대해 증언했다.[7] 호머의 이 위대한 서사시는 의심할 바 없이 영광스러운 전투에서 벌어지는 거세고 강력한 격돌에 관한 이야기다. 그러나 프리암이 보여 준 것처럼, 그 뒤에는 보다 더 진실된 이야기, 곧 아내와 아이들, 그리고 노인들이 기억 속에 간직해야 하는 이야기가 놓여 있다. 사랑하는 이들을 잃은 상실의 슬픔과 비탄의 이야기다.

나이 듦의 미덕: 그리고 앞으로도 영원히

네스토르와 프리암의 이야기가 담고 있는 진실은 실제로는 신학적 주장으로, 이야기꾼인 호머에게 아무런 자격도 없이 귀속될 수만은 없다. 우리는 호머의 세계에서 진실에 대한 프리암의 증언이 무슨 유익이 있는지 질문해야 한다. 전투가 네스토르에서 아이아스와 다른 사람들에게 이전되었듯이 그것은 아이아스나 아킬레우스에서 다음 세대, 라에르테스에서 오디세이아로 그리고 텔레마코스에게로 이전될 것이다. 또 하나의 진실은 이 순환이 프리암과 같은 노인들에게 가져다주는 고통에 의해 그에 못지않게 진실하게 만들어진다는 것이다. 아킬레우스는 동일한 것을 말한다.

그러나 마침내 고귀한 아킬레우스는 울 만큼 울어 울고 싶은 마음이 그의 마음과 사지를 떠나자 자리에서 벌떡 일어나

노인의 손을 잡고 일으켜 세우더니 노인의 흰 머리와 흰 수염을 불쌍히 여겨 그를 향해 이렇게 물 흐르듯 거침없이 말했다.

"아아, 불쌍하신 분이여! 그대는 마음속으로 많은 불행을 참았소이다. 감히 그대의 용감한 아들들을 수없이 죽인 사람의 눈앞으로 혼자서 아카이아족 함선들을 찾아오시다니! 그대의 심장은 진정 무쇠로 만들어진 모양이구려. 자, 아무튼 의자에 앉으시오! 아무리 괴롭더라도 우리의 슬픔은 마음속에 그대로 있게 내버려 둡시다. 싸늘한 통곡은 아무런 도움도 되지 않을 테니까요. 그렇게 신들은 비참한 인간

들의 운명을 정해놓으셨소, 괴로워하며 살아가도록. 하나 그분들 자신은 슬픔을 모르지요. …한데 하늘의 신들이 이와 같은 재앙을 그대에게 내리시어 그들의 도성 주위는 전투와 살육이 그칠 날이 없구려. 꾹 참고 그렇게 마음속으로 끝없이 슬퍼하지 마시오. 아들을 위해 슬퍼한들 아무런 도움도 되지 않으며 그대가 그를 도로 살리지도 못할 것이오. 그 전에 그대는 다른 불행을 당하게 될 것이오"(24. 623-61).

프리암에 대한 아킬레우스의 존경은 프리암의 용기와 아들 헥토르에 대한 사랑이 표현된 후에 커졌다. 아킬레우스의 가슴속에 이전에 끓어오르던 분노는 최소한 프리암을 향해서는 비탄에 잠긴 백발의 노인에 대한 연민으로 대체되었다. 자신이 느낀 연민 안에 그는 곧 자신과 프리암의 슬픔을 저장할 공간을 발견했다. 슬픔은 운명적으로 우리에게 다가오고 또한 견뎌지는 것이다. 슬픔을 가져온 시간이 다시 그것을 가져간다. 당분간 프리암은 그의 슬픔을 견뎌야 한다. 이 슬픔이 현실을 변화시키지 않는다는 사실을 충분히 인식하면서 그것을 참는 것이 슬픔이 지나가는 것을 도울 뿐이다. 결국 구제책은 없다는 것을 이 노인은 우리보다 더 잘 알고 있을 것이다.[8] 용기가 생겨나는 고령과 고령으로 갖게 되는 관점은 강력한 자들이 쫓는 것이 헛됨을 우리에게 분명히 상기시킨다. 그러나 그 이상은 없다. 결국 해결책은 없는 것이다.

하지만 그리스도인들에게 이것은 끝이 아니다. 왜냐하면 그들은 소망 중에 살고(그리고 죽기) 때문이다. 그리고 그리스도인의 소망의 미덕은 우리가 지금까지 살펴본 나이 듦의 미덕을 변화시키기 때문이다. 이것이

고령의 그리스도인들이 슬픔에 압도당하지 않고 슬픔의 기억을 견뎌낼 수 있는 이유이다. 그리고 그들이 전쟁의 영광에 의한 순간적인 초월성이 내세우는 궁극적 지배에 도전할 수 있는 이유이다. 그것은 또한 미숙한 손을 가진 아이들을 위해 카드 꽂이를 만드는 단순하나 심오한 작업을 데이 이모부 같은 노인들이 즐거워하는 이유이다.

고령의 그리스도인들이 가지고 있는 소망은 누가복음 시작 부분에 카메오로 등장하는 시므온이란 이름의 한 노인의 이야기를 통해 가장 잘 드러난다. 시므온에 관한 주목할 만한 사실은 이야기 초반에 그가 죽는다는 것이다. 일반적으로 우리는 이야기가 시작될 때 죽는 것은 끔찍한 일이라고 생각한다. 이것은 아이들의 죽음이 우리에게 깊은 영향을 미치는 이유이다.[9] 그들의 이야기는 단지 시작됐을 뿐이다. 그러나 시므온의 죽음은 그 자신의 이야기의 첫머리가 아니라 누가복음서 이야기의 첫머리에 일어난다. 그에 대한 이야기를 우리는 거의 알지 못하는데 그것이 실은 요점인 것 같다. 시므온의 이야기는 하나님의 백성들에 대한 하나님의 보다 큰 구원의 이야기를 가리키는 데 봉사한다. 이러한 사실이 시므온 자신의 이야기, 곧 아기가 그의 품에 안긴 이후에 그가 살아간 이야기를 지우지는 않는다. 어쨌든 그는 주로 이방인을 위해 들려주는 이야기에 등장하는 고령의 유대인이다. 그러나 여기에 그의 이야기를 변화시키는 그의 소망이 놓여 있다. 그가 자신의 이야기로부터 제외된 것이 아니라 이야기의 추가 옮겨졌다. 그는 전 인류를 위한 하나님의 구원을 보았기 때문에 소망 중에 죽음을 맞이할 수 있었다. 이것은 그가 앞으로 다가올 일이 이미 있었던 일보다 훨씬 위대하다는 사실을 인식했음을 의미한다.

앞으로 다가올 일에 대한 시므온의 관계는 소망의 관계이지 지식의 관계가 아니다. 그가 품에 안은 아기는 그에게 미래에 대한 맹목적인 낙관론 이상을 전해 주었다. 왜냐하면 그는 심지어 그가 꿈틀거리는 새 생명을 안고 있는 순간에, 다가올 일 속에서 고통과 죽음을 보았기 때문이다. 그러나 그가 본 것은 전부가 아니다. 나중에 그의 품에 안긴 아기의 이야기가 완전히 펼쳐지는 것을 보는 것은 그의 것이 아니다. 이 사실은 그 이야기에 대해서뿐만 아니라 시므온 자신의 죽음에 대한 그의 관계에도 영향을 미친다. 우리는 그가 곧 이어 죽을 것이라는 사실 외에는 그의 죽음에 관해 거의 알지 못한다. 그 이야기가 초점을 맞추는 것은 시므온도 그의 죽음도 아니다. 시므온에 관해 누가보다 더 오래 상상력을 구사하며 생각했던 T. S. 엘리엇(T. S. Eliot)은 다음과 같이 서술한다. "나에겐 순교도 없고 명상과 기도의 황홀도 없습니다, 나에겐 궁극의 계시도 없습니다." 더구나 소망 중에 시므온이 고귀한 아기 예수를 품에 안은 감격으로 가득 차 기뻐 어쩔 줄 모르는 노인이 된 것이 아니다. 성경 구절에 표현된 것처럼 엘리엇의 시 끝부분에 시므온은 그의 삶에 대한 피곤함에 관해 이야기한다. "당신의 종으로 하여금 평안히 떠나가게 하소서."[10]

지배 세대의 노화하는 구성원이 최상의 전성기가 지났다는 두려움에 갑자기 휩쓸려가는 것은 보기 드문 일이 아니다. 그런 사람에게 죽음은 가장 커다란 위협이다. 그는 삶을 명확히 밝혀 주는 새롭고 보다 의미 있는 어떤 것을 찾느라 촌각을 아끼기 시작한다. 그러나 이것은 시므온이 메시아를 소망하는 방식이 아니며 그가 자신의 죽음을 생각하는 방식도 아니다. 오히려 메시아에 대한 시므온의 소망은 그를 자신의 죽음에 이르게 해주는 것이다. 시므온은 자신이 살았던 선한 삶(누가복음은 시므온이 "의롭고 경건하였다"고 말한다)이 헛되지 않다는 사실을 알고 있다. 그것이 스스로를 구원할 필요가 없다는 바로 그 이유 때문이다. 다르게 표현하면, 그의 삶은 그 자체를 완성할 필요가 없다. 그의 삶의 완성은 이제 시작되는 전체 이야기 속에서 여전히 미래에 놓여 있다. 다시 말해 소망의 미덕은 이야기의 결말이 없이도 삶의 결말을 가능하게 한다. 이러한 의미에서 시므온은 그가 소망 중에 단지 일별(一瞥)했을 뿐인 새로운 삶으로 그의 이야기를 끌어 올려주실 한 분을 지향하며 살았다. 이러한 인식 속에서 그는 자신의 죽음을 평화롭게 맞이할 수 있었다.[11]

기독교 고전 문헌은 신학적 미덕인 소망을 믿음과 사랑의 덕목 사이에 놓았다. 이 중간 위치는 우리에게 혼란을 준다. 우리는 믿음이 지성(intellect)의 미덕이라고 알고 있다. 아퀴나스는 우리가 마음(mind)으로 하나님을 파악하는 것이 바로 믿음이라고 말한다. 그래서 믿음이 시작점인 것이 옳다. 하지만 믿음은 끝이 될 수 없다. 믿음으로 하나님을 알게 되면, 사랑 안에서 그분과 연합되기 때문이다. 우리는 믿지 않는 것과 하나가 될 수 없다. 그래서 사랑이 믿음을 필요로 한다는 것은 명백하다. 그리고 믿음은 사랑으로 이어진다. 그렇다면 소망은 어떻게 되는가? 소망은 믿음과 사랑 사이의 간극을 매우는 것 이외에 무엇을 하는가?

이 질문에 대한 응답으로 아퀴나스는 소망을 펼쳐 보이면서 사랑과 소망 사이를 다음과 같이 구별지었다.

사랑과 소망은 이런 점에서 다르다. 사랑은 사랑하는 자와 사랑받는 자와의 연합을 뜻한다. 반면 소망은 고된 선을 향한 욕구의 움직임이나 기지개를 뜻한다. 이제 연합은 뚜렷이 구별되는 것들의 연합이다. 그러므로 사랑은 한 사람이 사랑으로 자신과 하나가 되는 다른 사람과 직접적으로 관계하여 그를 또 다른 자아로 여기는 것이다: 반면 움직여진 인간 주체에 비례하는 움직임은 항상 종극(終極)을 지향한다. 따라서 소망은 다른 사람에게 속하는 것이 아닌, 자신의 선과 직접적으로 관계한다.[12]

그래서 소망은 아직 도상(道上)에 있는 사람을 위한 미덕이다. 중요한 것은 그것은 자신의 길이지 다른 사람의 길이 아니라는 점이다. 이것은 소망을 타인과 공유할 수 없다는 뜻이 아니다. 하지만 우리는 사랑을 공유하는 것과 매우 다르게 소망을 공유한다. 왜냐하면 공유된 사랑은 우리 사이에서 이뤄지는 데 반해 공유된 소망은 우리 각자가 앞에 놓인 것을 얻으려고 분투하는 것이다. 소망에 1인칭 소유격을 사용하는 것(나의 소망)은 '나의 사랑'이란 표현에 있는 2차적인 연합에 대립하는 일차적인 연합을 보여 준다. '나의 소망'과 달리 '나의 사랑'은 '우리의 사랑'이란 말에 담겨 있는 사랑의 전체 의미에서 파생되었거나 이차적인 것이다.

이것이 왜 소망이 우리 인생에서 자신만의 여행에 특별히 관계되는지 알 수 있는 이유이다. 만약 이 여행이 '나의 여행'이 아니면 아무것도 아니다. 또한 그것은 분명히 우리 삶보다 훨씬 더 우리 자신의 것인 죽음과도 관계된다. 우리가 가끔 그것을 '나의 시간'이라고 지칭하는 것처럼 말이다. 이러한 점에서 시므온은 아기를 받아 들자마자 직접 하나님과 이야기한다. "주재여, 이제는 당신의 종을 놓아 주소서." 시므온은 자신을 위한 소망 중에 이 기도를 드렸다. 그것은 자신 안에 있는 소망을 말하는 것이 아니다. 아퀴나스가 말한 것처럼, 시므온은 그 자신의 선(good)을 향해 손을 뻗었는데 그것은 몹시 힘든 것이다. 그의 죽음을 포함하기 때문이 아니다. 시므온은 다가올 일을 일별(一瞥)하였으며 그것 역시 몹시 힘들 것이라고 보았다. 시므온이 마리아에게 다음과 같이 말했다. "칼이 네 마음을 찌르듯 하리니"(누가복음 2:35).

　　죽어가는 것과 자신의 죽음을 준비하는 것은 몹시 힘든 일이다. 비록 소망 없이 죽는 사람들에게는 다른 성격의 일이지만 소망 중에 죽는 사람들에게도 이것은 사실이다. 죽음을 준비하는 것은 덕스러운 노인들에게 주어진 커다란 과제 중 하나이다. 앞에서 언급한 대로 은퇴는 우리가 사는 동안 하는 일이 바뀌는 때를 말하는 것만이 아니다. 그것은 우리 삶의 마지막 단계이기도 하다. 그러나 그리스도인들에게 '죽음을 준비하는 것'은 불가피한 죽음의 순간을 향해 거저 성큼성큼 걸어가는 것을 뜻하지 않는다. 또한 그것은 단순히 자신의 일을 정리하는 것도 아니다. 그 이유는 기독교의 소망 때문이다. 시므온처럼 죽음이 찾아올 때 그리스도인이 구해야 하는 것은 자신의 삶의 완성에 대한 비전이 아니라 그의 삶을 꿋꿋하게 견디게 했던 이야기에 대한 비전이다. 그리고 이것은 오직 소망 안에서 알 수 있다. 소망에 의해 안내되는 그리스도인은 자신을 넘어 하나님의 이야기의 완전한 실현, 곧 온 세상의 구속을 지향할 수 있다. 이러한 사실 안에서 소망 있는 그리스도인은 축소되고, 사라지며, 심지어 홀로 죽어가는 공포에서도 자유로울 수 있다. 오히려 죽음을 맞이할 때 그의 소망은 시므온의 경우처럼 그리스도 안에서 세상 속으로 들어온 새로운 삶을 향할 것이다.

이것은 그리스도인들에게 죽음이 매일 자신의 생각을 사로잡을 어떤 것이 되어야 한다는 뜻은 아니다. 사실은 그 반대가 되어야 한다. 왜냐하면 소망은 우리의 이야기가 어떤 특정의 결론, 곧 완전함에 도달해야 한다는 염려에서 우리를 해방시키는 것이기 때문이다. 소망이 있는 노년의 그리스도인이 지금 자신의 현 상태를 넘어서는 활동에 참여하기로 다짐하는 것은 바로 이러한 이유에서다. 메이 이모부가 검은 호두나무의 색과 결에서 소박한 즐거움을 느낄 때 또는 그가 카드 꽂이를 사용하는 것을 필시 보지 못할 아이들을 위해 시간을 들여 그것을 만들 때, 우리가 그에게서 보는 것이 이러한 활동이다. 그것은 또한 프리암이 전장을 가로질러 나아가며 그의 아들의 시신을 돌려받기 위해 생명의 위험을 무릅쓸 때, 그리고 가는 도중에 아들 헥토르의 살해자인 위협적인 아킬레우스에게 진실한 기억으로 도전할 것을 각오할 때 했던 일이기도 하다. 그들의 삶, 이야기, 그리고 행동에서 이들 노년의 사람들은 그들 자신을 넘어, 심지어 현재 지배 세대의 삶과 문제를 넘어, 우리의 삶을 단단히 고정시킬 진실에 우리의 주의를 향하게 하였다.

시므온이 아기를 두 팔로 고이 안을 때, 그는 이것을 완벽하게 상징적으로 보여 주었다. 성전 한가운데서 그리고 (그가 느끼기에 조금 당황했을) 마리아와 요셉을 위해서 시므온은 인간의 몸을 입으신 하나님을 높이 들어올렸다. 그의 삶에 배어나는 높은 도덕성에도 불구하고, 평생 '의롭고 경건한' 자에게서 풍기는 그의 권위에도 불구하고, 우리의 시선은 시므온보다 그의 품에 안긴 아기에게 집중되는 것이 옳다. 아직 젊고 쉽게 감명 받는 우리들은 노인 시므온을 경외의 시선으로 바라보려는 유혹을 느낀다. 그러나 덕스러운 노인들이 그렇듯이, 우리를 가르치는 것은 그의 응시이다. 왜냐하면 그의 눈은 소망을 품고 한 갓난아이에게 고정되었기 때문이다. 그리고 그 아이의 삶, 죽음, 그리고 부활 속에서 세상은 평화를 알게 될 것이다. "주재여 이제는 말씀하신 대로 종을 평안히 놓아 주시는도다. 내 눈이 주의 구원을 보았사오니."

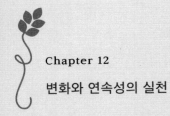

Chapter 12
변화와 연속성의 실천

노년의 지혜와 덕이
공동체에
변화와 생기를 주다

데이비드 마츠코 맥카시(David Matzko McCarthy)
메릴랜드주 이밋츠버그의 마운트세인트메리즈대학교 신학과 학과장

"고령자들에게 가장 중요한 과제는 육체의 쇠락과 사랑하는 이들을 잃게 될 때도 정체성을 유지하는 것… 나이가 들어감에 따라 직면하는 모든 상실에 동일의식(sense of sameness)을 유지하는 것이다."[1] 이 글에서 필자는 정체성과 노화(aging)의 문제를 고찰할 것인데, 구체적으로 현대 사회에서 세대 간에 나타나는 사회적 압박과 교회 생활에서 세대 간 연속성의 가능성을 살펴볼 것이다.

우선 우리는 성경 속에 있는 연속성과 변화의 이미지, 그리고 지속적이지만 변화하는 전통으로서 교회를 살펴볼 것이다. 그러고 나서 세대 간의 역동성과 미국 문화에서 고령화의 문제를 고찰할 것이다. 우리는 비교의 방법을 통해 성경적이고 신학적인 자료들을 다시 한 번 살펴본 후 세대 간의 삶을 향상시키기 위한 제안으로 결론을 내릴 것이다. 세대 간 이슈들은 무엇보다도 일련의 다양한 문제들(교회 프로그램에 속한 하부 주제)이 아니라 하나님에 의해 부름 받은 공동체가 의미하는 것의 핵심이다. 교회는 그리스도 안에서 하나님의 내어 주는 사랑이 역사 속에서 계속 존재하는 것이다. 그리고 그 자체로 오랜 세월에 걸친 연속성과 다양한 노소(老少) 구성원들의 통일성과 깊이 관련된다.

나는 이 글의 원제를 '세대 갈등'(Generational Conflict)이라고 붙였지만, 세대 분열을 논의하는 것으로 생각한다면 오해다. 외려 이 글은 세대 간의 역동성, 곧 세대 간의 연속성과 갈등에 관한 문제들을 살펴보는 중에

독자들이 보다 깊은 신학적 문제의 배경이 되는 고령화 이슈에 관해 생각해 보기를 권한다. 그것은 우리 그리스도인들이 하나님의 백성으로서 어떤 존재가 되도록 부름 받았는지에 관한 것이다.

예를 들어 몸의 노화를 생각해 보자. 활력을 잃어가는 몸은 노인들에게 심각한 스트레스다. 몸의 기능이 쇠퇴함으로 우리가 이전과 같은 사람이 아닐 수 있기 때문이다. 우리는 몸을 가진 행위의 주체다. 우리 몸의 이야기는 우리가 누구인지에 관한 이야기다. 나이가 듦에 따라, 우리의 몸은 변화 가운데서 그 정체성을 유지해야 한다. 더 이상 자신의 차를 운전할 능력이 없는 80세의 여성이거나 예전과 똑같이 농구장을 뛰어다닐 수 없는 40세의 남성이거나 우리는 변화의 현실에 직면한다. 우리의 삶의 이야기는 몸을 통해 바라볼 때 연속성과 변화가 얽혀서 드러난다. 의심할 여지없이 세대 간의 갈등이 각기의 우리 삶의 내면에서부터 들려질 수 있는 것은 중요한 일들에서 우리는 과거의 우리가 아니기 때문이다. 우리가 하나님의 백성으로서 어떤 사람들이 되었는지를 곰곰이 생각해 볼 때 공동체 차원에서도 같은 말을 할 수 있다.

신학적인 관점에서 볼 때 우리는 무엇보다도 사회적 삶에서 구현된다는 사실을 간과해서는 안 된다. 이러한 몸의 언어가 고령화의 문제로부터 교회에 관한 설명으로 간편히 이행하는 것을 말하는 것은 아니다. 몸의 은유는 근본적인 연결성을 보여 준다. 사회적 몸은 개인들이 서로에게 알려지고, 서로 소통하며, 타인들과 우리 자신들에게 우리가 누구인지에 관해 말하게 해준다. 육체적 몸이 우리가 누군지를 말해 주는 전부가 아닌데 반해 그리스도의 몸으로서 우리는 각자의 다양한 특성들이 드러나는 환경이 되고 우리의 정체성을 개인적 삶의 경계 너머로 확장시킨다.

초세대적(trans-generational) 연속성은 하나님과의 교통(communion) 안에서 모든 세대와 모든 시대와 장소를 포함한다. 그리스도인의 삶의 실현은 하나님의 자기를 주심(self-giving)에 이끌림을 받은 모든 이들의 포괄적인 교제 안에서 일어나는 하나님과의 교통이다. 이러한 공동체는 우리를 우리가 될 수 있었던 것보다 훨씬 뛰어난 존재로 만든다. 우리 자신으로부터 나와서 자신을 넘어서는 것은 은혜의 패턴이다. 하나님의 은혜가 세상에 존재하는 한, 그것의 존재는 사회적 몸, 곧 구체적이고 역사적인 백성의 존재를 형성한다. 그러나 교회는 시간 안에 놓여 있기 때문에 불가피하고 필연적으로 변화할 수밖에 없다. 그리스도인들에게 연속성과 변화의 문제는 교회의 삶의 문제이며 하나님의 백성으로서 교회의 정체성에 관한 이슈이다.

연속성과 변화

근대 사회는 과거와의 단절을 추구한다. 그리고 과거의 유대들(bonds)은 미래 발전의 장애물로 간주된다. 무일푼에서 부자가 된 고전적인 이야기를 생각해 보라. 훌륭한 인물들의 이야기는 그들의 부나 정치적 명성의 주목할 만한 지위가 다른 몇몇 가능성 있는 운명(fate)에 대한 승리로 획득되었다고 전해진다. 아브라함 링컨(Abraham Lincoln)은 초라한 통나무집에서 태어났다. 앨버트 아인슈타인(Albert Einstein)은 우둔한 아이로 간주되었다. 앤드류 카네기(Andrew Carnegie)는 어릴 때 무척 가난했다. 이러한 이야기들의 결말은 시작과 정반대다. 통나무집에서 대통령의 대저택으로, 우둔한 아이에서 천재로, 극빈자에서 벼락부자로 바뀌었다. 그들의 성취는 과거와의 단절로 이루어졌다.

연속성의 관점에서는 이야기들이 다르게 들려질 수 있다. 그러나 이야기들은 그렇게 들려지지 않는다. 예를 들어, 일반 사람들의 상상력은 아인슈타인이 매우 어린 나이에 천재성을 보여 주었다는 사실을 눈여겨보지 못했다. 그가 맞닥뜨린 장애물의 종류는 지능의 부족이 아니라 그의 천재성이 지닌 오만함과 성급함 때문이었다. 아인슈타인이나 링컨, 카네기가 어떤 경우가 되었건, 우리에게 중요한 것은 과거와의 비연속성이 오늘날의 자아 만들기(self-making), 근면, 솜씨 좋음, 그리고 단호함에 대한 이야기 안에 내재되어 있다는 사실이다. 비연속성이 정체성의 강력한 근원이다. 사회학자 로버트 벨라(Robert Bellah)는 가족, 교회, 그리고 물려받은 '가치'로부터의 분리는 미국에서 분별 있는 성인이 되는 통상적인(그리고 예상되는) 방법이란 사실을 보여 주었다.[2] 전통과의 단절은 오늘날 우리 문화의 전통이다.[3]

역사의 한 시기로서 근대 세계 자체도 비연속성의 관점에서, 앞선 시대와의 단절이라는 관점에서 규명된다. 중세 시대는 연속성과 억압적인 문화적 통일성의 시대로 간주된다. 반면 오늘날 세계는 변화와 다양성의 시대로 이해된다. 현대인들은 변화를 잘 납득한다. 생각이나 태도, 실천이 문화와 사회적 위치뿐만 아니라 역사, 시간과도 관련되어 있다는 사실을 알기 때문이다. 오늘날의 자기이해는 그 근저에 개인적, 사회적 정체성의 경향으로 간주되는 세대 간의 갈등을 특징으로 하고 있다. 우리는 스스로를 과거와 구별함으로써 만들어 간다. 우리는 자아와 세상에 대한 우리의 이해를 위해 타인에게 의존하는 것을 미성숙으로 본다. 그리고 그만큼 과거로부터의 분리는 성숙과 자유의 표시이다.

물론 비연속성이 이야기의 전부는 아니다. 자신의 존재를 명료하게 하려고 민족이나 문화, 인종 집단, 공동체, 지역, 그리고 가족이라는 연속성으로 스스로를 구별하기도 한다. 연속성은 우리가 누구인지와 왜 지금처럼 사는지 같은 질문에서 가장 중요하다. 변화는 지속적으로 일어나고 전통은 종종 원활하게 이어지지 않는다. 그러나 교회의 경우 변화의 목표는 하나의 신앙이 연속되는 것이다. 교회는 일치와 보편성, 공동 예배와 공동체적 신앙으로 부름 받는다. 교회는 그리스도가 인간과 맺은 유대이며 세상에 대한 그리스도의 지속적인 참여를 가리킨다. 가장 넓은 의미에서 교회는 여러 시대를 거쳐 전 지구 모든 곳에서 모이는 공동체이다. 교회는 나눠지지 않고 함께 모이도록 부름을 받는다.

성경 이야기는 연속성과 변화 사이의 긴장으로 형성된다. 가장 뚜렷한 노력 중 하나는 회당과 전혀 별개인 기독교 회중의 출현이다. 어떻게 초기 그리스도인들은 하나님과 이스라엘 백성과의 지속되는 관계와 연속성을 유지하면서도 그리스도 안에 나타난 하나님의 새로운 행적들을 선포하였는가? 마태복음은 이 전이(轉移)를 예수께서 하나님의 언약과 이스라엘 예언자들의 증언의 성취가 되었다는 사실을 보여 줌으로써 설명한다. 마태는 예수의 탄생과 유아기, 산상수훈, 제자를 부르고 파송하심,

그리고 사역의 거의 모든 면들과 십자가의 길에서 성취의 주제를 강조하였다. 그러나 연속성은 갈등을 통해서도 확립된다. 예를 들어 예수의 산상수훈(마 5-7장)은 율법의 본래 의도에 근거하여 모세의 율법에 대한 논쟁을 이어가고 있다. 예수와 그의 동시대인들과의 갈등은 이스라엘의 언약 전통에 대한 그의 호소와 이스라엘을 위한 하나님의 근본 목적과 그의 사역의 일치에 관계하여 이해될 수 있다.

사도 바울도 갈라디아서와 로마서에서 유사한 주장을 하고 있다. 갈라디아서 3장과 로마서 4장에서 그는 그리스도를 통해 주어진 믿음의 언약이 아브라함과 하나님의 언약을 회복한다고 말한다. 바울의 관점에서 토라 율법은 하나님의 지속적인 신실하심의 중간 단계에 지나지 않는다. 로마서 9-11장에서 바울은 하나님께서 이방인들에게 언약을 제시하는 것은 유대인들에 대한 하나님의 약속을 유지하는 것이고, 사실 약속의 성취로 나아가는 길이라고 말한다. 우리는 여기서 바울의 주장이 갖는 철저성을 간과해서는 안 된다.

비록 바울의 동시대 유대인들은 근본적인 이탈로 보았지만 그는 그리스도가 하나님의 구원의 계획과 철저한 일관성을 보여 준다는 사실을 주장한다. 이방인 그리스도인들은 할례와 토라 율법(행 15장)에서 벗어났고 그리스도교 성찬 의식은 신실한 유대인들에게 낯설며 불경스럽게 보였다(요 6장). 율법학자들의 입장에서는 과격한 이탈처럼 보이는 것이 바울과 비유대교 그리스도인들에게는 연속성이다. 바울에 따르면 이스라엘과 하나님의 언약은 유대교적 신앙과 이방 기독교 사이의 (일시적인) 분리를 통해 유지된다.

성경적 서술에 관한 위의 짧은 논의는 하나의 주제로 요약된다. 즉, 처음부터 변화를 통한 연속성에 관련된 조정과 판단은 교회의 정체성을 말해 주는 기본적인 요소이다. 또 다른 예를 인용한다면, 바울과 고린도 교인들 간의 서신 교환인데 여기서는 성령으로 말미암아 격심한 변화를 경험하는 공동체의 몸부림을 보여 준다. 바울은 공동체 내의 분열, 사도적 권위에 대한 경쟁적 호소, 성적 부도덕, 세상 법정에서 분쟁을 해결하려는 습관, 차별적인 예찬 관행, 그리고 성령의 은사를 둘러싼 분열에 관심이 있었다. "몸은 하나인데 많은 지체가 있고 몸의 지체가 많으나 한 몸임과 같이 그리스도도 그러하니라 우리가 유대인이나 헬라인이나 종이나 자유인이나 다 한 성령으로 세례를 받아 한 몸이 되었고 또 다 한 성령을 마시게 하셨느니라"(고전 12:12-13). 차이가 부인되는 것이 아니라 하나님 아래에서 모두가 연합해야 한다는 것이다.

세대 간의 역동성을 보여 주는 좋은 예

우리는 세대 간의 분열과 분리를 고찰하기 전에 교회 내에 존재하는 세대 간 좋은 예로 시작할 것이다. 우리의 예는 필라델피아에 있는 스무 개의 흑인 교회가 운영하는 노인들을 위한 지원 시스템에 대한 연구에서 가져왔다.[4] 이 연구에서 존 모리슨(John Morrison)은 지원 시스템이 성가대, 성경 공부, 그리고 남성 및 여성 공동체 등 소모임에서 효과가 있다는 것을 발견했다. 이 모임들은 돌봄을 받고 있는 노쇠한 노인들뿐만 아니라 활동적인 노인들과 어려움에 처한 사람들을 포함한다. 모리슨은 교회들이 연령 차이를 문제 삼지 않는다는 사실에 깊은 인상을 받았다. 그는 갈등을 찾으려 연구를 시작했지만 오히려 교회 안에 연령차별이 없고 세대 간 공유된 사고방식이 존재한다고 보고했다.

연령차별이 없다는 것은 노인들이 수치심을 느끼지 않고 활동에 참여할 수 있다는 것이다. 어려서부터 시작한 활동이 노년에도 계속될 수 있어서 나이가 들어갈 때 중요한 연속성을 느끼게 한다.

교회를 소개하는 이들은 종종 교인이 65세 이하인지 이상인지 분간하는 데 어려움을 겪는다. 그리고 그들이 빈번히 "저는 스미스 부인이 70대라는 걸 알고 있지만 겉으로는 50대처럼 보여요" 같은 표현을 사용한다. 의심할 여지없이 나이보다는 기능이 모임의 회원 자격을 정하는 기준으로 사용되었다.

사실 어떤 교회는 젊은이들이 중요한 운영 위원회에 참여하는 기회를 갖도록 규정하는 조항을 만들었다. 왜냐하면 이 모임들에 나이 많은 교인들이 압도적으로 우세한 경향이 있기 때문이다. 교회 내에 고령자 모임을 특별히 조직하는 것은 현명하지 않을 수 있다. 사실 많은 목사들은 나이를 지정하거나 연령으로 프로그램을 구분 짓는 것이 본질적으로 문제가 많으며 피해야 한다고 생각했다. …한 교구 목사는 성경 학교 어린이들과 가사 원조 서비스를 필요로 하는 노인들을 연결하는 성공 사례를 들려주었다. 많은 응답자들은 교회를 '가족'으로 칭하였다. 그리고 교회가 가족 내에서 발견되는 차이의 범위를

반영한다고 말했다.[5]

　모리슨은 교회에서 '연속성에 대한 중요한 의식'이 역할과 기능의 통합, 곧 나이보다 능력과 공통된 목적에 따른 활동으로 이어진다고 지적하였다. 그는 나이보다 기능에 근거한 기준이 특정 모임의 회원 자격을 결정한다고 말한다. 긍정적인 면에서 교회는 지속적인 예배, 상호 돌봄, 그리고 주변 공동체에 대한 봉사를 통해 생애 내내 그리고 세대 전체에 걸쳐 연속성을 제공한다. 젊은이와 노인들이 똑같이 노래하고, 기도하며, 예배드리고 환자들과 도움이 필요한 이들에게 관심을 보인다. 모두를 하나로 묶는 것이 교회의 정체성이고 임무이다.

　부정적인 면에서 볼 때 모리슨이 연구했던 교회들은 고령화되고 있었다. 회중의 대부분은 중년을 넘어섰고 교회는 젊은이들을 통합해야 할 과제를 안고 있다. 만약 이것이 사실이라면, 교인들이 누리는 연속성이 노인들의 미묘한 분리로 인한 것인지 궁금하다. 하나의 세대인 고령 세대가 우세하기 때문에 세대 간의 문제가 없는 것인가? 모리슨이 밝힌 소모임 구조는 분리와 세대 간의 변화 문제들을 피하는 만큼 그 문제들을 해결할 수 없을 것이다. 더구나 이 소모임 시스템은 활동적인 교인들과 비활동적인 교인들을 구분하게 된다. 모리슨은 이것을 교회가 재가 노인들을 어떻게 참여시킬 수 있는지에 관한 문제로 본다. '비활동적인' 교인들은 도움이 되지 않기 때문에 통합되지 못하고 있다. 당연히 활동적인 교인과 비활동적인 교인 사이의 구분은 언제나 은혜로 유지되는 그리스도의 몸의 통일성을 표현하는 적절한 방법이 아니다.

모리슨의 긍정적인 예들은 문제를 해결하는가? 반드시 그렇지는 않지만 우리는 통일하는 힘과 분리시키는 힘 둘 다가 이들 회중들에게 영향을 미친다는 사실을 인식하는 것이 필요하다. 이제 우리는 세대 간의 갈등과 분리로 향하는 오늘날의 경향을 생각해 보고자 한다. 이러한 경향은 그리스도의 몸으로서 교회의 계속적인 여정에 지장을 준다.

분리된 자율과 연결된 상호의존

최근의 철학적이고 사회학적인 연구들이 현대적 의미의 비연속성과 분리에 동반되는 문제들에 관한 설득력 있는 설명을 제공하고 있다.[6] 이러한 문제들은 보편적이지 않으며 노인들의 고립이 현대 문화의 모든 가족이나 공동체를 특징짓는 것은 아니다. 하지만 이런 저런 곳에서 분리와 고독이 지배적일 수도 있고, 이것들은 현대인의 삶에서 독특한 문제들이다. 우리 문화는 분리를 향한 충동과 상호 연결에 대한 욕구 양자에 의해 성격지어진다. 우리 대부분은 양자의 중간에 끼어 살고 있다.

현대인의 자아가 자율이란 이상에 의해 형성되는 한, '참된' 또는 '내적' 자아에 대한 추구는 분리의 경향을 만들어 낸다. 자아는 부담스러운 사회적 제약으로부터, 곧 공통된 관습에 따른 역할과 의무 및 전통적인 삶의 방식으로부터 해방되어 그 자신의 운명을 추구하기 위해 자유로워진다. 우리는 자신의 생활 방식, 자신의 가치, 그리고 자신의 삶의 의미를 만들어간다. 그러나 그 과정에서 사회적 삶의 파편화가 초래된다. 우리는 공동의 삶(common life)이 각 세대마다 새롭게 형성될 것이라고 생각한다. 예를 들어 두 사람이 결혼하면 (이전 가족의 분가가 아니라) 가족을 새로 시작하는 것이라고 말한다. 이렇게 분열된 사회나 세계가 갖는 의미는 소위 문화 전쟁에서부터 정치에 대한 대중들의 환멸과 사회생활에 대한 참여의 감소에까지 이른다.[7]

구체적으로 개인의 정체성과 경력을 쫓는 현대적 삶은 일련의 재배치나 전위(傳位)를 요구할 가능성이 많다. 성공적인 사람은 자신의 고향을 떠나며 새로운 관계망을 구축하고 처음부터 새로운 미래를 세워간다. 일을 제쳐둔다면 현대인의 삶의 목표는 일반적으로 사회적이고 경제적인 지위에 의해서만 통합되는 이웃에 별개의 거주지를 마련하는 것을 포함한다.[8] 어떤 사람이 공동체를 찾고자 하더라도 여가 활동과 소비 행위로 결속된 '공동체'를 찾게 된다.[9] 한편으로 이웃들은 피상적인 일 - 쓰레기 줍기와 잔디 관리 - 을 공유한다. 다른 한편, 진정한 친구들은 직장에서 찾을 수 있다. 직장은 타인들과 더불어 공동의 삶과 공동의 목표를 추구할 수 있는 곳이다. 그러나 대부분 우리의 직장생활은 우리 삶의 다른 면들과 연결되는 부분이 적다. 우리의 직업은 다른 문제들을 (통합하기 보다는) 지배할 뿐이다.

전위(傳位)가 패턴이 되면 우리는 삶을 가정, 직장, 오락, 그리고 어쩌면 우리가 종교라고 구별하는 영역들로 구분하고 분리하게 된다. 우리가 우리 자신을 가족과 전통적인 공동체로부터 분리시키면 과거에 우리 삶을 하나로 묶어 주었던 연결성을 잃게 된다. 단절은 우리가 태어나기 몇 세대 전에 일어났기에 사회적 삶의 파편화는 우리에게 전해진 문화적 유산일지도 모른다. 사실이 무엇이든, 우리는 인터넷과 쌍방향 텔레비전이 오늘날의 공동체를 위한 커다란 희망으로 격찬되는 때에 있다는 사실을 알아야 한다. 공동의 삶이 우리의 도덕적 언어의 일부로 남아 있지만 그 것은 우리가 세상과 만나는 상황이라기보다 그냥 먼 목표가 되어 버렸다.

만약 분리가 변화에 필수적이라면, 유용성은 우리가 지금 생산할 수 있는 것, 곧 우리가 이룬 가시적인 열매와 우리가 기여한 중요성에 한정 될 것이다. 현대 사회의 명령은 우리가 자신의 삶에 대한 해석자가 되어 야 한다는 것이다. 여기서 자율과 분리의 위험은 이기심이나 자기본위가 아니다. 자율적인 행위자는 타인을 위해 일하거나 현저히 이타적인 의도 를 가지고 있을 수도 있다. 진짜 위험은 비연속성과 무의미감이다. 비연 속성은 우리 삶이 전반적인 상황 속에서 어떻게 조화를 이루는지에 대한 이해를 제한한다. 그것은 과거 세대들이 가졌던 희망과 미래를 이끌어갈 이들에 대한 신뢰로부터 자신을 잘라낸다. 그것은 우리의 삶을 가치가 있 는 것으로 만드는 데 있어 초조하게 한다. 우리 삶을 우리 스스로 의미 있 도록 만드는 것은 고독할 가능성이 있다. 이러한 의미에서 노인들의 분리 는 어느 정도 스스로 부과한 측면이 있다. 우리의 목표가 독립생활인 한, 우리는 이미 분리된 것이다.[10] 그래서 북미 문화권에서 노인들은 요양원 에서만 분리되지 않고 자신들의 집에서도 혼자 지낸다.[11] 그들 스스로가 자신들을 분리시키는 데 큰 역할을 한 것이다.

우리가 자아 만들기(self-making)를 추구하는 것은 젊음에 대한 우리 의 집착과 일치한다. 많은 노인들의 공통된 목표는 젊음을 유지하는 것 이다.[12] 젊음은 활력을 나타내고 노화에 흔히 수반되는 건강의 쇠퇴는 나이 틈에 대한 우리의 인식에 분명한 영향을 미친다. 신체장애와 기동성의 상실이 지혜나 미덕, 또는 많은 경험의 축적보다 노령의 전형적인 표시로 생각된다. 노화에 대한 부정적인 관념은 우리를 머뭇거리게 한다. 좋지 못한 건강과 노화는 불청객으로 이해된다. 노화가 밀고 들어올 때 우리는 능력이 쇠퇴하는 것과 적절한(독립적이고 자율적인) 사회적 역할과 관계 사이의 분리를 경험한다.[13] 노인이 삶에서 계속적인 관계와 사회적 활동을 통해 자신의 정체성을 유지할 수 있는 한, '젊다'고 간주된다.

젊음은 활력을 나타내지만 미국 문화에서 길어진 청소년기는 자유시간과 삶을 결정할 수 있는 선택의 기회를 나타낸다는 사실도 흥미롭다. 청소년은 우리가 우리 자신의 과거에 의해 아직 묶여 있지 않은 삶의 상태를 나타낸다. 젊다는 것은 우리 자신의 정체성과 미래의 목표를 정의하기 위한 기회를 제공한다. 젊은이들의 에너지는 종종 자신들을 분리시키고 그들 자신의 삶의 방식을 규정하는 방향으로 향한다. 한 사람이 고령에 이를 때까지 계속하는 사회적 관계와 활동들은 젊음이 갖는 독립성에 의존한다고 생각된다.

여기에 커다란 모순이 있다. 자율과 자아 만들기가 주된 목표이지만 사회적 참여가 삶에 목적성을 부여한다. 노인들은 이전처럼 계속 독립적이고 젊은 상태로 머무르길 바란다. 그러나 그들이 젊음을 유지하려면 상호의존의 네트워크가 필요하다. 많은 노인학 연구자들은 노인들이 요양원이나 실버타운에서 수동적이고 수척해진다는 일반적인 관념을 불식시키기 위해 열심히 노력하고 있다. 그들은 절대 다수 고령자들이 그들 자신의 거주지에 계속해 머물고 그들 자신의 필요를 스스로 조달한다는 통계상의 증거를 인용한다. 그들은 65세 이상 대부분의 사람들은 양호한 건강과 기동력을 특징으로 하는 활동적이고 독립된 생활방식을 갖고 있다고 강조한다.[14] 하지만 이렇게 독립을 추구하는 것이 분리의 문제를 해결하기보다 기여하는 것은 아닐까? 만약 우리가 더 이상 움직일 수 없고 의존적일 수밖에 없는 나이에 도달하면 어떻게 되는가? 우리가 한 일이라고는 문제를 젊은 노인들에서 활동이 어려운 노인(거동이 불편 노인들과 의존적 노인들)으로 떠넘긴 것뿐이다.

이익집단으로서의 세대 간 갈등

시니어 시티즌(senior citizens), 베이비부머, 그리고 X세대, Y세대 같은 분류는 전문가들이나 사회학자들 사이에서 일반적인 용어다. 언론에서 가장 자주 오르내리는 사람들은 단연 베이비부머들(1945-1962생)이다. 전문가들은 헐리웃에 대한 집착에서 주택 시장 그리고 사회보장연금에 이르는 모든 것에 대한 이 세대의 영향에 대해 연구하고 논의하였다. 베이비부머들이 나이가 들어감에 따라 미국 인구 전체가 고령화되고 있다. 1980년대에는 65세 이상이 전체 인구의 12퍼센트에 약간 못 미쳤으나, 2020년까지는 노인들이 전체 인구의 20퍼센트 가까이 차지할 것이다.[15] 이러한 숫자가 의미하는 것은 무엇인가? 많은 이들은 젊은이들을 위한 재정이 고갈될 것이라고 예측한다. 마치 메뚜기들이 수확물을 집어삼키듯이 베이비부머들이 노동시장에서 이탈하는 상황은 많은 우려를 낳고 있다.

노인들은 처음부터 부담으로 여겨졌으며 한 연령층의 복지는 다른 연령층에 손해를 입히는 것으로 인식되고 있다.

공공정책 용어로 각 세대들은 이익집단으로 인식된다. 그리고 시니어 시티즌들은 사회보장연금 혜택, 의료 서비스, 그리고 고령에 따른 재정 지원 혜택을 받는 '특별한 이익집단'으로 간주된다.[16] 세대 간 갈등의 표면적인 원인은 미국 경제가 노인이 된 베이비부머들이 필요로 하게 될 혜택의 부담을 짊어질 수 없을 것이라는 두려움 때문이다. 그러나 진짜 원인은 재원에 대한 싸움보다 더 심각할지도 모른다.

문제의 뿌리는 경쟁적 이해관계의 정치성일 수도 있다. 미국 사회는 사람들이 마땅히 받아야 할 것을 결정할 다른 수단이 거의 없기 때문에 이해관계를 다투는 것이 정치적 관계의 열쇠가 되었다. 우리는 우리 스스로가 번 경제적 이익(이것은 사회보장연금에 대한 타당한 이유이다)을 요구할 수 있다고 생각한다. 이러한 경제적 공적과 별도로 우리는 사람들이 마땅히 받을 만한 것을 판단하기 위한 공통 언어를 갖고 있지 않는 것 같다. 노인들이나 장애인들이 경제에 기여하지 못할 때 그들이 마땅히 받아야 할 것은 어떻게 결정할 것인가? 이해상충 체제는 문제의 초점을 사람들이 마땅히 받을 만한 것에서 자신의 복지를 지켜야 하는 개인의 책임으로 옮겨 버린다. 우리는 요구를 하고 정치적 압박을 가함으로써 우리 자신을 보호한다. 물론 사회적 이해의 상충은 자본주의의 경쟁 시스템에 부합한다. 갈등은 하나의 이해가 다른 많은 이해들과 균형을 잡게 하는 가장 좋은 방법이자 객관적인 방법이라고 평가된다.

다른 한편, 신학적 정의는 하나님의 은혜와 변함없는 신실하심에 대한 기억 안에서 발견된다.[17] 고대의 개념으로 정의는 사람들이 필요로 하는 것과 그들이 받을 자격이 있는 것에 따른 분배의 균형이나 조화를 추구한다. 만약 하나의 '이해'가 다른 것을 압도하면, 정의는 회복된다. 정의는 공유재(common goods)에 대한 동의와 한 사람이 마땅히 받을 만한 것을 다른 사람과의 관계에서 균형을 맞추는 판단을 가능하게 하는 사회적 역할들의 (비교적) 명확한 네트워크를 필요로 한다. 이러한 사회적 네트워크와 공유재는 오늘날의 이익집단 체제에서 거의 작동하지 않거나 미약하게 작용한다. 그래서 시장 경쟁과 이해의 언어가 세대 간 관계에 대한 미국의 정치적 토론을 지배한다.

세대 간의 갈등은 일반적으로 사회, 정치적인 관점에서 볼 때, 더 큰 갈등을 바탕으로 한 시스템의 일부분에 지나지 않는다. 공로(merit)나 사람들이 마땅히 받을 만한 것은 경제적 기준에 의해서만 결정되지 않는다. 사람들은 그들이 번 것을 마땅히 받을 자격이 있다. 그러므로 시장 밖에 있는 사람들, 가난한 사람들, 병약한 사람들, 그리고 경제적 보답 없이 다른 사람들을 돌보는 사람들이 마땅히 받을 것이 무엇인가 결정하는 것이 가장 어렵다. 소위 공공 영역(public sphere)의 정치성은, 예를 들어 자녀 양육이나 노부모를 돌보는 것 같은 공로를 판단할 수 있는 수단이 거의 없다. 복지에 대한 현재의 논의가 '일하기 위한 복지'를 강조한 것은 우연이 아니다. 엄마들이 자녀들을 돌보는 데 있어서 어떻게든 활동적이어서 자녀와 함께 집에 있기보다, 사회 구성원들이 기여하는 것처럼 일자리를 얻는 것이 낫다는 주장이 자주 제기되고 있다. 물론 이 지점에서 우리가 조사할 수 없다는 뉘앙스가 개입되어 있지만, 어떻게 자녀 양육이 경제적 소모이자 사회적 골칫거리로 비쳐지는지 관찰하는 것은 흥미로운 일이다. 정치적인 슬로건은 복지 혜택을 받는 여성들이 직업을 갖도록 하고 만약 아이를 더 출산하면 보조금을 끊겠다는 것이다.

교회에서의 세대 간 갈등

이 글의 첫 번째 부분은 정체성을 구성하는 근대적 수단과 변화를 통해 연속성을 유지하는 과제 사이를 대조함으로써 연속성과 변화의 문제를 다루었다. 한편으로 우리는 과거와의 철저한 단절을 이상화하는 경향이 있을 수도 있고, 다른 한편으로 많은 세대를 거쳐 확장된 전통 안에서 지속적인 대화를 모색할 수 있다. 현대 세계에서 첫 번째 시나리오는 그것이 공통된 현대의 정체성(자율과 갈등적 체제)과 조화를 이루는 한, 더욱 자연스러울 수 있다. 따라서 두 번째 선택은 우리가 심리적으로 더욱 만족하거나 자신의 정체성을 이해하기 더 쉬울 것(우리가 그것을 따른다면)이라는 이유로 옹호될 수 없다. 외로움을 무릅쓰고서도 혼자 사는 것과 남에게 의지하지 않고 지내는 것은 더욱 쉬운 일이다. 노인들이 자녀들이나 형제자매들과 떨어져 자신의 집에서 계속 사는 중요한 이유 가운데 하나는 비록 가족이지만 함께 사는 일이 지나친 스트레스를 일으키기 때문일 것이다. 같이 살며 공동의 삶(common life)을 나누는 것은 쉬운 일이 아니다.

하나 되는 공동의 삶은 교회가 되라는 부르심의 기본이므로 그리스도인들에게 세대 간의 연속성에 대한 갈망은 신실함으로 부름 받은 사람들의 지향점처럼 일리가 있다. 현대적 정체성의 목표가 자율성인 반면, 그리스도인들은 그리스도의 몸의 연합과 상호의존성으로 부름 받는다. 그리스도인들은 인간의 삶이 하나님의 창조적이고 구속적인 활동의 이야기 안에서 발견된다는 것을 고백한다. 우리는 삶을 선물로 받으며 이 삶은 우리 자신의 자아 만들기보다 훨씬 더 광범위한 역사의 일부로서 우리에게 다가온다. 태초부터 하나님은 분리되어 존재하는 분이 아니고 성령 안에서 아버지와 아들을 하나로 묶는 사랑을 통해 상호 인격적으로 표현되는 분이다.[18] 마찬가지로 모든 남녀 안에 있는 하나님의 형상은 그들을 근본적으로 공동체로 표시하고 있다. 그리스도인의 순례자로서의 삶은 그리스도를 통한 하나님의 자기희생과 그리스도의 영 안에서 다시 임한 사랑에 대한 지속적인 응답이다. 교회는 그리스도의 몸으로 모인 공동의 삶을 살게 하시는 하나님의 초대를 보여 준다.

하나님의 언약에 대한 성경 이야기에는 세대교체에 대한 회고적인 설명과 미래적 설명이 모두 포함되어 있다. 이어지는 세대들은 아브라함의 신앙 기준에 부합해야 한다. 족장들의 이야기는 자손 대대로 이어지는 하나님의 약속이 갱신되는 것이며, 전망이 모호한 열두 아들에 대한 야곱의 축복으로 종결된다(창 49장). 야곱의 아들들은 그들의 신앙과 미래에 대한 엇갈린 심판을 받는다. 그럼에도 하나님의 약속은 이집트의 노예 신분에서 히브리 민족을 해방시키는 일에 다시 한 번 역사한다. 그러나 이 해방된 세대는 불신앙으로 말미암아 광야에서 방황하다가 다음 세대가 약속의 땅에 들어가기 전에 죽게 된다. 마찬가지로 예언서들은 새로워진 세대를 주목함으로써 과거와 현재, 미래를 연결한다. 이 세대는 하나님의 영에 의해 생기가 불어넣어졌으며(에스겔 37장) 세상 모든 열방에 증인과 빛으로서(이사야 40-43장) 하나님의 법을 그들의 마음에 기록한다(예레미야 31장).

예언자 미가는 타락한 이스라엘을 향해 하나님의 말씀을 선포하며, 부모와 자녀 사이의 반목을 고발하였다. "아들이 아버지를 멸시하며 딸이 어머니를 대적하며"(미 7:6). 이러한 불화는 이스라엘의 거짓과 부정, 탐욕의 모습이다. 말라기 선지자도 미가처럼 정의를 부르짖었다. 그는 하나님께서 신실한 사람들을 모으실 것을 소망하면서 부모와 자녀의 관계를 은유(metaphor)로 말했다. "보라 여호와의 크고 두려운 날이 이르기 전에 내가 선지자 엘리야를 너희에게 보내리니 그가 아버지의 마음을 자녀에게로 돌이키게 하고 자녀들의 마음을 그들의 아버지에게로 돌이키게 하리라 돌이키지 아니하면 두렵건대 내가 와서 저주로 그 땅을 칠까 하노라 하시니라"(말 4:5-6).

신약도 젊은이와 노인 사이의 관계에 대해 몇 가지 중요한 언급을 하고 있다. 예를 들어 누가복음은 천사 가브리엘이 세례 요한이 태어날 것을 고지할 때 말라기의 구절을 인용한다. "그가 또 엘리야의 심령과 능력으로 주 앞에 먼저 와서 아버지의 마음을 자식에게, 거스르는 자를 의인의 슬기에 돌아오게 하고 주를 위하여 세운 백성을 준비하리라"(말 1:17). 또한 엘리사벳과 사가랴에게 세례 요한이 태어난 것을 통해 너무 나이가 많아 불임일 것으로 생각되었던 이들에게 새로운 세대가 태어나리라는 하나님의 약속에 대한 구약의 주제를 지속시킨다. 게다가 누가복음에 예수님이 소개되는 것은 시므온과 안나 선지자의 말을 통해서다. 이 두 사람은 나이가 많았으며 이스라엘에 대한 하나님의 구원을 기다리고 있었다. 그들이 노인이라는 것은 하나님의 약속이 성취되는 것에 대한 이스라엘의 지속적인 염원, 그 소망에 있어서 이스라엘의 연속성과 일치를 상징한다.

신약성경 다른 곳에서는 회복에 대한 선지자의 소망이 교회에서의 삶의 부르심에 부합한다. 젊은이와 노인의 관계는 그리스도의 몸이 하나인 것과 상호 돌봄의 조화를 이룬다.[19] 예를 들어 디모데전서 5장은 젊은이들이 모든 남녀 노인들을 그들의 아버지와 어머니로 대하도록 권면한다. 디모데전서는 젊은이와 노인을 상호 관계성 속에 놓는다. 이 서신서는 과부들을 돌보는 것에도 특별한 관심을 보이는데 과부들은 공동체의 기도와 젊은이들에 대한 지도에서 특별한 역할을 맡는다.[20] 교회 지도자들은 장로(presbyteroi)로 불렸는데 이는 연령과 직능 간의 연관성을 보여준다. 이 연관성이 항상 문자 그대로인 것은 아니지만, 젊은이와 나이 든 사람이 특정한 필요와 은사에 의해 구분되는 한, 그들의 다름은 상호 혜택과 몸의 하나 됨을 지향한다고 말할 수 있다.

분명 교회의 기초는 연합이지만, 우리는 분리와 불일치를 겪기 때문에 대처해야 한다. 세대 간의 갈등과 오해의 문제는 불가피하게 존재한다. 젊은이들은 노인들이 융통성이 없다고 느낄 수 있고 연장자(seniors)는 젊은이들이 공동체에 관심을 덜 가진다고 느낄 수 있다. 어른들(elders)은 부엌 찬장은 정돈되어야 하고 교회 예배실 안에서는 조용히 해야 한다는 것들에 너무 지나치게 신경을 쓰는 경향이 있다. 젊은이들은 기존 관습의 타당성과 일관성에 대한 이해 없이 변화를 원하는 것 같다.

그들은 교회 프로그램의 구조에 변화를 주고자 하며 기존의 틀에서 벗어나 예전(liturgy)에 새로운 요소들을 도입하는 데 마음을 쏟는다. 연장자들은 관습을 유지하기 원하는 반면 젊은 세대들은 그것들을 고치려고 할 것이다.

이러한 몇 가지 예들에서 우리는 자아 만들기의 현대적 목표와 그에 상응하는 세대 간의 스트레스를 확인할 수 있다. 만약 오늘날의 관점에서 우리가 스스로를 개발하고 자신의 미래를 결정해야 한다면, 사실 우리는 본질적으로 혼자이다. 공동의 미래, 인간의 선에 대한 공통된 이해, 그리고 그러한 선을 추구하기 위한 사회적 네트워크가 결여된다면 현대 문화는 세대 간의 갈등에 대해 판단할 수단이 없어지게 된다. 반대로 공동의 선은 교회의 기초가 된다. 왜냐하면 교회는 하나님의 통일성과 인간의 공동 목적을 아우르는 성례이기 때문이다. 교회의 사회적 삶, 그것의 선, 그리고 세대 간 상호성은 교회가 그리스도 안에 있는 하나님의 길에 충실할 때 분명해진다. 교회는 유대인과 이방인, 종과 자유인, 남자와 여자에 존재하는 차이를 해소함으로써 묶여진 공동체이다(갈 3:28). 세대 갈등은 분명히 교회 내에 존재한다. 그러나 이러한 갈등은 하나님의 용서와 화해를 통해 선한 목적으로 사용될 수 있다.

교회는 사회적 몸이다

구원은 사회적이다. 아브라함에 대한 하나님의 약속은 한 민족을 하나님의 백성으로 창조하신 것에 의거한다. 그리고 이스라엘과 하나님의 언약은 공동체로서의 삶의 방식을 약술하고 있다. 예수는 새로운 사회적 관계를 촉구하셨다. 그리고 오순절에 성령을 부어 주심은 도래할 나라의 증인으로 모였던 공동체를 확증하는 표시이다. 하나님 나라의 개념은 필연적으로 사회적이다. 그러나 그것은 사회개혁운동이나 이익집단, 정당처럼 사회적이거나 정치적이지는 않다. 예수께서 촉구하신 하나님의 나라는 사회적이거나 정치적인 것이 의미하는 것을 변화시킨다. 교회 내 사회적 관계는 그리스도 안에서의 삶에 의해, 하나님의 자기희생에 의해, 시기나 앙갚음, 폭력적 방법이 종식됨에 의해 세워진다.

만약 세상의 사회적 삶이 하나님의 방식에 의해 형성된다면, 주된 정치 질서(폭력에 의해 유지되는)는 허물어질 것이다. 이러한 이유로, 많은 이들은 교회와 도래할 나라는 사회적이지 않으며 정치적인 문제들과도 관련이 없다고 생각한다. 그들은 제자도가 사회 질서를 지탱하는 것과 어울리지 않고 다만 사적인 태도와 신념의 문제일 뿐이라고 주장한다. 이러한 주장을 한다는 것은 현재의 정치를 특징짓는 지배적인 사회 질서와 사회적 삶 그 자체를 혼동하는 것이다. 현행 정치 질서를 지탱할 만한 예수의 방법이 없다는 것은 제자도의 사회적 특징을 정확히 나타낸다. 그리스도가 가져오는 구원은 회개와 변화를 부르는 것이다. 만약 예수의 사회적 프로그램이 국가 정치와 관련이 없다면, 이것은 하나님의 나라가 지배와 폭력의 세상 질서를 그대로 폭로하기 때문이다.

교회는 (세상의 시각에서는) 항상 모호한 사회적 특징을 가질 것이다. 왜냐하면 그것은 미래의 하나님의 구속에 입각하여 세워진 사회적 몸이기 때문이다. 사도 바울은 교회를 옛 시대 속에 있는 하나님의 새 시대 공동체로 이해한다. 예수는 그의 나라가 이 세상에 속하지 않는다고 주장한다. 그것은 하늘나라이다. 구원이 단지 영적이어서가 아니라 예수의 나라가 철저히 사회적이기 때문이다. 그의 나라는 연합에 있어서 철저하다. 그의 나라가 만약 자아 만들기에 집중한다면 연합은 없어진다. 그것은 용서와 은사에 의한 연합이다. 그리스도 안에서 사람들은 하나님의 자기희생을 통해 공동의 삶으로 불러 모여졌다. 이 공동의 삶은 다른 사회질서들이 실제로는 경쟁과 반목의 질서라는 사실을 드러낸다.

지금까지 필자는 세대 간 갈등의 두 유형을 대비시켰다. 첫 번째는 자율과 개인의 자아 만들기에 의해, 그리고 두 번째는 공통의 목적과 사회적 관습을 가진 공통의 여정에 의해서다. 한편으로 세대 간 갈등은 개인의 정체성을 높이기 위해 타인과 거리를 두는 이야기와 잘 맞는다. 다른 한편으로, 세대 간의 긴장감은 더 큰 신실함과 회개, 화해를 향한 움직임이라는 측면에서 통일성의 목적에 부합할 수 있다. 첫 번째의 경우 우리는 우리 삶의 목적을 결정해야 한다. 두 번째의 경우 개인의 정체성은 우리가 타인들의 삶 속에서 자신의 자리를 찾을 때 계속되는 이야기 속에서 발견된다. 세대 간의 이야기는 갈등과 변화로 특징지어지지만, 그 이야기가 하나님의 영원한 임재 안에서 설정될 때, 이야기의 근본적인 주제는 변하지 않는다.

개인주의와 교회 성장 전략

교회의 삶에 대한 일부 현대적 설명은 두 번째가 아닌 첫 번째 버전의 개인 정체성을 말해 주고 있다. 그들은 구원이 근본적으로 개인의 일이라고 가정한다. 교회의 이런 개인주의 개념은 교회 성장을 위한 현재의 전략에 내재되어 있다. 이 개념은 교회를 시장의 관점에 기초해 보게 하고 사회적 관계 시스템을 피할 수 없도록 한다. 전형적인 전략은 교인들과 잠재적 교인들에게 가족 같이 친밀한 네트워크를 제공하기 위해 몇 개의 소모임을 만들어 회중의 숫자를 늘리는 것이다. 이 전략은 매우 유익해 보인다. 소모임 구조는 공동체 의식의 필요성에 부응하고, 시장에 대한 적응성을 상당 부분 허용한다.[21] 그러나 사실 소모임 전략은 무너지고 만다.

인기 있는 '교회 성장 운동'은 교회를 모임들의 동맹이나 집합으로 생각한다. 이 운동의 논리에 따르면 소모임들과 전체로서의 교회는 동질적(homogeneous)일 때 더욱 효과적이다. 동질성이 효과적인 이유는 모임의 매력이 직접적인 대인 관계에 의존하기 때문이다. 이때 모임들은 이웃이나 도시, 마을에 이미 존재하는 관계를 기반으로 할 것이다. 당신은 학부모회에서 만난 누군가를 당신의 성경 공부 모임에 초청할 것이다. 왜 그녀가 당신의 초청을 받아들이려고 할까? 그녀는 두 사람이 서로 얼마나 비슷한지, 그리고 그 모임에서 얼마나 편안함을 느낄지를 안다. 개인 간의 접촉은 교회 성장 전략의 핵심이다.[22] 이 방법은 공동체를 팽창시키는 것처럼 보이지만 오히려 분열시키는 효과가 있다. 왜냐하면 소모임들은 우리가 교회에 연결되는 첫 번째 고리이기 때문이다. 교회 성장 전문가에 따르면, 성장하는 교회는 새로운 관심과 관계를 수용하기 위해 항상 새로운 소모임을 만들어야 한다. 여기서 우리는 공동의 유대가 약화되는 것을 보게 된다. 몇 년 동안 지속되었던 기존의 소모임들은 관계의 패턴을 확립하게 된다. 그러므로 새로운 구성원들이 성공적으로 수용되기 어렵다.[23] 하나가 아닌 다양한 공동체(그리고 관계 시스템)들이 단일 운영 체제 하에서 만들어지는 것이다.

그 전략은 몇 가지 이유로 노인들을 분리시킨다. 우선 소모임 체제는 이웃이나 마을에 어떤 사회적 네트워크가 존재하든 그것을 수용하는 것 같다. 그래서 만약 노인들이 지역 공동체에서 분리되면 분리는 교회로도 이어질 것이다. 만약 교회가 단단히 엮인 모임들의 연합체이고, 만약이들 모임들이 내부적으로 동질적이라면, 모임들 간에 어떠한 차이도 또다시 분리를 심화시킬 것이다. 둘째, 교회 성장 전략은 이익집단 형태를 반영한다. 교회 구성원들은 기독교 신앙에 대한 공통된 관심에 의해 묶여졌다. 그러나 그들의 공동생활은 전형적인 시민 조직의 방식과 아주 비슷하게 만들어질 것이다. 모임들은 궁핍한 사람들을 섬기기 위해 열심히 노력할 것이다. 그러나 성장에 대한 그들의 전략은 교회의 선교 사역에 참여하는 혹은 아마도 참여할 사람들에게 관심을 보인다. 성장하는 교회는 시장을 평가하고 어떤 지역의 주류를 이루는 구성원들에게 접근한다. 만약 젊은 가정들이 늘어난다면, 프로그램 편성은 그들의 필요에 초점을 맞춰야 할 것이다. 만약 교회가 고령화되는 지역에 위치한다면 노인들을 위한 적절한 사회적 프로그램들을 만들 것이다. 어떤 쪽이든 세대 간의 분리는 이러한 모델의 교회에 뿌리를 내리게 된다.

시장 모델이 교회의 사회적 성격을 감소시키는 한 실패할 수밖에 없다. 우리는 하나의 신앙을 고백하며 인류 공동체를 위한 하나님의 새로운 가능성을 구체화시키는 존재로 살도록 부름 받았다. 반면 교회 성장 전략들은 예배를 공동 기도를 위한 기회나 교회 내 각 모임들이 그들의 신앙을 함께 표현하는 기회로 이해할 가능성이 많다. 이 틀에서 보면 예전 (liturgy)은 공동체를 세우는 일로 나타나는데 이는 이미 소모임 안에서 해결된 것이다. 그러나 소모임 자체로는 문제의 근원이 아니다. 시장 모델의 실패는 소모임과 그 속에서의 대인 관계를 공동체의 정체성으로 만드는 것이다. 그러한 교회 성장 전략들은 예배를 교회의 사회적 실천으로 이해하는 점에서 결여돼 있다. 예를 들어 주님의 성찬은 모인 공동체를 그리스도의 몸으로 만드는 하나님의 자기희생에 대한 명확한 표현이다.[24] 하나님의 화해와 그리스도의 평화를 건네는 것은 우리의 친밀한 유대를 말해 주며 우리가 서로를 친구로 부를 수 있는 근거가 된다.

교회는 시장 전략이라기보다 하나님의 희년(jubilee)이다. 교회는 비능률적인 사람들과 허약한 사람들에 대한 초대, 곧 하나님과 함께하는 삶의 새로운 가능성에 의해 생기를 얻는 죄인과 버림받은 자를 위한 연회이다. 교회는 타인들과 함께하는 우리 존재가 은혜의 작품이라는 것을 보여주는 터전이 된다. 따라서 세대들의 분리가 최종 결론이 될 수 없다. 교회는 가난하고 병약한 사람들과 소외된 노인들을 그들과 함께하는 삶으로 부름 받은 만큼 섬기지 않고 있다. 떡을 떼는 것, 분리의 속박을 끊는 것, 굶주린 자들에게 먹을 것을 주는 것, 헐벗은 자들에게 입을 것을 주는 것,

옥에 갇힌 자들을 방문하는 것이 하나님의 백성이 되도록 교회가 받은 소명이다.

각 세대를 연결하는 프로그램

교회에서 세대 간 프로그램을 제작하려는 강력한 운동이 점점 크게 일어나고 있다. 그 목적은 노인들의 은사와 젊은 세대들의 필요를 연결하는 것이다.[25] 연장자들(seniors)들은 입교(confirmation) 지원자들을 위해 교사가 되거나 교회의 방과후프로그램과 데이케어(주간보호)를 돕는 직원으로 일할 수 있다. 젊은 세대들은 재가 노인들에게 성만찬의 떡과 포도주를 가져다주거나 가사 일에 도움을 줄 수 있다. 젊은이와 노인들은 함께 교회의 평생교육과 수련회(retreat)에 참여할 수 있다.[26] 만약 노인들이 더욱 의존적이 되면, 그들은 공동체와 돌봄의 네트워크를 확장하려는 중기 성년기(대개 40-65세) 사람들의 필요를 채워 줄 것이다. 청년들이 그들의 정체성을 개발하기 시작할 때, 노인들은 과거의 경험에서 오는 풍부한 지혜와 인내로 도움을 제공할 수 있다.

이 프로그램들의 흥미로운 요소는 각각의 주목적이 세대 간의 유대관계 형성이 아니라는 점이다. 세대 간의 접촉은 분명 의도한 목표지만 이것은 또한 이차적이거나 간접적인 결과이기도 하다. 일차적인 초점은 교회의 지속적인 실천, 곧 환자들을 방문하고 교육 프로그램을 제공하는 것과 같은 영적이고 육체적인 자선 활동에 맞춰진다.[27] 이러한 실천들은 제자도의 오랜 전통이다. 만약 병자와 수감자를 방문하는 것이 신앙과 밀접한 관계가 있다면, 세대 간의 접촉은 가장 큰 세대차이(재가 노인들과 젊은 교인들 간의 접촉)의 견지에서는 이미 이뤄지고 있다. 그렇다면 세대 간 프로그램 제작은 교회의 기존 사역에 의존한다. 세대 간 유대관계를 증진시키려는 노력은 일련의 새로운 사회적 관행이 아니라 옛 신앙에 대한 새로운 이해를 필요로 한다. 세대 간의 노력은 개별적 교회 사역들이 아니라 교회의 정체성이자 선교의 일부이다.

그러나 나이 차별이 일어나는 현대 사회에서 세대 간 연결은 교회 생활의 의도적인 부분일 것이다. 상이한 연령의 사람들이 교회 생활에 대한 상이한 관심을 가질 것이며 생애 단계나 세대에 따라 조직된 개별적인 모임들이 성장할 것이다. 세대 간 프로그램은 분리와 구분을 누그러뜨리려고 할 것이다. 젊은이들과 노인들 사이에 있는 어떤 차이들은 모두의 삶에 기여할 수 있기 때문에 사실 존중되어야 한다. 노인들은 배려하고, 기도하며, 은사를 나눌 수 있다. 그들은 공동의 기억에 기여함으로써 공동체의 살아 있는 전통을 이어 준다. 연장자들은 다음 세대들에게 과거를 가져다 줄 수 있다. 공동체의 이러한 뿌리 깊은 면은 타성으로 이어질 수도 있지만 젊은이와 노인들 모두가 신앙에 생기를 불어넣는 방법을 기억하고 유지하여 우리의 노화가 퇴보의 시간이 아니라 변화와 연속성에 대한 중요한 판단의 근원이 되도록 해야 한다.

우리는 고령 자체를 특별한 선물로 간주하는 것을 피해야 한다. 그것은 세대들의 분리를 더욱 심화시키기만 할지도 모른다. 그럼에도 나이 먹는 그리스도인들이 그들의 기억을 구체적으로 이야기함으로써 교회의 삶에 기여한다는 주장은 맞다. 우리의 상상이나 소망, 인내는 공동체 안에서 이야기를 통해 생기를 얻게 되고, 많은 이들은 이것을 통해 직접 경험하지 않은 일과 경험은 했지만 어려서 해석하지 못한 사건들에 대한 생생한 기억을 소유하게 된다. 우리가 누구인지에 대해 이해하려고 할 때, 우리는 부모나 조부모, 공동체 사람들이 우리에게 반복해서 했던 이야기들에 의존한다. 좋든 나쁘든 우리는 태어날 때부터 우리가 누구인지에 관해 이야기를 듣는다. 우리 중 어떤 이들은 이러한 이야기들을 재해석하거나 편집하거나 훼손시키려고 할 것이다. 이러한 '수용'은 우리가 누구인지와 누구라고 믿는지를 결정하는 힘이 있다. 우리 삶에서 어떤 것이 주어진 것인지, 우리 스스로의 힘으로 한 것은 무엇인지 가려내는 것은 사실상 불가능하다. 현대 사회에서는 외부로부터 나의 정체성이 주어진 것이 우리를 자유롭지 못하게 한다고 생각된다. 그러나 신학적인 관점에서는 의존(우리는 창조되고 공동체로 모여진)이 자유의 원천이다. 기억의 유대(bonds)에서 벗어나려는 시도는 자율과 개인의 의심스러운 성취에 대한 현 시대의 추구를 나타낸다.

수용된 기억이 현대의 정체성에 하찮게 여기지는 한, 세대 간의 기억은 실천적 지혜에 그다지 중요한 자리를 차지하지 못할 것이다. 우리는 연장자들이 지혜로워야 한다고 생각한다. 그러나 나이가 현명함을 가져오는 것은 아니라는 사실을 자주 경험한다. 우리는 연장자들의 통찰에 쉽게 따분해한다. 그리고 우리의 삶에 대한 그들의 판단을 신뢰하지 않는 경향이 있다. 노인들의 지혜는 그들의 기억이다. 만약 공동체가 지속적인 인생행로에서 기억의 자리를 인정하지 않는다면 노인들의 기억하기는 공동의 삶을 지탱하는 원천으로 간주되지 않을 것이다. 전해진 기억이 단지 역사의 사소한 것들로 여겨진다면 노인들의 역할은 축소될 것이다. 현재의 실천은 과거와의 대조라는 관점에서 이해될 것이다.

사회적 분리와 과거와의 단절은 노화의 과정에 분명히 영향을 미치며 특히 우리가 죽음에 가까이 갈 때 더욱 그렇다. 분열된 공동체를 만나면 우리는 우리의 삶이 가치를 잃었으며 공동체에 대한 우리의 기여가 불필요해졌다고 믿기 쉽다.[28] 만약 우리의 경험에서 오는 지혜가 소용이 없는 것으로 치부된다는 것을 알면, 우리 세대와 시대를 지키기 위해 사회적 기여를 했던 황금기가 그리울 것이다. 우리의 죽음은 우리 삶의 의미가 없어지는 것을 뜻한다. 젊은이든 노인이든 한 사람의 인생이 가지는 의미는 사실 다른 사람들의 살아 있는(living) 기억에 의존한다. 공유된 기억은 과거와 현재에 의미를 주고 미래를 위한 방향을 보여 준다. 우리 삶의 의미를 발견하는 데는 반드시 세대 간 대화가 있어야 한다.

흔한 고정관념에 따르면 젊은이들은 변화에 배고파하고, 노인들은 충분히 현재에 만족하며 과거를 지키려 한다. 이러한 피상적인 이해는 종종 '전통'을 구태의연하고 시대착오적이며 활기가 없다고 보는 관점을 수반한다. 전통이 완결된 단단한 덩어리로 우리에게 전해진다고 생각하는 것이다. 반면 전통이 살아 있는 것으로 이해되면, 교회는 변화와 회심(conversion)을 끊임없이 이어지는 과정으로 여길 것이다. 만약 계속적인 대화가 역사적으로 중요한 신앙의 표현이라고 인식한다면 장수하는 사람들이 지혜를 위한 최적의 위치에 있게 될 것이다. '최적의 위치에 있다'는 표현은 장수 자체가 지혜를 낳는다는 의미는 아니다. 여기서 핵심은 기억과 연속성, 그리고 변화가 서로 잘 어울린다는 점이다. 연속성과 변화는 반대가 아니다. 사실 나이 든 세대들이 기억과 연속성을 공동의 삶으로 가져오면, 그들은 변화를 이해하는 데 중요한 방편을 제공하는 것이다.

Chapter 13

안락사의 문제

죽음의
압박 앞에서
공동체가 함께해 주라

데이비드 클라우티어(David Cloutier)

미네소타주 컬리지빌의 세인트베네딕트컬리지와
세인트존스대학교의 신학부 조교수

우리 사회에서 노년층들은 감당하기 어려운 두 가지 두려움에 직면해 있다. 누군가에게 짐이 되지 않을까 하는 두려움과 목숨만 연명하다 고통스런 죽음을 맞을 것에 대한 두려움이다. 두 가지 모두 우리 사회에서 인생을 이어가게 하는 생명의 능력을 감퇴시키는 것들이다.

여기서 우리 할머니 이야기를 소개하고 싶다. 할머니는 독일계 이민자로서, 40대에 홀로 되어 당시 일하는 여성이 많지 않았던 때에 취업 전선에 뛰어들었다. 할머니의 삶은 무척이나 고통스러운 것이었으며, 90세가 되었을 때는 고통에 대한 두려움이 거의 없어 보였다. 하지만 점점 더 누군가에게 의존해야 하는 상태가 되어갔다. 처음에는 우리 부모님에게, 그리고 건강보험제도에 의존하게 되면서 할머니는 자신을 잘 추스르지 않게 되었고 그런 능력조차 없어지고 말았다. 마지막 몇 해 동안에는 천천히 그리고 지속적으로 몸과 마음의 능력이 감퇴되어 이웃집조차 다니지 못할 정도가 되었다. 나중에는 혼자 있기도 버거워졌고 결국에는 지속적인 보살핌과 조력 없이는 집 밖으로도 나가지 못할 지경에 이르렀다. 할머니의 평생 자산과도 같았던 강한 독립심 때문에 마지막 몇 해는 정말 어려움이 많았다. 자신의 약함을 이겨내려고 고집을 부리다가 결국에는 지는 싸움이 이어졌다. 도움의 손길도 뿌리쳤다. 할머니는 안락사에 대해서 생각조차 없었지만 마지막 몇 해 동안에는 생을 마감하고 싶어 했다. 의존의 의미와 실천에 대한 다른 견해가 있었다면 할머니가 여생을 끝까지 살겠다는 생각을 이어갈 수 있었을까? 그리고 그 견해가 다른 사람들에게도 도움을 줄 수 있었을까? 그리스도 안에서 세례를 받은 자들의 공동체에서 고통과 상호의존에 대한 기독교적 의미를 회복하면, 우리 사회 노인들의 뇌리를 맴도는 안락사의 강한 유혹으로부터 그리스도인을 지켜낼 수 있을까?

이미 많은 논의가 이루어진 다른 글들과 공유하는 교차점이 있다면, 강력한 논제로 떠오르고 있는 '의사 조력 자살'(Physician-assisted suicide) 혹은 안락사 문제일 듯싶다.[1] 이 문제에는 현대 의학이 지닌 테크놀로지의 특성, 그리고 현대 의학에 의해 부과된 경제적 부담, 우리 사회에 나타나는 늙고 병든 자들의 고립, 또한 좋은 삶의 모델이 될 만한 행위의 기준 및 청소년 정책 등이 포함된다. 안락사는 이 모든 요소들이 수렴되는 지점이자 가장 구체적인 결정을 내려야 하는 발화점이다. 고통 받는 말기 환자는 생을 마감해야 하는 것일까? 지루하게 연기되고 있는 죽음 그리고 쇠약해져 가는 의존 상태라는 두 가지 두려움으로부터 해방되면 안 되는 것일까?

이 글은 삶에 관한 기독교적 관점과 그 장점을 살펴보고, 이 문제에 대한 토론을 규범적 차원에서 다소간 변경시켜서 해답을 찾아보고자 한다. 안락사에 대한 결정은 더 큰 질문을 무시하고 내려지는 경향이 있다. 이는 우리 문화의 도덕적 담론에 나타나는 통약불가능설(incommensurability)을 보여 주는 첨예한 논쟁으로 이어지곤 한다. 이 문제에 대해서는 철학자 알레스데어 매킨타이어가 충분히 다루었다고 생각된다.[2] 그가 지적했던 비상응성의 문제는 합리적이며 도덕적인 분별이 아니라, 상호비방으로 귀결되곤 한다. 이 글에서 필자는 '좋은 삶'에 대한 기독교의 관점을 살펴보고 기독교가 말하는 고통과 의존의 독특한 요소를 중심으로 그리스도인들조차 안락사에 휩쓸리기 쉬운 시대에 그것이 왜 용납되어서는 안 되는지에 대해 좀 더 설득력 있게 풀어낼 수 있기를 기대해 본다.

그리스도인과 자살

안락사라는 표현만 놓고 보면, 자살에 대한 기독교의 관점에 견주어서 특수한 경우에는 가능할 것이라고 말하는 듯 보일 수 있다. 여전히 거의 모든 그리스도인들은 자살은 옳지 않다는 데 동의하리라 여겨진다. 이러한 반론을 고려하더라도, 그다지 명쾌한 문제가 아닌 듯싶다. 우리 사회에는 이미 개인의 자율성 및 자기 결정권에 대한 주장이 퍼져 있을 뿐 아니라 점차 강화되고 있으며 자살 반대론은 더 이상 명증적인 것이라고 볼 수 없다는 주장들이 이어지고 있다. 고대 스토아 철학자들은 자살에는 행위의 고귀성이 내재되어 있다고 보았으며 근대 철학자 데이비드 흄(David Hume)의 자살론은 우리 시대에 큰 영향력을 미치고 있다.

흄은 "만일 자살이 죄라면 그것은 신과 이웃과 자신에 대한 의무 위반이라는 뜻일 것"이라고 말한다.[3] 인간 자신에 대한 의무 위반이라는 주장에 대해, 흄은 상식 차원의 논증을 제시한 것 같다. "나는 누구도 살 가치가 있는 한, 자신의 삶을 버리지 않을 것이라고 믿는다."[4] 이웃과 사회에 대한 의무 위반이라는 주장에 대해서, 흄은 이렇게 말한다. "내가 사회에 짐이 된다고 생각해 보라. 그렇게 되면 내 삶은 다른 누군가에게 걸림돌이 되어 사회를 위해 더 유용한 일을 할 수 있는 기회를 빼앗게 된다. 그 경우라면, 삶을 마감하는 것은 무죄일 뿐만 아니라 칭송을 받아야 한다."[5] 마지막으로 신에 대한 의무를 위반하는 것이라는 주장에 대해서는 이렇게 말한다. "인간이 자신의 삶을 처분하는 것은 전능자가 자신의 권한을 침해받은 것처럼 여기는 특별한 경우일 것이다. 인간에게는 자신의 삶을 처분할 권리가 있으며 생명을 유지하는 것이나 파괴하는 것이나 모두 죄가 되기는 마찬가지일 것이다."[6] 흄의 이러한 관점은 죽음의 때는 하나님만이 결정하는 것이라는 기독교의 주장에 대해 강력한 반대를 제기한 것이라고 할 수 있다.

하지만 그리스도인은 이러한 논증을 받아들여서는 안 된다. 기독교의 자살 금지는 유용성의 논리에 입각해서는 안 되고, 삶과 죽음의 문제가 하나님께 달려 있는 것이라는 점을 너무 단순화시키는 것이어서도 안 된다. "살아야 할 이유는 너무도 많다"는 일반적 주장 역시 후순위로 밀려나야 한다. 특히 이러한 주장은 살아야 할 이유보다는 안락사를 해야 할 이유를 강화시켜 주는 데 남용될 우려가 있다.

그리스도인은 자살 금지를 기독교 이야기에 속하는 생명의 가치와 그 내러티브 안에서만 이해해야 한다. 실제로 자살 금지라는 표현이 무엇을 말하는 것인지에 대해서도 기독교 내러티브 안에서만 이해할 수 있다. 그리스도인에게서 생명은 교회 공동체의 예전, 성례, 이야기, 그리고 언어 등을 통해 삼위일체 하나님의 생명에 동참하는 것이라 할 수 있다. 따라서 기독교의 자살 금지는 무엇보다도 세례를 중심으로 이해되어야 한다. 세례는 우리의 몸을 하나님께 제물로 드리는 것이며 공동체와 세상을 향한 선물로 인식하게 해 주는 것이기 때문이다.

바울은 세례를 통해 우리가 그리스도의 몸이라는 공동체에 속하게 된다고 말한다. 여기서 특히 주목할 것은 우리가 몸을 지니고 있다는 점이다. 세례는 우리 몸이 더 이상 우리의 것이 아니라는 점을 일깨워 준다. 우리의 몸은 공동체의 지체로서 하나의 선물이라 할 수 있으며 궁극적으로는 그리스도의 인격에 속한다(내가 사는 것이 아니요 오직 내 안에 그리스도께서 사시는 것이라 갈 2:20). 그러므로 우리에게 일어나는 일에 대해 결정할 권한은 우리에게 있는 것이 아니라 공동체의 몫이다. 이론상으로 우리 몸에 대해서는 우리가 죽음을 결정해야 한다고 말하지만, 그리스도의 몸인 공동체는 그것을 허용하지 않는다. 세례를 통해 우리의 새 생명은 이 세상에서 그리스도의 사명을 위해 사용될 하나님의 선물이 된다. 이렇게 말하는 이유는 분명하다. 그리스도인에게서 자살은 그리스도 안에서 거룩해진 몸에 적합한 행위가 될 수 없기 때문이다. 하우어워스(Stanley Hauerwas)가 말한 것처럼, "삶은 의무이다." 게다가 자살은 자연적 욕구나 본능에 해당하지 않는다.[7] 자살을 허용하는 공동체는 심판의 대상이다. 바울이 말한 것을 구현하지 못하는 정황, 곧 구성원들이 본질적으로 생존하고 번성할 수 있는 공동체가 되지 못하는 것이다.

지금까지의 논의에서 분명해진 것과 아직 드러나지 않은 것이 무엇인지 정리해 보자. 필자는 '모든 생명의 신성불가침'과 같은 원칙에 호소하지 않았다. 안락사의 찬반 양측에 속하는 학자들 모두가 지적하고 있듯이, '생명' 자체가 그리스도인의 궁극적 선을 지칭하는 단어는 아니기 때문이다. 앞서 흄이 말했듯, "나의 삶이 내 것이 아니라면, 생명을 위험에 빠뜨리는 것은 중대한 죄가 될 것이다…."[8] 이러한 관점에서 본다면, 순교에 대해서도 다르지 않다. 순교를 선호한다면 그것은 생명의 보존을 위해 힘써야 한다는 주장과 모순이 되고 만다. 필자로서는 이러한 논쟁을 염두에 두면서 생명과 그 목적에 대해 중요한 관점을 제시하고자 한다. 기독교가 자살을 반대하는 것은 생명이 하나님과 그 공동체를 위한 신실한 섬김이어야 한다는 관점에서 타당하지 않기 때문이다.

자비로운 죽음인가?

그럼에도 불구하고 많은 그리스도인들이 청소년의 자살이나 30대의 자살에는 반대하면서도 정작 노인들의 안락사는 전혀 다른 문제라고 생각하기도 한다. 생명의 신성불가침을 주장하는 사람들과는 대조적으로, 이러한 부류의 그리스도인들은 생명의 윤리적 가치나 원칙이 절대적인 것이 아니라 행위에서의 최선을 결정하기 위해 다른 것들 및 가치들에 비해 비중이 더 나가는 것쯤으로 여기는 듯싶다.

안락사에 대한 리사 소울 카힐(Lisa Sowle Cahill)의 윤리학적 분석은 이러한 추론의 전형적인 경우이다. 생명이란 선한 것이지만, 안락사가 "말기 환자나 혼수 상태의 환자들이 창조주가 의도한 생명체의 상태를 유지하기 어려운 경우가 되었다는 점에서" 그들에 한해서는 허용가능하다고 주장한다. 이들에게는 "어떤 의미에서는 삶을 중단시키는 것이 선이 될 수 있다"는 것이다. 이들에게 생명은 조건적이고 도구적인 선에 불과하다. 말하자면 다른 목적을 위해 사용되는 한 선하다는 주장이다.[9] 주의할 것은 이러한 생각이 앞서 요약했던 몇 가지 주장들과 전혀 다를 바 없다는 점이다. 카힐을 비롯한 학자들은 죽음이 그리스도인에게 결정적인 거부 대상이 아니라고 주장하는 것처럼 보인다.[10] 로렐 아서 버튼(Laurel Arthur Burton)이 소개한 칼슨 여사(Mrs. Carlson) 이야기를 참고해 보자. 칼슨 여사는 안락사의 일반 조건에 들어맞는 것처럼 보이는 경우였다. 칼슨 여사는 목사에게 이렇게 말했다. "하나님은 참기 어려운 조건에서 살아내기를 원하지 않으십니다. 그분은 내게 갈 길을 보여 주셨습니다. 죽는다는 것이 두렵지 않습니다. 히브리 사람들이 홍해를 건널 때 느꼈던 두려움보다 덜한 것 같습니다."[11] 버튼은 절대주의자들이 채택하지 않는 '감정'의 문제를 기준으로 채택한 듯 보인다. "나는 생명의 가치가 존중되어야 한다고 믿는다. 하지만 우리는 단순한 생기론을 받아들이지 않도록 주의해야 한다."[12] 이러한 기준에서 보면, 생명이란 더 이상 살아낼 가치가 없어지고 만다.

하지만 이 논증에는 두 가지 난점이 있다. 첫째, 안락사를 선호하는 그리스도인들 중 대부분이 선과 가치의 상대적 경중을 가리는 논법을 사용하고 있다는 점이다. 말하자면 비례주의 내지는 공리주의를 선호하고 있는 셈이다. 비례주의 논증은 단지 이유의 다양성에 의해 작동하는 것이 아니다.[13] 하지만 카힐의 논증은 토마스 아퀴나스의 목적론과 전체성의 원칙에 대한 검토로 넘어가지 못하고 선의 비교에 머물고 있을 뿐이다.

카힐의 용어대로 하자면, "가치와 권리 그리고 그것들에서 파생되는 의무들 사이의 갈등을 책임적으로 중재한다는 이야기가 된다."[14] 과연 무엇을 해야 할 것인가를 결정하면서 이러한 비용 편익적 분석이 모든 경우에 유익한 것일 수 있을까?

이러한 전문적인 논의를 제쳐 두고서라도, 지금 우리가 다루고 있는 케이스에 적용할 더 중요한 요소가 있다. 대부분의 학자들이 (명시적으로 혹은 암묵적으로) 좋은 삶을 어떻게 규정하고 있는가의 문제이다. 카힐의 입장은 아주 분명하다. 카힐은 좋은 삶이란 최고의 또는 영적인 선을 계발시키는 것이라고 말한다. 이것을 그는 '인격적 실존의 의미 있는 조건들'이라고 표현한다. 말기 암 환자의 예를 들면서, 카힐은 자신이 말하고자 하는 것이 무엇인지를 풀어낸다.

> 그는 극도의 고통을 겪고 있다. 육체적이고 '영적'인 두 측면 모두에서의 고통이었다. 육체적인 고통은 정신적인 스트레스와 긴밀하게 연관되어 있으며 삶에 대한 개인의 총체적인 관점과도 연관된다. 그리고 인격적 관계에 기초한 인간다움을 구현하는 조건인 최상의 생체적 실존을 유지할 능력과도 연관되어 있다. …그가 일생 동안 목표로 삼아 이루어온 인격의 통전성과 성숙은 그가 육체적이고 정신적인 퇴락이라는 절망적인 경험을 견디어 내는 과정에서 밀려나 버리고 말았다. 이전에 좋았던 삶이 이제는 그 마지막에 이르고 있음을 그는 알고 있다.[15]

이것은 좋은 삶의 개념에 고통이 포함되지 않는다는 것을 뜻하며, 그 것은 곧 인간관계의 손상을 의미한다. 이것은 또한 '인격의 성숙'이 불가 역적으로 손상되었음을 뜻한다. 육체 및 정신의 퇴락 때문이다. 다른 글 에서 카힐은 '개별 인격의 연속과 발전'이야말로 고차원의 가치에 해당한 다고 말한다. 이것이 상실되면 생이 마감될 만큼이나 중요한 가치라는 주 장이다.[16] 인격성을 이러한 방식으로 설명하는 것은 여러 면에서 문제가 있다. 육체적, 정신적 장애를 가진 사람은 삶의 선을 성취할 수 없다는 이 야기가 되기 때문이다.

그런가 하면 삶에 대한 '가장 두드러진 표식'이라는 말은 그리스도인 의 경우에 극도로 교만하고 자기주장을 늘어놓는 표식이라는 점에서 적 절하지 못한 표현이 될 수 있다. 기도와 찬양의 선함에 대해 거의 언급하 지 않는 교만을 뜻하기 때문이다. 카힐의 경우 미묘한 차이가 있기는 하 다. 카힐은 자율성에 대한 전형적인 미국식 관점을 칭송하기만 하는 것은 아니다. 합리성을 '온전히 인간다움의 뜻을 지닌'상태의 핵심이라고 보는 셈이다. 하지만 카힐이 말하는 관계성이라는 개념 자체는 위기 상황에서 는 진정성도 완전성도 유지하지 못하게 되는 자율성 개념에 기반을 두었 다는 점이 문제라 하겠다.[17] 이것은 요한 바오로 2세가 '죽음의 문화'라고 말했던 것과 매우 유사한 것으로서, 삶의 선을 효율성 및 생산성 개념과 동일시하는 경향을 지닌다.[18]

요컨대 카힐의 인간 개념은 그 규범을 기독론에서 찾지 않았다. 그 리스도인의 자아는 세례를 통해 주어지며 그리스도에 의해 구원을 받은 생명을 공유하는 데서 구현된다. 따라서 죽음과 죽어감에 대한 설명은 오

직 "그리스도께서 십자가를 받아들이신 겸손"에 기초하는 것이라 하겠다.[19]

　패트리샤 비에티 정(Patricia Beattie Jung)은 카힐과 정반대로 말기 환자는 기독교적 삶의 선함에 더욱 깊이 끌리게 될 것이라고 말한다. 자율성을 존중하는 문화에서, "그들의 의존성과 필요성은 우리가 알고 있는 개인의 강점이라는 관념 자체가 환상일 수 있음을 말해 준다. 그들은 개인이 상호의존성을 지닌 존재임을 드러내 준다."[20] 더구나 "삶의 전 과정을 통틀어서 고통 받는 그리스도인은 모든 피조물과 공동체를 이루려는 하나님의 열정을 구현하도록 부르심을 받는다."[21] 이는 고통이 관계성을 억제할 것이라고 주장한 카힐의 관점과 정반대되는 부분이다. 좋은 삶에 관한 설명의 대부분은 카힐처럼 좋음을 말하는 두 가지 비기독교적 구성요소들을 선호한다. 이것은 사회 일반에 전형적으로 나타나는 것으로서, 그 하나는 모든 '불필요한 고통'의 회피이고 다른 하나는 인격적 자율성 및 독립성이다. 다만 카힐이 우리로 하여금 '의미 있는 인격적 실존의 조건'이 무엇인지 살펴보도록 도전한 것 자체는 의미가 있다. 이 글에서는 말기 환자(고통을 겪고 있는 다른 사람들의 경우를 포함하여)들에게 의미 있는 인격적 실존의 조건을 회복시킬 방안을 찾아보고자 한다.

그리스도의 몸 안에서의 고통

　우리는 바울 서신을 읽으면서 전율에 떨지 않을 수 없고, 심지어는 의구심까지 들 수 있다. "나는 이제 너희를 위하여 받는 괴로움을 기뻐하고 그리스도의 남은 고난을 그의 몸 된 교회를 위하여 내 육체에 채우노라"(골1:24). 고통에서 쾌락을 누린다고?

그와 같은 반응에도 불구하고, 우리는 고통이 때로 선이 될 수 있다는 사실을 인정하지 않을 수 없다. 그런 경우를 즐기는 것은 아니지만 말이다. 자신이 원하는 만큼 살을 빼게 해주는 간단한 알약이 있었으면 좋겠다고 간절히 바라면서도, 우리는 "고통 없이는 얻는 것도 없다"는 말 안에 뭔가가 있다는 사실을 어쩔 수 없이 인정하게 된다. 사실 등장인물이 숱한 역경을 극복해야 하고 개인적으로 엄청난 손해를 당하면서도 마침내 명예로운 목적을 달성한다는 이야기처럼 문화적으로 큰 영향력을 가진 것도 거의 없다. 솔직히 우리들 대부분은 해야 할 일을 열심히 하기보다 복권 당첨을 더 선호하는 나태한 면을 가지고 있지만, 그럼에도 불구하고 이러한 이야기에 찬사를 아끼지 않는다. 어쩌면 '다른 측면에서' 더 강해지고, 더 잘 견디어내며, 더 지혜로워질 수 있다고 말함으로써 고통에 의미를 부여할 수 있을 것이다. 아마도 바울은 경기장에서 우승컵을 응시하는 경주자의 모습(딤후 4:7-8)을 생각하면서 영적 경주 구간이 얼마 남지 않았다고 생각했을 것이다. 고통은 일종의 훈련이다.

하지만 신학자 한스 우르스 폰 발타자르(Hans Urs von Balthsar)는 "이러한 종류의 고통 길들이기는… 근시안적이고 소시민적인 합리화"라고 단호하게 반대한다.[22] 고통을 교육적으로 보려는 관점은 세상에서 고통당하는 사람들, 특히 무고하게 고통을 당하는 자들의 문제를 전혀 설명해 줄 수 없기 때문이다. 사실 요한계시록에는 불의한 자들에게 "죄책감을 강화시키고 그들을 단호하게 외면하는" 것으로서의 '분노'의 정의가 나오기도 한다.[23] 고통이 과도해지면 인간은 어둠에 사로잡히고 만다. "고통은 아주 큰 소리를 내며 포효하기 때문이다. 인간은 그 소리를 듣지도 못하고 세상의 조화라고 하는 포괄적 시스템 안에 통합시키지도 못한다. 예를 들어 그림 전체의 아름다움을 위해 있어야만 하는 '필요한 그림자'와도 같은 데 말이다."[24] 말기 환자의 고통은 이러한 '과도함'과 인간의 절망을 보여 주는 매우 적절한 예라 하겠다. 고통의 끝에서 과연 무엇을 '얻게' 될까? 결국 "그 어떤 정답도 없다."[25]

　발타자르는 답이 있어야만 한다고 우리에게 지속적으로 말해 준다. 답이 없다면, 이반 카라마조프가 그랬던 것처럼 결국은 이러한 상황을 허락한 신에 대한 거부로 이어지지 않겠는가? 하지만 그 '선한' 신의 이름에 대한 거부 이외에 과연 무엇을 할 수 있을까? 인간은 "하나님이 주시는 답을 기다리는 것밖에는 할 수 있는 일이 없다. 그리고 하나님은 답이 없는 것이 아니라 십자가라는 어리석음으로 답하셨다. 십자가는 세상의 고통에 대한 '어리석음'을 넘어서게 하는 유일한 길이다.[26]

　이 모든 것이 옳다면, 과연 우리에게는 어떤 유익이 있을까? 십자가가 어떻게 답이 될 수 있다는 말인가? 여기에서 우리는 바울이 말한 의구심이 드는 선언, 곧 그리스도의 남은 고난을 자신에게 채우겠다는 표현을 생각해 보자. 이 말씀은 앞서 필자가 말한 세례의 중요성에 귀 기울이게 한다. 고통의 '기쁨'은 그리스도와 그리스도인 사이에 진정한 관계, 곧 공유와 상호책무의 경우에서만 느낄 수 있다. 발타자르는 예수께서 받으신 고통의 독특성을 부정하지 않으면서도 바울의 기이한 형이상학을 설명해 줄 수 있는 성만찬의 유대관계에 대해 말한다. "내 안에 나를 위해 고난당하신 분을 영접하는 것은 나의 온전한 실존 안에 영적이고 육체적인 측면 두 가지 모두에 대해 공간을 제공하면서 그러한 성향의 능력을 수용함으로 그리스도를 따르게 한다."[27] 성찬에 참여하는 것은 하나님께서 세례를 통해 우리의 몸을 선물로 받아들이셨다는 것을 전제한다. 세례에 대해 바울은 로마 교회를 향하여 이렇게 말한다. "무릇 그리스도 예수와 합하여 세례를 받은 우리는 그의 죽으심과 합하여 세례를 받은 줄을 알지 못하느냐"(롬6:3). 그러므로 예수께서는 교회가 당하는 모든 고난의 주가 되신다.[28]

조엘 슈먼(Joel Shuman)도 비슷한 주장을 하지만 발타자르보다 좀 더 신중한 의견을 제시한다. 슈먼에 따르면, "예수께서 제자들을 불러 모으신 것은 도덕적 의의를 지닌다. 주께서 스스로를 이 세상 안에서 육체적으로 드러내시고 자신의 사역을 보여 주신 방식이기 때문이다."[29] 예수의 몸과 체화된 사역의 이러한 '재생'은 예수의 몸이 그의 사역의 중심에서 고통을 당하여 부서진 몸이라는 함축을 피할 수 없고 피해서도 안 된다. 계속해서 슈먼은 이렇게 말한다.

이 중에서 그 어느 것도 그리스도의 고난과 그리스도인의 고통 사이를 정확하게 상호연관지어 설명해 주지는 못한다. 십자가는 그 어떤 의미로도 고난을 명쾌하게 설명해 주지 않는다. 사실 나는 가장 극심한 고통은 절대적으로 설명 불가능한 것으로 남아 있는 건 아닐까 생각하고 있다. 그러나 예수께서 십자가에서 가장 분명하게 보여 주신

고난은 그리스도인들에게 고통을 받아들임으로써 제자 됨을 드러낼 기회가 된다는 점을 말해 준다.[30]

발타자르처럼 슈먼은 십자가가 고전적 의미에서의 '신정론'에 속하는 것이 아니라고 말한다. 십자가는 설명이 아니라 오히려 하나의 제안이다. 하나님의 생명에 참여하라는 제안이다. 이것을 두고 놀라운 일이라고 해서는 안 된다. 예수는 설명을 제시하러 오신 철학자가 아니라 스스로를 제물로 바친 고난의 종이기 때문이다. 마찬가지로 고통은 우리에게 "그의 몸 된 교회를 위해" 그리스도의 "남은 고난을 내 몸에 채우기 위한" 기회가 된다. 우리 자신을 희생함으로써 고통을 겪든 혹은 고통당하는 자를 돌보는 일이든 간에 서로에게 자신을 내어 주는 일을 하게 될 것이다.

그리스도와 공유하는 고통이라는 이해는 우리가 좋은 삶에서 고통의 위치에 대해 생각하는 방식에 근본적인 의미를 부여한다. 고통을 배제하기보다, 오히려 이제는 고통을 받아들이게 만든다. 따라서 슈먼은 우리에게 다음과 같은 중요한 점을 상기시켜 준다. "고통은 그 어떤 이유에서든 고통당하는 자와 다른 누구에게도 선물일 수 없으며 그러한 생각을 가져서도 안 된다. 하지만 고통을 선물이라고 말할 때, 중요한 것은 우리가 어떤 이유에서도 피할 수 없는 고통을 받아들이는 방식과 고통의 자리에 누구와 함께 있는지를 받아들이는 방식에 대해 말해 준다."[31] 그래서 바울은 골로새 교회를 향하여 이렇게 권면한다. 고난은 단지 검증 혹은 연습이 아니라, "너희들을 위해", 곧 기독교 공동체의 유익을 위해 감내해야 할 것이다. 비록 박해나 선교 사역 등이 이러한 유익의 더욱 일반적인 사례로 보이겠지만, 그리스도의 몸 된 교회 안에서 어떤 종류의 고난도 "너희들을 위한" 고난의 범주에서 배제될 이유는 없다. 그리스도인에게 고통은 고립된 경험도 아니고 수치스러운 부도덕성에 해당하는 것도 아니다. 오히려 제자도를 실천할 특별하고도 중요한 자리이다. 고통은 공동체로 하여금 행복한 상황에서만 아니라 심지어 두려운 상황에서조차 다양한 방식으로 서로 함께하고 있음을 기꺼이 보여 줄 기회가 되기 때문이다.[32] 환자와 그를 돌보는 자 모두에게 고통을 섬기는 일은 그리스도의 고난당하신 몸에 그들이 함께 참여함으로 생명을 전해 주는 기회가 된다. 그리스도의 몸은 본질적으로 이 세상과 화해하려는 고난의 몸이었기 때문이다.

"그리스도의 남은 고난을 내 몸에 채운다"는 것은 십자가의 화해 사역을 이어가는 것이다. 십자가는 고난을 설명해 주지 않는다. 오히려 십자가는 겉으로는 정반대처럼 보임에도 불구하고, 고난당함이 서로를 화해시킬 수 있으며 실제로 화해를 일으키는 선물이 됨을 보여 준다. 말기 환자로 고통을 당하는 것은 교훈적인 의미가 거의 없는 듯 보일 수 있지만, 그 고통은 만물을 새롭게 하시는 하나님의 구속 안에서 완전히 소멸될 것이다. 발타자르는 고난을 숙고하는 마지막 부분에서 우리에게 하늘의 면류관을 쓰신 어린 양의 승리 선언을 기억하도록 일깨워 준다. "보라 내가 만물을 새롭게 하노라." 이는 새로운 체계의 만물을 만들겠다는 것이 아니라, "만물을 회복시키고 새롭게 만들겠다"는 뜻이다.[33] 우리가 '존재하는 한' 우리는 새로운 존재로 새로워지고 있다. 고통은 모두가 고대하는 새로워짐에 통합될 한 부분이다. 왜 그런가? 그리스도인은 그 어떤 설명도 줄 수 없다. 그들은 서로를 버리지 않도록 노력할 수 있을 뿐이다. 마치 예수께서 버려지고 고난을 당하셨지만 아버지께서 사랑하시는 세상을 버리지 않으셨던 것과도 같다.

그리스도 몸에서의 상호의존

'의미 없는' 고통은 가혹하다. 분명히 고난은 그리스도 안에서 생명 갱신의 일부분이다. 적어도 그렇게 될 수 있다. 슈먼은 우리에게 이러한 고통의 시대를 살아가는 것은 "…우리가 그리스도의 몸을 가능하게 하는 지체들의 관계 속에서 서로에게 의존되었음"을 일깨워 준다.[34] 자신들이 겪는 고통보다 말기 환자들의 고통에 대해 더 괴로워한다는 것은 그들이 다른 사람들에게 짐이 된다는 생각이 우리의 뇌리에 맴돌고 있기 때문일 것이다. 누군가의 도움으로 사는 사람들은 불쌍한 사람들이라고 생각하는 현대 사회에서 독립성과 자율성은 '인격성'의 일부가 되었다. 장애인법의 목적은 휠체어를 탄 사람들이 더 이상 다른 사람들의 도움을 받지 않을 정도의 사회가 되게 하자는 데 있다. 장애인이 비장애인과 동등하게 독립적일 수 있도록 하는 것이 장애인들의 '인격성'을 존중하는 길이라고 생각하는 셈이다. 그렇다면 간혹 재정 부담의 능력 범위를 벗어날 정도의 치료를 받는 말기 환자가 불행하게도 사람에 의해서가 아닌 기계에 의존해야만 이동할 수 있는 상황에 빠져 있다면 과연 무엇을 해줄 수 있을까?

슈먼은 교회에서는 인격성과 의존성이 정반대되는 관계가 옳다고 일깨워 준다. 아마도 상호의존이라는 것이야말로 그리스도의 몸 된 교회가 무엇인지를 말해 주는 가장 중요한 표식일 것 같다. 이러한 방식을 통해 말기 환자를 돌보고 그러한 도움을 받는 일들은 골칫거리나 부담이 아니라 현대 사회에서 교회란 무엇인지를 말해 줄 몇 안 되는 기회가 될 것이다. 이 경우 말기 환자를 단지 자선의 대상으로 여기게 될 우려가 있기는 하지만 필자는 상호의존성을 그러한 함정에 빠뜨려서는 안 된다는 사실을 강조하고 싶다. 두말할 필요도 없이, 자선을 동기로 삼는 위선적인 태도는 '자선'이라는 이름에 적합하지 않다.

의존의 중요성과 일상의 상호작용에서까지 그 의미를 회복하게 하는 것이야말로 말기 환자로 하여금 스스로에 대한 인식을 재고하도록 이끌어 주는 과정에서 결정적인 요소이다. 하우어워스와 리처드 본디(Richard Bondi)는 이렇게 말한다. "안락사에 대한 요구는 죽음을 앞둔 사람들과 어떻게 지내고 그들을 인간적으로 어떻게 돌보아야 할지 몰라서 생겨나는 것일 수 있다. 특히 우리 자신이 죽어가고 있을 때 더 심해진다."[35] 윤리학자들 중 많은 사람들이 좋은 삶에 대한 규정에서 자율성을 마치 규범처럼 여긴다. 말기 환자로서는 삶이란 자율성이 그다지 중요한 것은 아니라는 사실을 깨달아야 할 뿐만 아니라, 그들을 돌보는 사람들 또한 삶에 있어서 자율성이 '제한적'이라는 사실을 알아야 한다. 만일 제한적 의미가 지니는 자율성이 생명과 양립 불가능하게 된다면 의존성이라는 것은 양쪽 모두로부터 거절되고 만다. 이와는 달리 많은 기독교 윤리학자들은 좋은 삶의 관계적 특성을 회복하고자 노력한다. 이것은 계몽주의에 영향을 받은 외로운 윤리적 영웅 내지는 고립된 채로 덕 혹은 성공을 추구하는 경우와는 전혀 다른 모습이다.[36] 이러한 관계적 인간 개념을 강조하는 것은 다른 사람들과 우리를 엮어내는 데 도움을 준다.

하지만 일반적인 의미에서의 관계성과 이 글에서 제안하는 상호의존의 개념 사이에는 중요한 차이가 있다. 관계성이라는 말은 소시민적이고 자유로운 선택이 가능한 관계와 연관되는 이미지를 심어 주는 듯싶다. 이러한 관점으로는 말기 환자와 그를 돌보는 자 사이에 요구되는 의존성을 설명하기 부족하다.

필자가 사용하는 '의존성' 개념은 의도적으로 독려하는 측면이 있다. 패트리샤 정이 제대로 말했듯이, 그리스도인은 현대 사회의 자율성 개념에 도전해야 하고, '철저한 의존'은 생명의 '축소'를 뜻하고 있는 현실도 인식해야 한다. 하지만 패트리샤 정이 말하는 '상호의존'의 개념은 여전히 일종의 구성적 상호성을 추구하는 것처럼 보인다. 이 개념은 지나치게 협소하여 사랑, 결혼, 진정한 우정의 관계를 담아내기 어렵다. 무엇보다도 하나님과의 관계를 담아내지 못한다. 상호의존은 모든 종류의 관계에서 자기 충족적인 능력, 곧 자아와의 진정한 유대관계를 극단적으로 표현해 준다. 반면 누군가에게 의존함으로써 자기 충족적으로 유능해질 수 있는 길이라는 함의는 피해간다. 필자는 이것을 '철저한 의존'이라고 말하고 싶다. 말기 환자의 경우에 더 큰 기독교 공동체가 어려운 상황 속에서 그 공동체의 구성원들에 대한 의존도를 어느 정도 이해하고 경험하느냐가 가장 중요하다.[37] 기독교 공동체는 상호의존의 특성을 통해 예수께서 보여 주신 모범을 따라 교회가 하나님께서 은혜로 베풀어 주신 여러 은사들에 철저하게 의존한다는 사실을 보여 주어야 한다.

예수께서는 산상설교에서 우리에게 도전적으로 요청하신다. "그러므로 내가 너희에게 이르노니 목숨을 위하여 무엇을 먹을까 무엇을 마실까 몸을 위하여 무엇을 입을까 염려하지 말라 목숨이 음식보다 중하지 아니하며 몸이 의복보다 중하지 아니하냐. … 이는 다 이방인들이 구하는 것이라 너희 하늘 아버지께서 이 모든 것이 너희에게 있어야 할 줄을 아시느니라 그런즉 너희는 먼저 그의 나라와 그의 의를 구하라 그리하면 이 모든 것을 너희에게 더하시리라 그러므로 내일 일을 위하여 염려하지 말라 내일 일은 내일이 염려할 것이요 한 날의 괴로움은 그 날로 족하니라"(마6:25, 32-34). 하나님께 대한 의존성은 단순한 관계성이 아니라 예수께서 말씀하셨듯이 우리들 존재의 핵심에 해당하며, 특별히 우리의 구체적인 행위를 통해 나타내야 할 모범이다.

기독교 공동체는 이러한 의존이 무엇인지를 분명하게 보여 준다. 바울은 한 몸의 여러 지체에 대해 말하면서 이러한 의존의 중요성을 강조한다. "그뿐 아니라 더 약하게 보이는 몸의 지체가 도리어 요긴"하다(고전 12:22). 몸 자체의 일체성은 오직 성령 안에서만 이루어질 수 있으며 세례를 통해 구현된다. "우리가 유대인이나 헬라인이나 종이나 자유인이나 다 한 성령으로 세례를 받아 한 몸이 되었고 또 다 한 성령을 마시게 하셨느니라"(고전12:13). 고통의 문제와 마찬가지로, 그리스도인의 삶에서 의존의 중요성에 대한 인식에서도 세례에 기초한 인간론이 요청된다. 게르하르트 로핑크(Gerhard Lohfink)는 초대교회 공동체가 일상의 일과 물건과 돌봄을 통용하면서 상호의존을 보여 주었다는 점을 중심으로 상호의존의 문제를 분명하게 설명해 준다. "돌봄은 모든 과부와 고아, 병든 노인과 같이 노동할 수 없거나 직업을 갖기 어려운 사람들 및 죄수와 유배자들에게로 확대되었다. 나그네로 떠돌아다니는 사람과 생활에 필요한 것들을 구하지 못하는 교회의 모든 구성원들도 여기에 해당된다."[38] 이러한 돌봄은 사랑에 관한 기독교적 명령으로부터 직접 기인하는 것으로서, "이것은 고상한 감정이 아니라 구체적인 조력 특히 동료 신앙인들에 대한 구체적인 도움을 말한다."[39] 이러한 이야기들은 대부분 감정적으로 들리겠지만, 사실 우리에게 중요한 점을 일깨워 준다. 이는 오늘날 대부분의 기독교 공동체가 이러한 실천으로부터 얼마나 멀어지고 있는지를 성찰하도록 이끌어 준다.

말기 환자와 그가 속한 공동체에 요구되는 상호의존은 가장 구체적이고 실제적인 것으로서, 그리스도인 형제와 자매들의 일상적인 삶 속에서 지속되어야 할 규범으로 세워져야 한다. 갑작스럽거나 충격적이어서는 안 되며, 이상적인 자율성의 상태로부터 멀어져 존엄성이 훼손된 것처럼 느껴지게 해서도 안 된다. 대다수의 사람들이 장수하고 신체적인 노쇠에 대처해야 하는 우리 사회에서, 생의 마지막 때를 쇠락으로 경험하지 않고 살아가는 법을 가르쳐 주는 것이야 말로 특별히 소중하고 긴급한 과제라 할 수 있다.

안락사는 개인의 결단에 관한 문제가 아니라 현대 의학이 이루어낸 성과에 인격성 없이 의존해야 하는 상태를 뜻한다고 생각하는 사람들에게 그러한 '의존'에 대한 거부감이 드는 것은 사실이다. 친구와 가족에게 짐이 되지 싶지 않다는 소리를 종종 들을 수 있지만, 의료 기술에 대한 의존을 회피하고 싶다는 소리는 현대 사회에서 더 설득력을 얻어가고 있다. 웬델 베리가 말한 것처럼, 설상가상으로 현대 의학 자체가 의료적 돌봄이야말로 가장 좋은 고립의 형태라고 말한 것과 같다. 베리의 말처럼, "현대 의료 산업은 우리를 고립시키고 우리를 분리시키는 방식으로 질병에게 충실해지고 친숙해지게 한다."[40] 우리의 몸이 무자비하게 고립될 뿐만 아니라 의료 처치(특별처치의 경우에 더욱 그렇다)는 환자를 공동체로부터 어긋나게 하는 방식으로 고립시킨다. 대학병원의 센터 안에 고립시키는 경우가 여기에 해당한다. 대학병원 근처에는 호텔이 과잉일 정도로 많아서 많은 환자들과 그들의 가까운 친구들과 친지들이 여행을 오곤 한다. 베리는 건강을 '전체성' 또는 '멤버십'과 동일시한다. 그리고 전체성에는 "다른 이들에게와 우리의 공간에 속해 있음"의 의미가 포함된다.[41] 의료 안에서의 상호의존의 어려움이라는 이 문제에 대해서는 이 글 마지막 부분에서 다시 다루기로 한다.

고통과 의존에 대한 취약함을 날마다 실천하라

안락사를 결정하도록 이끄는 두 가지 주요인은 고통과 의존이며, 기독교 이야기에서는 이것을 소극적 대처의 대상으로만 보지 않는다는 사실을 살펴보았다. 사실 세례에 근거한 기독교 인간관에 비추어 볼 때, 고통과 의존이 그리스도인의 삶을 특징짓는 요소라고 말하는 것은 옳지 않다. 하지만 '말'만으로는 충분하지 않다. 특별히 노인 환자들에게는 더욱 그렇다. 앞에서 한 말들은 현재 고통을 당하지 않는 사람들에게는 아주 잘 이해되고 숙고될 것이다. 환자에게 필요한 것은 행동이다.

위의 서술들을 그리스도인의 공동체적 삶에서 '생생하게' 만드는 데 필요한 행동이 무엇인지 생각해 보면 몇 가지 어려운 질문들이 떠오른다. 첫 번째로 가장 명백하게 중요한 점은, 말기 환자들이 심각한 상황에 처하기 전에 그리스도인들은 위의 이야기를 목회적으로 실천하고 경험해야 한다는 것이다. 우리가 더 이상 자율성을 추구할 수 없는 때에, 자율성을 추구하며 살다가 갑자기 상호의존의 선함을 발견하는 삶을 살 순 없다. 대신 우리는 항상 우리의 모든 형제자매들에게 책무를 지닌 것처럼 살아가야 한다. 우리는 대부분의 문화와 사람들이 태초부터 서로에게 의존하여 살아오고 있음을 재발견해야 한다. 너무도 자주 이러한 공동체적 삶을 실현하는 과정에서 비극적이고 파괴적인 일들이 생겨난다. 예를 들어 몇 해 전 노스캐롤라이나에서 허리케인 프랜(Fran)이 더럼(Durham)시를 강타해 모든 집을 휩쓸고 간 적이 있었다. 사람들은 음식과 쉴 곳, 도구들을 나누어 주었다. 일상적으로는 보기 어려운 모습이었다. 전기는 들어오지 않았고 벽이 무너져 내린 집도 있었다. 모두가 어려웠고 누구도 호의를 베풀 수 없는 지경이었다. 파괴된 곳, 문명의 혜택이 끊어진 상황에서 사람들은 공동체적 의존의 기쁨들을 찾을 수 있었다. 만약 교회로서 우리의 삶이 이러한 종류의 가시적이고 필요한 나눔을 정기적으로 실천한다면, 말기 환자들이 독립성의 덫에 걸리지 않게 되고, 자신들의 존엄과 인격이 강탈당하는 느낌도 줄어들게 될 것이다. 뿐만 아니라 돌봄이라는 부담을 고립된 가족에게만 지우지 않고 교회 회중 전체가 공유할 수 있게 될 것이다. 이것은 한 순간의 공지를 통해서 형성되거나 실행될 수 있는 네트워크가 아니다. 이는 오직 상호의존이 삶의 방식이 되는 '지체 됨'(membership: 베리의 말대로)의 일상적 실천을 통해서 가능할 것이다.

이와 유사한 방식으로, 고통이란 인간의 취약성(vulnerability)을 뜻한다. 누구라도 고통을 당할 수 있다는 의미에서 고통에 대한 개방성이나 취약함은 공동체 안에서 더욱 '당연한' 것으로 인식된다. 본능적으로 고통으로부터 눈길을 돌리는 것은 우리 대부분에게서 지극히 보편적인 일이다. 심지어 우리가 성소의 중심에서 고난 받으신 하나님을 예배할 때도 마찬가지이다. 더욱이 우리는 다른 고려 사항들과 관계없이, 우리의 고난과 연약함을 최소화시키려는 방식으로 행동한다. 사람들이 고립된 교외 타운과 자신들만의 공동체로 이동하고, 화려한 슈퍼마켓과 할인점에서 착취당하는 농장 노동자들과 봉제 공장 노동자들을 분리시키고, 특히 현안으로 떠오른 신체적, 정신적으로 병든 사람들을 보호 시설로 보내는 이 모든 현상들은 이 세상을 가능하면 취약하지 않은 곳으로 만들려는 우리의 바람을 보여 주고 있다.

분명 고난은 피할 수 있는 것이지만, 어떤 대가를 치르고라도 반드시 회피되어야 할 것은 아니다. 우리가 믿는 주님은 "간고를 많이 겪었으며 질고를 아는 자"이시다(사 53:3). 그리스도의 종 되심을 따른다는 것은 우리 자신을 끊임없이 고난에 동참시키며 고난당하는 존재로 여기면서 공동체적 삶을 살아간다는 것을 뜻한다. 이러한 뜻에서 말기 환자가 되는 것이 감당할 수 없는 갑작스러운 고통의 시초라는 관점을 거부할 필요가 있다. 취약함의 회피가 우리의 수많은 일상적 실천들의 대표가 되어 버리면, 안락사가 당연히 '자비로운 행동'으로 여겨질 수 있다. 하지만 요한 바오로 2세가 말한 것처럼 "참된 '공감'은 다른 사람의 고통을 공유하는 것이다. 참된 공감은 우리가 감당할 수 없는 고통을 겪고 있는 사람이라도 그냥 죽게 내버려 두지 않는다."[42] 이 말이 죽음에 가까이 가고 있음을 알면서 고통을 견디어 내는 환자의 고통을 덜어 주진 못할 것이다. 더 알아야 하는 그 무엇을 말해 주는 것도 아니다. 하지만 나는 내가 기독교 생활의 필수적인 부분으로서 다른 사람들과 봉사를 통해 고통의 공유를 실천한다면, 그것에 대해 더 많이 알게 될 것이고, 따라서 내가 잘 죽기 위해서 무엇이 필요할지 더 많이 알게 될 것이라고 확신한다.

점점 커지는 안락사 문제에 대한 교회의 가장 중요한 '대응'은 그리스도인 개인과 공동체의 일상생활을 재고하고 재구성하는 것이다. 중요한 의미에서 한 사람이 고통 속에 죽어 가는 때는 이미 '너무 늦었다.' 그리스도의 죽으심을 따라 잘 죽는다는 것은 공동체가 그리스도의 십자가를 따라 제대로 살아갈 때 가능하다. 그리고 처음부터 같은 삶에 의해 형성되고 길러지는 개인적인 내러티브 안에서 이루어질 때 가장 잘 일어날 수 있다. 하우어워스의 표현처럼, 잘 죽는다는 것은 개인이 살아온 삶의 선한 방식이 기억되고 다른 사람들이 자기들도 그렇게 살아야 하겠다고 기억할 만한 죽음을 맞이하는 것이다.[43] 사람은 그가 살아온 방식대로 죽는다. 안락사로 죽음을 맞이하는 것은 과연 어떤 공동체에 속해 있는가를 가늠하게 해준다. 그의 죽음은 복음이 선포된 그리스도인의 공동체가 아니라 즉각적인 만족과 처분 가능성의 문화에서 나타난 죽음이라 하겠다.

오늘날 우리는 예수 이야기가 소통되는 공동체 안에서 (최소한 물리적으로) 죽음을 맞이하는 것이 아니라 "건강관리 기관의 테두리 안에서 죽는다."[44] 그 기관에는 그들 나름의 이야기가 있다. 니콜라스 크리스타키스(Nicholas Christakis)가 말한 것처럼, "안락사에 관한 태도의 변화는 외부로부터의 원인에 의해 의료적 접근에 광범위한 영향을 준다. 두드러진 것은 현재의 죽음의 방식에 대한 환자의 불만에 의해 영향을 받는다는 점이다."[45] 그는 이어서 이렇게 말한다. "사람들은 죽음의 기술화, 의료화, 전문화, 제도화, 그리고 위생화에 불만을 가진다."[46] 안락사는 이러한 복잡미묘한 '~화'에서 해방시켜 주는 역할을 한다. 불만이 있다면, 언어적 표현이 너무 약해 보인다는 점일 것 같다. 사람들은 현대의 의료제도 안에서 죽는 것을 당연시하며 또한 그것이 옳다고 생각하는 경향을 보인다.

의료의 관점인가, 신앙의 관점인가

안락사의 문제에서, 특히 노인들의 경우에 이 문제에 대해 어떤 관점을 지닐 것인가 하는 점이 핵심이라 하겠다. 고통이 그렇게 고립되어 있는데, 어떻게 공동체적인 것이 될 수 있을까? 앞에서 살펴본 것처럼 의존이 관료적이고 비인격적인 괴물로 인식되어 버린 상황에서 어떻게 그리스도인의 의존적 삶을 연속적으로 볼 수 있을까?[47] '치료'가 정말로 선택 사항이 아닌 경우에 어떻게 '치료'를 약속하는 시스템이 돌봄을 실행할 수 있을까? 그리고 아마도 가장 중요한 것은, 현존하는 압도적인 (그리고 첨언할 수 있다면, 압도적으로 유익한) 의료 기술이 어떻게 고통을 불필요하게 연장하거나 심지어는 더욱 강화시키는 행위를 끝내지 않을 수 있겠는가?

　여기에서 우리는 의사조력 자살과 관련된 가장 어려운 문제를 마주하게 된다. 안락사와 '죽도록 내버려 둠'(letting die) 사이의 차이가 그것이다. 윤리학자들은 이 문제를 풀기 위해 다양한 해법을 동원했다. 어떤 학자는 상식 이상의 방편과 일상적인 방편 사이의 구분을 말했고,[48] 다른 학자들은 위탁의 행위와 생략의 행위 사이를 구분하기도 했다. 그런가 하면 희소 자원의 정의로운 분배라는 기준을 동원하여 의료 기술에 제한을 가하기도 한다.[49] 이러한 구분들 중 일부는 도움이 되기도 하지만, 그 어떤 것도 이 문제에 내재된 흐릿한 보푸라기 같은 특성을 말끔하게 처리할 수는 없다. 의학은 말기 상태에 대한 철칙이 될 만한 의견을 내놓을 능력이 없다. 의료 처치는 때로 각각 다른 환자들에게 상이한 반응을 불러일으킨다. 그래서 모든 것을 시도해 보려는 유혹이 들기도 한다. 종교적인 입장에 속하는 대부분의 관점은 의료에 구분되어야 할 사항이 있고, 사람이 죽을 수 있도록 허용할 수 있거나 허용해야 하는 상황을 넘어서는 처치에도 적절한 제한이 있음을 받아들인다. 이 과정의 어려움은 바로 그 한계를 규정하는 일이다.[50]

　구체적인 방식으로 한계를 규정하고자 하는 윤리 이론들은 아리스토텔레스가 프로네시스(phronesis)라고 말했던 혹은 실천적 도덕 추론이라고 했던 것을 참고하고 있다. 행위자가 기존의 이론들로 해결할 수 없거나 현존하는 규칙 및 변수들을 구체적인 도덕적 상황에 적용하는 과정에는 약간의 한계가 있게 마련이다. 대법원에서 결정을 내릴 때 법률 적용의 어려움을 겪는 부분이 바로 이 점이다. 의사들도 결정을 내려야 하는 정황에서는 관습적인 절차와 비정상적인 절차 사이에서 실천적 지혜를 발휘한다. 하지만 법정에서는 구체적인 행위가 갑작스럽게 상황 윤리의 적용을 받는 정황에서 시행된 것이라고 보지 않는다. 두 가지 이유가 있다. 첫째는 행위자, 예를 들어 판사에게는 특정한 관습, 혹은 일련의 관행들이 형성되어 있기 때문이다. 아리스토텔레스와 토마스 아퀴나스가 말했던 것처럼, 행위자가 내리는 판단의 질적 가치는 실체적으로 그가 지금까지 형성해 온 것들의 질적 수준 또는 행위자의 덕스러움의 수준에 달려 있다. 둘째, 사려 깊은 판단은 공동체적 맥락에서 가장 적절하게 드러난다. 다시 말해 우리로 치면 대법원이 공동체 안에서 지니는 특성과 연관된다. 이렇게 보면 그리스도인에게서 안락사와 '죽도록 내버려 둠' 사이의 구분에 관한 실천적 도덕 추론은 예수께서 보여 주신 모범에 따라 고난, 의존, 그리고 죽음에 대한 이야기에 깊은 뿌리를 내린 공동체에서라야 가장 잘 발휘된다. 폴 램지(Paul Ramsey)가 말한 것처럼, "도덕 규칙의 적용에는 명확하진 않아도 의미가 있는 특수한 경우들이 있다."[51] 말할 필요도 없이, 현대 의료 제도(혹은 안락사의 수용 가능한 한계에 대한 논의가 해소될 것 같아 보이는 제도)는 그렇지 못하다. 앞서 설명한 다양한 개념들의 도움을 받아, '건전한' 기독교 공동체들이라면 정확한 구분과 결정을 내릴 수 있으며 또한 그것을 신뢰해야 한다. 램지는 덧붙여서 이렇게 말한다. 기독교 전통은 이미 이러한 문제들을 다루기 위한 "전통적 의료 윤리에 대해 유연성을 가진 지혜의 규범들"을 발전시켜 왔다. 이러한 규범들은 하나님과 창조 등등의 기독교적 개념에 의존하는 것들로서, 특수한 경우들에 관한 완전한 해법을 줄 수 없다는 이유만으로 제쳐두기보다는 더욱 발전시키고 그 의미를 정교하게 해야 한다.[52]

나는 이 문제가 존재한다는 것 자체가 현대 의학 기술의 혼란스러운 복잡함이 빚은 결과라는 점을 덧붙이지 않을 수 없다. 그것은 바로 우리가 축적해 온 거대한 부의 결과물이다. 세계 인구는 말할 것도 없고 이 나라의 많은 인구가 기본적인 의료 돌봄이나 예방 접종, 그리고 깨끗한 식수도 없이 살아가고 있는 동안 우리가 이런 종류의 문제를 전문 의학 연구소에서 집중적으로 다루고 있다는 사실은 믿기지 않는 일이다. 다시 말해 대부분의 의료 연구와 발전이 자본이라는 보이지 않는 손에 의해 '흘러가고' 있다는 사실을 알아차리기 전에는, 의료 자원의 공정 분배에 대한 관심은 제쳐둔 채 의료 자원을 이익에 따라, 곧 가장 큰 돈이 되는 요구에 따라 분배하고 있다는 사실은 상상조차 못하고 있는 셈이다. 더구나 현대 사회는 의료 제도에 중요한 변화가 생기는 것을 원하지 않는다. 이것은 많은 학자들이 말하는 것처럼 '정의'라는 이슈에 대한 것일 뿐만 아니라, 예수께서 지속적이고 일관되게 부의 위험을 지적하신 관점에서 재론되어야 한다.

이 문제에 관한 신약학적 연구에서 손드라 엘라이 휠러(Sondra Ely Wheeler)가 말한 것처럼, 부가 문제시되는 이유는 불공정하게 분배된다는 것뿐만 아니라 그것이 우상숭배를 부추기기 때문이다. 현대 의학에서는 하나님께 대한 두려움보다 죽음에 대한 두려움이 더 크다. 그리고 "예수께서 말씀하신 것에 대한 응답을 하지 못하도록 반복해서 방해하는 것이라고 할 수 있다…."[53] 다른 말로 하자면, 그리스도를 만나고 복음을 따르는 자유의 삶이 부의 문제로 인해 심각한 위험에 빠진다.[54] 죽음을 의료 기술의 문제로 보는 관점에서, 부는 진정한 기본적 돌봄보다는 기술적 역량에 더 많은 신앙과 자원을 투여하게 할 뿐 아니라 아픈 자들을 방문하고 죽어가는 이들을 위로하는 근본적인 기독교 실천도 방해한다. 아마도 이는 아주 유익한 분석이 아니기에, 현대 의술이 제공하는 진정한 유익('기적'이라고 일컬어도 정말 설득력 있게 들리는)을 무시하고 가치 절하할 위험이 있다. 나는 예방 접종을 무효화해야 한다고 말하려는 게 아니다. 그러나 훨씬 더 제한되게 부를 공급해 주면 기초적이고, 비싸지 않으며, 광범위하게 필요한 의술들이 제공될 수 있다는 것이다. 램지는 우리에게 중요한 것을 상기시켜 준다. "의학의 발전과 실행만으로는 선택적인 의술들을 도덕적으로 반드시 필요한 의술로 전환시켜 주지 못한다."[55] 만일 이처럼 부의 관점에서 '죽도록 내버려 둠'을 분석하는 방식이 현실적이고 현재적인 결정에 도움이 되지 못하는 좌절을 준다면, 최소한 우리가 처음에 가졌던 질문으로 돌아가는 것이 좋을 듯싶다. 스탠리 하우어워스와 리처드 본디가 우리에게 상기시켜 주는 것이 있다. "우리의 도덕적 실존에서 가장 중요한 것은 우리에게 문제를 발생시키는 원인에 대한 관심이 아니라 그 문제들 이면에 있는 것에 대한 관심, 그리고 지금까지 문제 삼지 않았던 것에 대한 관심이다."[56]

평화로운 죽음인가, 좋은 죽음인가?

의사 조력 자살에 대한 분명한 금지를 다루는 과정에서 마주하는 전문적 문제들을 해결하는 것이 쉽지는 않지만, 내가 이 문제를 다루면서 궁극적으로 말하고 싶은 것이 있다. 그리스도인들이 말기 환자 개인과 그 가족들을 개인적, 경제적으로 보는 한, 결국에는 안락사를 해야 한다는 유혹을 더 강하게 받을 것이다.

필자가 처음에 제시한 자살 일반에 대한 설명처럼, 그리스도인들에게 안락사가 문제가 되고 있다는 사실은, 세례를 받아 그리스도의 사람이 되고 몸 된 교회의 구성원으로 살아가는 데 공동체 전체가 실패하고 있음을 말해 주는·것이다. 기독교 공동체 안의 노인들은 특별히 고독과 연약함 때문에 두려움에 떨고 있으며, 소비 사회 속에서 스스로를 10년 된 컴퓨터만큼이나 낡아빠지고 가치 없는 존재라고 느끼고 있다.

램지가 말한 것처럼, "죽어감에 관련된 주된 문제인 홀로 죽지 않는 방법"[57] 이 오늘날 더욱 현실화되고 있다. 우리가 직면하고 있는 문제들을 해소하기 위해서는 단순한 금지 이상의 것이 필요하다. 낙태와 안락사를 반대하면서 생명의 지속을 위한 법적 제제를 요구하는 '생명 윤리의 고수' 나 비용 대비 효과 분석은 정말로 지원이 필요한 자들에게 별 도움이 되지 못할 것이다. 오히려 그리스도인의 삶을 기독론 중심으로 재성찰하는 것이 중요하다.

고통과 의존, 그리고 말기 환자들과 함께하는 공동체가 있다는 것은 (또한 말기 환자들의 존재는 그러한 공동체에 더욱 가치 있는 잠재성을 지니고 있다) 그리스도인들, 심지어 말기의 고통에 있는 이들일지라도 그들과 생명을 공유하신 그분의 죽음을 공유하며 잘 죽을 수 있게 할 것이다. 그분의 죽음은 평화로운 죽음은 아니었다. 하지만 좋은 죽음이었다.

Chapter 14

기억의 실천

잊혀진 존재,
하나님께 기억되는 존재임을
기억하게 해주라

주여, 당신의 신실한 백성들에게 삶은
끝이 아닌 변화입니다.[1]

트리즈 라이서트(M. Therese Lysaught)
오하이오주 데이튼대학교의 신학부 신학과 윤리 교수

나의 증조할머니 이야기이다. 10살 때 나는 처음으로 죽음과 나이 듦이 연관되어 있음을 어렴풋이 알게 되었다. 그해 6월, 나는 여름방학의 첫 3주간을 형제자매나 부모님 없이 그 당시로 85세 되신 증조할머니 메리 왈도 넬 텀 폴츠(Mary Waldo Nall Thume Foltz)라고 알려진 노니 도디와 함께 지냈다(도디라 불리셨다). 두 차례 미망인이 되셨던 노니 할머니는 농부의 아내로서, 두 번째 남편 알프레드가 몇 해 전 사망한 후에 농장을 팔고 '동네'의 작은 집으로 이사했다. 시카고 교외에서 온, 눈이 동그란 소녀였던 나는 이 여름 동안 인디애나 주의 스위처(Sweetser)라는 인구 976명의 작은 시골 공동체에서 지내며 많은 것을 배울 수 있었다. 노니 할머니는 내게 계란 국수와 오트밀 쿠키, 사과 소스, 닭 튀김, 그리고 살짝 익힌 상추를 요리하는 법을 가르쳐 주셨다. 그것들 대부분은 저장고에서 꺼내온 음식들이거나 친구들이 전해 준 것들이었다. 베이컨 기름은 대부분의 음식에 거의 빠지지 않았다. 할머니는 통증과 고통, 탄력 스타킹, 그리고 밤에 치아를 뺄 수 있다는 사실 등을 가르쳐 주기 좋아하셨다.

이 여름 동안에, 나는 개신교 신자들과 첫 여행을 할 만큼의 여유도 있었다. 나는 할머니의 감리교 예배에 출석했을 뿐만 아니라, 아주 짧은 시간 동안 처음에는 무섭게만 보였던 여성들과 함께 교회의 바느질 모임에도 참여했다. 어머니는 내게 가톨릭신자라는 말을 떠벌리고 다니지 말 것을 엄히 경고했다. 할머니에게 부정적인 영향 내지는 추문이 들려올 것을 두려워해서였다. 우리는 적십자사의 붕대를 바느질했다.

부고에 대해 처음 알게 된 것도 이 시기였다. 매일 아침 이미 더워질 대로 더워진 여름 바람이 퀴퀴한 냄새의 숲 공기와 함께 불어오면, 할머니는 신문을 집어 들어 다른 것을 읽기 전에 부고란부터 살펴보았다. 할머니가 하루를 시작하는 방식이었다. 할머니는 최소한 열 번 이상은 손을 천천히 입으로 가져다 대면서 턱을 치고 머리를 흔들며 이렇게 말했다. "그래, 주의 자비가 함께하시기를. 그분이 돌아가셨군." 그리고는 송덕문이 이어진다. 죽은 사람이 누구였는지, 어떤 직업을 가지고 있었는지, 친척들은 누구인지, 얼마나 오랫동안 친하게 지낸 사람인지를 말한 후에 그들이 삶에서 어떤 역경을 겪었고 어떤 승리를 이루었는지 등의 개인적인 이야기를 풀어놓는다. 할머니는 그 사람의 가족들이 어떻게 지내고 있을지 궁금해 하면서 큰 소리로 마치 후렴구처럼 반복되는 말로 마무리했다. "나도 늙었구나. 매주 누군가 죽는 것을 보는구나. 하나님은 나도 이렇게 데리고 가시겠지. 누가 살아남아서 내 장례식에 올지 궁금하구나."

처음에 나는 할머니가 매일 아침 누가 죽었는지를 보며 하루를 시작하는 것이 약간 병적이지 않을까 생각했다. 그러나 시간이 지나면서는 이러한 아침의 일상과 할머니가 꼭 참석하는 장례식이 스위처에서의 생활 구조와 리듬의 한 부분이라는 사실을 깨닫게 되었다. 60대로 보이는 할머니의 젊은 친구 분이 할머니를 어딘가로 모셔다 드리기 위해 차를 가지고 방문하지 않는 날은 거의 드물었다. 친척집을 가거나 지인을 만나러 가거나 미망인들을 만나거나 혹은 아이들이 떠나버린 집을 방문하거나 알프레스의 묘지를 방문하거나 하러 말이다. 물론 나도 할머니와 함께 다녔다. 스위처에서 내가 보낸 시간의 대부분은 이렇게 방문하는 데 보낸 듯싶다.

더구나 할머니는 장례식에 참석하거나 방문하는 경우에만 스위처를 멀리 벗어났다. 어떻게 알게 되었을까? 할머니는 또한 지역 신문 두 곳에 '사회적인' 칼럼을 쓰는 경우도 있었다. 할머니의 전화와 방문 벨은 매일 '뉴스'를 보도하기 위해 포크송과 함께 여러 번 울렸다. 사람들이 누군가의 결혼과 출생, 사망에 관한 뉴스들을 알려 주기 위해서였다. 누가 도시에 왔고 누가 방문해 왔는지 그리고 그들이 어떤 음식을 먹었는지 알려 주곤 했다. 얼마 지나지 않아서, 나는 인디애나 스위처가 방문하기에 좋은 곳일 뿐 아니라, 뉴스가 많은 곳이라는 사실을 분명히 알게 되었다.

신문을 읽고 또 여러 곳을 방문하곤 하는 할머니의 습관은 농장 공동체에서 살아온 당연한 결과물이자 절반쯤은 할머니 칼럼에 사용될 정보를 모으는 비밀 수단이었다. 나는 이러한 상호 연관된 행위들이 좀 더 심오한 것에 통합되어 있다고 생각한다. 그 행위들은 미묘하지만 깊이 형성되어 있고, 무엇이 가장 중요한지에 대한 확신을 보여 주는 일련의 기본적인 관행에 맞춰져 있다. 실제로 우리의 믿음이 우리가 사는 방식이라면, 그것은 1970년대 인디애나 주 스위처의 시민들이 다른 사람들을 기억하고, 자신이 다시 기억되는 것이 매우 중요하다고 믿었다는 것이다.

이런 이야기를 하는 이유는 노니 할머니가 속한 공동체야말로 늙어감에 대한 오늘날의 전문적인 담론에 대한 대안이 될 수 있으리라 생각하기 때문이다. 나이 듦에 대한 분석에서 지배적인 패러다임은 노인들을 의료-치료-사회복지라는 틀에 제한시킨다는 것이다. 그들은 단순히 나이를 먹는 것에 대한 근본적으로 다른 신념들을 목격하며 살아왔다. 비록 노니 할머니는 수십 년 전에 돌아가셨고, 그래서 직접 여쭤볼 수는 없지만, 할머니가 실천해 온 확신을 재구성할 수 있는 자유를 취하고자 한다. 나는 이러한 확신이 노화를 악하게만 만들어 버리는 현대적 경향에 대해, 그리고 '기억'을 재활시킴으로써 이에 대항하려는 경향 두 가지 모두에 대해 도전할 수 있는 계기가 되리라 생각한다. 치료 문서와 목회 문서들은 기억이라는 것을 노인들로 공동체에 속하게 하는 일차적 서비스이자 늙어감의 의미를 찾을 수 있게 하는 과정으로 설명하는 경향을 보이고 있다. 기억을 재활시키는 것은 나이 듦의 문제를 해결하려는 선한 의도에서 비롯되었다. 하지만 그것이 반대자들과 동일한 인류학적 전제를 가지고 있다는 점을 감안하면 결국 늙어가는 현실을 이해하지 못할 뿐 아니라 노인에 대한 배려를 거부하는 세력들에 대하여 적절한 보호막을 쳐주지 못할 것이다.

노니 할머니의 말년에 나타난 시골스러운 경건함, 그리고 부고란 읽기의 행위들이 시사하는 바는 기억이 다른 방식으로 해석될 필요는 있다는 점을 암시한다. 사실 나는 할머니의 삶이 기억에 관한 신학적 재해석을 웅변적으로 보여 준다고 생각한다. 특히 기독교 장례 예식을 통해 구체적으로 마주하게 되고 성도의 교제를 통해 확증해 주는 것으로 보인다. 나는 이러한 재해석이 그리스도인에게 늙어감이란 '기억'(memory)이라는 명사의 관점에서가 아니라 기억해 가는(remembering) 실천의 관점에서 읽을 때 가장 바르게 이해될 수 있다는 점을 제안하고자 한다. 이것이야말로 기독교 공동체와 그곳에 소속된 노인들에게 늙어감이라는 실재에 대해서, 그리고 그것과 관련된 신학적 의미의 제자도에 대해서 좀 더 적절한 응답을 줄 것이다.

이 글을 개괄하기 위해서는 여러 단계가 필요하다. 우선 여기에서는 나이 듦의 현상과 기억의 역할을 간략하게 설명하고자 한다. 이를 위해 기억 개념에 대한 철학적 논의와 신학적 재해석을 다루고자 한다. 신학적 재해석은 장례식을 통한 성도들의 교제, 곧 그리스도인들이 죽은 자를 기억하게 되는 성도의 교제에 대한 교리를 중심으로 살펴보고자 한다. 궁극적으로는 그리스도의 몸과 제자도 안에서 늙어감의 문제를 살펴보고자 한다.

나이 듦의 모호성

나이 듦은 모호하다. 헬렌 오펜하이머(Helen Oppenheimer)가 말했듯이, 노년은 결실과 쇠락이라는 특징을 모두 지니고 있다. 다시 말해 완성과 상실의 때이다.[2] 버나드 내쉬(Bernard Nash)는 나이 듦을 역설이라고 말한다. "우리 모두가 오래 살기를 바라면서도 늙어가기를 바라는 사람은 아무도 없다는 것은 이상하면서도 충격적이지 않은가?"[3] 이러한 모호함의 역설 양극단에 관하여 짧게나마 설명할 필요가 있어 보인다.[4]

나이가 들면서 어떤 결실과 완성을 누리게 되는가? 우리는 왜 더 오래 살기를 원하는가? 불멸에 관한 세속적 희망과는 별개로, 특정한 기쁨과 쾌락은 어느 정도 나이가 들어야만 누릴 수 있다. 이러한 기쁨은 그 진가를 발견할 수 있는 사람들에게만 주어진다. 마치 가치 있는 일에 일생 동안 종사해 온 사람들에게 자연스럽게 열매가 맺히는 것과도 같다. 손자 손녀를 보는 일, '오래 된' 친구를 가지는 것, 결혼 수십 주년 행사를 가지는 것, 평생 동안의 직무에서 명예를 얻는 것 등이 그렇다. 늙어간다는 것은 특정한 기술을 진정으로 마스터하는 기회가 되며, 수고로움 없이도 그 기술을 실행에 옮기며 그 기술을 다음 세대와 견습생들에게 전수해 줄 기회가 되는 셈이다. 은퇴와 관련하여 재정적 안정을 이룬 사람의 경우에는 자신의 에너지를 새로운 것에 대한 추구나 새로운 흥밋거리로 전환할 여유가 생긴다. 태어나는 아이들에 대한 책임을 별다른 제한 없이 감당할 여유가 되기도 한다. 오펜하이머가 말한 것처럼, "더 많이 배우고, 더 많이 보고, 더 많이 체험할 수 있다는 것은 아무리 영리한 청년이라 해도 시간을 들여야만 얻을 수 있는 것이다. 노인들은 그런 혜택을 누린다."[5]

놀랄 것도 없이, 많은 노인들이 자신이 '늙었다'고 생각하지 않고 "여전히 똑같다는 생각을 가지고 살며 어쩌면 자신들이 이십대인 것처럼 느끼며 사는"[6] 경우들도 있다. 시인 메이 사턴(May Sarton)은 자신의 저널 〈일흔〉에서 자신이 '늙었다'는 것에 대해 완전히 동의하고 더 나아가 사랑한다고 힘주어 말한다.

일흔은 어떤 것일까? 다른 누가 그렇게 오래 살았다면, 그리고 지나간 60년을 명료하게 기억할 수 있다면, 아마도 그 사람은 내가 보기에 무척이나 늙어 보일 듯싶다. 하지만 나는 결코 늙었다는 느낌을 가지지 않는다. 여전히 그 길 위에 있는 생존자도 아닌 것 같다. …시를 읽으면서 나는 이렇게 말했다. "지금이 내 인생 최고의 때입니다."
그때 청중석에서 누군가 큰 소리로 말했다. "늙는다는 것이 왜 좋은
겁니까?" 나는 마음에서 우러나는 말로, 약간 방어적으로 답했다. 질
문자가 못 믿겠다는 듯한 태도를 보였기 때문이다. "그것은 지금까지
살아왔던 것보다 더욱 내 자신이 되어 있기 때문입니다. 갈등도 줄었
고요. 더 행복해졌고 더 균형감을 가지게 되었으며, 그리고"(내 목소리는
더욱 저돌적으로 변했다) "더 힘차게 살고 있습니다." '힘차게'라는 말이 조금
은 이상해 보일 수 있지만, 사실인 것을 어찌하리. 이렇게 말하는 것
이 더 정확할 것 같다. "저는 제 힘을 좀 더 잘 사용할 수 있게 되었습
니다. 내 삶의 모든 부분에서 더 나아질 것이라고 믿어 의심치 않습
니다."[7]

자신의 글에서 사턴은 이러한 성찰을 확장시켜 특별히 여성에게 가
장 큰 두려움 가운데 하나인 얼굴 주름의 문제에 관한 반전의 글을 썼다.

우리는 왜 늙어가면서 얼굴 주름에 대해 걱정하는 것일까? 주름살 없
는 얼굴은 인생의 긴 여정에서 아무 의미도 없고 공허한 삶을 살았다
는 것을 상징하는 것이 아닐까? …여전히 우리는 젊은이의 얼굴을 보
면서 애통해 한다. 맞다. 나는 지금 인생 처음으로 나이트크림을 바
르고 있다. 동시에 어제는 내가 포함된 아동용 전기(biographies)를 위해
사진을 검토하면서 얼굴이 더 좋아졌다는 것을 느꼈고, 실제로도 좋
아졌다. 그 이유는 내가 20대였을 때보다 지금이 훨씬 더 성숙하고

풍요로운 인격체가 되었기 때문이다. 20대에 나는 야심도 있었고 내면의 갈등이 가장 큰 관심사였으며 내면의 문제를 감추고 교양 있는 척 꾸며댔다. 지금의 나는 내면과 외면이 다르지 않으며 스스로 좀 더 편안해졌다. 어떤 의미에서 나는 더 젊어졌다. 나의 취약성을 수긍하게 되었고 좀 더 순수해졌기 때문에 위선을 부리지 않게 되었다.[8]

하지만 나이 듦에 수반되는 기쁨은 사람마다 다를 수 있다. 특히 나이 듦이라는 실제 현실이 각 개인의 맥락과 계층, 성별, 문화에 따라 다르게 형성되기 때문이다. 개인의 인생을 되돌아보더라도, 70세라는 열매 맺는 시기는 82세가 되어 볼 때는 더 야심적이고 부정적으로 보일 수 있다. 사실 문화적 고정관념은 일반적으로 신체적, 정신적, 경제적, 사회적 감소에 대한 무수한 가능성의 관점에서만 나이가 들어간다고 해석한다. 노화는 많은 사람들에게 재정적인 궁핍, 성취하지 못한 꿈으로 인한 실망, 자녀들과 배우자에 의한 배신, 기력이 감퇴되는 부모와 배우자와 친구를 신체적, 정신적으로 돌보아야 하는 부담감으로 동반될 뿐 아니라, "치매, 청각장애, 시각장애, 관절염, 무기력증, 심지어 불쾌함의 문제까지 동반된다. 최악의 경우는 동년배보다 더 오래 살면서 고독해지는 것이다."[9] 우리 주변의 노인들에게서 우리가 느낄 수 있는 것은,

노화는 이동성을 제한하고, 감각을 쇠퇴시키며, 말과 생각이 어긋나게 만들어 버린다. 그것은 활동적인 외부 모임에 나가기를 꺼리게 하고 가장 기본적인 일상생활을 위해 움직일 때도 다른 사람들의 부축

을 받도록 만든다. …노년의 상실, 고통, 그리고 쇠퇴는 이탈, 고립, 그리고 의존을 수반한다. [10]

나이를 먹는 사람들은 필연적으로 자신들의 삶이 아주 많은 부분에서 엉망이 되고 있다고 느낀다. 그들의 몸과 마음은 깜짝 놀랄 만큼 실패를 경험하기 시작한다. 이전의 능수능란함은 사라지고 젊어 보였던 모습도 사라져 버린다. 정체성이 변질되고 그들의 이전 삶을 이끄는 핵심적 능력들은 직장에서든 가정에서든 문자 그대로 사라져 버린다. 그들의 공동체는 자신들과 오랫동안 함께 해 왔고 삶에 뒤엉켜 있었던 사람들이 연이어 죽음을 맞이하는 방식으로 해체된다. 그렇게 부모와 형제자매, 배우자, 자녀, 멘토들, 친구들과 사별하게 된다. 이 모든 것을 종합해 보면 나이가 들면서 아주 자기 자신이 해체되는 것 같다.

이러한 역학관계가 우리 시대의 나이 듦을 구성하는 뿌리에 놓여 있다. 사턴이 늙어간다는 것의 보상은 진정한 '자아'가 만개하는 것이라 말했던 것과는 별개로 노화의 골칫거리는 자아의 해체이다. 자아를 모든 의미의 원천이자 목적으로 상정하는 현대적 관점에서, 자아를 위협하는 모든 것은 두려움의 대상일 것이다. 사실 나이 듦에 관한 우리 시대의 글들은 피상적인 검토에서조차 두려움이 지배적인 모티브로 나타난다. 하지만 이러한 두려움의 특성은 문화적으로 결정된다. 루시앙 리차드(Lucien Richard)는 이렇게 말한다. "우리 사회에서 노화에 대한 두려움은 삶의 목표를 구성하는 요소들을 상실할 것이라는 두려움에 의해 결정된다. 그것은 자기 존중감과 인격성의 근본으로 인식되는 것이다." [11] 따라서 후기 자본주의적이고 기술주도적이며 자유주의적인 서구 문화가 제기하는 노화의 문제 이면에는 '사람'으로 살아간다는 것이 무슨 의미인지에 대한 일련의 인류학적 전제와 신념이 깔려 있다.

이러한 인간론의 가장 분명하고 매력적인 모습은 트리스트람 엥겔하르트(H. Tristram Engelhardt)의 《생명 윤리의 기초 *Foundations of Bioethics*》에 나타난 자유주의적 자본주의 문화의 논리에 대한 현실적인 분석에서 볼 수 있다. 이 책에서 그는 인격성에 요구되는 요소들을 "자의식이 있으며, 이성적이고, 선택의 자유를 가지며, 도덕적 관심의 감각을 지닌 자"라고 말한다.[12] 다른 학자들은 표현을 살짝 바꾸어서 이러한 특성들을 자율성, 자유, 자아 충족 등으로 말하면서, 위에 제시한 나이 듦의 트라우마 리스트를 재평가한다. 노화가 궁극적으로 인격성을 침해하고 불일치하게 만든다는 것이다. 합리성과 자의식은 치매를 통해 지워져 버리고, 말과 생각의 불일치, 경제적 빈곤화, 이동에 제한을 주는 신체적 고통, 시각장애, 청각장애, 관절염, 그리고 선택의 자유와 자기만족을 유린해 버리는 것으로서의 다른 사람에 대한 의존 필요성으로 이어진다는 것이다.[13]

노화는 인격성의 구성 요소들을 해체시킨다. 이것을 드루 크리스티안센(Drew Christiansen)은 노화의 '쌍둥이 두려움'이라고 말한다. 의존해야 하는 두려움과 버려지고 소홀히 취급받게 될 두려움이 그것이다.[14] 둘은 서로 다른 방향을 가리키는 것처럼 보일 수 있으나, 결국 통합되는 관계에 있다. 의존의 가능성(신체적, 재정적, 판단력에서)은 자율성 상실을 수반하게 되어 있으며 결국 우리 문화에서는 한 개인의 지위를 손상시킨다. 취약하면 '사람'이 아닌 것이다. 시민적이고 사회적인 보호 장치는 거의 전적으로 인격체에게만 적용된다. 실제로 엥겔하르트는 위에서 말한 능력들의 상실이 어떻게 사람을 '엄격한 의미에서의 사람'에서 '사회적 의미에서의 사람'으로 변화시키는지 설명하고 있다. 사회적 의미의 사람들은 보호에 대한 본질적 근거를 가지고 있지 않다. 그들이 '완전한' 사람이 되는 것은 사회적으로 중요한 존재이거나 유용한 기능을 수행하는 한에서 그렇다. 만일 그들이 그렇거나 그렇지 않거나, 규범에서 더 멀리 벗어날수록 궁극적인 포기, 곧 "악하지 않은 변덕에 고통 없이 죽임을 당하는 것"[15]을 포함한 어떤 종류의 치료에도 더 개방적이다. 따라서 현대 문화의 맥락에서 의존, 방치, 그리고 홀대를 두려워하는 것은 당연한 것이다.

기억(memory)인가 기억함(Remembering)인가?

의존이라는 현실을 완화시키고 방치와 홀대의 위협을 피하기 위해 고안된 최근의 동향은 노인들의 자아 중심을 합리성과 자율성이 아닌 '기억' 안에서 재배치하는 것이다.

실제로 기억은 늙어감의 과정에 의미를 부여하는 주된 동기 가운데 하나가 되어 왔다. 그것이 최근에 개발된 목회학이나 심리학이 매개된 '삶의 복습'이라고 하는 치료법의 기초가 되든지, 또는 노인들의 사회에 대한 구체적인 공헌을 구성하고 있든지 간에, 기억과 노화의 관계는 자주 다음과 같이 설명되곤 한다.

우리가 '인생의 정오'에 다다랐을 때, 그것은 '황혼'을 향해 나아가고 있는 것이라 하겠다. 거기에서 내적 전환이 일어난다. 우리의 의식은 본성적으로 우리가 누구인지를 성찰한다. 그리고 되어야만 하는 것에 대한 비전을 추구하며 산다. 우리들 대부분은 옛날이야기를 하는 노인들의 성향에 익숙해져 있으며… 애석하게도 많은 사람들이 그것을 들어 주는 일을 '시간낭비'라 생각하고 꺼려한다. …나이 먹는 것에 대한 이야기를 들려주는 것은 기억을 풍요롭게 하는 원천이며 우리의 상상력을 자극해 준다. …다른 말로 하자면, 나이가 들수록 우리가 가진 시간(또는 가지고 있는 것처럼 보이는 시간)은 줄어들지만 우리가 살고 있는 공간은 확장되어야 한다는 것이다. 죽음이 더 가까워질수록 우리는 더 이상 수년 전의 기준으로 시간을 잴 수 없게 되지만, 우리의 내적 세계라는 공간을 탐험할 자유를 더 많이 얻는다. 이것을 표현하는 개념 중 하나는 '제2의 어린 시절'이다. 폴 리쾨르(Paul Ricoeur)는 이것을 '제2의 순진함'이라고 부른다. 우리는 누군가 의식의 수용 모드라고 말했던 상태로 들어간다. 이것은 행위 모드와는 반대되는 것으로서, 공간과의 자유로운 소통 및 이미지가 시간적이고 논리적인 사고에 선행하는 상태이며 예견 및 제어에 대한 바람과 연관된다. 우리는 어린 아이처럼 되어서 글자도 모르는 체하는 상태가 되는 것이 아니라 놀라움과 경이로움의 능력을 회복한 사람의 우아한 지혜 속에 있는 상태가 된다. [16]

노인들은 기억을 통하여 그들의 이야기를 듣고자 하는 사람들에게 기여할 무언가를 지니게 되며 창의적인 자유 안에서 그들의 자아를 탐색할 지점을 얻게 된다.

　나이 듦의 과정에서 얻게 되는 이러한 기억의 회복은 수많은 근원에서 비롯된다. 역사적인 기억은 주로 노인들에게 가장 먼저 생각해 볼 수 있는 것이다. 그것은 그들만이 가지고 있는 가치 있는 무엇이다. 현상학적으로 기억으로의 전환은 정형화된 생각에서 입증된다. 곧 '노인들이 과거 이야기를 늘어놓는 성향'이나 그들이 '과거에 살고 있는 듯한' 느낌이다. 생물학적으로 단시간에 소환되는 기억은 노인이 되었을 때의 기억보다 못한 것이라고는 하지만, 장시간에 걸친 기억은 종종 이러한 감정을 더 악화시킨다.

　그러나 기억이 공동체 안에서 노인들에게 방치와 홀대의 두려움을 단념시킬 새로운 지위를 줄 수 있을까? 기억은 노인에 대한 우리의 지속적인 배려를 이해할 수 있게 해줄 설명법이 될 수 있을까? 불행하게도, 필자가 보기에는 불가능하다. 이러한 담론에서 기억은 그 기능상 단지 해체되는 자아를 떠받쳐 주는 또 다른 방법일 뿐이다. 기억은 직업이나 가족과는 별도로 개인에게 뿌리를 두고 있는 가치와 정체성의 새로운 기초를 설정하려고 한다. 그리고 늙어가는 많은 사람들에게는 이렇게 하는 것이 불충분할 뿐이다. 이것이 어떻게 나타나는지를 설명하기 위해서는 이 담론에서 어떻게 기억이 구성되는지를 보여야 한다. 기억의 문제는 당연히 아우구스티누스로부터 시작하게 될 것이다.

아우구스티누스에서 알츠하이머까지

기억에 대한 현대적 이해의 고전적 출발점은 아우구스티누스의《고백록 Confessions》이다.[17] 제10권에서 아우구스티누스의 성찰은 13권 못지않게 긴 분량(8절에서 20절까지)으로 다루어진다. 그 내용은 상식적인 것이면서도 서양사 2천년에 역사적인 영향을 주었다. 아우구스티누스는 8장의 시작에서 간단하면서도 직접적인 관찰로 시작하는데, 기억이 기본적으로 평생 동안 축적된 이미지와 지식, 경험의 보관물이라는 것이다. 기억은 "광대한 들판과도 같으며 커다란 장소와도 같다. 셀 수 없이 많은 이미지들의 저장고"이며 마치 하나의 회랑과도 같고 광대한 피난처와도 같다(8권 8장). 이 기록 보관소는 분명히 사적인 공간이며 우리들 안에 있는 것으로서 '내적 장소'이다(8권 9장). 하지만 아우구스티누스는 이러한 묘사가 충분하지 않다고 말한다. 기억이란 단순히 장소 그 이상의 것이기 때문이다. 그것은 하나의 능력이며 하나의 용량이다. 기억의 개념에는 저장된 이미지의 총량뿐만 아니라 저장 용량과 그것에 관계된 이미지들도 포함된다.

기억에 대한 아우구스티누스의 연구는 이러한 맥락에서 탄력을 받아 계속되는데 14장에서 매우 중요한 전환을 맞게 된다. 그는 기억을 단지 개인이 지니고 있는 기록 능력으로만 단정 짓지 않고 기억을 자아와 동일시한다.

> 하지만 마음과 기억은 하나이고 동일하다. 우리는 기억을 마음이라고 부르기까지 한다. … 그렇지만 나는 내 안에 있는 기억의 능력을

아직 이해하지 못하고 있다. 비록 기억 없이는 나 자신에 대해서도 말할 수 없지만 말이다. …오, 주님. 기억의 능력은 위대합니다. 기억은 그 심오하고도 헤아릴 수 없는 곳에서부터 두려운 영감을 불어넣습니다. 하지만 기억은 곧 나의 마음입니다. 기억은 나 자신입니다(10권 14, 16, 17).[18]

이 클라이맥스에 이르면 두 가지가 분명해진다. 첫째, 기억은 인지적, 지적인 능력이자 우리 안에 위치한 과정이라는 것이다. 그것은 '내 마음'이다. 둘째, '내 마음'이라는 것에 자아의 정체성과 존재의 본질이 있다. 또는 브라이언 호른(Brian Horne)이 말한 것처럼, 아우구스티누스에게서 "기억과 인격성은 서로 종착점이 된다. …기억 없이는 인격도 존재할 수 없다."[19]

아우구스티누스의 이러한 관점, 곧 기억이란 내적이고 개별적이며 이미지의 사적 저장고이자 그것들을 되살려내는 능력이며 자아와 정체성의 구성 요소가 된다는 주장은 그 이후에도 지속되어 현대의 가장 강력한 관점이 되었다.[20] 예를 들어, 리처드 셰플러(Richard Schaeffler)는 성찬의 기억/기념의 차원에 대한 성찰에서 기억의 세 가지 속성을 말한다. 그중 하나는,

우리의 변화하는 경험들 사이에서 우리 자신을 발견하여, 우리가 말할 수 있는 풍요로운 이야기들 중에서 개인적이고 사회적인 삶에 관한 하나의 이야기를 구성하여 그 이야기를 통해 우리 자신을 그 풍부

한 경험의 '주체'가 되게 한다. 이것은 '자신'의 생각, 곧 우리가 외부 상황과 그들의 변화를 우리 자신의 이야기로 전용해 온 단 하나의 특성화 방법을 발견하려는 의식적 목적에 의해 제어된다. 그 안에서 우리는 외적 정황들과 그 변화를 우리 자신의 이야기로 책정한다. 그것과 동등한 특성화 방식을 통해, 우리는 그 목적에 실패할 수도 있다. 아니면 그것으로부터 사건들의 홍수에서 자신을 잃고, 거기에서 자신을 구할 방법을 찾기도 한다.[21]

이 설명법에 따르면, 기억은 우리가 자아를 해석하도록 해주는 운반 도구와도 같다. 그것을 통해 우리는 스스로의 정체성을 파악한다. 이것이 개인의 실존적 본질이다.

기억과 나이 듦에 관한 성찰도 같은 방식으로 기억에 대한 표준 계정을 반영한다. 예를 들어 어반 홈즈(Urban Holmes)의 앞선 논평에서 기억은 우리의 내적 세계를 향할 때 발견된다. 그것은 일종의 지적 과정이며 성찰적 의식의 실행으로서 그것이 작동함으로써 우리의 자아 혹은 정체성을 발견하거나 구성한다.

하지만 나이 듦에 대면하여 기억을 이런 식으로 해석하는 것은 여러 가지로 문제가 될 수 있다. 첫째, 개인의 가치를 생산성에 초점을 맞추도록 이끌어갈 우려가 있다. 기억을 가진 사람들이 무언가를 제공할 수 있다면서 공리주의적 계산을 누그러뜨리는 것이다.[22] 둘째, 홈즈의 논평에 반영되었듯이, 기억은 특히 미래가 없는 사람들에게 적합한 활동으로 위치하고 있다. 이와 마찬가지로 데일 슐릿(Dale Shlitt)도 나이 듦과 기억에 대한 성찰에서 이렇게 말한다. "어느 사이엔가 그 한계점은 자신의 주요 기준점을 찾는 경향이 있는 곳에서 교차된다. 그것은 더 이상 미래나 현재 함께 있는 사람이나 일이 아닌 과거로부터 회상되는 사람과 사건에서 비롯된 것이다."[23] 하지만 세 번째 요소가 가장 문젯거리이다. 기억이 나이 듦의 의미에서 그렇게 중요한 역할을 한다면, 그리고 개인의 정체성에 그렇게 결정적이라고 한다면, 사람이 나이가 들어감에 따라 정확히 기억하는 능력도 점차 감퇴된다는 사실은 어떻게 설명해야 할까? 우리는 이런 문구에 익숙해져 있다. "예전의 그 사람이 아니야." "지금의 그는 내가 알던 진짜 그 사람이 아니야." 그리고 능력이 감퇴된 자들을 '옛 자아의 껍데기'라고 부르는 데 익숙하다. 내면적이고 지적인 자아를 기초로 전제된 기억이 의존, 방치, 홀대의 위협을 초래하는 자아에 대한 자유로운 이해에 따라 되풀이하는 한 노화의 결정적 위협에 맞설 수 없다.

기억을 나이 듦에 대한 치료책으로 상정하는 것은 정신 능력을 상실한 경우에 극단적으로 실패하고 만다. 특히 알츠하이머는 수년 또는 수십 년에 걸쳐 가장 비극적인 종류의 의존을 수반한다. 환자의 자아는 자신의 능력과 성격뿐 아니라 기억까지도 상실하여, 그를 사랑하고 돌보는 사람들 앞에서 와해되어 버리고 만다. 이러한 자아의 극단적 상실은 기억에 대한 호소로 스스로를 달랠 수 없다. 결과적으로 알츠하이머 환자를 돌보는 것은 완전히 이해 불가능한 일이 되고 만다.

바로 이것이 데이비드 켁(David Keck)이 그의 주목할 만한 저서《우리가 누구에게 속한 자인지 잊는다는 것: 알츠하이머병과 하나님의 사랑 *Forgetting Whose We Are: Alzheimer's Disease and the Love of God*》에서 다룬 주제이다.[24] 아우구스티누스처럼, 켁은 기억이 그 능력과 복합성에 있어서 놀라울 정도로 영감을 불어넣는 것이라고 보았다. 그리고 기억은 개인의 정체성의 열쇠라고 말한다. 하지만 동시에 알츠하이머병으로 자아가 파괴된 어머니를 돌보았던 경험을 바탕으로 질병이라는 실재가 기억과 자아에 관한 확신에 대한 심각한 도전이 된다는 것을 알게 되었다. 나아가 이러한 인간관에 기초한 신학적 신념들에 대해서까지 도전한다는 것을 깨달았다.

> 존재론적으로 알츠하이머 환자에게는 어떤 일이 생기는가? 그 사람과 기억은 어떻게 되는가? 이 질병이 무너뜨릴 수 없는 인간의 형이상학적 기초가 있는 것일까? 인간이라는 주제는 다양한 면에서 현대 신학적 성찰의 중심에 놓여 있다. 우리는 이성적이고 자기실현적이며 의지를 지닌 존재라고 가정되어 왔다. 그러나 우리는 과연 한 인격이 그 어떤 주체성도 없이 십년 이상을 살아갈 때 자의식을 가진 자기결정적인 주체라고 신학적으로 확신할 수 있을까? …인격이라는 요소가 결여된 상황에서 하나님과의 인격적인 관계에 대해 말할 수 있을까? 성령께서는 인격에게 현존하시기 위해 혹은 위안을 주시기 위해 의식 있는 주체에게 의존하시는 것일까?[25]

기억에 관한 위의 관점은 인류학적 성찰로부터 나온다. 아우구스티누스가 했던 자신의 마음의 작용에 대한 성찰, 한 사람의 인격적 내러티브에 대한 해석과 그에 대한 철학적 성찰, 그리고 늙어가는 사람들의 행동과 기회에 대한 민족학적 성찰이 그것이다. 그러나 켁의 질문은 신학적 문제를 제기한다. 우리에게는 신학적 출발점이 필요하다. 기억에 대한 신학적 설명은 기억하시는 하나님의 방식에서부터 출발해야 한다. 물론 이것은 성경이라는 두꺼운 책에서 가장 잘 찾아볼 수 있다.

기억에 대한 신학적 재해석

성경에서 우리는 기억하시는 하나님을 만날 수 있다. 태초로부터 하나님의 기억하심은 이제까지 말한 인간의 기억과는 근본적으로 다르게 나타난다. 첫째, 하나님의 기억하심은 인간의 실존에 결정적이다. 하나님께 기억된다는 것은 실존 안에 잡혀 있다는 것이자 살아 있다는 것이다. 반면에 잊힌다는 것은 죽음을 뜻한다. 켁은 말한다. "기억되지 못한다는 것은 존재하지 않는다는 것이다. …시편 88편에서, 하나님께 잊힌 사람은 아무 힘없이 무덤에 내려가는 자이며, 이미 어두움과 깊음의 영역에 던져진 존재이다."[26]

그러나 하나님의 기억하심은 존재의 일반적 바탕을 뜻하는 '실재'의 철학적 개념이 아니다. 그것은 구체적이고 특히 곳곳에 스며들어 있다.[27] 하나님께 기억하신바 된다는 것은 치유 받는다는 것이요, 기도가 상달되고 응답 받는 것이며 "하나님의 부드러운 관심을 확신하게 되는 것이다." 하나님은 우리들 개개인을 기억하신다. 라헬을 기억하셨으며(창30:22), 한나를 기억하셔서(삼상1:11, 19-20) 자녀를 원하는 기도에 응답하셨다. 눈이 멀게 된 삼손의 힘은 하나님이 기억해 주시기를 구하는 기도가 응답을 받았을 때 소생되었다(삿16:28-30). 하나님은 개인을 기억하실 뿐만 아니라,

이스라엘 공동체를 기억하셨다. 하나님은 언약을 기억하셨다(창9:16, 19:26, 레26:42-43, 신9:27, 시104:8-10, 105:45, 110:4-5, 겔16:60-63).[28]

그러므로 하나님의 기억하심과 인간의 기억을 구별 짓는 특징은 수없이 많다. 우선 그것은 명사라기보다 동사라는 점을 짚어 두고 싶다. 성경은 하나님의 기억 그 자체에 대해서는 거의 말하지 않는다. 하나님의 기억은 정신적 작용으로서의 인지적인 것이 아니라, 효과적이고 '섭리적이며, 구원하시는' 기억이다.[29] 이처럼 하나님은 과거를 기억하실 수도 있지만(또는 용서의 특징지어지는 행동을 기억하지 못할 수도 있다), 하나님의 기억은 주로 존재를 내포하고 있다. 하나님께서 기억하실 때, 하나님은 개인과 이스라엘에 현존하신다. 결과적으로 하나님의 기억하심은 타자를 위한 것이다. 하나님은 '신적' 정체성을 형성하기 위해 하나님 마음에 나타난 이미지를 재검토하지 않으신다. 오히려 하나님의 기억이라는 행위는 무엇보다도 하나님의 정체성에 기여하는 것이면서도 다른 것들을 다루시는 관계성의 행위이다. 그러므로 켁이 말한 것처럼, 하나님의 기억에 대해 말한다는 것은 정체성에 관한 것이 아니라 "하나님의 신실하심을 말하는 것이다."[30]

더구나 관계의 측면에서 하나님의 기억하심에는 응답이 요청된다.[31] 하나님이 개인이나 이스라엘 공동체, 그리고 언약을 신실하게 기억하시듯, 하나님은 이스라엘도 마찬가지로 하나님을 신실하게 기억하기를 원하신다. 켁은 말한다. "출애굽기에서 하나님께서 행하신 위대한 해방의 역사는 하나님의 신실하신 기억에 의한 것으로서, 하나님께서 행하신 이 일을 기억하는 것은 이스라엘의 의무이며 이것을 공동의 기억으로 삼아 율법을 완수하도록 격려해야 할 의무를 지닌다."[32] 다시 말해 하나님은 이스라엘에게 단순한 정신적 회상을 요구하시는 것이 아니라 기억을 원하신다. 여기에는 율법을 준수함으로써 하나님과 이웃을 기억하는 행위가 수반된다. 켁은 이렇게 말한다. "하나님을 기억한다는 것은 계명이지만, 이웃 또한 기억해야 한다. '갇힌 자를 생각하고'(히13:3) '가난한 자를 기억하라'(갈2:10)."[33] 이스라엘의 입장에서 그리고 교회의 입장에서 기억한다는 것은 정신적 회상이 아니라 현존과 섬김이라는 구체적인 행위가 수반되어야 한다.

율법을 행함에 있어서, 신실한 삶은 기억의 태피스트리(여러 가지 색실로 그림을 짜 넣은 직물)가 된다. 하지만 하나님의 사역을 기억한다는 것과 율법을 준수한다는 것은 이스라엘 백성이 자신들의 정체성이 그들 자신의 기억에 기초한 것이 아니라 하나님께서 이스라엘 민족을 기억하시는 행위를 통하여 그 뿌리가 있다는 사실을 알아야 한다. 하나님께서 이스라엘을 기억하셔서 그들을 해방시키시고 그들과 언약을 맺으시며 하나님의 백성이 되게 하셨다는 사실을 알아야 한다. 그러므로 이스라엘에 정체성을 부여한 것은 하나님의 기억하심이다.

그렇지만 기억하시는 하나님의 속성에 반해 우리 인간의 속성은 망각하는 것이다. 시간이 흘러갈수록 이스라엘은 하나님을 망각한다. 시편 기자와 선지자들의 경고(주께서 행하신 일을 잊지 말라 시78:7)에도 불구하고 이스라엘은 과부와 고아, 공동체의 이방인들을 잊어버린다. 그것은 우상숭배나 불의의 죄에 해당한다. 하나님과 이웃을 망각하는 것은 시간이 흐르고 흐르면서 하나님과 이스라엘의 관계를 찢어버리고 멸망에 이르게 한다.

이스라엘과 인간은 망각하지만 하나님은 여전히 신실하시다. 하나님은 심지어 망각될 때도 여전히 기억하시는 일을 계속하신다. 이것이 기억하시는 하나님의 은혜의 사건인 유월절의 신비이다. 여기에서 하나님의 기억하심이라는 특징은 신실하고, 생명을 가져다주시는, 효과적이며, 타자 지향적이고, 관계 구성적이며, 정체성을 수여하시는 형태로 그 모든 것 안에서 완전하게 일하신다. 하나님은 우리가 육체임을 기억하시고 우리 사이에 거하시며, 우리의 망각을 자신의 육체의 고통과 부활, 용서로 감당하신다. 다른 말로 하자면, 더 이상 우리의 죄를 기억하시지 않으신다. 하나님은 예수 안에서 우리를 기억하심으로 우리에게 새 생명을 주셨다. 우리가 실존적 망각이라는 폭정에 노예가 되어 있을 때 죽음을 이기게 하셨다.

이럴 때 우리가 해야 할 일은 분명하다. "이것을 행하여 나를 기념하라." 그러므로 제자의 삶 중심에서, 기억의 태피스트리 자체로, 우리는 우리에게 정체성을 부여하는 하나님의 위대한 기억 행위를 성찬을 통해 기억한다. 이러한 기억함은 지나간 일을 단순히 회상하는 것이 아니라 기념하는(anamnetic) 것으로, "효과적인 기억은 무엇인가를 과거가 아닌 현재가 되게 하며 오늘날의 공동체 안에 살아 있게 한다."[34] 우리는 하나님의 기억하심의 위대한 행위를 현존으로 체험한다.

이러한 현존과 함께 성찬의 기억은 우리의 정체성을 변화시킨다. 그것은 우리가 우리를 기억하시는 분의 일원이 되고 그리스도의 몸의 구성원이 되는 것이다. 메롤드 웨스트팔(Merold Westphal)은 반대편에서 기억을 보면서 다음과 같이 언급한다.

망각한다는 것은… 망각된 사람들이 우리의 생각이나 느낌, 행동에서 자신의 모습으로 형성되지 못하고 방해를 받는다는 것이다. …예수께서 "나를 기념하라"고 하시면서 우리를 성찬에 초대하실 때… 여기에서 기억은 질문에 대답하는 능력이 아니라 성찬에 참여함으로써 우리의 삶을 형성하도록 하는 개방성을 뜻한다.[35]

이러한 변화의 열쇠는 기억함 그 자체에 내재되어 있다. 웨스트팔에 따르면, 우리가 "기억할 때, 기억된 사건은 거듭남과 개종을 포함하는 다양한 감각으로 새로워지거나 좋아지며, 새롭게 될 준비를 하는 것이다."[36]

그 요소들이 그리스도의 몸으로 바뀌면서, 성찬의 기억은 하나님과의 관계와 새로워진 정체성을 우리의 몸에 심어 준다. 우리의 몸이 우리가 참여하는 성찬과 그분에 의해 변화될 때, 성례전적 기억은 하나님께서 물체를 매개로 기억하신다는 것을 보여 준다. 하나님의 은혜는 물질적인 세계와 바로 우리의 몸(개인적이고 공동체적인)을 중재해 주신다. 머조리 프록토 스미스(Marjorie Procto-Smith)는 이렇게 말한다.

성례전적 기억에는 마음으로 기억하는 것뿐만 아니라 몸(개인과 공동체로서)으로 기억하는 것도 포함된다. 단어들의 반복을 넘어서, 성례전적 기억은 몸짓과 움직임 같이 몸을 사용하는 것을 포함한다. 때로는 친밀하게, 때로는 어색하게 말이다. 이러한 몸의 특성은 우리로 하여금 역사 속에 들어오신 하나님을 기억하게 해주며 말씀이 육신이 되신 사건을 기억하게 해준다. 경험적으로 그리고 극적으로 하나님의 행위가 역사 속에 들어오고 시간 안에만 아니라 공간 안으로 들어오신다. 인간의 몸과 인간의 공동체는 이러한 행위의 장으로 여겨진다. 이렇게 내재된 기억은 모든 기독교 예전의 중심에서 발견된다. 예수 그리스도가 십자가에 못 박혀 죽으시고 부활하여 성령의 능력 안에서 지금도 역사하신다는 유월절의 신비를 기억하고 기념하는 한 말이다.[37]

성찬을 통하여, 우리의 몸은 하나님의 기억하심에 의해 형성되고 변화되어 다른 사람에게 하나님의 기억하심을 매개할 수 있게 된다. 우리가 제자의 삶을 통해 기억함의 구체적인 행위에 관계하게 된다는 뜻이다.

그러므로 신학적으로 해석할 때, 기억과 자아, 정체성 사이의 관계성은 매우 다르게 나타난다. 우리가 시작할 때 살펴본 아우구스티누스에 기초한 자유주의적 설명과는 달라진다. 이것은 일차적으로 정체성과 자아가 자신의 개인적 회상 안에 내재하는 것이 아니다. 오히려 정체성은 하나님께서 우리를 기억하심을 통하여 부여된다. 정확하게 말하자면, 하나님께 대한 신실한 기억함과 서로에 대한 기억을 통해서 부여된다. 하지만 분명한 것은 우리들 중 많은 이들이 기억하기보다 잊어버리기에 능숙하다는 것이다. 그렇다면 여기에서 또 다른 질문이 제기된다. 우리가 기억하기를 배우는 곳은 어디이며 어떻게 기억하는가의 문제이다. 좀 더 구체적으로 우리는 어디서 하나님이 기억하시는 방식으로 서로를 기억하는 방법을 배우는 것일까? 너무나 이상하게도, 기독교 공동체 안에서 우리가 산 사람을 기억하는 방법을 배우는 주된 장소들은 우리가 죽은 사람을

기억하는 법을 배우는 곳에서이다. 기억에 관한 주목할 만한 기독교적 관행, 곧 장례식을 통해서이다.[38]

장례식과 성도들의 교제

그리스도인들이 장례식을 치르는 것은 특별히 놀랍지도 않고 독특하지도 않은 것 같다. 하지만 장례식에서 그리스도인들이 행하고 선포하는 것은 평범하지 않다. 여기에서 그리스도인들은 육체와 영혼이 근본적으로 해체되고 삶이 확실하게 '변화되지만 그것은 끝이 아니라'는 것을 기억하게 된다. 이러한 방식으로, 장례식은 서로를 기억하게 하며 그렇게 훈련시킨다. 특별히 노인들의 경우에 육체와 영혼을 가진 존재로서는 쇠퇴해 가고 그들의 삶은 변화되지만 끝나는 것은 아니다. 죽은 자들이 실은 살아 있다고 선언할 때, 장례 의식은 우리의 정체성에서 결정적인 것이 우리의 자아가 아니라 성도라는 사실에 있음을 일깨워 준다. 그렇게 함으로써, 그들은 우리에게 전혀 새로운 시각으로 볼 수 있는 관점을 제시해 준다. 그것을 통해 기억하게 하며 고립되고 소외된 자들을 보게 한다. 결과적으로 우리는 장례식에 참여함으로써 하나님께서 기억하시는 것처럼 기억한다는 것의 의미를 배우게 된다. 그것도 구체적이고 특별하게, 활동적이고 타자 지향적으로, 현재적이고 성만찬적으로, 구체화된 것으로, 생명을 주고 관계를 형성하며 화해하는 것으로 말이다. 장례식이라는 것이 우리로 하여금 하나님께서 기억하시듯 기억의 훈련을 시키며 형

성시키는 방식을 배우기 위해 로마 가톨릭의 기독교 장례 예식으로 돌아가 보자.[39]

고인 기억하기

장례식은 한 사람의 삶에 대한 단순한 성찰이나 회상이 아니라 그리스도의 몸인 공동체에 의해 행해지는 구체적인 행위이며, 특정한 개인(죽은 자와 애통하는 자 모두)을 지향하고 있다. 다양한 예식을 포함하는 행위들을 통하여, 교회는 현대의 실존적 신조들에 대해 도전한다. 그리스도인은 외롭게 죽지 않는다. 오히려 기독교 전통에서 죽음은 지속적이며 공동체적인 산 경험이다. 이러한 예식을 지속적으로 시행함으로써 죽은 자를 위한 살아 있는 기억, 동반의식, 그리고 돌봄의 세계가 구체적으로 이루어진다. 예식과 관행의 지속적인 시행을 통하여, 교회는 장례식이라는 순간에만 국한되는 것이 아니라 죽어가고 있는 사람에 대한 항구적이고도 끊어지지 않는 연관성을 유지하고 있다.[40] 이것은 교회의 실천적 관행들이 죽음을 맞는 자들과 함께하는 것뿐 아니라 죽은 자들이 하늘로 가는 길 역시 돕고 있음을 말해 주는 것이라 하겠다. 장례 과정을 통해 드러나는 연대의 강력한 모습은 죽은 자들이 자신의 가족과 친구들에 의해 옮겨져 하늘로 올라가며 축복의 공동체의 중심에 놓이게 된다는 사실을 말해 준다. 여기에서 공동체는 가족과 친구, 지인들의 자발적인 모임일 뿐만 아니라 존재론적으로 연계된 교회를 뜻한다.

더구나 장례는 성례적(이 글에서 장례와 성만찬 등에 관한 내용은 저자가 가톨릭 신학자라는 점을 참고하여 읽어야 한다-역주)이다. 세속적인 관행과는 달리 장례식의 핵심과 초점은 죽은 자가 아니라 예수 그리스도며, 유월절의 신비이고, 성찬의 기념이다.[41] 기도와 예식서 낭독은 슬픔과 탄식을 드러내면서도 하나님께서 기억하신다는 복음을 설교한다. 유월절의 신비를 통하여,[42] 그리고 예수께서 죽음을 이기고 부활하신 사건을 통하여 우리 죄가 용서 받는다는 사실을 설교한다. 더구나 장례식이라는 점에서 성찬 자체는 '하나님께서 우리의 연약함에 참여하심'이라는 새로운 의미를 가지게 된다. 우리가 깨달아야 하는 것은 하나님께서 고통과 탄식, 죽음, 그리고 슬픔으로부터 멀리 계시지 않으며 오히려 그것들 속에 특별하고도 강력하게 현존하신다는 사실이다.

그리스도의 죽으심이 우리들 동료의 죽음을 에워쌀 때, 우리는 그리스도의 몸 안에서 그들이 부활의 약속을 얻게 될 것임을 확신할 수 있다. 성찬이 그렇듯이 기독교 장례 역시 영지주의적인 관행이 아니다. 이것은 매우 구체적이다. 죽은 자의 시신은 이러한 예식의 중심이 된다.[43] 계속해서 공동체는 그 시신에 대한 돌봄을 시행하고 있는 셈이다. 전통적으로 시신을 닦고 기름을 바르고 입맞춤을 한 뒤 운구하여 성수를 뿌리고 성유를 붓는다.[44] 그러나 장례식의 구조에서 동일하게 중심이 되는 것은 예수의 몸이 십자가에 못 박혀 부활하고, 예수의 몸으로서 공동체의 구성원이 된 자들의 시신이다.

이러한 연관성을 가진 시신들과 함께 장례식은 우리의 삶과 죽음을 그리스도의 죽으심과 부활의 맥락 안에 위치시키며 그 부활이 몸의 부활이라는 사실을 보여 준다. 그리스도인에게서 이것은 단지 고대 우주관에 뿌리를 내린 것일 뿐만 아니라 신학적 주장의 근본이기도 하다. 이것은 우리의 몸이 우리 정체성에 통합되는 것이라는 점을 말해 준다. 부활은 하나님께서 우리를 새로운 생명으로 일으켜 주실 것이라는 점을 확증한다. "우리는 육체에서 분리된 영혼이 아니라 하나님께서 아시고 사랑하시며 구원하시는 온전한 인격이다."[45] 이것은 하나님의 은혜가 질료를 통해 매개된다는 사실을 말해 준다. 성육신에서 하나님은 인간의 '몸'을 입으셨고 우리들 사이에 거하셨다. 수난 받으심에서 그리스도의 '몸'이 십자가에 못 박히셨다. 성찬에서(글의 저자가 가톨릭 신학자임을 참고할 것-역주) 그리스도는 떡과 잔에 '현존'하신다. 우리가 떡과 잔을 받을 때, 우리는 몸으로 먹고 마심으로써 제단에 나아간다. 우리는 그리스도의 몸이 된다. 그리고 종말론에서 하나님께서 피조물의 질료를 변화시키시고 영화롭게 하신다. 따라서 기독교의 예식들은 인간의 몸이 비록 사후라도 하나님의 은혜를 입는다는 사실을 보여 준다.

마찬가지로 장례식은 우리에게 하나님의 기억하심이 생명을 주고 생명을 이어가게 하는 것임을 상기시켜 준다. 예식의 기도를 반복하는 것은 하나님께서 죽은 자를 기억해 주시기를 바라는 마음이며 하나님의 현존과 돌보심을 간구하는 행위이다. 예를 들어 수많은 기도문들 중에는 하나님께 "당신의 종을 기억하소서"(72번), "그를 죽음의 강 건너로 이끄소서"(167번), "그를 천국 잔치에 들어가게 하소서"(167번), 그들의 죄를 사하시고 그들을 새롭게 하시며 안식과 평화를 구하는 기도들이 있다. 이것은 교회가 하나님께서 이러한 방식으로 계속해서 기억해 주실 것이라는 점을 강하게 확신한다는 것을 뜻한다. 하나님은 죽은 자와 여전히 함께하신다. 죽은 자는 그분과 함께 살아 있다.

천사와 순교자들과 함께 기억하심

죽은 자는 홀로 있지 않다. 하나님께서 죽은 자 속에 현존하실 뿐 아니라, 장례식 자체가 하늘의 초청자들로 하여금 그 동료들과 함께 죽은 자를 환영하도록 이끈다. "천사들이여 주님의 낙원으로 인도하소서. 순교자들이 당신을 영접하러 나와서 당신을 거룩한 도성, 새롭고 영원한 예루살렘이 인도하리라"(176번). 이 예식은 하나님께 청한다. "그를 당신 성자들의 기쁨의 동료로 인정해 주소서"(164번). 우리는 죽은 자들이 그들의 동료로 혹은 가장 최선의 표현으로는 '성도의 교제' 안에 살아 있게 해 달라고 간구한다.

가장 보편적인 말로 하자면, 성도의 교제는 종말론적이다. 이것은 그들이 죽을 때 무슨 일이 일어나는지를 말해 주고 있다. 하지만 존슨(Elizabeth Johnson)은 교리서에서 의미 있는 단어를 사용한다.《하나님과 선지자들의 친구: 성도의 교제에 관한 여성 신학적 재해석 *Friends of God and Prophets: A Feminist Theological Reading of the Communion of Saints*》에서 존슨은 이렇게 말한다. 역사적으로 그것은 오히려 초유의 사건이며 보다 핵심적으로 말해 교회론적이다. 이 개념은 교회의 본질이 사후의 삶에 대한 것이라는 점을 말해 준다.

이 교리는 바울의 '성도'(hagios)라는 용어에서부터 볼 수 있다. 바울에게 '성도'라는 단어는 죽은 자를 말하는 것이 아니고 개인을 뜻하는 것도 아니며, 도덕적으로 영적으로 의로운 모범을 말하는 것도 아니다. 오히려 전체로서의 공동체에 관한 것이고 하나님의 현존과 역사하심에 의해 거룩해진 공동체를 뜻한다.[46] 존슨은 이렇게 말한다.

이 공동체의 일원이 된다는 것의 효과는 모든 구성원들이 하나님의 거룩한 생명에 참여하는 자로 여겨진다는 점이다. 이것은 그들이 선택한 생명의 상태 때문도 아니고, 그들이 덕을 실천하고 있기 때문도 아니며, 그들의 무죄함과 완전함 때문도 아니라 모두에게 성령이 임하셨다는 사실 때문이다. 예수 그리스도를 죽음에서 살려내신 생명의 성령이 그들에게 쏟아 부어졌으며 그들은 그리스도로 옷을 입게 되었고 하나님의 형상으로 변화되었다. 언제나 그렇듯이 이것은 값 없이 주어지는 은혜이다. 그 열매는 은혜 안에서 공동체를 이루며…그 결과로 살아 있는 그리스도인의 공동체는 하나님의 현존과 역사하심에 대한 뜨겁고 열정적인 감각을 가지게 된다. 이것은 예수 그리스도의 생명, 죽으심, 그리고 부활을 통해 이루어진다. 나아가 그들 사이의 육체적이고 영적인 것들의 공유로 이어진다.[47]

그러므로 '성도'라는 말은 신학적이고 교회적인 용어이다. 하나님의 은혜로우신 역사하심과 공동체 안에서 생명력 있게, 지속적으로 현존하심을 통하여, 하나님은 세례 받은 자들을 '성도'로서 교회 안에 들어가게 하시며 교회로 하여금 하나의 전체로서의 '성도의 교제'가 되게 하신다. 나아가 이 용어는 교회의 범위를 보여 준다. "비록 지리적으로는 멀리 떨어져 있지만, 교회를 구성하는 살아 있는 자들 사이의 동반자적 유대"가 그것이다.[48]

마찬가지로 이 용어는 산 자와 죽은 자 사이의 동반자적 유대를 말해 준다. 이것은 소박실재론이나 고대 우주론에 근거한 것이 아닌 교회적이고 성례전적 존재론에 근거한 확신이다. 성도의 교제에 있어서 실천적이고 신학적인 근간은 세례와 성찬이다. 우리는 세례를 통해 교회의 구성원이 되고 성찬을 통해 한 몸의 지체가 된다. 그 유대감은 죽음의 파괴력도 끊어낼 수 없는 것이다.

그러므로 살아 있는 자들은 성체와 거룩한 성찬식을 통해 성인들과의 교감을 이룰 뿐 아니라 죽음이 우리를 하나님의 사랑에서 끊어낼 수 없고 그리스도의 몸 된 멤버십에서 끊어낼 수 없는 한, 죽은 자들은 우리와 함께 하나의 교회, 하나의 몸, 하나의 교감에 묶여 있다. 〈기독교 장례예식〉에 따르면,

> 그리스도의 몸이 됨으로써, 모두가 그리스도 안에서 영생을 누리게될 것이며 그리스도와 연합할 뿐 아니라 모든 신앙인들과 연합하고 산 자와 죽은 자가 연합된다. "떡이 하나요 많은 우리가 한 몸이니 이는 우리가 다 한 떡에 참여함이라"(고전10:17). 〈143번〉

공동체에 연대되어 있기 때문에, 산 자와 죽은 자는 기억이라는 실천을 통해 서로를 지속적으로 돌본다. 초대교회의 기독교 장례는 죽은 자를 위한 기도가 처음부터 돌봄으로 간주되었다. 초대교회 그리스도인들은 죽은 자들을 위한 칭송과 감사의 기도를 드렸고 자신들의 여정에 죽은 자들이 동행하기를 기도했다. 그리고 죽은 자들에게 쉼을 주시기를 하나님께 청했다. 교회는 오늘날도 이러한 기도를 이어오고 있다. 성찬의 기념을 통해 우리는 서로에게 현존하기를 기도하며 그것이 구현되기를 원한

다. 구체적으로 말해 우리들 자신을 넘어서 창조적이고 위안의 방식으로, 생명을 내어 주며 희생하는 방식으로 다른 사람들에게로 향하고 있다. 켁은 이렇게 주장한다.

> 이러한 기도는 돌봄이라는 우리의 책무를 멈추지 말아야 함을 확증해 준다. 기도는 단지 기억과 회상의 정신적 행위가 아니다. 그것은 영혼의 실재적인 행위로서, 산 자, 죽은 자, 그리고 그들의 하나님을 연결한다. 기도는 돌봄의 실재적인 사역이다 (여기에 덧붙일 수 있다면, 성도들의 상호연관성을 믿는 공동체에서 돌봄의 기도는 죽은 자를 위한 것이요 죽은 자에 의한 것이라 할 수 있다. 죽은 자들 역시 돌봄의 기도자들이다).[49]

성도의 교제에 관한 교리는 죽은 자들 또한 돌봄의 기도를 한다는 확신에 잘 반영되어 있다. 죽은 자들은 산 자들을 기억함으로써 기도를 통해 일하고 있다. 존슨에 따르면, 기억함과 공양함을 통해 그들이 기도를 직접적으로 요청할 수 있다. 이러한 맥락에서 순교자들은 그리스도 안에서 우리의 파트너와 함께 훈련 받는 자가 된다. 이것은 산 자와 죽은 자 사이의 열정적이고 지속적인 동반자 관계를 반영해 준다. 살아 있는 자들이 신실한 제자가 되기 위해 영적 싸움을 하며 서로를 위해 기도하는 것처럼, 순교자들은 그들에게 기도하는 자들을 위하여 "땅 위에서 순교자의 길을 가는 자들과 그리스도의 승리를 인침 받은 자들 사이에 존재하는 연대성을 고취하는 특별한 방식으로 기도하기를 요청받는다. 그리스도 안에서 죽음으로 승리한 자들은 그리스도의 중보를 위해 지속적으로 기도

할 것을 요청받으며 하나님 앞에서 아직 순례의 전 과정을 마치지 못한 형제자매들을 기억하도록 요청받는다."[50] 죽은 자들이 기도하고 있다는 인식은 교회에서 그리스도인이 일상적으로 드리는 기도의 연장선상에 있다. 다른 사람들을 돕고 특별한 뜻을 가진 기도를 이어가는 것과 같다. 존슨은 이렇게 말한다.

> 성경은 모든 인간을 위해 기도할 것을 독려한다. 특별한 목적을 위해서도 기도하라고 한다. 그리고 서로를 위한 기도의 모범을 보여 주기도 한다. …이러한 기도는 다른 사람을 위한 사랑과 관심을 표현하는 열쇠가 된다. …만약 살아 있는 자들이 기도라는 격려를 서로에게 줄수 있고 또한 그렇게 한다면, 죽는다고 해서 그 기도를 멈춰야 할까? …하늘의 성도들은… 땅에 있는 그들의 동료들과 하나의 은혜 공동체에 속한다. 그렇다면 하늘에 있는 성도들에게 '우리를 위한 기도'를 요청하는 것은 성령 안에서 이러한 연대성의 독특하고도 특별하며 구체적인 표현이라고 하겠다.[51]

더 나아가 켁은 사후의 삶에 대해 이렇게 성찰한다. "사실 완전한 사랑의 교제 가운데 계신 삼위일체 하나님이 자신의 피조물과 그 사랑을 나누려 하시듯, 누군가가 하나님의 존재를 경험하고 그 체험을 다른 이들과 나누고자 하는 갈망이 없을 수 있는지 궁금할 수도 있다"[52] 우리는 죽은 자들이 산 자들을 위해 기도한다고 믿는다. 그들은 하나님과의 기쁨 충만한 현존을 만끽하고 있기 때문이다. 그들의 영혼이 충만해져서 나눠주고 싶어 할 뿐만 아니라, 하나님 나라를 향한 여정에서 여전히 훈련을 받고 있는 우리와 동행하고 있기 때문이다.

특별히 언급할 가치가 있는 돌봄의 형태는 용서와 화해이다. 하나님의 기억하심은 하나님과 우리의 화해를 위해 죄를 눈감아 주시는 것이 그 핵심이다. 죽은 자를 기억하는 우리들 행위를 구체화시키는 방식의 하나는 하나님께서 요청하신 화해이다. 칼리스토스 웨어(Kallistos Ware) 주교는 이것을 다음과 같이 설명한다.

> 우리가 소외된 누군가와 화해를 모색하는 것을 미룰 때 너무나 쉽게 서로를 용서하기도 전에 죽음이 개입하는 일이 벌어질 수 있다. 쓰라린 회한 속에서 우리는 스스로에게 이렇게 말하고 싶은 유혹을 받는다. "너무 늦었어. 너무 늦었어. 기회는 영원히 사라져 버렸어, 할 수 있는 것이 아무것도 없어." 하지만 우리 모두는 실수하고 있다. 너무 늦은 것이 아니기 때문이다. 우리는 바로 그날 집으로 돌아가 저녁 기도 시간에 멀어져 간 죽은 친구에게 직접적으로 말할 수 있다. 친구가 살아 있었더라면 했을 말을 하면서, 우리는 그 친구를 대면하여 만날 수 있다. 우리는 친구에게 용서를 구할 수 있고 우리의 사랑을 다시 확증할 수 있다. 바로 그 순간 이후에 우리의 상호관계는 변화될 것이다.[53]

그러므로 화해로서의 기억함은 변화와 갱신, 심지어 회심을 위한 실천이 될 수 있다. 그 형태는 달라질 수 있다. 죽은 자와 다른 사람 사이의 화해를 추구하는 것일 수 있고, 또는 죽은 자에 대해 잘못을 저지른 자가 실천적인 회개를 표현하는 것일 수 있다. 기도와 화해를 넘어서 기억함의 행위는 죽은 자가 이전에 지녔던 책임에 동참하는 것이 될 수도 있다. 예를 들어 죽은 자의 나이 많은 부모님을 찾아뵙는 것도 좋은 방법이다. 순교자 사역을 이어가는 것도 좋고 상실로 애통하고 있는 자의 동반자가 되는 것도 좋다.

이렇게 함으로써 기독교 장례라고 하는 실천적 행위들은 우리를 신학적 실재에 집중하게 한다. 은혜로운 하나님의 기억하심을 따라, 산 자와 죽음의 순간에 쇠하여 간 자들 사이의 활기찬 공동체를 기약하는 일이 그것이다. 장례식을 통하여 우리는 죽은 자들이 성도의 교제 안에서 우리에게 현존하고 있으며 돌봄이라는 상호실천을 통하여 우리와 연관되어 있음을 깨닫게 된다. 죽은 자들에게 대한 인식을 이렇게 가져야 한다고 했을 때, 우리가 해야 할 일은 무엇일까? 죽은 자에 대한 기억을 살펴보면서, 그리고 우리가 그들에게 기억되고 있음을 살펴보면서, 살아 있는 자들에게 관심의 눈길을 돌리게 된다. 우리는 늙어가는 자들을 기억하는 것을 배워야 한다.

성도와 제자: 늙어가는 자들을 기억함

그래서 누군가를 방문하는 것은 매우 신학적인 실천이다.[54] 인디애나 주 스위터에 살고 있는 평범한 사람들의 겸손하고 일상적인 활동들은 제자도의 중요한 요소와 연관되어 있다. 그들은 장례식과 묘지 방문을 통해 죽은 자들을 기억했으며 서로를 기억했다. 그들은 자신들 가운데 있는 '늙어가는 사람들'을 기억했다. 그렇게 함으로써 나이를 먹는 것이 무엇을 의미하는지, 그리고 우리들 가운데 있는 노인을 돌봄에 있어 적절한 행동은 무엇인지에 대해 자신의 신념들을 삶으로써 증언해 주었다.

　　이러한 실천의 근간은 기본적 확신에 있다. 노인들에게 결정적인 것은 '사람'으로서의 삶의 질도 아니고 개인사에 대한 개별적인 기억도 아니고, 다른 사람들에게 역사적인 기억을 공유해 주는 문제도 아니다. 다만 그리스도의 몸의 다른 지체들과 마찬가지로 그들이 '성도'라는 사실에 있다. 분명히 '성도'라는 말은 노인들에게만 해당되는 일정 수준의 도덕적이고 영적인 완전성을 지칭하는 것이 아니다. 왜냐하면 그들은 영적 성찰 및 기도를 위한 시간을 더 많이 가지고 있으며 하나님께 어느 정도는 더 가까이 나아갈 시간적 여유가 있기 때문이다. 사실 그들은 우리가 지녀온 좁은 의미의 성도 개념에서 볼 때, 정말 성도로서 적합한 모습일까 의구심을 일으키기도 한다. 가끔 개인적인 기행들과 강박관념이 우리를 당혹스럽게 하거나 좌절시키는 방향으로 나타나기 때문이다. 그들은 자신들만의 삶을 고집하며, 혁신에 대해 비판적이고, 불평을 달고 살며, 자신들의 외로움과 육체적 고통에 대해 큰소리로 불평을 늘어놓는다. 더구나 치매를 앓고 있는 경우에는 완전성이나 영적 깊이를 거의 찾아보기 어렵다. 주의 대상이 되거나 음식을 공급받아야 하며 욕실에서나 옷을 입을 때도 도움이 필요한 경우라면 더욱 그렇다. 그들이 가진 적대감, 외설, 그리고 비이성적인 중얼거림 등을 참아내야 하는 경우도 마주하게 된다. 이러한 경우에 우리의 나이 든 이웃들, 혹은 우리의 부모들을 새로운 관점에서 볼 수 있게 하는 것은 과연 무엇일까? 그들을 성도라고 볼 수 있게 하는 것은 또한 무엇일까? 그들이 성도인 것은 예수 그리스도를 죽음에서 일으키신 생명의 성령께서 그들에게 임하시고 그들을 그리스도의 형상으로 변화시켰다는 뜻이다. 또한 하나님께서 우리들 가운데 있는 노인들과 함께하시며 생명력 있고 열정적인 방식으로 육체적이고 영적인 선들을 공유하도록 이끌어 주셔야 한다는 뜻이다.

어떤 의미에서 이것은 그리 심각한 이야기로 들리지 않을 수 있다. 하지만 필자가 말하고 싶은 것은 노인들의 자기 이해에 대해서, 그리고 기독교 공동체가 늙어 감을 이해하는 방식에 대해서 이 점이 큰 의의를 지닌다는 사실이다. 공동체 구성원 사이의 관계성은 돌봄을 실천하는 과정에서 이루어진다. 늙어가는 사람들에 대해서도 마찬가지이다. 과연 그러한 실천이 구체적으로 공동체 안에서 어떻게 나타날 수 있느냐에 대해서는 세밀하게는 아니어도 대략적으로 설명할 수 있을 것 같다.

제자로서의 나이 듦

노인들에 대해 생각해 보자. 그들을 성도로 여긴다는 것은 비록 그들이 늙기는 했지만 제자로 남아 있다는 것을 재차 말해 준다. 기독교 공동체에서 늙어가는 자들에게 '은퇴'는 선택사항이 아니다. 마치 죽음이 우리로 제자로서의 부르심을 내려놓게 하지 못하는 것처럼, 교회 공동체의 구성원으로서 노인들은 여전히 하나님의 기억하심에 대한 돌봄의 모형으로서 구체적인 실천을 보여 줄 소명이 있으며 이 부르심을 계속해서 따라가야 한다. 그들은 긍휼을 위한 육체적이고 영적인 실천, 신학적 성찰, 기도와 예배, 예전 사역, 젊은이들과 신앙을 공유하는 일, 그리고 사회 정의를 증진하는 일에 여전히 소명이 있다. 공동체 안에서 노인들은 다양한 방식으로 다른 사람들을 위한 사역을 이어갈 수 있다. 자신들의 역사적 기억을 제공하고, 모범과 지혜를 제시하며 이미 길을 걸어온 자로서 결혼생활에서의 갈등이나 자녀양육, 혹은 용서와 화해와 같은 인생길을 묻는 자에게 길을 알려 주어야 한다. 그들은 우리에게 정체성이라는 것이 직업이나 자율적 자기성취에 근거한 것이 아니라는 사실을 깨닫게 해주며, 오히려 그것들을 추구해 온 인생 선배로서 우리가 지닌 관점들이 옳은 것인지 성찰하도록 이끌어 준다. 노인들 사이에도 다양성과 개별성이 있다는 점에서, 그들 각각의 소명과 사역은 각각의 삶의 단계마다 다양하게 나타날 것이다. 노인들은 공동체와 함께 지속적으로 제자도의 사역을 지속할 방법들을 찾아내야 한다.[55] 공동체는 이러한 소명을 독려해 주어야 하며 그들의 은사와 사역과 섬김을 환영해야 한다. 특별히 공적이고 성례전적인 사역에서 그들을 독려해야 한다.[56] 중요한 것은 교회가 쇠약해져 가는 이들의 소명을 식별해야만 한다는 것이다. 예를 들어 알츠하이머 환자는 아무것도 할 수 없는 것처럼 보이겠지만 그들에게도 소명이 있다. 그들도 여전히 성도이기 때문이다.

따라서 성도의 교제는 "시간을 가로질러 세대 간 유대를 구축해야 하며 시간과 장소의 변함에도 불구하고 여전히 신앙적이어야 한다."[57] 노인들을 성도와 제자로 재인식할 때라야 공동체 내의 성도의 교제가 세대 간 유대관계로 이어질 수 있다. 이것은 노인들을 마치 다른 사람들을 위한 사역의 일차적 수혜자로서 수동적이고 받기만 하는 입장에 놓으려는 관점에 도전을 제기한다.

노인을 성도와 제자로 해석하는 것은 나이 듦에 대한 또 다른 현대적 논의에 도전한다. 메리 눗슨(Mary M. Knutsen)은 이렇게 말한다. "나이 듦에 있어서, 인간발달이론에 공통적이고 영향력 있는 이미지는 일과 경제적 생산성 및 '중년의 위기'로 묘사되는 상승했다가 하강하는 이미지이다. 그림은 하강곡선을 그리다가 결국 은퇴로 대단원의 막을 내리며 마감된다."[58] 앞서 말했듯이, 황혼을 맞은 사람들은 과거에 대한 회상에 지나치게 많이 시간을 소비한다고 인식되고 있다. 그들에게 과거는 정체성의 관점이나 기여의 문제에서 그들이 가진 모든 것이라 할 수 있기 때문이다.[59] 노인을 성도의 일원으로 이해하는 것은 최소한 그들에게 미래가 있음을 의미한다. 미래라는 것이 그들의 죽음에 대한 경험을 포함하는 것이기는 해도 좀 더 중요한 것은 그들의 미래에 남겨둘 것이 있다는 사실이다. 그 미래에 그들은 죽음 안에서 앞서간 자들과 새롭고 구체적인 방식으로 재회하게 될 것이다. 지금은 부모와 배우자, 형제자매, 친구들을 잃게 될 것이라는 느낌 때문에 외롭겠지만, 성도의 교제는 그들로 하여금 자신들이 고독한 자가 아니라 인생의 선배로서 공동체 안에 있는 자로 기억되고 있음을 일깨워 준다.

공동체적 실천으로서 기억함

나이 듦이라는 현실에서 노인들은 제자이면서도 또한 사역을 감당해야 할 자이기도 하다. 제자로서 그들은 하나님께서 기억하시는 것처럼 기억하는 일에 부르심을 받았다. 구체적이고 특별하게, 활동적이고 타자 지향적으로, 현재적이고 성만찬적으로, 구체화된 것으로, 생명을 주고 관계를 형성하며 화해시키는 일을 통해서 말이다. 이것은 선한 의도나 정신적 회고를 기억함이나 노인들(주로 자기중심적으로 남을 통제하려는)과의 상호작용에 가치를 두는 것으로 간주하는 인간의 성향에 도전장을 내민다.

기억한다는 것은 행동한다는 것이다. 노인들을 기억한다는 것은 구체적인 행동을 통하여 구현되어야 한다.[60] 자주 이러한 행동들은 의미 있고 기쁨에 찬 것일 수 있지만, 그들은 또한 짐스럽고 따분하며 고통스럽고 기쁘지 않고 불만 가득하며 우리의 스케줄과 우선순위에서 값진 시간을 빼앗아가기도 한다. 켁이 말한 것처럼, "결국 기억한다는 것은 시간을 들여야 하는 일이며… 특별한 책임이 수반되는 일"이다.[61]

기억함의 가장 기본이자 다른 모든 것의 근간이 되는 것은 단지 함께 있는 것이다. 켁은 이 점을 예리하게 관찰했다. "누군가를 돌본다는 것은 중요하게 기억된다는 것뿐만 아니라 누군가의 방문을 받는 것도 매우 중요하다는 사실을 말해 준다."[62] 돌봄을 위해 가정을 방문해 본 사람은 이러한 방문이 거주자에게 무척이나 유용하며 그의 자녀들이 찾아오지 않는 일은 아주 큰 충격이 된다는 사실을 알 수 있다. 하나님께서 우리를 기억하시는 것처럼, 우리가 노인들을 기억하는 것은 그들을 지지해 주는 일이 된다.

방문 외에도 기억한다는 것은 늙어가는 사람들만큼이나 다양한 형태로 나타난다. 어떤 것은 아주 공통적인 것이지만 중요한 실천일 수 있다. 늙어감의 공통적인 요소는 배우자나 형제자매, 부모, 친구 등 그들의 삶을 이루는 자들을 잃는다는 것이다. 기억함의 중요하고도 구체적인 실천은 죽음의 순간에 슬퍼하는 자들을 위로하며 목회 사역을 감당하는 것이다. 우리는 때로 노인들로 하여금 이미 죽은 사람에 대해 말하면서 용기를 내라고 말해야 하는 불편한 책무도 지닌다. 그리고 또한 그들이 죽어갈 때 그들과 함께하며 이야기를 들어 주기도 해야 한다. 그들이 울부짖을 때, '일반적인' 애도의 시간에서만 아니라 지속적으로 함께 슬퍼해야 한다.

이야기를 들어주는 것을 넘어 〈가톨릭 장례 예식〉은 우리에게 애통하는 자를 돌보는 구체적인 실천을 이어가도록 권한다. 예를 들어 "친절의 행위, 곧 일상의 삶을 위한 일반적인 일들을 돕는 것도 해당한다."(10번) 일상적이고 매일 이어지는 일들을 돕는 예는 다양하다. "삶의 일상적인 부분들을 돕는 행위들 말이다. 장보기, 요리하기, 세탁하기, 은행 업무 보기 등등… 간호 업무로서는 목욕시키기, 몸단장 해주기, 그리고 약 먹는 일 돕기… 사회적 활동으로서는 방문하기, 이야기 들어주기, 공감하기, 등등… 그리고 노인들에게 삶의 기본적인 부분을 돌보는 것은 물론이고 그들을 유아가 아닌 성년으로서의 권위에 합당하게 존중해 주는 부분까지도 포함된다."[63]

너무도 자주, 이러한 행위들은 가족 구성원들만의 책임이라고 생각되어 왔다. 그러한 탓에 가족들은 지쳐 버린다. 하지만 장례식은 우리로 하여금 기억한다는 것이 공동체적 행위라는 사실을 깨닫게 해준다. 기억함의 책임은 가족 구성원들에게만 부여되는 것이 아니라, 교회 전체에 해당된다. 노인들의 삶을 지탱하기 위한 구체적이고 일상적인 책무를 공동체가 함께 짊어진다면 그 일들이 너무 버거운 것이 되지 않을 것이다. 이것은 그리스도의 몸인 공동체가 함께 짊어져야 할 일이다. 켁은 이렇게 말한다.

> 돌봄이라는 이러한 헤라클레스적인, 또는 좀 더 잘 말하자면 삼손이 짊어져야 할 것 같은 일은 공동체에서 돌봄을 시행하지 않았던 자들까지도 그리스도의 몸에 연합되기 위해 수행해야 하는 책무이다. 고린도전서 1장 12절에서 바울은 지체들의 다양성을 설명하면서 성령의 은사가 다르고 그리스도인이 짊어져야 할 짐이 다양하다는 사실을 말하고 있다. 그러므로 우리들 역시 돌봄을 위해서 방문자들이 자신들의 집에서 만든 수프를 가지고 오는 노력을 할 수도 있고, 파트타임 돌봄 사역에 참여하여 그리스도의 이름으로 세례를 받은 자들이 그리스도의 몸의 지체가 되는 방식을 따를 수도 있다. 여기에는 많은 수고가 필요하고 비록 매번 그렇게 느낄 수는 없겠지만 그리스도인을 하나가 되게 할 수 있다.[64]

하지만 공동체적 실천으로서의 기억함이란 일상적이고 변화가 없는 일 그 이상의 가치를 가진다. 이러한 책임을 심각하게 받아들이는 공동체의 모습은 커티스 프리먼(Curtis Freeman)의 에세이, 〈정상적으로 우리가 해야 할 것은 무엇일까? *What Shall We Do About Normal?*〉에서 볼 수 있다.[65] 프리먼은 그가 목회하던 교구, '노먼의 교회 가족'을 소개한다. 심장마비를 겪은 후 식물인간(PVS) 상태에 빠진 79세의 노먼이라는 사람은 연명 치료에 의해 살아가고 있었으며 안락사를 결정해야 할 단계에 있었다. 가족 구성원이나 특별한 피지정인의 추정 동의가 요구되는 상태에서 노먼이 다니던 교회는 그가 "1926년 5월 9일에 받은 세례를 기초로 하나님의 새로운 피조물의 공동체 구성원이라는 정체성"을 바탕으로 추정 동의를 내릴 권한을 가진 피지정인이 되었다.[66] 그가 교회의 한 성도가 되면서, 교회는 노먼을 기억하는 일이 그를 병실에서 밤새워 간호하는 것뿐만 아니라 그의 죽음에 대한 결정을 내리는 공동체적 판단까지 포함된다는 사실을 깨닫게 된 셈이다.

프리먼이 노먼을 돌보는 공동체의 사례를 소개한 것은 우리에게 세례에서 죽음에 이르기까지 교회 공동체가 신앙인과 그 구성원들에 대한 책임을 지고 있다는 사실을 일깨워 준다. 여기에서 핵심이 되는 도덕적 질문은 이것이다.

> 식별의 공동체로서 우리는 노먼이 세례를 받을 때 가지게 된 생명을 통전적으로 살아갈 수 있도록 어떻게 도울 수 있을까? …비록 PVS 상태이지만, 노먼은 그가 세례를 받음으로 가입된 공동체의 일원이다. 그는 또한 세례를 받을 때 했던 서약을 지키면서 살아 있어야 할 책임을 지고 있다. 우리의 역할은 우리가 신실한 제자도에 일치되는 결정을 통해 그를 도와야 하고 그를 지지해야 한다.[67]

프리먼의 설명은 제자의 공동체로서 교회로 하여금 자율성을 발휘하는 자아의 완성을 도와주는 것이 아니라 세례를 통해 얻은 새 생명에 충실할 수 있도록 그들을 도와야 한다는 사실을 우리에게 깨우쳐 준다.

켁은 여기에서 한 걸음 더 나아가 노인을 기억할 때 중요한 것은 그들을 믿어줄 책임이 있음을 전제하는 것이라고 주장한다. 이것은 개인의 합리성과 자율성의 특권을 부여하는 신앙에 대한 이해를 분명하게 거부하는 것이며, 신앙이란 부활에서 약속된 공동체적 정체성의 구조 안에서 신뢰를 얻는 것이라는 점을 말해 준다.

> 환자는 주체성의 모든 능력을 상실했기 때문에, 다른 사람이 그를 위해 일을 해줘야 하는 것이 중요한 상태가 되었다. 공동체가 방금 세례를 받은 영아를 믿음의 책임으로 수용하는 것처럼, 교회는 삶의 끝자락에 있는 말기 치매 환자를 위한 책무도 받아들여야 한다. …알츠하이머와 관련해서 볼 때, 우리는 때로 다른 사람들을 믿어 주어야 한다는 사실을 알 수 있다. 우리가 이 무거운 책임을 짊어지고자 한다는 것은 마치 믿겨지지 않는 책임을 떠맡는 것과 같다. 다시 말해 말기 치매를 겪는 한 사람의 온전성을 견뎌내기로 할 때, 우리는 부활의 능력과 하나님께서 우리에게 하신 일들을 받아들여야 한다. 돌보는 자로서든 그리스도인으로서든 간에 누구도 이러한 능력을 감당할 수 없다. 하지만 돌보는 자가 한 사람의 완전성을 감당해 내고자 할 때, 그리스도의 몸으로서의 교회는 한 사람의 돌보는 자가 수행하는 사역을 온전히 감내하고 수용해야 한다. [68]

따라서 기억함이라는 구체적인 실천을 통하여 기독교 공동체는 노인들을 방기와 홀대로부터 구해낼 수 있다. 심지어 알츠하이머에 걸렸거나 식물인간 상태일지라도 다르지 않다. 이러한 맥락에서 특별히 기억의 실패, 또는 노인을 망각하는 일은 소외와 죽음을 연결시킴으로써 결과적으로 죄를 짓는 행위가 되어 버린다. 망각의 위험성은 하나님과 우리의 관계를 파괴하며 인간들 간의 관계까지 해친다. "간통을 범한 자가 배우자를 망각하고 부자가 가난한 자를 망각하고 친구가 친구를 망각하는 것과 다르지 않다. 우리는 생일 카드를 쓰거나 감사 인사를 전하는 가장 단순한 일조차 망각하며 지낸다. 어쩌면 우리는 너무 바빠서 망각하는 것일지도 모른다."[69] 특별히 노인들에게는 '기억되지 않고' 잊힌다는 것이 큰 고통을 일으키는 원인이자 그들을 절망하게 만들고 때로는 더 이상 살고 싶지 않게 만드는 원인이 되기도 한다.

하지만 우리는 늘 망각하며 살고 있다. 어쩌면 우리가 너무 바쁜 것일 수 있다. 병든 자와 노인을 가족에 의해 돌봄을 받는 과정에서 격리시키려는 것 자체가 이러한 망각의 위험성을 증폭시킨다. 기억함의 실천에서 결정적인 것은 용서와 화해의 실천이다. 성도의 교제에서 모든 관계에 화해의 필요성이 수반된다. 노인과 앞서 죽은 자들 사이, 그리고 공동체에 속한 노인들 사이의 화해가 필요하다. 노인들이 우리에게 그리고 우리가 그들에게 저지른 해악들에 대한 고통스러운 기억도 포함된다. 마치 하나님께서 기억하시듯, 구성원들을 기억하는 사람이 되기 위하여 우리의 죄를 기억해야 한다. 과거에 지은 죄와 여전히 짓고 있는 실수들에 대한 기억함을 통하여 용서와 화해를 구해야 한다.

그런 화해가 쉽지는 않을 것이다. 피상적이거나 단순히 치료적이거나 고통이 없는 화해가 아니기 때문이다. 자신들의 모든 추악함 속에서

죄나 실수, 해악을 기억해 넘으로써 그들과 우리는 새롭게 마주하게 되며 곪아 터져온 곳에서부터 해방된다. 우리는 노인들을 상호적 정체성의 일부로 인정해야 한다. 우리가 받아들여야 하는 사실은 과거는 바뀔 수 없으며 대부분 교정되지 않는다는 것이다. 노인들의 행위를 단순히 기억하기만 하는 것으로는 관계가 나아질 수 없다. 화해를 목표로 삼으며 그것을 통해 하나가 되게 하는 과정이 필요하다. 성찬을 통해 우리는 화해할 수 있게 된다. 예수 그리스도를 통한 하나님의 용서가 우리를 기억하시고 새롭게 하심으로써 화해를 실천할 수 있게 하신다.[70]

성찬은 화해를 이끄는 상황을 제공하고 기억을 하나의 예전으로 실천하게 하는 중심점이 된다. 공동 기도는 기억의 한 형태로서, 우리들 가운데 서로를 존재하게 하며 흩어졌던 자들을 공동체 안에 연합시킨다. 청원과 중재를 구하는 기도를 통해 공동체는 가난한 자와 예배에 모이지 못하는 자들을 위해서도 기도할 수 있다. 장례식을 통해 죽은 자와 가족들의 애도에 참여하듯이, 교회 공동체는 노인들의 상실과 질병에 대한 두려움, 절망, 그리고 슬픔에 참여할 수 있어야 한다. 이러한 일을 겪는 자들에게 주께서 특별한 은혜를 주시기를 간구하면서 말이다. 성찬과 관련된 행위들, 이를테면 사역자들로 하여금 환자들과 교제하게 하며 환자를 위해 기도하는 행위들을 통해 교회 공동체는 분리된 자들과 더불어 살아가며 보다 나은 진전을 이룰 수 있게 된다.

성찬의 상황은 기억함을 실천하는 최종 단계가 무엇인지 말해 준다. 앞에서 고인에 대해 살펴본 것처럼, 죽음을 부인하지 않는 중요한 요소는 장례식 동안 시신에 주목하는 것이다. 이는 시신을 인격적으로 돌보는 것에서부터 장례식 동안 시신과 함께 있는 것까지, 성찬적 축복의 중요성, 그리고 부활이 육체적인 차원에서도 일어난다는 것에 대한 확언이다. 마찬가지로 노화를 장례식의 세례와 같이 예전적이고 성찬적 상황을 통해 배우는 것은 노인의 몸을 노쇠했다고 홀대하는 우리 시대의 문화적 경향성에 도전해야 함을 일깨워 준다. 노인의 몸을 단지 의료적 치료 대상으로 간주하는 것은 결국 인간으로서의 존엄성이 상실되었다고 간주하는 것과 다름없으며, 뇌를 중심으로 한 이원론적 관점에서 읽어내려는 시도와 다를 바 없다. 노인의 몸을 이러한 방식으로 설명하는 것은 인간의 몸을 소모품에 지나지 않는 것으로 간주할 우려가 있다.

이러한 구성법에 대항하여 노인의 몸에 대한 다른 설명법을 제시하는 것이 바로 몸의 부활에 대한 확신이다. 부활은 우리의 몸이 창조될 때의 질료이자 인격으로서의 인간의 정체성에 통합된다는 점을 말해 준다. 우리의 몸은 그리스도의 지체이며 나이 듦을 통해 지워지는 능력이나 특성이 아니다. 하나님은 바로 이러한 질료 안으로 들어오셨으며 심지어 쇠퇴해 버릴 수 있는 인간의 몸을 입으셨다. 우리의 몸은 하나님의 은혜의 그릇이다. 노인의 몸을 인간의 기준에서 멀어진 것이자 실격이라고 판정하려는 설명법에 반대하면서, 늣슨은 노인의 몸이 성육신의 현실태이자 유월절의 비밀로 인식되어야 한다고 주장한다.

몸은 하나님과 교제하는 매개체이자 다른 사람들과 소통하는 매개체이며 땅과의 매개체이다. 그리고 모든 기쁨의 매개체이다. …삼위일체의 중심에는 예수 그리스도 안에서 성육신하신 하나님이 계시며, 그 하나님은 '육체 안에 깊이' 몸으로 존재하시고, 유한하며, 인간의 삶을 사시다 십자가에 못 박히셨다. 그리스도인들에게 있어 유한하고 특정한 몸을 가진 채 나이가 들어간다는 것은 예수 그리스도 안에서 육체를 가진 존재로 하나님을 향해 더 깊은 여정을 떠나는 것과 같다. 그것은 세례를 통해 형체를 지녔지만 공유할 수 있는 그리스도의 몸이 더 깊이 현실화되는 것이다. 따라서 나이 듦과 죽음은 삶의 '하향곡선'을 그리는 지점이 아니라 그리스도의 유월절 신비를 드러내는 빛으로 이해되어야 한다.[71]

부활이 우리 육체의 본질적 가치와 나이 들어감의 중요성을 확인해 주는 것만큼이나 이 빛이 유월절의 신비(파스카, 저자가 가톨릭 신학자라는 점을 참고하기 바람-역주)라는 점이 중요하다. 십자가에 못 박히시고 고난당하신 그리스도의 몸은 없어질 수 없기 때문이다. 노화라는 구체화된 경험은 종종 신체적인 병약과 질병, 상실, 고통으로 나타난다. 여기에 '통증과 고통의 두려움'은 앞서 말했던 크리스티안센의 의존의 두려움과 방치 및 홀대의 두려움이라는 관점에 더해 제3의 두려움이 될 수 있다. 늦슨이 묘사한 실재로의 여정은 우리가 점점 더 유한성과 타락한 창조의 본성 속으로 들어가는 과정의 하나라고 하겠다. 비록 우리의 몸이 궁극적으로는 새 창조를 통해 부활할 것이라고 믿고 있지만, 현재의 단계에서 우리 몸이 노쇠하고 분해되어 심지어 죽음에 이르게 되는 과정은 "죄 문제와 긴밀히 연관되어 있다는 사실을 보여 준다. 그리스도는 우리의 죄로 인하여 십자가에 못 박히셨다. 죄는 우리들을 서로에게서 어긋나게 하며 하나님과의 관계를 빛나가게 했다."[72] 노쇠 현상은 환영을 받을 만한 일도 아니고 적절한 것이라고도 할 수 없지만, 노인의 몸을 제거하거나 가치를 격하시킴으로써 그 상황에서 벗어날 수 있는 것은 아니다. 유월절의 신비 안에서 볼 때, 몸이 늙어간다는 것은 그리스도께서 깊은 고난을 당하신 것처럼 우리 몸이 그리스도께 나아가는 과정이다.[73] 그러므로 기억함의 실천, 특히 노인의 몸에 대해 특별한 관심을 기울인다면 새로운 의미를 얻을 수 있다. 성찬을 기준으로 볼 때, 몸은 그 고유의 자리에서 성찬적 차원을 지닌다.

우리에게 생명이 끝나는 것이 아니라 변화되는 것입니다

따라서 우리는 장례식과 성도의 교제를 통해 실천된 기억의 재해석이 우리 시대의 지배적인 관점에 도전하는 것을 발견한다. 늙어감에 따라 자아가 파괴되어 간다는 주장으로, 사람됨이 오로지 이성적이며 자율적인 기준에 의해서만 이루어진다고 말하는 이데올로기에 대한 도전 말이다. 성도의 교제는 독립보다는 의존을 일깨워 준다.[74] 이것은 우리의 사람됨을 발달 이론에 기초하여 말하는 것이 아니라, 처음부터 그리스도인의 정체성의 지평에서 해석하려는 관점이다.[75] 성도의 교제는 노인들을 그리스도 몸의 동등한 동반자 자리에 위치하게 한다. 노인들이 없으면 교회도 이루어지지 않는다.[76] 따라서 노인을 방치하거나 홀대하는 것은 나이 듦에 따르는 불행한 고통이다. 교회 안에 이러한 현상이 나타난다면, 그것은 노인들을 죄인 취급을 하는 것이며 참 교회가 되기를 포기했음을 말해 주는 것이다.

나아가 이러한 관점은 기억에 대한 현대인의 이데올로기에 도전한다. 기억을 개별적 자아 개념에 주목해 온 해석들에 대한 비판이기도 하다. 늙어감에 대한 신학적 해석은 정체성을 개인이 아닌 공동체적으로 읽게 한다. 그리스도 몸의 구성원으로서의 개인의 정체성은 개인적인 성취에서 오는 것이 아니라, 하나님께서 우리를 기억하시고 성도가 되게 하시며, 삼위일체의 거룩한 생명에 참여하도록 하신 선물로 인식되어야 한다. 우리가 누구인가에 관한 이러한 인식은 나이 듦이라는 황폐함으로 희미해지는 것이 아니며 심지어 죽음의 순간에서조차 지워질 수 없다.

중요한 것은 늙어감에 따라 얼마나 기억할 수 있는가의 문제가 아니라 공동체로서의 우리가 능동적이고 구체적으로 그들을 기억해야 한다는 점이다. 이렇게 함으로써 우리는 기억의 백성이 되며 하나님께서 그 피조물들을 돌보시는 방식에 충실해진다. 하나님의 백성은 그 삶이 변해 갈 수는 있지만 결코 끝나지 않는다. 이것이 내가 열 살 때 증조할머니로부터 배우기 시작한 내용이다.[77]

주

PART 1

Chapter 1

1. 고대 지중해 세계에서의 기대 수명에 관해서는 Tim G. Parkin, *Roman Demography and Society*(로마의 인구변동과 사회)(Baltimore: Johns Hopkins University Press, 1992) 참조. 파킨은 태어났을 때에 기대 수명은 약 25세였다고 추정하는데, 주로 높은 영아사망률 때문이었고, "로마 사회에서 60세가 넘은 사람은 전체 인구의 약 5-10 퍼센트에 해당되었다"(p.134). Roger Bagnall 과 Bruce Frier, *The Demography of Roman Egypt*(로마 이집트의 인구변동)(Cambridge: Cambridge University Press, 1994)는 로마 시대 이집트에서 여성의 출생 시 기대 수명은 20-25세 사이였지만, 10세까지 살아남은 여성은 34.5-37.5세에 걸친 기대 수명을 즐겼고, 그것은 그들이 평균 44-47세 사이에 죽었다는 것을 의미한다고 추산한다. Evelyne Patlagean, *Pauvrete economique et pauvrete social a Byzance, 4e-7e siecles*(4-7세기, 비잔틴의 경제적 빈곤과 사회적 빈곤)(Paris:Mouton, 1977), pp. 95-101 참조. 저자의 수치에 따르면, 인구의 절반이 44세가 되기 전에 죽었다. 비교해 보면, 미국에서 1998년에 출생한 사람들의 기대 수명은 76.7세였다(National Center for Health Statistics, *Health, United States 2000 with Adolescent Health Chartbook* (Hyattsville,Md.: 2000), p. 4). 또한 2000년이 되었을 때 미국 인구의 13퍼센트가 65세 이상에 달했다(Federal Interagency Forum on Aging Related Statistics (FIFARS), *Older Americans 2000: Key Indicators of Well-Being* (Hyattsville, Md.: FIFARS, 2000), p. 2). 1998년에 10세였던 소녀들은 평균 60.2세를 살 것으로 예상될 수 있었고, 미국 전체 인구 가운데 생존자 중위연령은 80세였다

주

475

(Centers for Disease Control: National Vital Statistics Report 48:18, pp. 2, 4).

2. F. W. Danker, *A Greek-English Lexicon of the New Testament and Other Early Christian Literature*, third ed. (Chicago: University of Chicago Press, 2000), p. 751.

3. 이 구절은 히브리어 원문과 70인역에는 요엘 3:1로 되어 있다. 사도행전 2:17에서 누가는 이 구절을 인용할 때 절을 거꾸로 해서 정점으로 "늙은이"(presbyteroi)를 강조하고 있다.

4. 예수의 출생과 죽음의 정확한 연대를 정하는 복잡한 문제에 관해서는 John P. Meier, *A Marginal Jew: Rethinking the Historical Jesus*(가장자리의 유대인: 역사적 예수를 다시 생각하며), Anchor Bible Reference Library(New York: Doubleday, 1991-2001), vol. 1, pp. 372-433을 보라. 요한복음 8:57에서 예수의 의심 많은 대화 상대자들은 "네가 아직 오십 세도 못되었는데 아브라함을 보았느냐"라고 말한다. 이것은 예수가 50세에 가까워지고 있었다는 의미가 아니다. 그것은 단지 아브라함이 예수의 "때"를 보았고 기뻐했다는 주장을 얼마나 터무니없게 여겼는지를 가리키는 대략의 기준이다.

5. Gregory Nazianzen, Epistle 101(Ad Cledonium), *Patrologia Graeca 37*: 181C-184A.

6. 이 번역에 관해서 Richard B. Hays, *Galatians*(갈라디아서), New Interpreter's Bible, vol. 11(Nashville: Abingdon, 2000), pp. 242-45를 보라.

7. T. S. Eliot, "East Coker," in *The Complete Poems and Plays*(New York: Harcourt, Brace and World, 1962), p. 129.

8. 가난한 자들을 재워 주며 먹여 주고, 병자, 노인, 죽어 가는 자를 돌봐 주는 기관에 대한 교회의 후원에 대한 확장된 토론을 위해서는 Guenter B. Risse, *Mending Bodies, Saving Souls: A History of Hospitals*(몸을 치료하고, 영혼을 구원하고: 병원의 역사)(New York: Oxford University Press, 1999)를 보라.

9. John Donne, "Holy Sonnet X," in *The Complete Poetry and Selected Prose of John Donne*, ed. C. M. Coffin(New York: Modern Library, 1952), pp. 250-51.

10. Stanley Hauerwas, *A Community of Character: After Christendom*(품성의 공동체: 기독교국 이후), 2nd ed. (Nashville: Abingdon, 1999), p. 43.

11. 이 주제들에 대해서는 다음을 참고하라. Audrey West, "Whether by Life or by Death: Friendship in a Pauline Ethic of Death and Dying,"("살든지 죽든지: 바울의 죽음과 임종의 윤리 안에서의 우정") chap. 3(Ph.D. diss., Duke University, 2001).

1. Lactantius, Divine Institutes 2.13, in *Ante-Nicene Fathers*(이후로 ANF), ed. A. Roberts and J. Donaldson(Buffalo: Christian Literature, 1885-1896), vol. 7, p. 63.

2. 해석의 차이들이 있다. 줄리어스 아프리카누스(Julius Africanus)는 하나님이 20세 이상인 자들을 부르고 있다고 주장한다. "왜냐하면 그 당시의 죄인들과 관련하여 의미하는 시간이 홍수까지 100년이었는데 그들은 20세였기 때문이다"(ANF 6, p. 31). 그러나 아우구스티누스는 노아의 500세는 480세로 이해되어야 하는 어림수로 본다. 그래서 120년은 아주 간단하게 홍수까지 남은 시간이다(*City of God* 15.24).

3. 예를 들면, *Origen, De principiis 1.3.7* 그리고 *Contra Celsum 7.38*; Ambrose, *Commentary on Luke 6.94* 그리고 De mysteriis 10을 보라.

4. Gregory Nazianzen, *Oration 18: On the Death of His Father 38*, in *A Select Library of the Nicene and Post-Nicene Fathers of the Christian Church*(hereafter NPNF), ed. Philip Schaff et al. (Buffalo: Christian Literature, 1887-1894), second series, vol. 7, p. 267: "마침내 거의 100년의 삶을 산 후에, 다윗이 우리 나이를 한계 지은 것을 초과하여… 그는 장수함으로 끝냈다." 다른 네 문서는 시간 언급을 확정적이지 않은 것으로 다룬다. 유세비우스는(Eusebius)는 시편에 대한 주석에서 70이나 80년을 70인역의 "온유함이 우리에게 오고 우리가 누그러지나이다" 대신 심마쿠스(Symmachus)의 10절 마지막 번역 "신속히 가니 우리가 날아가나이다"를 지지하는 것으로 다룬다. 70이나 80년은 인생의 순간적인 특징을 강조한다(*Patrologia Graeca* 〔이후로 PG〕 23.1137C). 예루살렘의 헤시키우스(Hesychius of Jerusalem)는 시간 언급을 숙고한다. 70인역("그들 안에서 우리 연수가 70년이다…")은 "그들 안에서" 언급된 연수에 이르는 사람이 거의 없다는 것을 의미한다. 다른 한편, "많은 사람이 100세나 그 이상에 이른다" 할지라도, 80을 넘어서면 극도로 최고령으로 적용되어, 생존하는 자들 사이에 차이가 없을 정도로 죽음에 가깝다(PG 55.757). 테오도르는 이 절을 창세기 47장 9절(야곱의 130년은 "얼마 되지 않고 혐악한")과 비교하여 "언급된 시간을 뛰어넘는 사람들이 있지만, 오직 소수에게만 그러한 일이 일어난다. 여기서 그는 공통의 것을 가르쳐 최대를 얻는다"라고 말한다. 다윗이 70에 이르지 못한 사람에 대해서 아무 언급을 하지 않는 것처럼, 최고령에 이르도록 남아 있는 사람에 대해서도 언급을 하지 않는다(PG 80.1603BC). 아우구스티누스는 이 시편의 5절("그들의 연수는 아무 가치 없는 것들과 같고")을 "하나님의 비밀의 지혜 가운데 기록된 어떤 법, 그 안에서 하나님은 인간의 죄악 된 삶에 한계를 정해 놓으셨다"에 대한 설명으로 다룬다. 10절의 70년이나 80년은 "이 생의 짧음과 처량함을 표현하는 것으로 보인다." 70에 이른 사람은 "노인이라고 칭해진다," 그리고 80을 넘으면 "그들의 존재는 증대된 슬픔들로 인하여 힘들다." 그러나 노년은 종종 70 전에 오고, "놀랍도록 활기찬" 80대의 사람들을 가리킬 수 있다. 이와 같이 이 구절의 영적인 의미가 선호되어야 한다(*Expositions on the Psalms* 〔시편 해설〕, 시 90:6-9, NPNF first series, vol. 8, p. 442f.). 70과 80을 인명의 규범으로 다룬 논평은 없다.

5. Gregory of Nyssa, In *inscriptiones psalmarum* 1.7. 알렉산드리아의 클레멘스와 히폴리투스의 우의적 해석을 보라. 클레멘스는 시편 90편 10절을 안식일을 거룩하게 지키라는 계명에 대한 해

석의 문맥에서 논의한다. 인생의 일곱 시기는 인명에 구두점을 찍고, 다윗의 80에 대한 언급은 부활의 제8일을 언급하는 것으로 보인다(Stromateis 6.145.1; ANF 2, p. 514). 클레멘스는 또한 창세기 6장 3절에 대해 우의적 논의를 혼란스럽게 다루는데, 거기서 그는 필로(Philo)의 *Quaestiones et solutions in Genesim*(창세기 안의 질문과 해답) 1.91을 따르고 있다(Stromateis 6.84.1; ANF 2, p. 499). 히폴리투스는 70과 80은 15개의 "등급의 노래"(7+8)를 가리키고, 이 노래들은 시편 120편 후에 시작된다고 주장한다. 이처럼 그는 두 본문을 함께 놓고 시편이 배열된 방법에 대한 신비한 언급으로 다룬다(Commentary on Psalms, fragment 1.4; ANF 5, p. 200). 아우구스티누스는 그의 시편 해설에서 영적인 의미를 선호한다. 70 더하기 80은 150인데, 그것은 15와 같음을 뜻한다. 7은 구약성경과 안식일을 지키는 것을 가리키고 8은 신약성경과 부활을 가리킨다. 성전 안에 15개의 계단이 있고 15개의 "등급의 노래"가 있다 등이다(NPNF first series, vol. 8, p. 443).

6. Gregory Nazianzen, *Oration* 18.38(NPNF second series, vol. 7, p. 267).

7. Aulus Gellius, *Attic Nights* 2.15, 10.28, 그리고 15.7을 보라. (*The Attic Nights of Aulus Gellius*, trans. John C. Rolfe, Loeb Classical Library no. 195, 3 vols. [London: W. Heinemann, 1927-], vol. 1, p. 161; vol. 2, p. 293; vol. 3, pp. 77f.을 보라). 그러나 "갱년기"는 63이다. J. P. V. D. Balsdon, *Life and Leisure in Ancient Rome*(London: The Bodley Head, 1969), pp. 169, 188f., 220 과 비교하라. 로드니 스타크(Rodney Stark)는 그의 *The Rise of Christianity: A Sociologist Reconsiders History*(Princeton, N.J.: Princeton University Press, 1996) 로드니 스타크, 《기독교의 발흥: 사회과학자의 시선으로 탐색한 초기 기독교 성장의 요인》(좋은씨앗 역간)에서 로마 제국에서의 사망률을 논의한다. 165년과 251년 전염병은 인구의 최소한 사분의 일을 파괴했을 수도 있다(p. 73). 여아 살해와 낙태 관습은 인구 감소와 남초현상(기독교 교회는 제외되는데, 거기에는 남자보다 여자가 더 많았다고 스타크는 주장한다)에 기여했다(pp. 97, 117ff.). 스타크는 기독교인들은 영아 살해와 낙태를 행하지 않았고 이방인들보다 서로를 더 효과적으로 돌봤던 것으로 보이기 때문에 더 좋은 기회를 가졌다고 주장하기는 하지만, 출생 시 기대 수명은 아마도 30세 이하였을 것이라고 결론을 맺는다(pp. 155 and 189).

8. Plato, *Laws* 6.759d를 비교하라.

9. Gregory Nazianzen, *Oration 21: On the Great Athanasius 37*(NPNF second series, vol. 7, p. 280).

10. Palladius, *The Lausiac History 53*, in *Ancient Christian Writers: The Works of the Fathers in Translation*(Mahwah, N.J.: Paulist, 1946-), vol. 34, p. 134. 이후로 *Ancient Christian Writers*는 ACW로 인용될 것이다.

11. John Chrysostom, *On the Priesthood* 1.5(NPNF first series, vol. 9, p. 34). *Letter to a Young Widow 2*(NPNF first series, vol. 9, p. 122)를 보라: "나는 그(리바니우스)에게 그녀(나의 어머니)가 40세였는데 그 가운데 20년이 나의 아버지를 잃은 이후로 지나갔다고 말했다."

12. Basil the Great, Letter 277, in *Saint Basil, the Letters*, trans. Roy J. Defarrari, 4 vols., *Loeb Classical Library no. 190*(London: W. Heinemann, 1926-34), vol. 4; cf. Letters 30, 272.

13. Gregory of Nyssa, *Life of Moses*, in Classics of Western Spirituality(New York: Paulist, 1978), p. 29;

Contra Eunomium 2.605(NPNF second series, vol. 5, p. 311); *Refutatio Confessionis Eunomii* 208(NPNF second series, vol. 5, p. 132); *De inf. quae*(PG 46.161B). Paulinus of Nola, Poem 21.288(ACW 40, p. 182). 프루덴티우스(Prudentius)의 시는 Prudentius, trans. H. J. Thomson, Loeb Classical Library no. 387(Cambridge: Harvard University Press, 1949-53), vol. 1, p. 3.에서 볼 수 있다.

14. Augustine, *City of God* 1.11.

15. Ronald Blythe, *The View in Winter: Reflections on Old Age*(Harmondsworth: Penguin Books, 1980), p. 4를 비교하라. "그때의 노년과 지금의 노년 사이에 있는 또 하나의 차이는 우리가 죽음을 그것의 논리적인 위치 곧 긴 생애의 마지막에 두는 반면에 우리의 조상들은 그것을 조금이라도 임의에 두는 무의미함을 받아들였다는 점이다."

16. Ambrose, Letter 17.15(NPNF second series, vol. 10, p. 413). 암브로시우스는 어린 아이였던 황제 발렌티니아누스 2세에게 쓰고 있어서 그런지 그의 서술은 단지 간접적으로 노년과 관계가 있다. 게다가 그가 말하는 것은 아주 많이 호의를 붙잡은(captatio benevolentiae) 것처럼 보인다.

17. Basil, Letter 269, in *Saint Basil*, vol. 4, p. 139.

18. Gregory Nazianzen, *Oration 8: On His Sister Gorgonia* 21-22(NPNF second series, vol. 7, p. 244); Oration 7: *On His Brother Caesarius* 18, 24(NPNF second series, vol. 7, pp. 235 and 238).

19. Synesius of Cyrene, Letters 152, 153, 154.

20. Origen, *Homily 16 on Joshua*(no. 71 in *the Sources chretiennes series*, pp. 358ff.).

21. Lucian, *The Passing of Peregrinus* 11-13, in *Lucian*, trans. A. M. Harmon, Loeb Classical Library no. 302(London: W. Heinemann, 1913-67), vol. 5, pp. 13f.

22. 로마서 6장은 세례를 그리스도와 함께 죽고 살아나는 것으로 해석한다. 골 2:12와 비교하라. 안디옥의 이그나티우스(Ignatius of Antioch)는 자신의 순교를 그리스도와 함께 죽었다가 일어나는 것으로, 그리고 세례의 구체화로 여긴다(예를 들면 로마서 2, 4, 6장을 보라). 이것이 세례를 이해하는 유일한 방식은 아니었던 것에 주의해야 한다.

23. Augustine, *City of God* 22.15.

24. Ambrose, *On Belief in the Resurrection* 2.124(NPNF second series, vol. 10, p. 195) 그리고 *On the Duties of the Clergy* 1.17.65(NPNF second series, vol. 10, p. 12).

25. *Martyrdom of Polycarp* 9.

26. Paulinus of Nola, Letter 40.6(ACW 2, p. 207). 서신은 빨라도 398년으로 추정되는데, 파울리누스는 353년에 태어났다.

27. Paulinus of Nola, Poem 21.198(ACW 40, p. 179).

28. Gregory Nazianzen, *Oration on Holy Baptism* 17(NPNF second series, vol. 7, p. 365). "젊음은 거칠다"

가 관련된 가정이다. John Chrysostom, *Homily 9 on 1 Timothy*(NPNF first series, vol. 13, p. 436)을 보라; *Homily 5 on 1 Thessalonians*(NPNF first series, vol. 13, pp. 346f.)에서 그는 조혼을 간음의 해결책으로 권한다. 또한 Augustine, *Confessions* 1.11, 2.2.을 보라.

29. Basil, Letter 55, in *Saint Basil*, vol. 1, p. 349.

30. Basil, *De renuntiatione saeculi* 207B, in *The Ascetic Works of Saint Basil*, by W. K. L. Clarke(London: SPCK, 1925), p. 66; Ambrose, *On the Duties of the Clergy* 1.20.87(NPNF second series, vol. 10, p. 15).

31. 다음의 자료와 비교하라. John Chrysostom, *Homily 49 on Matthew 8*(NPNF first series, vol. 10, p. 309). "젊을 때 절제가 빛난다면 이것은 실로 놀라운 일인데, 노년에 절제하는 것은 자기 나이로부터 완전하게 보장되는 것이므로 큰 상을 받을 수 없기 때문이다." 마찬가지로, 암브로시우스가 로렌스(Lawrence)의 순교에 대해 말할 때, 시스토스(Xystus) 주교로 하여금 "우리는 늙은이로서 더 쉬운 싸움을 겪어야 한다. 폭군을 이긴 더욱 영광스러운 승리가 그대를 기다린다, 젊은이여." 라고 말하게 한다(*On the Duties of the Clergy* 1.41.215 [NPNF second series, vol. 10, p. 35]).

32. 다음의 자료들을 비교하라. John Cassian, *Institutes* 4.30(NPNF second series, vol. 11, p. 229). *Institutes* 4.2. *Conferences* 19.2(NPNF second series, vol. 11, pp. 219 그리고 490).

33. Paulinus of Pella, *Eucharisticus*, preface 3, lines 439ff., lines 612ff., in *Ausonius*, trans. H. G. EvelynWhite, Loeb Classical Library no. 115(London:W. Heinemann, 1919-21), vol. 2, pp. 307, 339, 351.

34. John Gardner의 소설 《*The Resurrection* 부활》과 비교하라. 영웅 제임스 챈들러는 급속히 진행되는 백혈병으로 죽음을 앞두고 일기를 기록한다. "'세상에 있으나 세상에 속하지 않는'(그가 썼다) 것보다 더욱. 플라톤적인 것보다 더욱. 때때로 일어나는 것처럼 늙은이가 우연히 지혜롭게 되는 때 늙은이의 지혜. 누군가에게 어린아이의 죽음은 비극적이지만 우리에게는 그러지 않은 것처럼 견딜 만하다. 누군가의 속에는 자기 연민의 흔적이 남아 있지 않다. 삶의 비극에 의해 너무 비통하게 되지 않는 자, 그리고 헌신이 없고 비극의 중심인물에 대한 관심이 없어서가 아니라, 반복해서 사랑했고, 여러 차례 가까스로 살아났기 때문에, 그들을 사랑하는 자들이 그들의 바람에도 불구하고 그럴 것처럼, 자신들이 허비한 모든 것을 갚을 태세를 갖추고 자신을 아낌없이 줄 수 있다. 삶의 아름다움을 완전히 보는 것은 동시에 보려는 열심 있는 욕구와 물러날 필요를 암시한다"(Ballantine paperback, p. 204).

35. John Cassian, *Institutes* 5.28(NPNF second series, vol. 11, p. 243).

36. Ambrose, *On the Duties of the Clergy* 2.20.97-101(NPNF second series, vol. 10, pp. 58f.).

37. Basil, *De renuntiatione saeculi* 207D, in *Ascetic Works*, by Clarke, p. 67.

38. Basil, Letter 169, in *Saint Basil*, vol. 2, p. 441. 또한 같은 주제에 관해 Letter 170을 보라. 글리케리우스(Glycerius)는 처녀들에 둘러싸인 채 자신의 일을 소홀히 했고, 자신을 족장이라 부르며

주제넘게 굴었다. 바실리우스는 자신의 질책을 아버지 같은 것이라고 말한다. Letter 278과 비교하라. 거기서 그는 노인을 방문하는 젊은이의 예절에 대해 말한다(vol. 4, p. 165).

39. Gregory Nazianzen, Oration 2.47, 73(NPNF second series, vol. 7, pp. 214 and 220)를 보라. 73 단락에서 그는 전도서 10장 16절을 인용한다. "왕이 어린 나라여 네게 화가 있도다." Basil, Letter 61과 비교하라. 거기서 같은 성경 구절이 리비아의 총독에 관하여 인용되어 있다. 그레고리는 또한 그리스도의 세례의 교훈을 말하면서 "먼저 우리 자신을 깨끗이 하고 낮은 마음이 되고 그리고 영적으로나 육적으로 성장하여 성숙함에 이른 가운데 설교해야 한다. … 당신은 당신의 수염이 자라기 전에 고령자를 가르치려고 생각하는가?"라고 묻는다(Oration on the Holy Lights 14(NPNF second series, vol. 7, p. 357)). 요한 크리소스토무스는 젊은이는 안수 받으면 안 된다는 규칙에서 자기의 친구인 바실리우스는 예외라고 설득한다(On the Priesthood 1.7, 2.8, 3.15, 6.12 (NPNF first series, vol. 9, pp. 36, 44, 53, 81f.)).

40. 예를 들면 John Cassian, Institutes 11.17 그리고 Conferences 18.3(NPNF second series, vol. 11, pp. 279 and 480)을 보라.

41. Cyprian, On Works and Alms 20(ANF 5, p. 481).

42. 예를 들면, 요한 크리소스토무스는 자기친구인 바실리우스에게 "자네는 그들(그의 연소함과 경험 부족에 반대하는 자들)에게 이해력이란 나이로 평가되어서는 안 되고, 흰 머리가 장로의 기준이 될 수 없다는 것을, 곧 젊은이가 완전히 목회에서 제외되어서는 안 되고, 오직 초신자만 제외시켜야 하는데 그 둘 사이의 차이는 크다는 것을 빨리 자네의 행동으로 가르치도록 하게"라고 말한다 (On the Priesthood 2.8(NPNF first series, vol. 9, p. 44)).

43. Basil, "To Young Men On How They Might Profit from Pagan Literature," in Saint Basil, vol. 4, p. 379.

44. John Cassian, Institutes 7.13(NPNF second series, vol. 11, p. 252).

45. Eusebius, Ecclesiastical History 5.20.5-8, trans. Kirsopp Lake, Loeb Classical Library no. 153(London: W. Heinemann, 1926-32), vol. 1, pp. 469ff.에서 이레니우스의 인용을 보라.

46. Basil, Letter 204, in Saint Basil, vol. 3, p. 169.

47. Augustine, Letter 213(NPNF first series, vol. 1, p. 569).

48. Ambrose, Concerning Widows 2.9 and 2.12(NPNF second series, vol. 10, pp. 392 and 393). 암브로시우스의 논문은 과부로 지내는 것을 그리스도인의 영적인 이상으로 묘사한다. 그는 안나, 나오미, 유디트 그리고 드보라 같은 성경의 과부들을 모델로 대하면서 논의한다.

49. Basil, Letter 199, in Saint Basil, vol. 3, p. 117을 보라. 바실리우스는 나이 제한을 부과하려 하지만 그것이 때로는 위반되었던 것을 인정한다.

50. Ambrose, Concerning Widows 14.85(NPNF second series, vol. 10, p. 406).

51. 아우구스투스는 기원전 18년에 the Lex Julia(줄리안 법)를, 그리고 기원전 18년에 the Lex Papia Poppaea(파피아 포파이아 법)를 공표했다. Bonnie Bowman Thurston, *The Widows: A Women's Ministry in the Early Church*(Minneapolis: Fortress Press, 1989), p. 16과 비교하라.

52. Peter Brown, *The Body and Society: Men, Women, and Sexual Renunciation in Early Christianity*(New York: Columbia University Press, 1988), pp. 147ff. 과 비교하라

53. Roger Gryson, *The Ministry of Women in the Early Church*(Collegeville, Minn.: Liturgical Press, 1976), p. 13을 보라. 그는 두 가지 의미가 서로 배제할 필요가 없다고 주장한다. 또한 Carolyn Osiek, "The Widow as Altar: The Rise and Fall of a Symbol," *The Second Century* 3, no. 3. (1983): 159-69를 보라. 오시에크 교수는 은유의 다양한 기능에 대한 모든 참고문헌을 수집하고 조사했다.

54. Ignatius, *Smyrnaeans* 13.1.

55. H. B. Swete, *Theodore of Mopsuestia on the Minor Epistles* of S. Paul(Cambridge: Cambridge University Press, 1882), vol. 2, pp. 128, 155ff. 128p 주석 11은 동방에 여집사가 있었다는 펠라기우스의 인식을 포함한다. 158p 주 12도 역시 유용하다. 더 많은 논의를 위해서는 내가 따르고 있는 Gryson, *The Ministry of Women in the Early Church*를 보라.

56. John Chrysostom, *Homily* 81.5 on *Matthew*(NPNF first series, vol. 10, p. 490)와 비교하라. 덕이 없으면 우리는 "바닥에 괸 물로 가득한 배 짐칸이 되는 것 같이 노년이" 된다. 그 결과는 난파다.

57. Clement of Alexandria, *The Instructor* 2.8(ANF 2, p. 252)와 비교하라. 마크로비우스(Macrobius)는 그의 *Saturnalia*(농신제)에서 "노인은 습관적으로 말이 많다"라고 말한다(7.2.14). 그는 또한 늙은 이들은 자주 술에 취한다고 언급한다(7.6.11과 7.6.15ff.).

58. *The Sayings of the Fathers* 105, in *Western Asceticism*, ed. Owen Chadwick, Library of Christian Classics vol. 12(Philadelphia: Westminster, 1958), p. 129.

59. John Cassian, *Conferences* 2.13(NPNF second series, vol. 11, p. 314).

60. Clement of Alexandria, *The Instructor* 3.3; cf. 3.11(ANF 2, pp. 275 그리고 285).

61. John Cassian, *Institutes* 11.8(NPNF second series, vol. 11, p. 277).

62. *Paralipomena from the Life of Holy Pachomius* 1.1, in *Pachomian Koinonia*, vol. 2, trans. Armand Veilleux, Cistercian Studies no. 46(Kalamazoo: Cistercian Publications, 1981), pp. 19ff. 비교하라. *The Bohairic Life of Pachomius* 68-69, in *Pachomian Koinonia*, vol. 1, trans. Armand Veilleux, Cistercian Studies no. 45(Kalamazoo: Cistercian Publications, 1980), pp. 89ff.

63. John Cassian, *Conferences* 2.13(NPNF second series, vol. 11, pp. 313ff.). 비교하라. *The Sayings of the Fathers* 4, in *Western Asceticism*, ed. Chadwick, pp. 60ff.

64. John Cassian, *Institutes* 5.5, *Conferences* 2.22(NPNF second series, vol. 11, pp. 235와 317); *The Rules of Saint Pachomius* 5(Pachomian Koinonia, vol. 2, p. 143); *Rule of St. Benedict* 37, cf. 66(Western Asceticism,

pp. 316과 334)를 보라. 베네딕트는 노인을 병자와 어린 아이들과 같은 위치로 놓는데 있어서 *Rule of the Master*(원장의 규칙)을 따른다. 또한 그는 그 규칙을 따라 노인들을 수도원의 짐꾼으로 배정하며, 노인들이 수도원장과 함께 먹을 수 있도록 배정한다(*Rule of the Master* 28.26, 50.78, 53.4, 53.52, 84.1, 95, trans. L. Eberle [Kalamazoo: Cistercian Publications, 1977], pp. 188, 213, 214f., 218, 250, 283f.) 특징적으로, 베네딕트는 만약 나이 든 짐꾼이 도움이 필요하면 젊은 수도사가 그에게 배정될 수 있다는 추가조항을 단다(Rule 66, p. 334).

65. *A History of the Monks in Syria* 18.1, trans. R. M. Price(Kalamazoo: Cistercian Publications, 1985), pp. 126f.

66. John Cassian, *Conferences* 11.4(NPNF second series, vol. 11, p. 416). 많은 보기를 들 수 있다. 그에 반해서, 아타나시우스(*Life of Antony* 안토니우스의 생애 93)는 안토니우스가 거의 105세가 되었을 때 그의 치아가 "다 닳아 잇몸만 남은 것" 빼고는 고령의 영향을 받지 않았다고 말한다. 이것이 사건의 진상 자체보다는 아타나시우스의 마음이 몸을 지배한다는 이상에 대해 더 말할 수 있을 것이다. 노년의 신체적 한계는 때때로 늙은이들로부터 금욕적 삶을 살지 못하게 하는 것으로 생각된다. Palladius, *Lausiac History* 18.13-16 and 22.2-8을 보라(ACW 34, pp. 62f. and 77ff.).

67. Clement of Alexandria, *Stromateis* 1.1(ANF 2, p. 301).

68. Ausonius, Epistles 22 and 8, in *Ausonius*, trans. White, vol. 2, pp. 79 와 27.

69. Gregory Nazianzen, *Oration* 42.20(NPNF second series, vol. 7, p. 392).

70. Gregory Nazianzen, *Oration* 2.103(NPNF second series, vol. 7, p. 225). Basil, Letter 150, in *Saint Basil*, vol. 2, p. 371. 암브로시우스는 *On the Duties of the Clergy* 1.33.170 과 2.29.144(NPNF second series, vol. 10, pp. 29 와 65)에서 부모와 과부를 돌볼 것을 권한다.

71. John Chrysostom, *On the Priesthood* 1.5(NPNF first series, vol. 9, p. 34).

72. Dorotheos of Gaza, *Discourse on the Fear of God*, trans. E. P. Wheeler, Cistercian Studies no. 33(Kalamazoo: Cistercian Publications, 1977), pp. 117f. Meno of Nikiou, *The Life of Isaac of Alexandria*, trans. D. N. Bell, Cistercian Studies no. 107(Kalamazoo: Cistercian Publications, 1988), pp. 51f.

73. Basil, Letters 84 and 104, in *Saint Basil*, vol. 2, pp. 107ff., 197.

74. Clement of Alexandria, *The Instructor* 3.4(ANF 2, p. 279). 고령자 돌봄을 위해서는 또한 *The Apostolic Fathers*, trans. Kirsopp Lake, Loeb Classical Library no. 24(London: W. Heinemann, 1917-19), vol. 1, p. 407의 Barnabas 20을 그리고 Tertullian, *Apology* 39(ANF 3, p. 46)를 보라.

75. Blythe, *The View in Winter*, p. 4(관련 있는 인용으로 위 주 15를 보라)와 비교하라.

76. Blythe, *View in Winter*, p. 237: "그 [Charles de Montalembert]를 위한 삶이 슬프게 되는 일 없이 연장되었다"와 비교하라. 또한 p. 238을 보라. 코울리 신부들(Society of St. John the Evangelist를 흔히 그렇게 지칭함-옮긴이)은 "인생을 그 길이가 어떻든지 자연적 실재로 보고자 하는" 공동체이다.

77. Blythe, *View in Winter*, pp. 22f.와 비교하라: "노년기에 무슨 일이 일어나든, 노인은 자신들이 배제되는 고통을 겪지 않을 것이라고 납득되어야 하는 것처럼, 나이가 그들을 비열함에서 면제시켜 주지 않는다는 것을 이해해야 한다."

Chapter 3

1. *On the Properties of Things*, John Trevisa's translation of Bartholomaeus Anglicus, *De Proprietatibus Rerum*, ed. M. C. Seymour(Oxford: Clarendon Press, 1975). 여기에서는 글 자체만 현대화하고 철자법은 현대화하지 않았다. 바르톨로메오에 있어서 나이의 논의에 관해서는 다음을 보라. 세 편이 모두 현 주제에 관한 필수적인 연구이다: J. A.Burrow, *The Ages of Man*(Oxford: Clarendon Press, 1988), pp. 88-89; Mary Dove, *The Perfect Age of Man's Life*(Cambridge: Cambridge University Press, 1986); Elizabeth Sears, *The Ages of Man: Medieval Interpretations of the Life Cycle*(Princeton: Princeton University Press,1986), pp. 127-28. 달리 명시되지 않는 한 성경은 *The Jerusalem Bible*(London: Darton, Longman, and Todd, 1966)로부터 인용한다.

2. 여기서 다른 전통들을 '조화시키는 어려움'에 관하여는 Burrow, *The Ages*, pp. 88-89를 보라.

3. 일곱 단계는 *Properties*, bk. 6, pp. 291-92로부터 인용함.

4. 이 방대한 주제에 관한 최근의 탁월한 입문서로 R. H. Bloch, *Medieval Misogyny and the Invention of Western Romantic Love*(Chicago: University of Chicago Press,1991)를 보라. 이것은 Judith Bennett, "Medieval Women, Modern Women," in *Culture and History* 1350-1600, ed. David Aers(London: Harvester, 1992), chap. 5에 의한 사회사에 관한 저작에 대해 아주 다른 초점을 가지고 읽어야 한다. 의학 학지의 주요 역할과 내용에 관해서는 Joan Cadden, *The Meanings of Sex Difference in the Middle Ages: Medicine, Science and Culture*(Cambridge: Cambridge University Press, 1993), 그리고 Danielle Jacquart and Claude Thomasset, *Sexuality and Medicine in the Middle Ages*(Philadelphia: University of Pennsylvania Press, 1990)의 뛰어난 연구를 보라. '늙은 여성의 몸'과 그 독의 치료에 관한 해설로는 Shulamith Shahar, "The Old Body in Medieval Culture," chap. 8 in *Framing Medieval Bodies*, ed. Sarah Kay and Miri Rubin(Manchester: Manchester University Press, 1994), pp. 161-62, 그리고 그녀의 개관인 *Growing Old in the Middle Ages*(London: Routledge,1997), 2장을 보라.

5. *Properties*, p. 306: '처녀 아이 그리고 젊은 처녀'에 대해서는 VI. 2을 보라. 모성에 대해서는 VI. 7, 그리고 남성성의 특별한 상태에 대해서는 VI. 5, 12-14, 18을 보라.

6. 데카르트의 이원론은 인간의 정체성에 대한 중세의 사고에는 맞지 않는다. '몸'에 관한 학문적인 논문과 책들의 인기에 대한 현재의 고무적인 논문으로는 Caroline Bynum, "Why All the

Fuss about the Body? A Medievalist's Perspective," *Critical Inquiry* 22(1995): 1-33을 보라. 여기 삽입 어구로 제시된 발언과 관련 있는 것은 Jacquart and Thomasset, *Sexuality and Medicine*; Cadden, *The Meanings of Sex Difference*; 그리고 Caroline W. Bynum, *Holy Feast and Holy Fast*(Berkeley: University of California Press, 1987), 그리고 그녀의 *Fragmentation and Redemption*(New York: Zone, 1991)이다.

7. *Properties*, pp. 292-93.

8. 이것에 대한 간결한 실례로 Alicia K. Nitecki, "Figures of Old Age in Fourteenth-Century English Literature," in *Aging and the Aged in Medieval Europe*, ed. Michael M. Sheehan(Toronto: Pontifical Institute of Medieval Studies, 1990), pp. 107-16을 보라.

9. Augustine, *De Diversis Quaestionibus LXXXIII*, I. 58(*Patrologia Latina* [ed. J. P. Migne, Paris, 1844-65] 40. 43을 보라. 또한 Augustine, *De Genesi contra Manichaeus* I. 23-24(*Patrologia Latina* 34. 190-93) 그리고 *De Vera Religione*, 26. 48-49(*Patrologia Latina* 34. 143-44)도 보라.

10. Burrow, *The Ages*, pp. 80-83, 89, 91n. 96; Dove, *Perfect Age*, pp. 48-51. 그리고 Sears, *The Ages of Man*, pp. 55-58에 있는 분명한 개요와 참조를 보라.

11. 물동이와 요 2:1-10에 관해서 Burrow, *The Ages*, pp. 90-92(with references in n. 96 and n. 97), 그리고 Sears, *The Ages of Man*, pp. 69-79(with figures 18-19)를 보라.

12. Lotario dei Segni, *De miseria condicionis humane*, ed. and trans. R. E. Lewis(Athens, Ga.: Chaucer Library, 1978).

13. Isidore of Seville의 *Etymologorum sive Originum Libra XX*가 노년을 묘사하는 백과사전적인 그리고 중세 후기의 전통에 끼친 결정적인 영향에 대한 그의 논의 가운데 John Burrow는 다음과 같이 언급한다. "이시도레는(세상과 인간의 나이에 대한) 아우구스티누스의 설명을 형성했던 성경적 기반을 완전히 생략한다." 그리고 "그 결과는 기독교 저자로서 이교도 문법학자의 작품인 게 나을 뻔했다. 그러나 그것은 백과사전을 이해하는 데 좋은 입문이 된다"(*The Ages*, p. 83; pp. 82-88을 보라). 심지어 기독교 백과사전을 위해서도 좋지 않을까?

14. 특별히 *De miseria*, 1. 10을 보라, 그러나 여러 곳에 나옴. 특유의 중세 후기어 판으로 Eustaches Deschamps, "De la fragilite humaine," in *Oeuvres Completes*, ed. Le Marquis de Queux de Sainte-Hilaire, vol. 2(Paris: Didot, 1880), pp. 242-69를 보라.

15. "From the tyme,"pp. 233-36 in *Religious Lyrics of the XVth Century*, ed. Carleton Brown(Oxford: Clarendon Press, 1962). 또한 "As I wente one my playing,"pp. 230-33를 보라. 글자를 현대화했다.

16. 여기서 *Religious Lyrics*, pp. 230-33("As I wente") 그리고 236-37("Ffare well")을 보라. pp. 230-58에 시의 전체적 연속이 관련 있는데, 모두가 전통적 관점의 탁월한 보기이다.

17. Nitecki, "Figures of Old Age," p. 108; pp. 111-12. 그리고 그곳의 참조를 보라.

18. Shahar, "The Old Body," p. 163.

19. 이 끔찍한 역사에 관해서 현재 방대한 문헌이 있다. 여기에 특별히 관련되는 것으로 발견한 것들은 다음과 같다. Diane Purkiss, *The Witch in History*(London: Routledge,1996); S. Clark, "Inversion, Misrule, and the Meaning of Witchcraft,"*Past and Present 87*(1980): 98-127; C. Larner, *Enemies of God: The Witch-Hunt in Scotland*(Baltimore: Johns Hopkins University Press,1981); A. Macfarlane, *Witchcraft in Tudor and Stuart England*(New York: Harper and Row, 1970).

20. British Library, MS Add 37049, ff28v-29. 시는 A. Nelson에 의해 인쇄되고 논의되고 있다. "'Of the Seven Ages': An Unknown Analogue of *The Castle of Perseverance*," *Comparative Drama 8*(1974): 125-38, 126-32를 보라. the fifteenth-century play discussed on pp.132-36에 논의되고 있는 15세기 연극은 확실히 현재 장에 관련되는데, 다만 지면의 제한 때문에 생략한다.

21. 시를 위해서는 *The Minor Poems of John Lydgate: Part One*, ed. H. N. MacCracken(EETS 〔Early English Text Society〕, ES 107, 1911, 1962), pp. 329-62, 특히 194-270, 608-753행을 보라. 리드게이트에 관한 최고의 연구는 여전히 Derek Pearsall, *John Lydgate*(London: Routledge, 1970)이다. 여기서 '언약'(*the Testament*)은 pp. 294-96에서 논의되고 있다.

22. *Fasciculus Morum: A Fourteenth-Century Preacher's Handbook*, ed. and trans. Siegfried Wenzel(University Park, Pa.: Pennsylvania State University Press, 1989), p. 431(V.6부터, 전반적인 속죄에 관하여).

23. *Fasciculus Morum*, pp. 429,433; 속죄에 관하여는 pp.428-517를 보라. 고백에 관하여는 특히 pp.254-57, 468-97를 보라. 고해성사와 중세의 고해소에 관하여는 T.N. Tentler, *Sin and Confession on the Eve of the Reformation*(Princeton: Princeton University Press, 1977); Pierre J. Payer, The Bridling of Desire(Toronto: University of Toronto Press, 1993); Anne Hudson, *The Premature Reformation*(Oxford: Oxford University Press, 1988), pp. 294-99를 보라.

24. 중세 기독교 연구에 중심이 되는 이 대규모 주제에 대한 개론으로는 다음을 보라. J. Marrow, *Passion Iconography in Northern European Art of the Late Middle Ages and Early Renaissance*(Kortrijk: Ghemmert, 1979); Sarah Beckwith, *Christ's Body*(London: Routledge, 1993); Miri Rubin, *Corpus Christi*(Cambridge: Cambridge University Press,1991); T. Bestul, *Texts of the Passion*(Philadelphia:University of Pennsylvania Press,1996); David Aers and Lynn Staley, *The Powers of the Holy*(University Park, Pa.: Pennsylvania State University Press, 1996), chap. 1; Caroline W. Bynum, *Holy Feast*.

25. 여기서 주요한 연구는 Mary Dove, *Perfect Age*이다.

26. 성 토마스의 Summa Theologiae에 대한 언급에는 *Summa Theologica*(Rome: Forzani and Sodalis, 1894)를 사용한다. 여기서 나는 엡 4:13과 함께 III.46.9부터 4까지 인용한다. Augustine, *The City of God XXII.15*, trans. H. Bettenson(London: Penguin, 1984)도 보라, 여기는 pp. 1055-56; Dove, Perfect Age, pp. 47-48; Burrow, *The Ages*, p. 143. 중세 사상에서 몸의 부활에 관해서는 훌륭한 연구인 Caroline Bynum, *The Resurrected Body*(New York: Columbia University Press, 1995)를 보라.

27. Dante, *Il Convivio*, trans. C. Ryan, *The Banquet*(Saratoga: Anma, 1989), IV.23(p. 183) 그리고 IV.24(p. 184)로부터 인용. 이 문맥에서 단테의 *Convivio*에 관해서는 Sears, *The Ages of Man*, pp. 103-7, 그리고 Burrow, *The Ages*, pp. 32-36, 118-20를 보라.

28. Dante, *Banquet* IV.27(pp. 192-95); 아리스토텔레스는 IV.27.3 그리고 IV.27.5에 언급된다.

29. Dante, *Banquet* IV.28(pp. 195-98).

30. Dante, *Banquet* IV.28.5-6(p. 196); 키케로의 *De Senectute*로는 *De Senectute, De Amicitia, De Divinatione*, ed. W. A. Falconer(Cambridge: Harvard University Press, 1979)을 보라.

31. Dante, *Banquet* IV.28.11 and 12(p. 197).

32. Dante, *Banquet* IV.28.13-15(pp. 197-98).

33. Augustine, *City of God* IX.4-5, 14-15, 17.

34. Augustine, *City of God* XIII.2-6, 15; XIV.3, 5-6.

35. Augustine, *City of God* XIII.6.

36. Augustine, *City of God* XIV.9.

37. Augustine, *City of God* XIX.5-8(특히 pp. 860, 862-63).

38. J. T. Rosenthal, *Old Age in Medieval England*(Philadelphia: University of Pennsylvania Press, 1996)를 보라. 기대 수명에 관해서는 p. 3 과 p. 193n.7. 노인의 존재에 관해서는 pp. 99-100, 115, 171, 173.

39. 이 의견은 상당한 학문 분야를 가리킨다. J. Hajnal에 의한 결정적인 두 편의 논문은 필수적인 개론을 제공한다. "European Marriage Patterns in Perspective," in *Population In History*, ed. D. V. Glass and D. E. C. Eversley(London: Arnold, 1965), pp. 101-43, 그리고 "Two Kinds of Pre-Industrial Household Formation Systems," *Population and Development Review* 8(1982): 449-94. 이 논문의 주제와 관련하여 다음의 것들이 특별히 도움이 되었다. Elaine Clark, "Some Aspects of Social Security in Medieval England," *Journal of Family History* 7(1982): 307-20; Judith M. Bennett, *Women in the Medieval Countryside*(New York: Oxford University Press, 1987), pp. 7-8, 48-49, 59-64, 177-89; L. R. Poos, *A Rural Society after the Black Death*(Cambridge: Cambridge University Press, 1991), 특히 1-4, 7-8장; R. H. Hilton, *The English Peasantry in the Later Middle Ages*(Oxford: Oxford University Press, 1975), 2-3, 5-6장; 가족 구성을 밝히는 도시적 연구의 보기로는 David Nicholas, *The Domestic Life of a Medieval City... Ghent*(Lincoln, Neb.: University of Nebraska Press, 1985), 특히 pp. 4-12, 그리고 Heather Swanson, *Medieval Artisans*(London: Blackwell, 1989)을 보라.

40. Bennett, *Women in the Medieval Countryside*, p. 62.

41. Clark, "Some Aspects of Social Security," p. 318.

42. Richard M. Smith, "The Manorial Court and the Elderly Tenant in Late Medieval England," in

Life, Death and the Elderly, ed. Margaret Pelling and Richard M. Smith(London: Routledge, 1991), pp. 39-61.

43. Smith, "The Manorial Court," pp. 52, 53, 54-57.

44. Rosenthal, *Old Age*, p. 100; 성직자에 관해서는 Old Age, pp. 111-12, 그리고 Nicholas Orme, "Suffering of the Clergy: Illness and Old Age in Exeter Diocese, 1300-1450, "in *Life, Death and the Elderly*, ed. Pelling and Smith, pp. 62-73을 보라.

45. Rosenthal, *Old Age*, pp. 184-87. 특정 병원의 보기로는 Robert S. Gottfried, *Bury St. Edmunds and the Urban Crisis*: 1290-1539(Princeton: Princeton University Press, 1982), pp. 192-204, 그리고 Miri Rubin, *Charity and Community in Medieval Cambridge*(Cambridge: Cambridge University Press, 1987), 5장을 보라.

46. 중세의 가난에 대한 최고의 입문서는 여전히 Michel Mollat, *The Poor in the Middle Ages*(New Haven: Yale University Press, 1986), 그리고 Catharina Lisand Hugo Soly, *Poverty and Capitalism in Pre-Industrial Europe*(Hassocks: Harvester, 1979)이다.

47. Roger Bacon, *De Retardatione Accidentum Senectutis*, ed. A. G. Little 그리고 E. Withington(Oxford: British Society of Franciscan Studies, vol. 14, 1928); 이 저작에 관하여는 Dove, *Perfect Age*, pp. 42-43; Burrow, *The Ages*, pp. 25-26; Sears, *The Ages of Man*, pp. 100-102; Shahar, "The Old Body," pp. 173-74; 그리고 Agostino P. Bagliani, "Rajeunir au Moyen Age: Roger Bacon et le mythe de la propagation de la vie," *Revue médicale de la Suisse Romande 106*(1986): 9-23을 보라.

48. Bacon, *De Retardatione*, pp. 45-46.

49. "The boke of the craft of dying" in *Yorkshire Writers*, ed. C. Horstman, 2 vols. (London: Sonneschein, 1896), pp. 406-20; 여기서 p. 416을 보라. 글자체는 현대화했다.

50. "The boke," pp. 413-15, 418-19.

51. 우리는 아우구스티누스의 *De Vera Religione*(n. 9를 보라)와 함께 돌아왔다.

52. 이 논문에서 농부 피어스의 모든 인용은 *Piers Plowman: The B Version*, ed. G. Kane and E. T. Donaldson, revised ed. (London: Athlone, 1988)로부터이다. 글자체는 필자가 현대화했다. 이 판의 뛰어난 번역으로 E. T. Donaldson: *Piers Plowman*, ed. Elizabeth Kirk and Judith Anderson(New York: Norton, 1990)이 있다. C 판으로는 *Piers Plowman: The C-text*, ed. Derek Pearsall(London: Arnold, 1978)을 사용한다. 시에 대한 좋은 소개서는 James Simpson, *Piers Plowman*(London: Longman, 1990)이다.

53. 이 시기와 관련된 양상에 대한 간략한 소개는 추후 연구를 위한 참고문헌과 함께 David Aers, *Community, Gender, and Individual Identity: English Writing*, 1360-1430(London: Routledge, 1988), pp. 1-17에 제공되어 있다. 위클리프주의와 교회의 반응에 관해서는 P. McNiven, *Heresy and Politics in the Reign of Henry IV*(Woodbridge: Boydell, 1987), and N. Watson, "Censorship and

Cultural Change in Late Medieval England," *Speculum* 70(1995): 822-65를 보라.

54. 랭글랜드의 노년에 대한 논의에 관한 나의 생각은 이 주제를 잘 다룬 두 편의 논의와 대화하는 가운데 부상했다. John Burrow, "Langland's Nel Mezzo del Cammin," in *Medieval Studies*, ed. P. L. Heyworth(Oxford: Oxford University Press, 1981), pp. 21-41, 그리고 Dove, *Perfect Age*, chaps. 11 and 12.

55. 영국 가톨릭교회는 곧(1409년) 평신도가 신학을 논의하고 탐구하는 것을 못하게 하는 법률을 제정한다. Watson, "Censorship and Cultural Change"를 보라.

56. 이 장면과 시인이 제기하고 또 제기되는 문제들에 대해서는 Aers, *Community, Gender, and Individual Identity*, 1장을 보라.

57. 랭글랜드와 수사에 대하여는 P. Szittya, *The Antifraternal Tradition in Medieval Literature*(Princeton: Princeton University Press, 1986), 7장, 그리고 Wendy Scase, *Piers Plowman and the New Anticlericalism*(Cambridge: Cambridge University Press, 1989)를 보라.

58. 교구와 기독교에서의 그 형태에 대하여는 E. Duffy, *The Stripping of the Altars*(New Haven: Yale University Press, 1992)를 보라. 이것은 엄청난 정보를 제공하며 종종 감동시키는 연구이지만, 중세 과거의 균질화와 이상화에 대한 향수는 간과되어서는 안 된다; David Aers, "Altars of Power," *Literature and History* 3(1994): 90-105를 보라.

59. 여기서 피어스에 관해서는 Dove, *Perfect Age*, p. 124로부터 인용함. 초서의 Reeve에 관해서는 *The Canterbury Tales* I.3855-920, in *The Riverside Chaucer*, ed. Larry D. Benson, third ed.(Boston: Houghton Mifflin, 1987), 그리고 *Chaucer and the Imagery of Narrative*(London: Arnold, 1984), 5장의 이것에 관한 V. A. Kolve의 해설을 보라.

60. XI.6-58 외에 일의 분야에서 다른 사람들과 이렇게 관계하는 방식에 대한 묘사는 XIII.354-98을, 그리고 탐욕의 악에 대해서는 V.188-278을 보라.

61. 눅 12:35-48의 사용에 관해서는 Burrow, "Langland's *Nel Mezzo Del Cammin*," pp.21-28; 그리고 T. Turville-Petre, "The Ages of Man in *the Parliament of the Three Ages*," *Medium Aevum* 46(1977): 66-76, 67-68을 보라.

62. Burrow, "Langland's *Nel Mezzo Del Cammin*," pp.35,41을 보라. Dove, *Perfect Age*, pp. 106-7과 비교하라.

63. VII.115-35를 보라. 이 회심에 관하여는 Aers, *Community, Gender, and Individual Identity*, pp. 53-55를 보라.

64. T. S. Eliot, "East Coker," part 5, *The Complete Poems and Plays of T. S. Eliot*(London: Faber, 1973), pp. 182-83.

65. 메리 도브(Mary Dove)는 '의지'가 여기서 잘못 이해되고 있다고 불평하는데, "죽음의 문턱에서 조차도 '의지'는 위기의식 또는 일련의 나이 속에 내포된 '죽음을 기억하라(memento mori)'는 의식을

지탱할 수 없었기"(*Perfect Age*, p. 107) 때문이다. 그러나 내게는 여기서 랭글랜드의 요점은 '의지'에게, '친절'에 의해 지시를 받아 내가 막 상기했던 복음주의가 요구하는 최상을 부여잡고, 모든 나이와 모든 계절의 최고를 보여주는 것으로 보인다. 그래서 랭글랜드는 전통적인 자료와 우리의 타고난 두려움, 모두에 의해 조성된 특별한 '위기' 해석에 반대하고 있다.

66. 특히 머리말, III, XV, 그리고 여기서 논의되고 있는 결론을 보라.

67. James McClendon, *Systematic Theology*, vol. 2: Doctrine(Nashville: Abingdon Press, 1994), p. 136.

PART 2

Chapter 4

1. Ruth Harris Jacobs, "Becoming Sixty," in *When I Am an Old Woman*, ed. Sandra Martz(Watsonville, Calif.: Papier-Mache Press, 1991), p. 125.

2. Anne Tyler, *Ladder of Years*(New York: A. A. Knopf, 1995). 이 책의 인용 페이지는 괄호 안으로 처리한다.

3. Mura Dehn, "The Thugs," in *When I Am an Old Woman*, ed. Martz, p. 176.

4. 이에 대해서는 다음의 자료들을 보라. William Bridges, "The Odyssey and the Myth of the Homeward Journey," in *Consciousness and Creativity*, ed. John-Raphael Staude(Berkeley: Pan/Proteus Books, 1977), pp. 99-112. George Roppen and Richard Sommer, *Strangers and Pilgrims*(Bergen: Norwegian Universities Press, 1964), pp. 18-20.

5. 이러한 전통적인 실증주의적 접근은 최근에 급속도로 비판을 받고 있다. 예를 들어 다음의 자료들을 보라. Ronald J. Manheimer, "The Narrative Quest in Humanistic Gerontology," *Journal of Aging Studies* 3, no. 3(Fall 1989): 231-52. James E. Birren and Vern L. Benston, eds., *Emergent Theories of Aging*(New York: Springer, 1988), esp. chaps. 1(Harry R. Moody), 2(Gary M. Kenyon), and 11(Gary T. Reker and Paul T. P. Wong).

6. 다음에서 재인용하였다. William F. May, "The Virtues and Vices of the Elderly," in *What Does It Mean to Grow Old?* ed. Thomas R. Cole and Sally A. Gadow(Durham: Duke University Press, 1986).

7. 다음을 보라. Susan Sontag, "The Double Standard of Aging," in *Psychology of Women: Selected Readings*, ed. Juanita H. Williams(New York: Norton, 1979).

8. 인체에 관해서 유일하게 완전하고 정확한 지식을 소유할 수 있다는 과학적, 철학적 실증주의의 주장에 대한 예리한 비판에 관해서는 다음을 보라. Joel J. Shuman, "Beyond Bioethics: Caring for Christ's Body"(Ph.D. diss., Duke University, 1998),

9. Thomas R. Cole, *The Journey of Life: A Cultural History of Aging in America*(Cambridge: Cambridge University Press, 1992). 다음의 책도 보라. David Troyansky, *Old Age in the Old Regime*(Ithaca, N.Y.: Cornell University Press, 1989). 특별히 3-5장을 참고하라.

10. 다음에서 재인용하였다. Gerald J. Gruman, "A History of Ideas about the Prolongation of Life," *Transactions of the American Philosophical Society*, n.s., 56, part 9(1966): 74.

11. Howard P. Chudacoff, *How Old Are You? Age Consciousness in American Culture*(Princeton, N.J.: Princeton University Press, 1989).

12. Aage B. Sorenson, Franz E. Weinert, and Lonnie R. Sherrod, eds., *Human Development and the Life Course*(Hillsdale, N.J.: Lawrence Erlbaum, 1986). 특별히 3장을 보라. 또한 H. P. Chudacoff and T. K. Hareven, "From Empty Nest to Family Dissolution: Life Course Transitions into Old Age," *Journal of Social History* 4(1979): 69-83.

13. 오늘날 나이 듦과 인생 여정에 관한 가장 두드러진 상징은 야스퍼 존스(Jasper Johns)의 유명한 작품 시리즈인 《사계절 *The Seasons*》이다. 존스가 표현한 네 연령대는 사계절과 시계 모양의 원 주위로 움직이는 팔로 묘사되고 있다. 그의 여정이 지니는 상징들은 당시 약간 유명했던 피카소의 「집을 옮기는 미노타우로스」(*Minotaur Moving His House* 1936)에서 가져온 것이다. 이 그림에서 미노타우로스(그리스 신화에 나오는 반인반우의 괴물)는 자기의 개인적 경험이라 할 수 있는(짐이기도 한) 모든 소유물들을 담은 수레를 끌고 있다. 이 그림을 이해하는 단서는 미노타우로스 신화에 나온다. 신화에서 테세우스(Theseus: 그리스 신화에서 헤라클레스에 비견되는 아테네 최고의 영웅)는 아리아드네(Ariadne: 그리스 신화에 나오는 크레타 왕 미노스의 딸)로부터 실 하나를 받아서 자신이 들어온 길을 역추적하여 미노타우로스가 만들어 놓은 미로로부터 빠져 나갈 수 있었다. 존스의 작품에서 각 캔버스 위에 표현된 작품들과 영향들은 화가로 하여금 자신의 개인적 과거를 돌아보게 하는 실과 같은 역할을 한다. 이 그림들을 수레에 묶는 사다리와 밧줄은 시리즈 전체에 등장하는데, 이는 한때 고대의 여행자들을 안내했던 별들의 역할과 같다(이 또한 피카소에게서 빌려온 것이다). 《사계절》에 대한 더욱 상세한 분석을 위해서는 다음의 자료를 보라. Thomas R. Cole and Dale L. Meyer, "Aging, Metaphor, and Meaning: A View from Cultural History," in *Aging and Metaphor in Science and the Humanities*, ed. Gary Kenyon, Jans Schroots, and James Birren(New York: Springer, 1991), pp. 57-82.

14. Cole, *Journey of Life*. 또한 다음의 책도 보라. Emile Male, *The Gothic Image*(New York: Harper Torch-books, 1958), p. 56.

15. Cole, *Journey of Life*, p. 16.

16. Cole, *Journey of Life*, p. 16.

17. Cole, *Journey of Life*. 또한 다음의 자료를 보라. P. Joerissen, "Die Lebensalter des Menschen - Bildprogramm und Bildform in Jahrhundert der Reformation," in *Die Lebenstreppe, Bilder der menschlichen Lebensalter*, Kommission bei R. Habelt(Bonn: Rheinland-Verlag, 1983), p. 44.

18. David E. Stannard, *The Puritan Way of Death*(New York: Oxford University Press, 1977), p. ix. 또한 다음의 책들도 보라. Michael Walzer, *The Revolution of the Saints*(New York: Atheneum, 1968); Daniel B. Shea Jr., *Spiritual Autobiography in Early America*(Princeton, N. J.: Princeton University Press, 1968); Patricia Caldwell, *The Puritan Conversion Narrative: The Beginnings of American Expression*(New York: Cambridge University Press, 1983).

19. John Bunyan, *Pilgrim's Progress*, ed. Roger Sharrock(Harmondsworth, England: Penguin, 1965 [1684]), Part II.

20. 「청소년기」의 계속되는 유명세는 젊음이라는 허상에 대한 코올의 메시지가 아직 전달되지 않은 것이라는 의구심을 갖게 만든다. 흥미롭게도, '미국적 가치 연구소'(Institute for American Values)는 최근에 공식적으로는 "시민 사회를 향한 요청: 왜 민주주의는 도덕적 진리를 필요로 하는가?"라는 제목의 "시민 사회 협의회로부터의 국가 보고서"를 발표한 바 있다. 그 연구소와 시카고 대학교 신학부의 공동 프로젝트인 이 보고서의 표지에는 토마스 코올의 《인생의 항해》가 실려 있다.

21. 다음의 문헌들을 보라. E. P. Richardson, *A Short History of Painting in America*(New York: Crowell, 1956), p. 128; Louis L. Nobel, *The Life and Works of Thomas Cole*, ed. Elliot S. Vessell(Cambridge, Mass.: Harvard University Press, 1964); Joy Kasson, "The Voyage of Life: Thomas Cole and Romantic Disillusionment," *American Quarterly*, no. 27(March 1975): 42-56. 각 연령에 대한 코올 자신의 설명은 다음에 수록되어 있다. Gorham D. Abbot's Introduction to *The Voyage of Life: A Series of Allegorical Pictures*(Philadelphia: H. Cowperthwait, 1856), p. 3. 오늘날 이 시리즈의 원작은 뉴욕 주 유티카(Utica)시의 먼슨-윌리암스-프락터(Munson-Williams-Proctor) 연구소에 전시되어 있다. 워드(Ward)의 상속인들이 작품의 공개 전시를 허락하지 않는 바람에 콜이 기억에 의존해서 완성한 두 번째 작품들은 1962년 베데스다 병원 예배당(Bethesda Hospital Chapel)에서 재다시 발견되었다. 1971년에 이 두 번째 작품들은 현재 전시되어 있는 내셔널 갤러리 오브 아트(National Gallery of Art)로 옮겨졌다.

22. 예를 들어 다음의 자료를 보라. Henry Ward Beecher's "Old Age," in his *Forty-Eight Sermons*(London: Dickinson, 1870), pp. 236-43.

23. Burton Blesdsein, *The Culture of Professionalism*(New York: Norton, 1977), p. 55.

24. George Miller Beard, *Legal Responsibility in Old Age*(New York: Russells, 1874), pp. 7, 9.

25. Anthony Trollope, *The Fixed Period*, ed. R. H. Super(Ann Arbor: University of Michigan Press, 1990 [1882]), pp. 132, 142.

26. Trollope, *The Fixed Period*, p. 180.

27. "Governor Lamm Asserts Elderly, If Very Ill, Have a Duty to Die," *New York Times*, 29 March 1984, p. A16.

28. Brian Gratton, *Urban Elders*(Philadelphia: Temple University Press, 1986). 또한 다음의 책도 보라. William Graebner, *A History of Retirement*(New Haven, Conn.: Yale University Press, 1980).

29. Henry Nouwen and Walter Gaffney, *Aging: The Fulfillment of Life*(Garden City, N.Y.: Doubleday, 1974), p. 17.

30. Thomas R. Cole, "Past Meridian: Aging and the Northern Middle Class, 1830-1930"(Ph.D. diss., University of Rochester, 1980), p. 125.

31. Sheila Kaplan, "The Generation Gap: The Politics of Generational Justice," *Common Cause*(March/April 1987): 13-15.

32. Henry R. Moody, *Abundance of Life: Human Development Policies for an Aging Society*(New York: Columbia University Press, 1988), pp. 122-42.

33. Margaret Morganroth Gullette, *Safe at Last in the Middle Years*(Berkeley: University of California Press, 1988).

34. Reynolds Price, *Roxanna Slade*(New York: Scribnet, 1998).

35. Clyde Edgerton, *Walking Across Egypt*(Chapel Hill, N.C.: Algonquin Books, 1987).

36. Fred Chappell, *Farewell, I'm Bound to Leave You*(New York: Picador, 1996).

37. Nouwen and Gaffney, *Aging: The Fulfillment*, p. 13.

38. Flordia Scott-Maxwell, *The Measure of My Days*(New York: A. A. Knopf, 1968), p. 40.

39. Stanley Hauerwas, A Tale of Two Stories: On Being Christian and a Texan," in *Christian Existence Today: Essay on Church, World, and Living Today*(Durham, N.C.: Labyrinth Press, 1988), p. 29.

Capter 5

1. Philip Rieff, *The Triumph of the Therapeutic: Uses of Faith After Freud*(New York: Harper and Row, 1966).

2. Rieff, *The Triumph of the Therapeutic*, p. 7.

3. Rieff, *The Triumph of the Therapeutic*, p. 13. 예를 들어 기독교와의 관계에서 리이프가 말하는

치료주의 사회의 유력 설계자이자 빼어난 심리치료학자인 융(Jung)은 "예수와 같은 신화적 요소로부터 치료주의적 해방"이 필요하다고 하면서, 근대성의 사회 전반적인 신경증은 그와 같은 신화적 이미지들로 인한 억압이라고 주장했다. 사실상 만일 예수나 정통신앙이 더 이상 우리의 '필수불가결한' 행복감을 위해 복무하지 않는다면, 우리는 그러한 것들을 제거해야 한다. 만일 우리의 예수가 우리를 부정적 감정이나 관계, 또는 우리의 인생 그 자체로부터 해방시키지 못한다면, 그분은 떠나야 한다. 최소한 우리를 위해 '일하시는' 예수로 교체되어야 한다. 심지어 이러한 유형의 거래에 순응하는 교회를 통해서 우리도 치료주의 문화의 일원이 되는 것이다. 이 점에 관해서는 본 에세이를 전개하면서 더 다루기로 하겠다.

4. E. Brooks Holifield, *A History of Pastoral Care in America: From Salvation to Self-Realization*(Nashville: Abingdon Press, 1983).

5. Rieff, *The Triumph of the Therapeutic*, p. 241.

6. Stephen Toulmin, *Cosmopolis: The Hidden Agenda of Modernity*(New York: Free Press, 1990). 툴민(Toulmin)은 근대성의 마지막 국면, 또는 포스트모더니티라고도 불리는 이 시기에 인간화의 영향이 우리가 철학을 회복하고 그 철학을 더욱 실제적으로 만들려는 근대성을 발견하려고 노력하는 그 자리에서 일어나고 있으며, 일어나야 한다고 주장한다.

7. 이러한 수치는 다음의 자료에 근거한다. Milfred M. Seltzer, ed., *The Impact of Increased Life Expectancy: Beyond the Gray Horizon, Springer Series on Life Styles and Issues in Aging*(New York: Springer, 1995), p. ix.

8. 다음의 책을 보라. Alasdair MacIntyre, *Whose Justice, Which Rationality?*(Notre Dame: University of Notre Dame Press, 1988). 이 책에서 매킨타이어는 유럽의 주요 문화 전통들이 발전한 양상을 꼼꼼하게 분석하며 아리스토텔레스, 아우구스티누스, 아퀴나스, 그리고 흄이라는 네 인물에 의해 대별되는 시기로 나눈다. 각 인물들이 '합리성'을 다르게 정의하였기 때문이다. 또한 Toulmin, *Cosmopolis*도 보라. 저자는 매킨타이어의 이러한 정리를 활용해서 중간 과정에서 약간 수정을 하긴 하지만 자신의 이론을 확증한다. 근본적으로 매킨타이어와 툴민은 모두 계승된 전통의 일부가 아닌 합리성과 같은 것은 존재하지 않는다고 주장한다.

9. Toulmin, *Cosmopolis*, p. 180.

10. Toulmin, *Cosmopolis*, p. 181.

11. Toulmin, *Cosmopolis*, p. 180.

12. Mary Shelly, *Frankenstein; or, The Modern Prometheus*(London: Penguin Books, 1994(1818))을 보라. 프랑켄슈타인을 소재로 하는 이 고전적 이야기는 단순히 가장 흥미로운 공포 이야기의 기록과는 거리가 멀다. 이 이야기는 도덕성에 대한 매우 중요한 내용을 담고 있다. 이 작품에서 스위스의 과학자인 빅터 프랑켄슈타인은 하나의 강렬한 열망을 갖고 있었는데, 그것은 자신의 손으로 지적 생명을 창조하는 것이었다. 하지만 자신의 피조물이 깨어나는 바로 그 순간부터 그의 오판이 가져온 무분별하고 파괴적인 힘이 드러나기 시작했다. 결국에는 공포물에서 그려지는 것처

럼, 그 괴물 같은 피조물은 자신을 만든 이를 포함하여 지켜보는 모든 이들이 피해야 하는 존재가 되었다.

13. Mildred M. Seltzer, "Racing Against a Pale Horse," in *The Impact of Increased Life Expectancy*, ed. Seltzer, p. 11.

14. 다음의 자료를 보라. James E. Birren and K. Warner Schaie, eds., *Handbook of the Psychology of Aging*, fourth ed. (New York: Academic Press, 1996), pp. 106-28.

15. Birren and Schaie, *Handbook*, pp. 106-28.

16. 기독교적 관점에서 알츠하이머 질환을 조명한 아주 좋은 연구로는 David Keck의 *Forgetting Whose We Are: Alzheimer's Disease and the Love of God*(Nashville: Abingdon Press, 1996)을 들 수 있다. 이 책에서 저자는 우리가 하나님을 잊더라도, 특별히 그것이 우리의 통제를 넘어서는 질환의 비극을 통해서일 경우에도, 하나님은 우리를 잊지 않으시고, 잊으실 수도 없다는 점을 우리에게 일러준다.

17. 이는 과학자이자 《2001: 스페이스 오디세이》(*2001: A Space Odyssey*)의 저자이자 통신 위성 발명가인 아서 클라크(Arthur Clarke)의 말이다. 다음을 보라. Arthur C. Clarke, *Profiles of the Future: An Inquiry into the Limits of the Possible*(New York: Harper and Row, 1973).

18. 일반화의 사례들은 다음의 책에서 빌려왔다. Mark R. Wicclair, *Ethics and the Elderly*(New York: Oxford University Press, 1993), p. 82.

19. Wicclair, *Ethics and the Elderly*, pp. 80-81.

20. Wicclair, *Ethics and the Elderly*, p. 81. 예를 들어 영국 국립 보건원(British National Health Service)에서는 일반적으로 65세 이상의 환자에게는 장기 투석이 거부된다. 그와 같은 제한 조치가 광범위하게 고려되는 것을 볼 때, 다른 중대한 치료도 비슷하게 거부 패턴을 갖는다.

21. Wicclair, *Ethics and the Elderly*, p. 160.

22. Philip Cushman, *Constructing the Self, Constructing America: A Cultural History of Psychotherapy*(New York: Addison Wesley, 1995).

23. Wicclair, *Ethics and the Elderly*, pp. 122-123.

24. Harry R. Moody, *Ethics in an Aging Society*(Baltimore: Johns Hopkins University Press, 1992). 무디는 이 책에서 요양원에 거주하는 동안 일기를 쓴 플로리다 스콧 맥스웰(Florida Scott-Maxwell)의 이야기를 전해 준다(p. 19). 그녀는 일기에 이렇게 적었다. "죽음에 관한 나의 유일한 두려움은 그것이 빨리 당도하지 않으리라는 것이었다. … 죽음을 기다리는 것은 우리를 지치게 만들었고, 우리는 혐오스러운 모습이 될까봐 두려웠다."

25. 제임스 거스타프슨(James Gustafson)은 신학자들이 이러한, 혹은 이와 비슷한 요구를 자주 받는다고 지적한다. "Say Something Theological," *1981 Nora and Edward Ryerson Lecture*(Chicago:

University of Chicago Press, 1981), p. 3. 스탠리 하우어워스(Stanley Hauerwas)도 자신의 에세이에서 이에 대해 언급한다. "On Keeping Theological Ethics Theological," in *Revision: Changing Perspectives in Moral Philosophy*(Notre Dame: University of Notre Dame Press, 1983), pp. 16-42.

26. 스탠리 하우어워스와 윌리엄 윌리몬(William Willimon)은 자신들의 공저인 *Resident Aliens*(Nashville: Abingdon Press, 1989)를 이러한 제안과 더불어 시작한다. 한국에는 《하나님의 나그네 된 백성》(복있는사람, 2018)으로 번역 출판되었다.

27. 그리스도인들이 성경을 어떻게 봐야 하는지에 관한 탁월한 문제 제기는 다음의 책을 보라. Stephen E. Fowl and L. Gregory Jones, "Scripture, Exegesis, and Discernment in Christian Ethics," in *Virtues and Practices in the Christian Tradition: Christian Ethics After MacIntyre*, ed. Nancey Murphy, Brad J. Kallenberg, and Mark Thiessen Nation(Harrisburg, PA: Trinity Press International, 1997), pp. 111-31. 파울러와 존스는 성경이 기독교 윤리를 위한 일차적 규범을 제공한다고 주장한다. 그러나 이러한 방식으로 성경을 읽으려면 우리가 거기서 발견하는 바를 지혜롭게 구현하는 삶이 요구된다고 한다.

28. 이 장에서의 모든 성경 구절 인용은 개역개정을 사용한다.

29. 이 글의 논증과 관련하여 묵상적 관점에 관심이 있을 이들에게 한 권의 책을 꼽자면 유진 피터슨(Eugene H. Peterson)의 *A Long Obedience in the Same Direction: Discipleship in an Instant Society*(Downers Grove, Ill.: InterVarsity Press, 1980)가 있다. 역서 제목은 《한 길 가는 순례자》(서울: IVP, 2011)이다.

30. Cf. Stanley Hauerwas, *Naming the Silences: God, Medicine, and the Problem of Suffering*(Grand Rapids: Eerdmans, 1990), p. 151. 하우어워스는 여기서 죽음은 확실히 무시무시하고 악마적이기 때문에 우리는 죽음의 끔직한 속성을 과소평가해서는 안 된다고 주장한다. 물론 죽음이 우리의 친구는 아니지만, 죽음은 또한 그토록 많은 순교자들이 증언했던 명백한 사실을 볼 때 그리스도께 대한 순종으로부터 비롯되기도 한다.

31. Rief, *Triumph of the Therapeutic*, p. 13.

32. Cushman, *Constructing the Self, Constructing America*, p. 67.

33. Rief, *Triumph of the Therapeutic*, p. 50. 여기서 나타난 과학 대 신학이라는 문화적 태도는 오래 전에 많은 이들이 폐기하고 이제는 정 반대로 관계정립이 시도되고 있는 문제다. 그와 같은 대비는 근대성의 산물로서, 우리는 이제 우리의 인간화 작업에서 그와 같은 상실을 재고할 필요가 있다. 일반적으로 매우 정통적이거나, 포스트모던, 또는 탈 자유주의적 입장에서 두 영역의 결합은 여전히 기능하고 있으며 늘어나고 있다. 이는 기독교 신학 내의 분과들에서 상당한 수준으로 번성하고 있음이 분명하다. 낸시 머피(Nancey Murphy), 웬첼 반 후이스틴(Wentzel van Huyssteen), 로버트 존 러셀(Robert John Russell), 아더 피코크(Arthur Peacoke), 존 폴킹혼(John Polkinghorn)과 다른 여러 과학자들을 포함한 많은 신학자들의 저작을 보면 과학 대 신학이라는 대립적 견해는 더 이상 지탱하기 힘들다.

34. Rief, *Triumph of the Therapeutic*, p. 13.

35. Dietrich Bonhoeffer, *The Cost of Discipleship*, revised and unabridged edition containing material not previously translated(New York: Macmillan, 1963 (1937)), p. 99.

36. Dietrich Bonhoeffer, *The Cost of Discipleship*. 본회퍼 자신의 강력한 표현을 느슨하게 재진술한 것이다.

37. Karl Barth et al., "The Barmen Declaration," in *Creeds of the Churches: A Reader in Christian Doctrine from the Bible to the Present*, ed. John H. Leith(Louisville: John Knox Press, 1963), pp. 517-22. 번역은 이신건의 "고백교회와 바르멘 선언"에서 빌려 왔다. http://www.sgti.kr/data/person/barth/8.htm

38. Holifield, *History of Pastoral* Care, pp. 17 and 159.

39. Holifield, *History of Pastoral Care*, pp. 181-83. 일리노이주 에반스톤(Evanstone, Illinois)의 스코틀랜드 출신 목사는 알콜 중독자였던 동료 스코틀랜드인에게 자신을 개혁하는 '결정'을 하게 함으로 스코틀랜드인다운 의지를 보여 주어 좋은 스코틀랜드인이 되도록 회유했다는 이야기가 전해진다. 보고에 의하면 그 남자는 그렇게 행했고 교회에도 등록하였다고 한다.

40. 다음의 자료들을 보라. Howard Clinebell Jr., *Mental Health Through Christian Community*(Nashville: Abingdon Press, 1965), p. 214. 그리고 *Basic Types of Pastoral Counseling*(Nashville: Abingdon Press, 1966), pp. 20-22. Holifield, *History of Pastoral Care*, p. 346에서 재인용.

41. Robert T. Fancher, *Cultures of Healing: Correcting the Image of American Mental Health Care*(New York: W. H. Freeman, 1995), p. 17. 철학자이자 심리치료사인 팬처는 "경험적으로 참이며, 성실하게 도달하고, 유용하게 증명된" 과학은 사회에 도움이 될 수 있는 가장 좋은 방식이 되리라는 희망 속에서 치료 직업을 이차적 경력으로 간주한다. 그의 철학적 훈련은 자신이 행하는 치료행위의 한계를 인식하게 해주었다.

42. Christopher Lasch, *The True and Only Heaven: Progress and Its Critics*(New York: W. W. Norton, 1991), p. 81.

43. Jerome D. Frank, in the foreword to Fancher, *Cultures of Healing*, pp. xiii-xiv.

44. Keck, *Forgetting Whose We Are*, p. 21.

45. Fyodor Mikhailovich Dostoevsky, *The Brothers Karamazov*, trans. Constance Garnett, in Great Books of the Western World, vol. 52(Chicago: Encyclopedia Britannica, 1989 (1880)), p. 369.

46. Arthur Frank, *The Wounded Storyteller: Body, Illness, and Ethics*(Chicago: The University of Chicago Press, 1995).

47. Frank, *The Wounded Storyteller*, p. 185.

48. Frank, *The Wounded Storyteller*, p. 75.

49. Frank, *The Wounded Storyteller*, p. 83.

50. 이러한 예로 다음의 책을 보라. Friedrich Wilhelm Nietzsche, *On the Genealogy of Morals*(New York: Vintage Books, 1967 (1887)). Cf. 알래스데어 매킨타이어(Alasdair MacIntyre)는 1988년 에든버러 대학의 기포드 강연(Gifford Lectures)에서 니체를 인용했는데 그것은 다음의 제목으로 나왔다. *Three Rival Versions of Moral Inquiry: Encyclopedia, Genealogy, and Tradition*(Notre Dame: University of Notre Dame Press, 1990).

51. Frank, *The Wounded Storyteller*, p. 98.

52. Nietzsche, *The Gay Science, in The Complete Works of Friedrich Nietzsche*(Stanford, Calif.: Stanford University Press, 1994), pp. 249-50. John Donne, *Devotions Upon Emergent Occasions*(Ann Arbor: University of Michigan Press, 1959 (1624)). Cf. Frank, *The Wounded Storyteller*, p. 116에서 재인용.

53. Friedrich Nietzsche, *Über Wahrheit und Lüge im Aussermoralischen Sinn* I, in *The Complete Works of Friedrich Nietzsche*. MacIntyre의 *Three Rival Verions*, p. 35에서 재인용.

54. MacIntyre, *Three Rival Verions*, p. 197.

55. Geoffrey Wainwright, *Doxology: The Praise of God in Worship, Doctrine, and Life*(New York: Oxford University Press, 1980), p. 272. 이 부분에서, 웨인라이트는 가톨릭 저자인 더설(L. Dussault)의 책, 《모든 생명의 부활인 성찬》(*L'eucharistie paques de toute la vie*)을 논한다.

Chapter 6

1. Stephen Sapp, *Light on a Gray Area: American Public Policy on Aging*(Nashville: Abingdon, 1992), pp. 1-48.

2. William C. Cockerham, *Medical Sociology*, eighth ed. (Upper Saddle River, N. J.: Prentice Hall, 2001).

3. Arthur W. Frank, "The Patient's Vocation: Christian Responses to Bioethics," *The Christian Century 13*(November 20-27, 1996): 1157.

4. Kinder-und Hausmärchen 《그림형제 동화전집》(현대지성 역간) 여기서 네 마리의 동물들이 브레멘으로 가는 길에 만난다. 그들은 열심히 일했으나 지금은 늙고 지쳤다. 그러자 그들의 주인들은 그들이 더 이상 쓸모없다고 생각해 죽이려는 계획을 세운다. 앉아서 죽기보다는 도망을 갈 것을 설득하며 당나귀는 브레멘(Bremen)으로 가서 마을 음악대가 되자고 제안한다. 그래서 네 동물들은 함께 그들의 모험을 향해 길을 떠난다.

5. Betty Friedan, *The Fountain of Age*(New York: Simon and Schuster, 1993), p. 69.

6. Friedan, *Fountain of Age*, p. 74. 또한 다음을 보라. Peter J. Mayer, "Biological Theories about Aging," in *The Elderly as Modern Pioneers*, ed. Philip Silverman(Bloomington, Ind.: Indiana University Press, 1987), p. 21.

7. Mayer, "Biological Theories about Aging," p. 21.

8. Edward Hoagland, "A Last Look Around," Civilization 4, no. 1(February/March 1997):35.

9. William Regelson, *The Superhormone Promise: Nature's Antidote to Aging*(New York: Simon and Schuster, 1996).

10. 다음을 보라. Larry Reibstein, "Rippling Abs in 30 Days or Your Money Back," *Newsweek* 128, no. 12(September 16, 1996): 77.

11. Philip Silverman, ed., *The Elderly as Modern Pioneers*, p. 2.

12. Helen Oppenheimer, "Reflections on the Experience of Aging," in *Aging*, ed. Lisa Sowle Cahill and Deitmar Mieth(Philadelphia, Pa.: Trinity Press International, 1991).

13. Armeda F. Ferrini, with Rebecca L. Ferrini, *Health in Later Years*(Dubuque, Iowa: Wm. C. Brown, 1986), p. 9.

14. Sydney Callahan, "Growing Old with Grace," *Commonweal* 121, no. 10(May 20, 1994): 11-12.

15. Ruth Harriet Jacobs, "Expanding Social Roles for Older Women," in *Women on the Front Lines: Meeting the Challenge of an Aging America*, ed. Jessie Allen and Alan Pifer(Washington, D.C.: Urban Institute Press, 1993).

16. Cynthia M. Taeuber and Jessie Allen, "Women in Our Aging Society :The Demographic Outlook," in *Women on the Front Lines*, ed. Allen and Pifer, p. 35.

17. Ferrini, *Health in the Later Years*, p. 22.

18. Ferrini, *Health in the Later Years*, p. 13.

19. Colleen L. Johnson and Barbara M. Barer, *Life Beyond 85 Years: The Aura of Survivorship*(New York: Springer, 1997), pp. 57, 65, 66.

20. Ferrini, *Health in the Later Years*, p. 11.

21. Ruth B. Hess, "Gender and Aging: The Demographic Parameters," in *Gender and Aging*, ed. Lou Glasses and John Hendricks(Amityville, N.Y.: Baywood Publishing, 1992), p. 17.

22. Hess, "Gender and Aging," p. 18.

23. Kyriakos S. Markides, "Risk Factors, Gender, and Health," in *Gender and Aging*, ed. Glasses and Hendricks, p. 26.

24. Friedan, *Fountain of Age*, p. 149.

25. Markides, "Risk Factors, Gender, and Health," p. 31; Alan Pifer, "Meeting the Challenge: Implications for Policy and Practice," in *Women on the Front Lines*, ed. Allen and Pifer, p. 244.

26. 다음을 보라. James H. Schulz, "Ask Older Women: Are the Elderly Better Off?" *Journal of Aging and Social Policy* 9, no. 1(1997): 7-12.

27. Karen Davis, Paula Grant, and Diane Rowland, "Alone and Poor: The Plight of Elderly Women," in *Gender and Aging*, ed. Glasses and Hendricks, p. 79.

28. Jessie Allen, "The Front Lines," in *Women on the Front Lines*, ed., Allen and Pifer, p. 2.

29. Taeuber and Allen, "Women in Our Aging Society," p. 23.

30. Julianne Malveaux, "Race, Poverty, and Women's Aging," in *Women on the Front Lines*, ed. Allen and Pifer, p. 172.

31. Marilyn Moon, "Public Policies: Are They Gender-Neutral?" in *Gender and Aging*, ed. Glasses and Hendricks, p. 116.

32. Allen, "The Front Lines," p. 3.

33. Robert J. Samuelson, "Justice among Generations," *Newsweek* 129, no. 3(January 20, 1997): 29.

34. Sapp, *Light on a Gray Area*, p. 49.

35. Diane E. Rykken, "Sex in the Later Years," in *The Elderly as Modern Pioneers*, ed. Silverman, p. 170.

36. Geoffrey Cowley, "Attention: Aging Men," *Newsweek* 128, no. 12(September16,1996):70.

37. PCUSA(Presbyterian Church in the U.S.A.), "Older Adults," in *Sexuality and the Sacred*, ed. James B. Nelson and Sandra Longfellow(Louisville, Ky.: Westminster/John Knox Press, 1994), p. 300.

38. Ferrini, *Health in the Later Years*, p. 287.

39. PCUSA, "Older Adults," p. 302.

40. PCUSA, "Older Adults," p. 301.

41. 조셉의 멋진 시 "경고"를 보라. 시는 다음과 같이 시작된다. "노부인이 되면, 난 보라색 옷을 입고, 빨간 모자도 쓸 거야, 맞지도 않고, 어울리지도 않겠지만…" "경고"는 조셉의 책 *Rose in the Afternoon, and Other Poems*(London: Dent, 1974)에 수록돼 있다.

42. Frieda Kerner Furman, *Facing the Mirror: Older Women and Beauty Shop Culture*(New York: Routledge, 1997).

43. Henri J. M. Nouwen and Walter J. Gaffney, *Aging*(NewYork: Doubleday, 1974), p. 96.

Chapter 7

1. Jeremy Taylor, *Holy Living and Dying; With Prayers Containing the Complete Duty of a Christian* (New York: D. Appleton, 1859), pp. 42-57.

2. 테일러 자신이 투옥, 빈곤, 두 아들의 죽음 등을 겪으면서 죽음과 고통의 문제에 익숙해졌다.

3. 다음을 보라. Peter Laslett's *A Fresh Map of Life: The Emergence of the Third Age* (London: Widenfeld and Nicolson, 1989).

4. 이 문장에서 '우리'를 구성하는 존재라는 말 자체가 제한적 의미로 사용되었다. 이 단어는 교육 받은 중산층 독자들 혹은 상위 계층에 적용된다. 이러한 변화는 모든 사람들과 모든 지역에 대해 일괄적 의미로 적용될 수 없다. 현직에 종사하고 있었을 때의 사회경제적 지위가 은퇴 후 사회경제적 지위를 결정짓는 것은 여전한 사실이다.

5. 이러한 해석의 또 다른 문제는 거짓으로 비춰질 수 있다는 점이다. 통계에 대한 사회적 해석은 기대수명과 근대화 및 산업화 사이의 직접적인 상관성을 보여 주지 못한다. 라슬렛에 따르면, "오늘날의 개발도상국들은 이미 산업화가 이루어지기 훨씬 전에 삶의 연장이라는 의미에서 나이를 먹기 시작했다고 묘사되어 왔다. 현재의 추세와 정치가 계속된다면 산업화와 '근대화'가 많은 진전을 이루기 전에 노년의 비율이 많은 나라, 특히 중국에서도 고령화가 과열될 수 있다는 더 깊은 의미에서의 노령화가 될 수 있다"(*Fresh Map of Life*, p. 83).

6. 이에 대해서는 다음 책을 참고하라. Richard Disney, *Can We Afford to Grow Older?* (Cambridge, Mass.: MIT Press, 1996), p. 17. 이러한 '나이 듦의 경제학'에 대한 전통적인 접근 방식은 '의존의 부담' 모델에서 논변을 제기한다. 이 모델은 '정적… 부담의 척도'를 사용하며, 다양한 수준의 정교함으로 계산된다. (p.12). 디즈니(Disney)의 연구는 의존성 모델의 부담과는 다른 모델을 발전시킨다는 점에 유의해야 한다. 비록 은퇴자가 중립적인 의미에서 '부담'이라고 가정하지만 말이다.

7. 한계주의 혁명에 대한 좋은 분석의 예로 다음 책을 참고하기 바란다. Simon Clarke, *Marx, Marginalism and Modern Sociology: From Adam Smith to Max Weber* (London: MacMillan, 1982), particularly pp. 145-85.

8. 이 언어는 경제학에서만 널리 쓰이는 것은 아니다. 예를 들어, 로널드와 재클린 엔젤 부부(Ronald and Jacqueline Angel)는 자신들의 노인사회학 저서를 다음과 같은 말로 시작한다. "오늘날 미국에서, 노인과 젊은이를 위한 프로그램들은 동일한 자원을 두고 경쟁하고 있다. 실제 경제 성장률이 상대적으로 낮으면, 노인들의 지출 증가는 아이들을 위한 프로그램을 포함한 다른 사회적 재화들을 희생시키는 것일 뿐이다."(Ronald L. Angel and Jacqueline L. Angel, *Who Will Care for Us? Aging and Long-Term Care in Multicultural America* (New York: New York University Press, 1997), p. xxi).

9. Clarke, *Marx, Marginalism, and Modern Sociology*, p. 153.

10. Joseph E. Stiglitz, *Economics*, 2nd ed. (New York: W. W. Norton, 1997), p. 920. 스티글리츠(Stiglitz)는 클린턴 대통령의 경제 자문위원 회의 의장과 세계은행 수석 이코노미스트를 역임했다.

11. 한 가지 예외는 조세의 문제이지만, 우리에게 직접적으로 영향을 주는 것은 우리가 내야 할 세금의 총액이다. 우리는 세금이 유용하게 사용될 방식에 대한 근거를 거의 지니고 있지 못하며 모든 현존하는 정책적 선택은 한계주의 합리성에 기초하고 있다.

12. 이 부분을 좀 더 잘 설명해 주고 있는 문헌으로 다음 책을 참고하라. Michael Sandel, *Democracy's Discontent: America in Search of a Public Philosophy*(Cambridge, Mass.: Belknap Press of Harvard University Press, 1996), 특별히 1장을 참고하라. "The Public Philosophy of Contemporary Liberalism," pp. 3-24.

13. Stiglitz, *Economics*, p. 918.

14. Stiglitz, *Economics*, p. 916.

15. 다음 책을 참고하라. P. A. Samuelson's "The Optimum Growth Rate for Population," in *International Economic Review 16*(October 1975): 531-38.

16. Angel and Angel, *Who Will Care for Us?* p. 2.

17. 이러한 가족 구조의 상실이 생겨난 이유 중 하나는 이동성이다. 이동성은 가족과 공동체의 보존과는 반대 방향으로 작동하며 자본주의의 핵심이 되는 요소이기도 하다. 자본주의 사회에서 사람들은 물자와 같은 방향으로 움직여야 한다. 이동성을 상실하면 노동을 포함한 대부분의 회소자원 분배에서 밀려난다. 우리들 모두는 일자리가 있는 곳으로 이동해야 한다. 과거 몇 십년간의 테크놀로지 발전은 가족과의 연결을 좀 더 쉽게 만들어 주었으며, 이러한 성취는 노인 세대와 같은 공간에서 거주하지 않아도 되게 해주었다. 현재 '노인 돌봄' 장거리 서비스를 제공하기 위한 노력은 시장이 이 문제를 해결할 수 있는 한 가지 방법이지만, 그러한 돌봄은 생산자와 소비자 사이의 계약적 합의로 남아 있다.

18. Disney, *Can We Afford to Grow Older?* p. 193. 은퇴에 대한 필자의 관점 대부분은 디즈니의 책에 빚지고 있다. 특히 다음 부분을 참고하라. "Retirement: The Labor Supply of Older Workers in an Aging Society."

19. "또 다른 견해는 노동력 참여율의 세속적 감소, 특히 노인 남성의 세속적 감소가 선택의 결과라는 것이다. 이러한 개인들에게 있어서,(예를 들어) 개인연금 증가와 주택 자산 같은 기타 자산 청산 능력에서 기인하는 퇴직 소득의 증가 전망은 그들이 25년 더 살 것으로 예상할 수 있는 나이에 지속적인 고용에서 파생되는 효용성을 초과한다. 그렇다면 은퇴 결정은 개인에게 최적이다. … '전향적 관찰(평생)' 모형에서 개인은 기대되는 소득과 비노동 소득의 흐름과 잔여기간 당 여가의 한계 효용을 평가할 것이다. 이로 인해 생산적인 개인은 유급노동을 포기하기로 선택할 수 있다. 이런 상황에서는 개인들이 선택한 은퇴 연령을 넘어서 일하도록 강요하는 것이 바람직하게 되는 사회적 체제를 생각하기 어렵다. 그렇다면 만약 노인들의 참여율 감소가 축소된다면, 필요한 것은 잠재적인 근로자들이 계속 일하도록 설득하는 경제적 인센티브의 구조이다"(Disney, *Can We Afford to Grow Older?* p. 199).

20. Laslett, *Fresh Map of Life*, p. 125. 은퇴에 대한 역사적 분석에 관해서는 다음 부분을 참고하라.

"Retirement and Its Social History," pp. 122-39.

21. 라슬렛은 이렇게 말한다. "과거에 영국 노인들이 항상 친척들 무리에 둘러싸여 살고 죽었다는 신화를 처분할 때, 우리는 이것이 항상 그리고 반드시 그들에게 더 좋았을 것이라는 믿음을 받아들일 필요가 없다"(*Fresh Map of Life*, p. 126).

22. See Angel and Angel, *Who Will Care for Us?* pp. 150-53.

23. Angel and Angel, *Who Will Care for Us?* pp. 17-19. 사실 사회보장제도와 같은 연방정부의 개입이 없다면 평생 동안 득이 되는 고용을 받은 많은 사람들에게는 '퇴직'이 불가능하다. 1990년 은퇴자의 41%는 사회보장제도에 의존할 수밖에 없었다.

24. 필자는 많은 신학자들이 이 주장을 거부할 것 같다는 사실을 잘 알고 있다. 하지만 필자는 밀뱅크(John Milbank)가 *Theology and Social Theory: Beyond Secular Reason*(Cambridge, Mass.: Basil Blackwell, 1991)에서 이 부분을 잘 말해 주고 있다고 생각한다. 밀뱅크는 이렇게 말한다. "현대 신학의 파토스는 거짓 겸손이다. 신학에 있어서 이것은 치명적인 질병이다. 신학이 스스로 메타담론이기를 포기하는 순간, 신학은 더 이상 창조주 하나님의 말씀을 분석해낼 수 없게 된다. 그 결과로 어떤 우상의 신탁으로 전락하고 말 것이다. … 만일 신학이 이러한 지위를 더 이상 추구하지 않는다면, 그리고 다른 담론들을 질적으로 평가하지도 비판하지도 않게 된다면, 이러한 담론들이 신학의 자리에 올라서는 것을 막아낼 수 없게 된다. 논리의 궁극적 구성 필요성은 사라지지 않는 것이기 때문이다."(p. 1).

25. Karl Barth, *Church Dogmatics* IV.I.

26. 이 언어는 성공회 및 연합감리교회로부터 왔으며 에큐메니컬 특성을 지니고 있다. 필자로서는 이러한 종말론의 '아직 아닌' 특성을 이미 실현된 종말론에 잠식시키려는 의도는 없다. 나이 듦에 대한 경제학적 분석을 신학에 종속시키려는 의도는 이 주장에 담긴 '아직 아닌' 특성을 말해준다.

27. Milbank, *Theology and Social Theory*, p. 116.

28. See Thomas Aquinas, *Summa Theologiae* I-II., 108.

29. 오도노반(Oliver O'Donovan)은 그의 책, *The Desire of the Nations: Rediscovering the Roots of Political Theology*(Cambridge: Cambridge University Press, 1997)에서 그리스도의 승리가 지닌 정치적 함의를 설득적으로 말해 준다. 그는 이렇게 말한다. "그리스도의 왕권은 온 세상에 행해지는 하나님의 통치이다. 교회에서도 볼 수 있지만, 세상에서도 볼 수 있다. 사도 바울에 따르면 하나님께서 '통치자들과 권세들을 무력화하여 구경거리로 삼으시고 십자가로 그들을 이기셨다'(골 2:15). 그것은 세계를 지배하는 권위, 정치, 악마에 대한 일차적인 종말론적 주장일 것이다. 그들은 그리스도의 승리에서 하나님의 주권의 대상이 되었다. 두 번째 특징적인 주장은 이것이 그리스도의 최종 보편적인 존재가 완전히 명백해지기를 기다리고 있다는 점이다. 이 두 주장의 틀 안에서 그리스도의 사건이 발생하지도 않았고 그리스도의 주권이 이제 투명하고 논쟁의 여지가 없다는 것을 가정하는 세속적인 권위에 대한 설명이 전개된다."(p. 146). 오도노반은 세상 권세가 그리스도의

통치에 종속되기도 하면서 경쟁하게 되는 방식을 설명하고 있다. 오도노반의 주장에서처럼 가족에 대한 존중이 구현되어야 한다. 그리스도께서 모든 나라를 그의 권세로 주관하실 것이며 가족 또한 그렇게 주관하실 것이다. 그리스도께서 가족을 어떻게 주관하시는지 알고자 한다면, 그리스도의 사명에 가족을 주관하시는 것도 포함된다는 성경의 관점에 유의해야 한다.

30. Raniero Cantalamessa, *Mary: Mirror of the Church*, trans. Frances Lonergan Villa(Collegeville, Minn.: Liturgical Press, 1992), p. 121.

31. St. Augustine, *Sermons* 72A; quoted in Cantalamessa, *Mary: Mirror*, p. 69.

32. Augustine, *Faith and the Creed*, p. 325. 아우구스티누스 역시 예수와 그의 어머니 사이의 관계에서 하나님의 사랑과 남녀의 구원에 대한 증거를 찾아낸다. "우리는 예수 그리스도가 마리아를 어머니로 모셨다는 것을 부인하는 사람들을 거부해야 한다. 그의 시간적 영역에서의 계획은 남녀 성을 모두 고귀하게 하는 것이었기 때문이다. 남성성을 가지고 여성에게서 태어나는 것으로써 하나님은 그가 대표하는 성뿐만 아니라 그가 우리 본성을 취한 성에 대해서도 관심하고 있음을 보여 주었다."

33. 제자들이 예수의 유언을 진지하게 받아들였다는 사실은 예수께서 승천하신 후 마리아가 예루살렘으로 돌아왔을 때 제자들과 함께 있었다고 기록한 사도행전에서 확인할 수 있다(행1:12-14).

34. Lumen Gentium, in *Vatican Council II: The Conciliar and Post Conciliar Documents*, ed. Austin Flannery(Collegeville, Minn.: Liturgical Press, 1981), para. 63-64.

35. Aquinas, *Summa Theologiae* I-II.7.2 ad 1.

36. 행 2장-5장을 참고하라. 가톨릭의 교회지침서에서도 이와 유사한 정서를 볼 수 있다. "이전 시대의 존경할 만한 예를 따라, 주교들은 기꺼이 그들의 형제애적 지원을, 만연한 자선 단체의 친목, 특히 다른 교회, 특히 이웃 교회들과 도움을 필요로 하는 사람들에게 확대해야 한다"(*Lumen Gentium*, para. 23).

37. 디즈니의 "Some Salient Conclusions"(*Can We Afford to Grow Older?*의 11장)을 참고하라. 디즈니는 이렇게 말한다. "노화의 위기란 없다." 그는 이렇게 제안한다. "1980년대 사회보장제도와 관련된 예산 적자와 급여세 인상에 대해 '노령화'를 비난하는 것이 일반적이다. 그러나 이러한(제대로 인식된) 위기의 근원은 노화 그 자체와는 거의 관련이 없다. '페이고' 사회보험에서 금융위기는 정부나 유권자들이 실행하는 프로그램의 사슬문자나 폰지 속임수와 훨씬 더 관련이 있다. 이 프로그램은 미래 세대를 지나친 강제 이전으로 선점한다."(pp. 307-8). 그는 고령화 자체가 우리가 직면하는 문제가 아니라고 안심시키지만, 민간연금계획이 점점 더 증가하여 사회 보장을 대체할 것이라는 그의 예측은 그렇게 안심할 만한 것이 아니다. 왜냐하면 이것은 가난한 사람들과 다른 사람들 사이의 계급구분을 악화시킬 뿐이기 때문이다.

38. See Angel and Angel, *Who Will Care for Us?* pp. 150-53.

Chapter 8

1. Sherwin Nuland, *How We Die: Reflections on Life's Final Chapter*(New York: Alfred A. Knopf, 1994), pp. 254-55. 눌랜드는 미국의 경우 80%의 사망자들이 병원에서 죽음을 맞이한다고 말한다. 그는 아리에스(Philippe Aries)의 주장을 인용하여 이러한 현상이 나타나는 부분적인 원인이 현대 문화가 죽음의 과정에 연관된 가혹함을 견디어 내지 못하는 데서 기인한다고 말한다. 이 부분은 다음 글을 참고하라. Robert C. Atchley, *Social Forces and Aging*, seventh ed. (Belmont, Calif.: Wadsworth, 1994), pp. 349-57. 일상으로서의 죽음이라는 현실에서 우리들 자신을 면제시킴으로써 우리는 대중매체에서 묘사된 죽음이라는 초현실에 대한 우리의 몰입도와 병치될 수 있다. 앤더슨(Ray Anderson)은 이렇게 말한다. "우리 사회는 조상들이 실제로 살아갔던 과정에서 죽음에 직면한 이야기들보다 텔레비전이 보여 주는 죽음에 더 많은 자극을 받고 있다!" 이어서 그는 1971에 태어난 일반 어린이들이 40세가 될 때까지 텔레비전을 통해 17,000번의 죽음을 보았다고 말한다. 아마도 지금은 그 수치가 더 늘었을 것 같다. 하지만 그의 생애에 남은 40년간 그와 가까운 사람들의 죽음을 경험할 수는 없었다. Theology, Death, and Dying, (New York: Basil Blackwell, 1986), p. 21.

2. Anderson, *Theology, Death, and Dying*, pp. 3-13; 56-59.

3. '좋은 죽음'이라는 용어를 쓴다고 해서 죽음 그 자체가 좋은 것이라는 뜻은 아니다. 필자는 이러한 철학적이고 신학적인 문제에 대해 어느 한 편의 주장에 가담하고 싶지는 않다. 오히려 죽음에 대해 그리고 죽어가는 자를 돌봄에 대해 더 좋은 길, 또는 더 나쁜 길이 있다는 점을 말하고 싶다. 그리고 이러한 길들은 어떻게 살아야 할 것인가에 관한 우리의 가장 기본적인 확신과 많게 또는 적게 연관되어 있다고 하겠다.

4. Daniel Callahan, *Setting Limits: Medical Goals in an Aging Society*(New York: Simon and Schuster, 1987).

5. Callahan, *Setting Limits*, pp. 160-64.

6. Callahan, *Setting Limits*, p. 160.

7. 이렇게 세밀한 방식으로 문제를 풀어간다고 해서, 죽음을 공포와 심판이라고 경험하는 타락한 인간에 대한 신학적 문제를 어떤 의미에서 문화초월적인 것이라는 주장을 하려는 것은 아니다. 필자가 원하는 것은 특별히 미국 문화에 나타난 문제에 대한 해법의 모색이다.

8. Hannah Arendt, *The Human Condition, second* ed. (Chicago: University of Chicago Press, 1998), p. 2.

9. 카우프만(Sharon Kaufman)은 '노화의 생명 의료화'(biomedicalization of aging)에 대해 말하면서 이러한 경향이 "인생을 과학 모델로 설명하려는 사람들이 많아진 결과이며 노인의 질병 문제를 풀어내기 위한 생명 의료 기술의 확산 탓"이라고 말한다. ("Intensive Care, Old Age, and the Problem of Death in America," *The Gerontologist* 38, no. 6 (1998): 721). 실증주의에 대한 설명 방식의 하나가 현대 의학사상의 근간이 되어 왔고 앞으로도 그럴 것이다. 이에 대해서는 다음 글을 참고하라. James P. Browder,

"Elected Suffering: Toward a Theology for Medicine"(Ph.D. diss., Duke University, 1991).

10. Owen Flanagan, *The Science of the Mind*, second ed. (Cambridge, Mass.: MIT Press, 1991), pp. 1-11. Cf. Browder, "Elected Suffering," pp. 66-68; 87.

11. Alasdair MacIntyre, "Medicine Aimed at the Care of Persons Rather Than What?" in *Philosophical Medical Ethics: Its Nature and Significance*, ed. H. T. Engelhardt and S. F. Spicker(Dordrecht, Holland: D. Reidel, 1977), p. 90.

12. Peter E. S. Freund and Meredith B. McGuire, *Health, Illness and the Social Body: A Critical Sociology*(Englewood Cliffs, N.J.: Prentice Hall, 1991), p. 227.

13. Nuland, *How We Die*, pp. 70, 72.

14. Nuland, *How We Die*, p. 10.

15. Nuland, *How We Die*, p. 43.

16. Atchley(*Social Forces and Aging*, pp. 69-71) 여기서 저자는 이를 현대성의 중심적 발전이라고 주장한다.

17. Charles Taylor, "Philosophical Reflections on Caring Practices," in *The Crisis of Care: Affirming and Restoring Caring Practices in the Helping Professions*, ed. Susan Phillips and Patricia Benners(Washington, D.C.: Georgetown University Press, 1994), p. 176.

18. Taylor, "Philosophical Reflections on Caring Practices," p. 177.

19. Nicholas Boyle, *Who Are We Now?: Christian Humanism and the Global Market from Hegel to Heaney*(Notre Dame, Ind.: University of Notre Dame Press, 1998), pp. 38, 27. 이 책을 소개해 준 알렉스 사이더(Alex Sider)에게 감사한다.

20. Boyle, *Who Are We Now?* p. 28.

21. 다음 책을 참고하라. Boyle, *Who Are We Now?* pp. 314-16.

22. Christopher Lasch, *The True and Only Heaven: Progress and Its Critics*(New York: W. W. Norton, 1991), pp. 38-39, 51, 58-59.

23. John Milbank, "Socialism of the Gift, Socialism by Grace," *New Blackfriars* 77, no. 910(December 1996): 535.

24. 필자의 다음 책을 참고하면 좀 더 자세한 설명을 볼 수 있다. *The Body of Compassion: Ethics, Medicine and the Church*(Boulder, Colo.: Westview Press, 1999), pp. 41-44.

25. 다음 글을 참고하라. Kaufman, "Intensive Care, Old Age," p. 721.

26. Immanuel Kant, *Foundations of the Metaphysics of Morals*, trans. Lewis White Beck(New York: Macmillan, 1959), p. 85.

27. Alasdair MacIntyre, *After Virtue*(Notre Dame, Ind.: University of Notre Dame Press, 1981), pp. 43-46, 52-59.

28. MacIntyre, *After Virtue*, p. 60.

29. Alasdair MacIntyre, *Dependent Rational Animals*(Chicago: Open Court, 1999), pp. 113-15.

30. MacIntyre, *After Virtue*, p. 252.

31. Alasdair MacIntyre, "Patients as Agents," in *Philosophical Medical Ethics*, ed. Engelhardt and Spicker, p. 203.

32. MacIntyre, "Patients as Agents," p. 203.

33. John Breck, *The Sacred Gift of Life: Orthodox Christianity and Bioethics*(Crestwood, N.Y.: St. Vladimir's Seminary Press, 1998), pp. 203-42.

34. Anderson, *Theology, Death, and Dying*, p. 51.

35. Wendell Berry, "Discipline and Hope," in his *A Continuous Harmony: Essays Cultural and Agricultural*(New York: Harcourt Brace, 1970), p. 147.

36. Stanley Hauerwas, "Happiness, the Life of Virtue and Friendship: Theological Reflections on Aristotelian Themes," *Asbury Theological Journal* 45, no. 1(Spring 1990): 7-16.

37. Karen Westerfield Tucker, "Christian Rituals Surrounding Death," in *Life Cycles in Jewish and Christian Worship*, ed. Paul Bradshaw and Lawrence Hoffman(Notre Dame, Ind.: University of Notre Dame Press, 1997), pp. 196-213.

38. Wendell Berry, "Conserving Communities," in *Another Turn of the Crank*(Washington, D.C.: Counterpoint, 1995), p. 20.

39. Berry, "Discipline and Hope," pp. 160-61.

40. 앤더슨은 그의 책, *Theology, Death, and Dying*에서 이렇게 말한다. "죽음에 관해 인간이 처해 있는 환경은 의술과 건강 돌봄의 인과성이다. 우리는 가족의 사랑과 돌봄의 영역에서 벗어나지 않으면서 보존의 한계에 도달하게 되었던 과거로 되돌아갈 수 없다. 죽음의 인간화(humanization of dying)는 죽음의 감성화도 아니고 죽음의 인간적 환경의 회복을 위한 관심은 노스텔지어를 동기로 삼는 것이어서도 안 된다. (p. 149).

41. Nuland, *How We Die*, p. 266.

PART 3

Chapter 9

1. 어떤 이는 필자들이 12세기 수도사의 글을 인용하는 것에 대해 반대 의견을 가질 수 있겠다. 그 시대가 우리 시대와 너무 멀다고 느낄 수 있기 때문이다. 사실 여러 의미에서 맞는 말이기는 하다. 하지만 그 시대가 오늘에 비해 더 목가적일 것이라고 단정 지어서는 안 된다. 시기와 혐오, 그리고 말다툼은 수도원에도 있었을 뿐 아니라 '자율성'을 선택할 수 없는 상황이었기에 오히려 더 증폭되었을 것이다. 수도사들은 개인들의 주장을 넘어서 공동으로 추구하는 텔로스에 비추어 자신들의 적대감을 타협할 방식을 배워야만 했다. 우리가 엘레드의 글을 인용하면서 배우고자 하는 것이 바로 이 부분이다.

2. Tracy Kidder, *Old Friends*(New York: Houghton Mifflin, 1993), p. 83.

3. Kidder, *Old Friends*, pp. 83-84.

4. Kidder, *Old Friends*, p. 235.

5. Kidder, *Old Friends*, p. 214.

6. Aristotle, Nichomachean Ethics, trans. Martin Ostwald(New York: Bobbs-Merrill, 1962), 1156a20-24. 여기서는 이 번역본을 사용하여 인용하도록 하겠다. 행복, 덕, 그리고 우정에 관한 아리스토텔레스의 관점에 대해서는 다음 책을 참고하기 바란다. Stanley Hauerwas and Charles Pinches, *Christians Among the Virtues: Conversations with Ancient and Modern Ethics*(Notre Dame, Ind.: University of Notre Dame Press, 1997), pp. 3-51.

7. 우정에 관한 아리스토텔레스의 관점이 추상적이라는 뜻은 아니다. 아리스토텔레스는 우정에 대한 설명을 발전시키기 위해서는 정치에 대한 논의가 필요하다는 사실을 제대로 알고 있었다. 하지만 그는 자신이 사는 시대에는 그에 상응할 정치가 구현되지 않았다고 생각했다. 따라서 아리스토텔레스에게 우정의 특성은 그 자체로 목적이 되는 것으로 인식되었다. 《니코마코스 윤리학》의 마지막 책에서 아리스토텔레스는 슬픈 어조로 이렇게 썼다. "몇 가지 예외를 말하자면, 스파르타는 입법자가 양육과 추구의 문제 관심을 기울인 유일한 국가이다. 대부분의 국가들은 이 문제에 거의 관심이 없었고 키크로프스가 말했던 것처럼 '자녀와 부인을 다룰 때' 자신이 원하는 대로 행동했다. 가장 좋은 것은 이 문제들을 공동의 관심사로 다루어 바로잡는 것이다. 하지만 공동체가 이 문제들을 게을리 한다면 각각의 사람들이 자녀와 친구들을 덕스럽게 살도록 도와야 할 의무를 져야 할 것 같다. 각자는 이 일을 할 수 있고, 적어도 할 의도가 있을 것이다"(1180a25-32). 이 문장은 아리스토텔레스가 자신의 윤리학에서 우정에 관한 이야기를 두 권이나 할애하여 다룬 이유가 무엇인지를 말해 준다. 선한 정치가 없다면, 우정은 덕의 학교에서만

다루어질 뿐이라는 뜻이다. 아리스토텔레스의 시대에만 해당하는 것이 아니라 우리 시대의 문제를 말해 주는 듯싶다. 그리스도인에게 우정의 문제는 우리가 교회라고 부르는 보다 근본적인 공동체에 의해 형성되는 것이 아니라면 정당화될 수 없는 문제라 하겠다.

8. Aelredof Rievaulx, *Spiritual Friendship*, trans. Mark F. Williams(Scranton: University of Scranton Press, 1994), 2:14. 이 글에서는 이 번역본을 인용하도록 하겠다.

9. Paul Waddell, *Friendship and the Moral Life*(Notre Dame, Ind.: University of Notre Dame Press, 1984), p. 139.

10. Alasdair MacIntyre, *After Virtue*(Notre Dame, Ind.: University of Notre Dame Press, 1984), pp. 79-84.

11. '기다림'과 '증인됨'은 현상 유지를 이어가는 것을 뜻하지 않는다. 약속하신 시간보다 먼저 하나님의 나라를 인간의 힘으로 이룰 수 있으리라 기대하지 않으면서, 세상 한가운데서 그리스도의 왕국의 진리를 증언하는 것을 뜻한다.

Chapter 10

1. H. Tristram Engelhardt, *The Foundations of Bioethics*(New York: Ocford University Press, 1986), p. 105.

2. Engelhardt, *The Foundations of Bioethics*, p. 104. 이 책이 출간된 이후에 엥겔하트가 자신의 관점과 세속적 접근법을 버리고 그리스도인이 되었다는 사실에 주목해야 한다. 우리는 그의 이러한 두 주장을 모두 사용한다. 왜냐하면 이 책의 영향력과 이 책이 널리 알려진 견해를 적절하고 간명하게 잘 설명하기 때문이다. 실제로 이와 같은 합리성과 인간됨의 관점은 지난 반세기 동안 정치 이론에서 가장 영향력 있는 책인 John Rawls의 *A Theory of Justice*(Cambridge, Mass.: Harvard University Press, 1971) - 존 롤스, 《정의론》(이학사, 2003) -에 내포되어 있다.

3. 베리 슈바르츠(Barry Schwartz)는 다음 두 권의 책에서 인간 본성과 인간됨에 대한 이러한 관점을 비판했다. *The Battle for Human Nature*(New York: W. W. Norton, 1986) and *The Costs of Living*(New York: W. W. Norton, 1994).

4. Engelhardt, *Foundations of Bioethics*, p. 229.

5. 다음을 보라. Mosteller, "Living Wish," in *The Challenge of L'Arche*, ed., Jean Vanier(London: Darton, Longman & Todd, 1982), pp. 11-23(quotations are from p. 17).

6. 이 이야기는 올리버 색스가 쓴 《아내를 모자로 착각한 남자》(이마고, 2008)의 2장 '길 잃은 뱃사람'에 나온다. *The Man Who Mistook His Wife for a Hat and Other Clinical Tales*(New York: Harper and Row, 1987), pp. 23-43.

7. David Ford, *Self and Salvation: Being Transformed*(Cambridge: Cambridge University Press, 1999), p. 125.

8. Fergus Kerr, *Theology After Wittgenstein*(Oxford: Blackwell, 1986), pp. 166-67에서 재인용.

9. Ford, *Self and Salvation*, p. 121.

10. 들을 수 없는 사람들 또한 자신들의 영혼을 어루만지는 '음악을 만들 수' 있다. 이는 청각 장애인들이 느낄 수 있는 진동을 일으키는 베이스 드럼을 사용하거나, 또는 음악을 수화로 표현하며 몸을 움직이는 방식으로 가능하다.

11. David Keck, *Forgetting Whose We Are*(Nashville, Tenn.: Abingdon, 1996).

12. Keck, *Forgetting Whose We Are*, p. 228.

13. 다음의 책 6장을 보라. L. Gregory Jones, *Embodying Forgiveness*(Grand Rapids: Eerdmans, 1995). 여기서 그와 같은 세례를 통한 확증이 노예 상태에 있던 아프리카계 미국인들에게 정체성을 유지하는 데 얼마나 중요했는지를 잘 보여 준다.

14. Ira Byock, *Dying Well*(New York: Riverhead, 1997), pp. 96-97.

15. Ellen Charry, "Raising Christian Children in a Pagan Culture," *Christian Century*, Feb. 16, 1994, pp. 166-168.

Chapter 11

1. Willam F. May, *The Patient's Ordeal*(Indianapolis: Indiana University Press, 1991), p. 122.

2. 병중에 요구되는 인내를 개발하는 것에 관한 나와 스탠리 하우어워스(Stanley Hauerwas)의 논의를 위해 다음을 보라. *Christians Among Virtues*(Notre Dame, Ind.: University of Notre Dame Press, 1977), pp. 171-78.

3. May, *The Patient's Ordeal*, p. 134.

4. Homer, *The Iliad 7*.175-86, trans. Robert Fitzgerald(New York: Anchor Books, 1974). 이후로, The Iliad(그리고 *The Odyssey* 역시 Fitzgerald [New York: Vintage Classics, 1990]가 번역)에 대한 참조는 본문에 포함될 것이다. 피처랄드의 번역은 다수의 인물들 이름에 대해 전통적인 철자보다 표음식 철자를 사용한다. (Hector는 Hektor, Achilles는 Akhilleus 등과 같이). 나는 필요할 때는 더욱 전통적인 철자를 괄호로 표시하겠지만 대개는 피처럴드의 방식을 따를 것이다. 인용은 천병희 역(도서출판 숲, 2007)을 따랐으며 이후 인용된 《일리아스》와 《오뒷세이아》 본문도 천병희 역(Ilias, 2015; Odysseia, 2015)을 따름.

5. 《오디세이아》에는 언급된 세 세대가 이타카의 거의 모든 다른 기존 가문들과 전투를 벌일 태세를 갖추고 있다. 이타카를 구할 유일한 것은 아테나(Athena)의 중재이고 그녀가 개입하여 전쟁을 멈춘다. 이 중재는 서사시에 나타난 그녀의 다른 모든 중재들과는 성격상 다르다. 우리는 이러

한 비정형적(非定型的)인 초자연적 공격 없이는 남성들의 세계가, 비록 전쟁의 신들에 의해 안내되지만, 매우 자기 파괴적이라는 생각을 갖게 된다.

6. 스탠리 하우어워스(Stanley Hauerwas)와 내가 다른 곳에서 주장하였듯이, 사적인 용기 같은 것은 존재하지 않는다. 다음을 보라. *Christians Among the Virtues, chap*. 6.

7. 이 이야기는 붓다의 경우와 다르지 않다. 전해지는 이야기에 따르면 붓다는 한 노인을 만나 그의 아버지가 그를 전사계급(카스트)의 부유한 삶에 철저히 묻히게 함으로써 그에게 숨기려고 했던 세상에 눈이 뜨였다. 그때 그는 병든 사람을 보았고 그 다음에는 죽은 사람을 보았다. 그가 질문하자 그의 마부는 이것이 공통된 인간의 운명이라고 말해 주었다. 물론 그러고 나서 세상에 대한 붓다의 위대한 포기가 이어졌다.

8. 물론 정말 거대한 작품이기에 호머의 관점이 정해지기는 어렵다. 나는 모든 전쟁 이야기 중 가장 위대한 이 작품이 전쟁에 대한 비판서(書)로도 의도되었다고 생각한다. 여기서 아킬레우스가 한 말은 이러한 비판에 하나의 여지를 남겨둔다. 그 여지는 고통을 견뎌야 하는 전쟁이 지속될 가능성을 포함한다. 만약 우리가 바로 전의 프리암을 서사시 내내 등장하는 영웅들이 보여준 것과 완전히 다른 유형의 용기를 구현하는 인물로 이해한다면, 프리암에 대한 아킬레우스의 수용과 존경은 돌이키기엔 늦은 너무 성급한 행동이었다고 볼 수도 있다. 어쨌든 아킬레우스는 무슨 권위로 그 자신의 행위에 기인한 참사(慘事)를 신(神)들에 의한 것이라고 말하는가? 사실 프리암은 아킬레우스가 운명을 이론화하고 경건한 척 언급하는 것에 발끈하였다. 그는 일어나 의자에 앉으라는 아킬레우스의 제안을 거절하고 단호하게 헥토르의 시신을 요청하였다. 아킬레우스는 버럭 화를 내었다. 놀랄 만큼의 호의를 표현하였지만 아킬레우스는 여전히 살인을 할 수 있는 사람이다. 프리암 —그리고 내가 그것을 정확히 이해했다면, 그의 도전— 은 이 포악한 심장 안에 연민이 공급한 조그마한 방을 가지고 있을 뿐이다.

9. 그러나 아이들이 이 점에 관해 늘 이렇게 보는지는 분명하지 않다. 예를 들어 다음을 보라. Myra Bluebon-Langner's *The Private Worlds of Dying Children*(Princeton, N.J.: Princeton University Press, 1978). 아이들의 죽음은 몹시 가슴 아픈 일로 남게 된다. 그러나 더 나쁜 것은 없다고 생각하는 것은 일종의 무신론이다. 우리는 이러한 견해로 흐르는 유혹을 받는다. 그것은 바로 우리의 개인적인 이야기 하나하나 너머에는 어떤 것도 없으며 또한 각각의 우리 이야기 그 자체가 의미의 근원이라고 생각할 때이다.

10. T. S. Eliot, "A Song for Simeon," in *The Complete Poems and Plays of T. S. Eliot*(London: Faber and Faber, 1969), pp. 105-6.

11. 소망 중에 죽는 것과 죽음을 바라는 것을 구분하는 것은 중요하다. 혼동은 경우에 따라서 매우 치명적이다. 아퀴나스(Aquinas, *Summa Theologiae*, II-II. 20. 아퀴나스, 《신학대전: 자연과 은총에 관한 주요 문제들》(두란노아카데미 역간))에 따르면 자신의 죽음을 바라는 것은 어떤 때는 절망의 표시일 수 있다. 이것은 그리스도교의 소망과 완전히 반대다. 혹은 단지 조금 나은 것은 그러한 '희망'이 그리스도교의 소망과 반대되는 것이 아니라 그것에 대해 현저하게 저항하는 스토아주의적 결심에 뿌리를 둘 수 있다. 우리는 자신의 죽음을 희망하는 것(혹은 바라는 것) -끊임없는 엄청난 고통 속에

괴로워하는 노인이 있다면 그럴 수 있다. 이 그리스도교 미덕인 소망과 뚜렷한 관련이 없다는 사실을 분명히 하기 위해 그것이 항상 잘못되었다고 결론을 내릴 필요는 없다.

12. Aquinas, *Summa Theologiae*, II-II. 17. 4.

Chapter 12

1. Sheldon S. Tobin, James W. Ellor, and Susan M. Anderson-Ray, *Enabling the Elderly: Religious Institutions within the Community Service System* (Albany: State University of New York Press, 1986), p. 4.

2. Robert N. Bellah et al., *Habits of the Heart* (Berkeley: University of California Press, 1985), pp. 55-84.

3. Alasdair MacIntyre, *Whose Justice? Which Rationality?* (Notre Dame, Ind.: University of Notre Dame, 1988), pp. 326-48.

4. John D. Morrison, "The Black Church as a Support System for Black Elderly," *Journal of Gerontological Social Work* 17, nos. 1/2(1991): 105-20.

5. Morrison, "The Black Church," p. 115.

6. 예를 들어 다음을 보라. Charles Taylor, *Sources of the Self: The Making of Modern Identity* (Cambridge, Mass.: Harvard University Press, 1989).

7. Bellah et al., *Habits of the Heart*, pp. 167-95.

8. Peter N. Stearns, "Historical Trends in Intergenerational Contacts," in *Intergenerational Programs: Imperatives, Strategies, Impacts, Trends*, ed. Sally Newman and Steven W. Brummel (Binghamton, N.Y.: Haworth, 1989), pp. 21-31. 스턴스(Stearns)는 세대 간 접촉의 역사적인 개요를 말하며, 최근에 세대 간의 접촉이 감소하고 있다고 지적한다. 그는 "이전의 어느 때보다 20세기 후반에는 노인들과 젊은이들 간의 정기적이고 체계적인 상호작용이 줄었다. 현대 사회는 가족뿐만 아니라 다른 제도들도 노인들과 젊은이들이 의미 있는 방식으로 함께 활동하는 기회를 감소시켰다"(p. 30)고 설명한다. 어떤 시대(19세기 초)는 전망이 더 좋았지만, 그는 과거에서 이상적인 시대를 지목하지는 않았다. 스턴스에 따르면, 20세기 중간 몇 십 년 동안은 "가족 구조에 있어서 사회 전반에 걸친 진정한 혁명과 젊은 가족 구성원들과의 직접적이고 가까운 관계로부터 노인들의 점차적인 분리"를 목격했다(p. 28).

9. Bellah et al., *Habits of the Heart*, pp. 71-75.

10. 노인들의 우울증이 그들 자녀들의 방문 빈도와 관계된다는 주목할 만한 연구 결과가 있다. Charlotte Dunham, "A Link Between Generations," *Journal of Family Issues* 16, no. 4(July 1995): 450-65. "노화로 인해 부양을 받는 것이 의존성의 증가를 초래할 수 있으며 따라서 우울증의 가

능성을 높일 수도 있다"(p. 462).

11. Tobin et al., *Enabling the Elderly*, pp. 6-14.

12. Winnifred Peacock and WilliamM. Talley, "Intergenerational Contact: A Way to Counteract Ageism," *Educational Gerontology* 10, nos. 1/2(1984): 13-24. 스턴스(Stearns)는 〈세대 간의 접촉에 있어서 역사적 트렌드〉란 글에서 젊음을 중시하는 쪽으로의 전환이 19세기 초에 일어났다고 말한다. "집단 기억의 저장소로서 노인들의 이미지는 농경 사회에서보다 산업화 이전의 서구 역사에서 덜 일반적이었다. …(그러나) 지혜와 위엄의 상징으로서 더욱 나이가 들어가는 것을 젊은이들이 기대하고 있었고… 많은 사람들이 자신들의 실제 나이보다 더 나이 들었다고 주장하는 경향이 있었다는 증거가 있다. 1820년대에 이르러서 사람들은 나이에 대해 거짓말을 할 때 젊은 쪽으로 하였고 그러한 패턴이 오늘날까지 남아 있다. 19세기 후반에 이르러 의사들의 보고서에서 인간의 몸과 마음이 필연적으로 퇴화된다는 것을 규명함에 따라 고령은 점차 의학적 질환과 연결되었다"(pp. 22-23).

13. Susan Eisenhandler, "More Than Counting Years: Social Aspects of Time and the Identity of Elders," in *Research on Adulthood and Aging: The Human Science Approach*, ed. L. Eugene Thomas(Albany: State University of New York Press, 1989), pp. 163-82.

14. Grace Craig, *Human Development*(Englewood Cliffs, N.J.: Prentice Hall, 1989), pp. 540-41.

15. Tobin et al., *Enabling the Elderly*, p. 5. 또한 다음을 보라. Eric R. Kingson, "The Social Policy Implications of Intergenerational Exchange," in *Intergenerational Programs*, ed. Newman and Brummel, pp. 91-100. "65세 이상 인구는 현재 약 2천 9백 만 명에서 2030년까지 6천 5백만으로 꽤 급격하게 증가할 것으로 기대된다. 86세 이상 초고령 노인들은 노인 인구 중 가장 빨리 증가하여 1988년 약 300만에서 2000년 490만으로, 2030년 860만으로, 2050년에 1600만이 될 것으로 예상된다(1984년 미국 인구 조사국)"(p. 93).

16. Mark Schlesinger and Karl Kronebusch, "Intergenerational Tensions and Conflict," pp. 152-84, and "The Sources of Intergenerational Burdens and Tensions," pp. 185-209, in *Intergenerational Linkages*, ed. Vern L. Bengtson and Robert A. Harootyan(Washington, D.C.: Springer, 1994). 저자들은 고령자들(seniors)이 이해들(interests)이 하나로 통일된 이익집단을 구성하지 않는다고 주장한다. 그들은 노인들 안에서의 세대 내 갈등이 세대 간의 이해 충돌보다 더 퍼져 있다고 주장한다.

17. Karen Lebacqz, "Justice," in *Christian Ethics*, ed. Bernard Hoose(Collegeville, Minn.: Liturgical Press, 1998), pp. 163-72.

18. Augustine, *The Trinity*, trans. Edmund Hill(New York: New City Press, 1991).

19. 다음을 보라. Warren Carter, "A Survey of Recent Scholarship on the New Testament and Aging and Suggestions for Future Research," *Journal of Religious Gerontology* 9, no. 2(1995): 35-50.

20. 디도서 2장 3절에서 과부들의 역할도 보라.

21. George Barna, *Marketing the Church*(Colorado Springs: NavPress, 1988), pp. 111ff.; Kennon L. Callahan, *Twelve Keys to an Effective Church*(New York: Harper and Row, 1983), pp. 35-40.

22. Barna, *Marketing the Church*, pp. 109-10.

23. Callahan, *Twelve Keys*, p. 37.

24. Kathleen Fischer, *Winter Grace*(New York: Paulist, 1985), pp. 15-16. 저자는 성찬식(the Eucharist)을 나이 듦의 은혜를 이해하는 맥락으로 사용한다.

25. 샤리 레빌(Shari Reville)은 다른 세대들의 필요와 은사들이 보완적인 방식으로 이해될 수 있다는 것을 보여 주기 위해 에릭 에릭슨(Erik Erikson)의 발달 단계를 사용한다. 다음을 보라. "Young Adulthood to Old Age," in *Intergenerational Programs*, ed. Newman and Brummel, pp. 45-54.

26. James W. White, *Intergenerational Religious Education*(Birmingham, Ala.: Religious Education Press, 1988).

27. 전통적인 목록은 다음과 같다: 육체적인 활동 - 굶주린 자를 먹이는 것, 목마른 자에게 마실 것을 주는 것, 헐벗은 자를 입히는 것, 집이 없는 자에게 거처를 제공하는 것, 병든 자를 방문하는 것, 갇힌 자가 자유의 몸이 되게 하는 것, 그리고 죽은 자의 장례를 치러 주는 것; 영적인 활동 - 무지한 자를 가르치는 것, 의심하는 자를 상담하는 것, 죄인들을 훈계하는 것, 잘못을 인내하며 참는 것, 범죄를 용서하는 것, 고통당하는 자를 위로하는 것, 그리고 살아 있는 자와 죽은 자를 위해 기도하는 것.

28. Daniel J. Levinson et al., *The Seasons of a Man's Life*(New York: Alfred A. Knopf, 1978), p. 38.

Chapter 13

1. 이 글의 목적은 안락사의 표준인 것처럼 생각되는 경우들에 대해 도덕적 질문을 제기하는 데 있다. 길버트 마일랜더(Gilbert Meilaender)가 말한 것처럼, 극심한 고통을 겪는 말기 환자의 동의를 기초로 오로지 자비를 목적으로 죽음에 이르게 하는 경우말이다. 기적적으로 회복되거나 시행 동기에 모호성이 담겨 있는 경우, 그리고 필수 조건이라고 하는 '동의'의 문제를 제쳐두고라도, 이 문제가 복합적인 현실의 생명과 관련된 문제라는 전제에서 안락사를 두고 옳고 그름을 다투는 것에 대해 문제를 제기하고자 한다. 이에 대해서는 다음 글을 참고하기 바란다. Gilbert Meilaender, "Euthanasia and Christian Vision," in *On Moral Medicine*, ed. Stephen E. Lammers and Allen Verhey(Grand Rapids: Eerdmans, 1987), pp. 454-60.

2. Alasdair MacIntyre, *After Virtue*, second ed. (Notre Dame, Ind.: University of Notre Dame Press, 1984), pp.

6-35.

3. David Hume, "On the Naturalness of Suicide," in *Life and Death*, ed. Louis Pojman(Boston: Jones and Bartlett, 1993), p. 196.

4. Hume, "On the Naturalness of Suicide," p. 201.

5. Hume, "On the Naturalness of Suicide," pp. 200-201.

6. Hume, "On the Naturalness of Suicide," p. 198.

7. Stanley Hauerwas, "Rational Suicide and Reasons for Living," in *Suffering Presence*(Notre Dame, Ind.: University of Notre Dame Press, 1986), p. 106.

8. Hume, "On the Naturalness of Suicide," p. 199.

9. Lisa Sowle Cahill, "A 'Natural Law' Reconsideration of Euthanasia," in *On Moral Medicine*, ed. Lammers and Verhey, p. 451.

10. Cahill, "A 'Natural Law' Reconsideration," p. 447.

11. Laurel Arthur Burton, "Negotiating the Faith: A United Methodist Chaplain's Perspective on Euthanasia and Doctor-Assisted Suicide," *Quarterly Review* 16(1996):169-88. 부르튼이 출애굽이야기의 다른 해석 가능성을 제안하자, 칼슨(Carlson) 부인은 이렇게 대답했다. "다른 사람들은 자기들이 원하는 대로 믿을 수 있다. 나는 내가 믿는 것이 결국은 가장 중요하다고 생각한다. 히브리인들은 하나님께 응답했다. 맞다. 나 역시 그렇다. 나는 나에게 무엇이 최선인지 알고 있다. 그리고 하나님과 어떤 관계에 있는지도 알고 있다." 이것은 종교적 개인주의가 지닌 난점을 생생하게 보여 주며 이 글에서 필자가 다루고자 하는 공동체적 응답이 절실하다는 사실을 강조해 준다.

12. Burton, "Negotiating the Faith," pp. 185-86.

13. 예를 들어, 그들은 어떤 근거에 의해서도 비교될 수 없는 것에 더 무게를 두고 있으며 행위자의 상황 문제에는 거의 혹은 아예 관심이 없다. 이 문제를 제대로 비판한 책을 소개한다. Germain Grisez and Russell Shaw, *Fulfillment in Christ*(Notre Dame, Ind.: University of Notre Dame Press, 1991), pp. 64-71.

14. Cahill, "A 'Natural Law' Reconsideration," pp. 446-47.

15. Cahill, "A 'Natural Law' Reconsideration," p. 448.

16. Cahill, "A 'Natural Law' Reconsideration," p. 451.

17. 안락사 문제를 가장 심각하게 도덕적 관점에서 옹호하는 의사, 퀼(Timothy Quill)은 이 문제에 관한 강력하면서도 중요한 예를 소개하고 있다. 다음 글을 참고하기 바란다. "Death and Dignity: A Case of Individualized Decision-Making," *New England Journal of Medicine* 324, no. 10, pp.

691-94. 의사 조력 자살에 대한 더 오랜 기간의 보다 더 일반적인 경우는 다이애나(Diane)의 사례가 될 듯싶다. 여기에 소개한 글은 사람들이 왜 죽으려고 하는지 그들의 자아관은 어떤 것인지, 그들의 죽음은 어떻게 시행되었는지를 좀 더 면밀하게 다루고 있다.

18. *Evangelium Vitae in Origins* 24(1995): 689-727; 이 글의 12면도 참고하기 바란다.

19. H. Tristram Engelhardt Jr., "Physician-Assisted Death: Doctrinal Development vs. Christian Tradition," *Christian Bioethics* 4(1998): 115-21; here, 120.

20. Patricia Beattie Jung, "Dying Well Isn't Easy: Thoughts of a Roman Catholic Theologian on Assisted Death," in *Must We Suffer Our Way to Death?* ed. Ronald P. Hamel and Edwin R. Dubose(Dallas: Southern Methodist University Press, 1996), p. 183.

21. Jung, "Dying Well," p. 188.

22. Hans Urs von Balthasar, *Theo-Drama*, vol. 4: *The Action*, trans. Graham Harrison(San Francisco: Ignatius, 1994), p. 192.

23. Balthasar, *Theo-Drama*, p. 193.

24. Balthasar, *Theo-Drama*, p. 194.

25. Balthasar, *Theo-Drama*, p. 194.

26. Balthasar, *Theo-Drama*, pp. 194-95. 발타자르는 십자가를 하나님의 생명의 드라마에서 가장 중요한 '행위'라고 설명한다. 예수의 죽음을 마치 의사 조력 자살을 정당화하기 위해 다른 이들에게 생명을 주려는 영웅적 행위라고 말하는 관점을 배격한다. 데이비드 토마스마(David Thomasma)가 "Assisted Death and Martyrdom," *Christian Bioethics* 4(1998): 122-42에서 제시한 논의는 아무리 고귀해 보이더라도 생명을 나누어 줄 수 있는 선물이라고 생각하는 이러한 접근 방식이 옳지 않다는 사실을 보여 준다. 예수의 죽음은 고귀한 것도 아니고 다른 이들에게 무엇인가를 나누어 주기 위한 것이 아니라 근본적으로 아버지의 뜻에 대한 순종이다.

27. Hans Urs von Balthasar, *Mysterium Paschale*, trans. Aidan Nichols(Grand Rapids: Eerdmans, 1990), p. 99.

28. Balthasar, *Mysterium Paschale*, p. 135.

29. Joel Shuman, "Beyond Bioethics: Caring for Christ's Body"(Ph.D. diss., Duke University, 1998), p. 130. 그의 학위 논문은 단행본으로 출판되기도 했다. *The Body of Compassion: Ethics, Medicine, and the Church*(Boulder, Colo.: Westview, 1999).

30. Shuman, "Beyond Bioethics," p. 135.

31. Shuman, "Beyond Bioethics," pp. 136-37.

32. Shuman, "Beyond Bioethics," p. 137.

33. Balthasar, *Theo-Drama*, p. 200. 그리스도 안에 엮여 있는 고통에 대한 이와 유사하면서도 훨씬 더 눈물 나고 인상적인 설명법으로서, 묵시의 정치학을 제시한 책이 있다. David Toole, *Waiting for Go dot in Sarajevo*(Boulder, Colo.: Westview, 1998).

34. Shuman, "Beyond Bioethics," p. 137.

35. Stanley Hauerwas with Richard Bondi, "Memory, Community, and the Reasons for Living: Reflections on Suicide and Euthanasia," in *Truthfulness and Tragedy*(Notre Dame, Ind.: University of Notre Dame Press, 1977), p. 112.

36. 예를 들어, 다음 책들을 참고하라. Anne Patrick, *Liberating Conscience*(New York: Continuum, 1996), John Mahoney, *The Making of Moral Theology*(Oxford: Clarendon, 1987).

37. Jung, "Dying Well," pp. 183-84.

38. Gerhard Lohfink, *Jesus and Community*, trans. John Galvin(Philadelphia: Fortress, 1984), p. 155.

39. Lohfink, *Jesus and Community*, p. 156.

40. Wendell Berry, "Health Is Membership," in *Another Turn of the Crank*(Washington: Counterpoint, 1995), p. 88.

41. Berry, "Health Is Membership," p. 87.

42. *Evangelium Vitae*, para. 66.

43. Hauerwas, "Rational Suicide," p. 106.

44. Nicholas A. Christakis, "Managing Death: The Growing Acceptance of Euthanasia in Contemporary American Society," in *Must We Suffer Our Way to Death?* ed. Hameland Dubose, p. 15.

45. Christakis, "Managing Death," p. 16.

46. Christakis, "Managing Death," p. 17.

47. 물론 필자가 이 글에서 모든 종류의 의료 전문직을 질책하려는 것은 아니다. 의료인들 중에는 관료시스템과 환자들 사이에서 중재자 역할을 하려고 애쓰는 경우도 있다. 그들은 이 글에서 돌봄을 주는 자라고 말하는 경우에 해당하겠다.

48. 예를 들어, 다음 글을 참고하라. the Sacred Congregation for the Doctrine of the Faith, "Euthanasia," in *On Moral Medicine*, ed. Lammers and Verhey, pp. 443-44. *Evangelium Vitae*에 안락사 반대에 사용되는 논증이 있다. 반면에 그것에 영향을 받은 자연법 이론의 기준을 재확인하는 과정에서 더욱 더 기독론적 입장을 보여 주는 다음 글도 참고하라. Philip LeMasters, "John Paul II on Euthanasia: An Analysis of *Evangelium Vitae*," *Encounter* 58(1997): 193-206.

49. 정은 다음의 문헌에서 이러한 접근을 취하는 것으로 보인다. "Dying Well."의 180-190 페이지를

보라.

50. 이와 관련하여, 여전히 램지의 설명은 여전히 강력한 영향을 주고 있는 다양한 관점들을 다루고 있다. 다음 글을 참고하라. "On(Only) Caring for the Dying," in *The Patient as Person* (New Haven: Yale University Press, 1970).

51. Ramsey, "On(Only) Caring," p. 120.

52. Ramsey, "On(Only) Caring," pp. 148, 156-57.

53. Sondra Ely Wheeler, *Wealth as Peril and Obligation: The New Testament on Possessions* (Grand Rapids: Eerdmans, 1995), p. 129.

54. Wheeler, *Wealth as Peril and Obligation*, p. 130.

55. Ramsey, "On(Only) Caring," p. 145.

56. Hauerwas and Bondi, "Memory, Community, and the Reasons for Living," p. 104.

57. Ramsey, "On(Only) Caring," p. 134.

Chapter 14

1. The Catholic Church, "Preface of Christian DeathI," in *The Sacramentary*, Englishtranslation prepared by the International Commission on English in the Liturgy (New York: Collins World, 1974), p. 493.

2. Helen Oppenheimer, "Reflections on the Experience of Aging," in *Aging*, ed. Lisa Sowle Cahill and Dietmar Mieth (Philadelphia, Pa.: Trinity Press International, 1996), pp. 41-44.

3. Bernard Nash, "Reworking the Image," *The Witness* 76 (January/February 1993): 11.

4. 나이 듦에 대해서는 앞의 장들에서 설명했기 때문에, 필자는 가장 일반적인 윤곽만 다루고자 한다.

5. Oppenheimer, "Reflections on the Experience of Aging," p. 41.

6. Oppenheimer, "Reflections on the Experience of Aging," p. 41.

7. May Sarton, *At Seventy: A Journal* (New York: W. W. Norton, 1984), p. 10.

8. Sarton, *At Seventy*, pp. 60-61.

9. Oppenheimer, "Reflections on the Experience of Aging," p. 43.

10. Drew Christiansen, "A Catholic Perspective," in *Aging, Spirituality and Religion: A Handbook*, ed. Melvin A. Kimble et al. (Minneapolis: Fortress, 1995), p. 404.

11. Lucien Richard, "Toward a Theology of Aging," *Science et Esprit* 34, no. 3(1982): 274.

12. H. Tristram Engelhardt Jr., *The Foundations of Bioethics*, 2nd ed. (New York: Oxford University Press, 1996), p. 136.

13. 알츠하이머와 치매의 다른 증상들에 대한 논의와는 별도로, 나이 듦이 개인의 '도덕적 관심의 감각의 소유'를 말하는 것은 거의 없다. 사실 노인들은 종종 '도덕성' 또는 영성의 보호자가 되어야 한다는 식으로 표현된다.

14. Christiansen, "A Catholic Perspective," p. 406.

15. Engelhardt, *Foundations of Bioethics*, p. 146.

16. Urban T. Holmes, "Worship and Aging: Memory and Repentance," in *Ministry with the Aging*, ed. William M. Clements (San Francisco: Harper and Row, 1991), pp. 96-97. 나보다 '나이가 많은' 동료 중 한 사람인 맥그래스(Father Jack McGrath)가 말한 문장을 참고하기 바란다. "아주 많은 노인들이 예측과 제어를 좋아한다." 필자가 보기에, 맥그래스의 대답은 아주 많은 노인들이 스스로를 나이 듦에 관해 인식하기 못하고 있을 가능성을 말해 준다. 이것은 우리로 하여금 지금의 전문적인 논의들을 어떻게 하면 노인들에게 특별히 규범적인 방식으로 인식하도록 이끌어주며 그러한 과정이 목적으로 삼은 것을 설명할 방식에 대해 성찰하게 한다.

17. Augustine, *Confessions*, trans. R. S. Pine-Coffin (New York: Penguin, 1961). 참고문헌은 본문 안에 삽입된 형태로 제시된다.

18. 켁(David Keck)은 "아마도 대다수 현대 신학자들은 흄이 '자아'에 집중된 영혼에 대해 말하도록 전환시킨 경향을 따르는 듯싶다. 여기에서 '자아'는 인상, 이미지, 그리고 생각의 다발을 뜻하는 것으로서 각자의 의식에 나타난 시간을 넘어선 연속성을 보여 준다. …"(*Forgetting Whose We Are: Alzheimer's Disease and the Love of God* [Nashville: Abingdon, 1996], p. 106). 기억에 관한 아우구스티누스의 성찰을 살펴보았으므로, 우리는 이 책에서 흄보다 더 멀리 소급해서 설명하고자 한다.

19. Brian L. Horne, "Person as Confession: Augustine of Hippo," in *Persons, Divine and Human*, ed. Christoph Schwobel and Colin E. Gunton (Edinburgh: T&T Clark, 1991), p. 71.

20. 예를 들어, 다음 글을 참고하라. K. Brynolf Lyon, "The Unwelcome Presence: The Practical Moral Intentionof Remembering," Encounter 48, no. 1(Winter1987):139; Keck, *Forgetting Whose We Are*, p. 126; Marjorie Proctor-Smith, "Liturgical Anamnesis and Women's Memory: 'Something Missing,'" *Worship* 61(September 1987): 407-8; Dale M. Schlitt, "Temporality, Experience and Memory: Theological Reflections on Aging," *Eglise et Theologie* 16(1985): 89; Richard Schaeffler, "'Therefore We Remember…': The Connection between Remembrance and Hope in the Present of the Liturgical Celebration. Religious-Philosophical Reflections on a

Religious Understanding of Time," in *The Meaning of the Liturgy*, ed. A. Haussling(Collegeville, Minn.: Liturgical Press, 1991), pp. 15-16.

21. Schaeffler, "'Therefore We Remember,'" p. 20.

22. 다른 말로 이러한 입장을 묘사하면 다음과 같다. 노인들은 더 이상 그들의 사회에 기여할 것이 없지만, 그들의 기억 또는 '지혜'를 통해 기여할 수 있다. 이것은 시장 모델을 따라 가치가 있는 재화로서 우리가 그들을 지속적으로 지원함으로써 교환가능하다.

23. Schlitt, "Temporality, Experience, and Memory," p. 99. 이러한 관점이 다음의 제목으로 드러난다는 것은 흥미롭다. "The Aging from an Augustinian Perspective on Memory."

24. 앞으로 설명되겠지만, 필자는 기억에 관한 켁의 관점에 크게 빚지고 있으며 특히 그의 놀라운 책 2장을 참고하였다.

25. Keck, *Forgetting Whose We Are*, pp. 39-40. 요양원 원목인 랍비 매트(Hershel Matt)는 이 문제를 하나님의 형상이라는 개념과 연관 짓는다. 그는 전통적으로 하나님의 형상대로 지으심을 받았다는 것이 인간의 지적, 합리적, 혹은 영적 능력에 해당한다고 말하면서 이렇게 질문한다. "하지만 정신 자체가 흔들리고 퇴행하며 이성, 논리, 기억, 인지, 응답, 상상, 기대와 같은 정신능력이 쇠퇴하고 희미하게 작동하거나 간헐적으로 작동하게 된다면 어떻게 할 것인가?"("Fading Image of God? Theological Reflections of a Nursing Home Chaplain," *Judaism* 36 (Winter 1987): 78). 그의 결론은 하나님의 형상이 실제로 사라져 버린 상태라는 것이었다.

26. Keck, *Forgetting Whose We Are*, p. 43. 다음 글도 참고하라. Proctor-Smith: "to be forgotten by God is to die; to be remembered by God is to live"("Liturgical Anamnesis and Women's Memory," p. 412).

27. 이와 마찬가지로 기독교의 기억 개념에 관한 웨스트팔의 설명이 특별히 강조하는 것이 있다. "기독교의 기억 개념은 플라톤의 회상 개념과는 근본적으로 차이가 있다. …기독교의 기억 개념은 그 모든 고유한 특수성에서 역사적 사건에 대해 스스로를 개방한다.… 'event'라는 관점에서 기독교의 기억 개념은 영원하고 보편적인 존재 안에서 시간적이고 특수한 것들이 소멸되기를 거부한다는 뜻이기 때문이다("Lest We Forget," *Perspectives* (February1996):11).

28. Keck, *Forgetting Whose We Are*, pp. 43-48, and Proctor-Smith, "Liturgical Anamnesis and Women's Memory," p. 410.

29. Keck, *Forgetting Whose We Are*, p. 47.

30. Keck, *Forgetting Whose We Are*, p. 45.

31. 프록터 스미스(Proctor-Smith)는 이렇게 말한다. "히브리 성경에 나타난 기억의 개념은 대화적이며 효율적이며 구체적(혹은 구현된) 형태이다. 대화적이라고 하는 것은 기억이 하나님과 백성 사이의 관계를 예측하기 때문이다. 효과적이라고 하는 것은 기억이 하나님으로부터 혹은 백성으로부터 응답을 요청하기 때문이다. 구체적이라고 하는 것은 이름, 민족, 행위, 그리고 대상과 같은 구체적인 특수성을 포함하기 때문이다("Liturgical Anamnesis and Women's Memory," p. 410).

32. Keck, *Forgetting Whose We Are*, p. 46.

33. Keck, *Forgetting Whose We Are*, p. 55.

34. Elizabeth Johnson, *Friends of God and Prophets: A Feminist Theological Reading of the Communion of Saints* (New York: Continuum, 1998), p. 234.

35. Westphal, "Lest We Forget," p. 11.

36. Westphal, "Lest We Forget," p. 11.

37. Proctor-Smith, "Liturgical Anamnesis and Women's Memory," p. 409.

38. 다른 예전들도 이러한 관점과 연관 지어 설명될 가치가 있다. 여기에는 화해, 평화의 입맞춤, 병든 자에게 기름부음, 청원의 기도, 성인들에 대한 호칭 기도, 그리고 혼인 성사 등이 포함된다(이 글은 전체적으로 가톨릭을 배경으로 하고 있다는 사실을 참고하기 바란다-역자 주).

39. 이 글에서 필자는 로마 가톨릭의 장례식에 관해서만 다룬다. 필자가 속한 전통이고 또한 필자와 가장 친숙한 배경이기 때문이다. 영국 장례 예식, 기독교 장례 예식, 그리고 교황 바오로 4세가 펴낸 장례 예식 등도 참고할 수 있겠다. 로마 가톨릭의 개정판이 다른 기독교 종파에서 사용하는 것과 가장 유사한 측면을 지니고 있으며 특별히 성경에 뿌리를 둔 초대교회의 다양한 예식들을 반영하고 있다는 사실을 기억하면 좋겠다. 예를 들어 다음 글에 나오는 루터교 장례식이 이 경우에 해당한다. H. P. V. Renner, "A Christian Rite of Burial; An Instrument of Pastoral Care," *Lutheran Theological Journal* 26(May 1992): 72-77, and Eric E. Dyck, "*Lex Orandi; a New Lex Credendi*: 'The Burial of the Dead,' 1978 from an Historical Perspective," *Consensus* 18, no. 2(1992): 63-73; of the Presbyterian rite in the 1993 *Book of Common Worship* in Stanley Hall, "Renewing the Rites of Death," *Insights* 110(Fall 1994): 39-50; and of the Orthodox rite in Kallistos Ware, "'One Body in Christ': Death and the Communion of Saints," *Sorbornost* 3, no. 2(1981): 179-91.

40. 예식은 임종 이전에 *Pastoral Care of the Sick and Dying: Rites of Anointing and Viaticum*에 기록된 내용을 따라 시행된다. 이 과정에서 공동체는 기도를 하고 성경을 읽으며 성도의 교제 혹은 성찬을 시행함으로써 죽어가는 자와 함께한다. 이러한 예식들은 임종 기도(Prayer at the Moment of Death)와 함께 행해진다. 이 과정은 장례 예식서(the Order of Christian Funerals)를 따라 이어진다. 장례 예식 자체와 연관 지어서, 예식서는 임종과 매장의 각각의 순간들 사이에 행해야 할 것을 규정하고 있다. 이러한 예식들에는 '임종 후 기도(Prayers after Death)', '시신 수습 예식(Gathering in the Presence of the Body)', '환자를 위한 간호(Vigil for the Deceased)', '죽은 자를 위한 예식(Office for the Dead)', '시신의 교회 운구(Transfer of the Body to the Church)', '시신의 교회 영접(Reception of the Body at the Church)', '장례식(Funeral Liturgy)', '고별 예식(Final Commendation)', '안치 과정(Procession to the Place of Committal)', 그리고 '안치 예식(Rite of Committal)' 등이 포함된다. 이러한 예식들은 다양한 방식으로 조합될 수 있다. 이를 통해 죽은 자는 가족 및 친구와 항구적으로 함께 거하며 그들의 기도를 통하여 교회의 동료로서 남게 된다. 중요한 것은 애도를 통해 공동체와 죽은 자가 함께 머물

러 있다는 점이다.

41. 예식에 관한 목회 지침이 성경 읽기와 설교에서 강조하는 것이 바로 이 부분이다. 첫 번째 지침은 "장례식에서 기념사를 하고 성경 읽기를 다른 문서로 대체해서는 안 된다"는 것이다. 성경 이외의 문서는 가족과 함께 예배하는 동안에 성경에서 도출한 글인 경우에 보완적으로 읽을 수는 있다(no. 23). 나아가 이 지침은 다음 사항에 주목한다. "성경 읽기에 기초한 간단한 기념사는 항상 장례식의 복음서 읽기 이후에 행해야 한다. …하지만 고인을 추켜세우는 말을 해서는 안 된다. 슬픔에 잠긴 사람들을 고려하면서, 설교자는 하나님의 공감적 사랑과 주님의 유월절 신비에 머물러야 한다. …설교자는 또한 참석자들이 하나님의 사랑의 신비와 예수께서 죽음을 이기시고 부활하신 신비가 산 자와 죽은 자에게 임하고 있다는 사실을 깨닫도록 해야 하며 그들의 삶에 구현되기를 힘써야 함을 강조해야 한다"(no. 27). 그리고 성찬을 시행하고 다음과 같이 마무리할 수 있다. "친구나 가족 중 한 사람이 고별식을 거행하기 전에 추도사를 할 수 있다"(no. 170).

42. Nicholas Wolterstorff, *Lament for a Son*(Grand Rapids: Eerdmans, 1987), p. 39.

43. 화장의 경우에도 다르지 않다. 로마 가톨릭은 시신이 장례식에 있어야 한다는 조건에서 화장을 허용하고 있다. 이 문제에 관해서는 다음 글을 참고하라. H. Richard Rutherford, "Honoring the Dead: Catholics and Cremation," *Worship* 64(November1990):48294, 그리고 다음 글도 참고하라. Ware, "One Body in Christ," p. 182.

44. 최근의 예식은 시신에 성수를 뿌리고 향을 사용하는 데 일부 제한을 두고 있다. 이전 시대에는 주교와 신실한 신앙인의 시신에 평화로이 입맞춤을 하고(이에 대한 그리스 정교회의 관점은 다음 글을 참고하라. Ware, "One Body in Christ," p. 181) 장례식을 마친 후 시신에 성유를 바르기도 했다(이에 관해서는 다음 글을 참고하라. H. Richard Rutherford, *The Death of a Christian: The Rite of Funerals*," Studies in the Reformed Rites of the Catholic Church, vol. 7 [New York: Pueblo, 1980], p. 23). 회프너(Robert Hoeffner)는 현대의 예식을 비판하기도 한다. 다음 글을 참고하기 바란다. "A Pastoral Evaluation of the Rite of Funerals,"*Worship* 55(November 1981): 48299. 그는 공동체 멤버들이 시신을 돌보던 구체적인 행위로 돌아갈 것을 제안한다. 여기에는 시신의 장례 준비와 가정에서의 돌봄이 포함된다. 그는 현대의 가톨릭이 시신으로부터 거리를 유지하게 된 이유를 두 가지로 설명한다. 집에서 장례 치를 준비를 포기한 것과 현대 문화가 지니고 있는 죽음에 대한 관점 때문이다.

45. John P. Meier, "Catholic Funerals in Light of Scripture," *Worship* 48(April 1974): 212.

46. 존슨이 말한 것처럼, 이 용어의 가장 확장적인 용법이 신약성경에 60회 정도 나타난다. 이 용어는 다의적이기도 해서, "신약성경의 천사를 지칭하기도 하고 이미 죽은 경건한 유대인을 뜻하기도 하며 박해를 받아 죽은 그리스도인을 말하기도 한다. …이스라엘이 하나님의 거룩한 백성을 뜻하기도 하지만 어떤 학자들은 특정한 배경(예를 들어 전체로서의 하나님의 성도들)에서 후기 유대교 계시 문헌에서는 '성도'가 메시아의 시대에 복을 함께 누리기로 선택된 자들을 뜻한다고도 주장한다"(*Friends of God and Prophets*, p. 60).

47. Johnson, *Friends of God and Prophets*, p. 60.

48. Johnson, *Friends of God and Prophets*, p.7.

49. Keck, *Forgetting Whose We Are*, p.145.

50. Johnson, *Friends of God and Prophets*, p. 78.

51. Johnson, *Friends of God and Prophets*, p. 132. 정교회의 관점에 대해서는 다음 글을 참고하면 큰 도움이 될 것으로 보인다. Ware, "'One Body in Christ,'" pp. 188-91. 서로를 위한 기도는 살아 있는 자들 사이에서 제자도의 기본적인 관계의 실천에 속한다. 그러므로 교회를 성도들의 공동체로 해석하는 것은 산 자와 죽은 자 사이의 서로를 위한 기도를 제안해 주는 것이라 하겠다. 웨어가 말한 것처럼, "그러므로 만일 한 가족의 구성원으로서 우리가 서로를 위한 기도를 통해 연결되어 있다면, 그리고 그 가족 안에서 산 자와 죽은 자 사이를 분리시키는 요소가 없다면, 죽은 자를 위해 기도하며 성인들에게 기도를 하는 것은 정상적이고도 자연스러운 일이 될 것이다. 살아 있든 죽었든, 우리는 같은 가족이다. 땅 위에서 우리는 다른 사람들을 위해 기도한다. 죽은 자들을 위해서는 기도하면 안 되는 것일까? 그들이 존재하지 않는다고 해서 그들을 위한 탄원 기도를 하면 중지해야 하는 것인가? 우리는 땅 위에서 다른 사람들이 우리를 위해서도 기도해 주기를 바라고 있다. 부활하신 그리스도와 성인들은 우리와 나뉘지 않고 동일한 가정의 구성원으로 있다는 점에서, 우리는 그들에게 기도하기를 멈춰야 하는가?"("One Body in Christ," p. 189).

52. Keck, *Forgetting Whose We Are*, p. 152.

53. Kallistos Ware, "'Go Joyfully': The Mystery of Death and Resurrection," in *Beyond Death: Theological and Philosophical Reflections on Life after Death*, ed. Dan Cohn-Sherbok and Christopher Lewis(London: Macmillan, 1995), p. 38.

54. 그 당시의 방문은 맥킨타이어(Alasdair MacIntyre)의 《덕의 상실》에서 잘 알려진 '실천'의 정의와 맞아 떨어지는 실천이었다. *After Virtue*(Notre Dame, Ind.: University of Notre Dame Press, 1981), p. 175. 방문은 "사회적으로 협력적인 인간 행위의 정합적이고 복합적인 형태"라고 할 수 있으며 이것은 증조할머니의 경우에 잘 맞아떨어진다. 방문의 행위에는 선이 내재해 있으며 덕에 관여하는 형태로서의 탁월성을 지닌 것이라고 할 수 있겠다. 여기에는 우정, 호의, 다른 사람과 함께 있어 줌, 그리고 때로는 용기도 포함된다. 체스 놀이와 같은 실천 행위들과 달리 방문은 모두에게 개방된 구체화된 실천이며 일상의 주민들(주로 여성)과 이웃 관계가 되는 것을 뜻한다. 이것은 하나의 실천 행위에 대한 반론을 말하는 것이 아니라 엘리트주의적이고 보편화된 그리고 경쟁적인 설명법에 의한 실천 행위를 바로잡기 위한 관점이다. 그것은 신학적인 작업인 동시에 예수 그리스도의 삶에서 드러난 것으로서 긍휼의 상호행위이자 바울의 과부들을 돌보아 주라는 교훈과도 일맥상통한다.

55. 브레수드(Marius L. Bressoud)가 자신의 '여덟 번째 십년'에서 말한 '개인적인' 영적 여행에 대한 감동적이고 의미 있는 성찰이 여기에 해당한다. 그는 자신의 영성에 관한 내성적 인격적 성찰이라는 것이 편안한 과정일 뿐만 아니라 그가 결코 예상하지 못했던 라몬(Ramon)이라는 노숙자의 죽음에 마주하면서 느낀 것이기도 하다. 이에 대해서는 다음 글을 참고하라. Marius L. Bressoud,

"A Slow Dying," *Second Opinion* 21, no. 1 (July 1995): 43-47.

56. 이러한 공적이고 성례전적인 역할은 노인들이 자신이 속한 공동체에서 주변화되는 것을 극복하기 위한 중요한 요소이며 교회로 하여금 노인 없이는 불완전하다는 점을 일깨워 준다. 물론 이것은 우리의 공적인 예식의 '효용성'이 희생될 필요가 있음을 뜻하는 것일 수 있다. 노인들은 성경을 낭독자보다 더 더디게 읽는다. 그들은 공동체의 교제에 참여하는 것조차 도움을 받아야 할 수 있다. 그리고 30개 이상의 내용을 놓치기 쉽다. 하지만 그들이 제단에 함께하고 있다는 것은 늙어감이라는 두려움에 대해 그리고 노인을 평가절하하는 경향에 대해 회중이 55분이라는 시간 안에 모든 것이 종료되기를 바라는 중압감에 대해 도전하는 데 결정적인 요소이다.

57. Johnson, *Friends of God and Prophets*, p. 85.

58. Mary M. Knutsen, "A Feminist Theology of Aging," in Aging, *Spirituality and Religion: A Handbook*, ed. Kimble et al., p. 466.

59. 예를 들어, '삶의 성찰'에 관해서는 다음 글을 참고하라. David G. Hawkins, "Memory, Hold the Door," *Journal of Religion and Aging* 3, no. 3-4 (Spring-Summer 1987): 13-21, 그리고 다음 글도 참고하라. Drew Christiansen, "Creative Social Responses to Aging," in *Aging*, ed. Cahill and Mieth, pp. 114-22. '삶의 성찰'이라는 보편적인 관행을 부채질하는 것은 노화의 구성 요소인데, 이는 '과거의 경험에 대한 의식, 특히 미해결된 갈등의 부활'을 점진적으로 되돌아가는 특징이다(Hawkins, p. 18, 이 부분은 다음 글에서 인용했다. Robert N. Butler, "Life Review Therapy," *Geriatrics* 8(November 1974): 165). 노인의 '자아상'을 바로잡는 목적의 치료 기법으로서, '삶의 성찰'이 교회적 또는 목회적 맥락에서 어떤 역할을 하는지는 불분명하다. 그것은 더 적절하게 역할을 할 수도 있고 지속적인 화해의 실천의 한 구성 요소로서 수정될 수 있다.

60. 또한 누구나 어떤 것을 기억하는 능력을 유지하기 위해서는 구체적인 활동과 만남이 필요하다는 것을 말해 주는 것이기도 하다. 또한 노인과의 기억에 참여하면서 노인이 우리 자신의 일부가 된다는 것을 발견할 수 있다. 이것으로 인하여 노인들의 죽음은 더욱 고통스러운 것이 되겠지만, 우리는 그들이 떠나고 나면 '기억하는 것'이 제2의 천성이 되었다는 것을 알게 될 것이다.

61. Keck, *Forgetting Whose We Are*, p. 58. 기억함(이 경우에 누군가의 죽음을 기다려야 하는)이란 시간이 걸리는 일이고 효용성과 통제에 관한 우리의 관점에 도전이 된다는 사실을 현실주의적으로 보여 주는 예는 다음 책을 참고하라. Curtis W. Freeman, "What Shall We Do About Norman? An Experiment in Communal Discernment," *Christian Bioethics* 2, no. 1 (1996): 34-36.

62. Keck, *Forgetting Whose We Are*, p. 47.

63. Christiansen, "Creative Social Responses to Aging," p. 117.

64. Keck, *Forgetting Whose We Are*, p. 137.

65. 교구의 분별 과정과 자신의 신학적 분석에 대한 프리먼의 설명은 이 절에서 제기된 많은 요점과 맞아 떨어진다.

66. Freeman, "What Shall We Do About Norman?" p. 26.

67. Freeman, "What Shall We Do About Norman?" pp. 26, 30.

68. Keck, *Forgetting Whose We Are*, pp. 91, 134.

69. Keck, *Forgetting Whose We Are*, p. 58.

70. 웨스트팔이 말한 것처럼, 화해의 실천에는 개인뿐만 아니라 공동의 회개도 요구된다. "지속적인 활성화와 방향 전환의 필요에 서 있는 사람들은 신앙 공동체를 구성하는 개별 신자들뿐만 아니라 공동체 자체를 포함한다. 기억은 동시에 개인 및 집단 갱신을 포함한다"("Lest We Forget," p. 11). 노인을 주변화시키거나 개인 구성원에 대해 죄를 지은 공동체 안에서, 기억의 관행으로서의 화해 행위가 의미를 지니게 될 것이다.

71. Knutsen, "A Feminist Theology of Aging," p. 473.

72. Knutsen, "A Feminist Theology of Aging," p. 474.

73. 그리스도의 수난에 고통을 대입할 때는 조심할 필요가 있다. 커티스 프리먼이 적절하게 말했듯이, "그리스도의 수난과 우리 자신의 고통 사이의 연결은 쉽게 만들 수 있는 것이 아니다. 그럼에도 불구하고, 예배, 기도, 성경 읽기 및 사역의 영적 규율에 의해 인도될 때 그리스도인은 십자가의 수난을 상상해 볼 수 있겠다"("Redeeming Love and Suicide: An 'Evangelical Catholic' Response to Amundsen,"*Christian Bioethics* 1,no.3(December 1995): 320, note 5; 여기에서 프리먼은 다음 글을 인용했다. Stanley Hauerwas, *Naming the Silences*(Grand Rapids: Eerdmans, 1990), pp. 86-89). 그러한 관점은 공동체에서 스스로 그것을 취할 수 있는(순교자처럼) 절제의 실천을 습관화한 사람들에나 가능하다. 다른 사람에게 강요하면, 그것은 고문의 무기가 된다. Richard, "Toward a Theology of Aging," 그리고 다른 학자들도 고통과 나이 듦을 케노시스 개념을 통하여 수난과 연결을 시도한 경우가 있다. 이에 대해서는 다음 글도 참고하라. Christiansen, "A Catholic Perspective."

74. '상호의존성'이라는 용어의 사용은 단순히 의미론의 문제가 아니라 정확성의 문제다. 노인에 대해 '의존'이라는 말을 쓰는 것은 노인들의 전반적인 삶에서 현재의 상황을 격리시킨다. 더 광범위하게 볼 때 평생 동안 해석된 상호의존의 복잡한 태피스트리를 드러낼 것이다.

75. 좀 더 광범위하게 말하자면, 상호의존성은 인간 정체성에 속한다. 인간이 하나님의 형상으로 창조되었음을 긍정한다면 말이다. 삼위일체 하나님의 이미지는 정체성이 개인 안에 있는 것이 아니라 그 공간에서 일어나는 기억의 관계적 행동을 통해 구성된 나와 타인 사이의 공간에 위치한다는 것을 말해준다. 눗슨이 말한 것처럼, "삼위일체 하나님의 생명 안에서, 그리고 하나님 안에서 창조된 모든 생명 중에서 관계성은 각 개인 정체성을 생성하고, 따라서 생성된 개인 정체성은 관계성의 역동성을 구성하고 변형시킨다"("A Feminist Theology of Aging, p. 471). 유사하게 프리먼의 주장도 참고할 수 있겠다. "거룩함이란… 자신 안에 있는 소리 없음이 아니라 자신과 다른 사람들 사이의 대화적 개념이다"("What Shall We Do About Norman?" p. 24).

76. 성도의 교제라는 실재는 또한 교회가 공동체에서 소외되거나 배제될 수 있는 사람들, 곧 장애

인, 가난한 사람들, 정신질환자들, 다른 인종적 또는 민족적 배경을 가진 사람들도 똑같이 구성원이라는 점을 상기시키며, 마찬가지로 그들의 역할을 재정의하라고 요청한다. 이 글에서 제시한 성찰들은 다른 분과에서도 적용될 수 있을 것이다.

77. 이 글이 존재한다는 것은 성도들의 교제가 있다는 확실한 증언이다. 말했던 것처럼, 내게 영감을 준 노니(Nonny)와 다른 사람들의 물질적 도움 없이는 이 글을 쓸 수 없었을 것이다. 동료 틸리(Terrence W. Tilley), 미즈(Sandra Yocum Mize), 반스(Michael Barnes), 도일(Dennis Doyle), 캐데건(Una Cadegan), 헤프트(James Heft), 맥그라스(ack McGrath), 그리고 틸리(Maureen Tilley) 등이 이 글의 초안을 읽어 주었다. 그리고 이 글을 발표하도록 도와준 스탠리 하우어워스와 너무도 자애로운 내 친구들, 그리고 특히 기억하는 데 소질이 없는 나를 기억해 주는 이들이 있어서 내 사역과 삶을 이어갈 수 있었다.

김선일

아세아연합신학대학교를 졸업하고 미국 풀러신학대학원에서 석·박사(M.Div.&Ph.D.)를 마쳤으며, 회심과 전도의 실천신학을 전공하였다. 현재 웨스트민스터 신학대학원대학교에서 실천신학 교수로 재직중이며, 이라이프아카데미의 운영위원으로 있다. 저서로는 《전도의 유산》(SFC) 등이 있고, 알리스터 맥그라스의 《복음주의와 기독교적 지성》(IVP)을 번역하였다.

문시영

숭실대학교와 동 대학원 석·박사과정을 마치고 장로회신학대학원을 졸업했으며, 아우구스티누스의 윤리를 전공하여 철학박사학위(Ph.D.)를 받았다. 현재 남서울대학교 교수(교목실장)로 재직중이고 한국기독교윤리학회장이며, 이라이프아카데미의 운영위원으로 있다. 저서로는 《아우구스티누스와 덕 윤리》(북코리아) 등이 있으며, 스탠리 하우어워스의 《교회됨》(북코리아)을 번역하였다.

이상훈

장로회신학대학과 신학대학원을 졸업하고, 미국 프린스턴신학대학원(Th.M. & Ph.D.)에서 기독교 경제윤리를 전공하였다. 장신대와 숭실대 등에서 강의하였으며 현재 이라이프아카데미의 선임연구원으로 있다. 저서에는 《공공신학이란 무엇인가?》(공저 북코리아) 등이 있고 맥스 스택하우스의 《세계화와 은총: 글로벌 시대의 공공신학》(북코리아)을 번역하였다.

최두열

연세대학교를 졸업하고, 미국 프린스턴신학대학원(M.Div.&Th.M.)과 드류대학교(Ph.D.)에서 조직신학과 종교철학을 전공하였다. 숭실대학교와 장로회신학대학교에서 강의하였으며 소망교회 부목사를 역임하였다. 현재 새마음교회의 담임목사로 섬기고 있으며 이라이프아카데미의 운영위원으로 있다.